HUMANITIES AND SOCIETY

为历史而战

Lucien Febvre

[法国] 吕西安·费弗尔 著 高煜 译

译林出版社

图书在版编目（CIP）数据

为历史而战 /（法）吕西安·费弗尔著；高煜译．
—南京：译林出版社，2022.6（2023.6重印）
（人文与社会译丛 / 刘东主编）
ISBN 978-7-5447-9146-5

Ⅰ.①为… Ⅱ.①吕… ②高… Ⅲ.①史学－文集
Ⅳ.①K0-53

中国版本图书馆 CIP 数据核字（2022）第 065331 号

为历史而战 ［法国］吕西安·费弗尔／著 高 煜／译

责任编辑 张海波 龚文宇
特约编辑 陈秋实
装帧设计 胡 苨
校 对 孙玉兰
责任印制 单 莉

原文出版 Dunod Editions
出版发行 译林出版社
地 址 南京市湖南路 1 号 A 楼
邮 箱 yilin@yilin.com
网 址 www.yilin.com
市场热线 025-86633278
排 版 南京展望文化发展有限公司
印 刷 江苏凤凰通达印刷有限公司
开 本 880 毫米 ×1240 毫米 1/32
印 张 16.875
插 页 2
版 次 2022 年 6 月第 1 版
印 次 2023 年 6 月第 2 次印刷
书 号 ISBN 978-7-5447-9146-5
定 价 98.00 元

主编的话

刘　东

总算不负几年来的苦心——该为这套书写篇短序了。

此项翻译工程的缘起，先要追溯到自己内心的某些变化。虽说越来越惯于乡间的生活，每天只打一两通电话，但这种离群索居并不意味着我已修炼到了出家遁世的地步。毋宁说，坚守沉默少语的状态，倒是为了咬定问题不放，而且在当下的世道中，若还有哪路学说能引我出神，就不能只是玄妙得叫人着魔，还要有助于思入所属的社群。如此嘈嘈切切鼓荡难平的心气，或不免受了世事的恶刺激，不过也恰是这道底线，帮我部分摆脱了中西"精神分裂症"——至少我可以倚仗着中国文化的本根，去参验外缘的社会学说了，既然儒学作为一种本真的心向，正是要从对现世生活的终极肯定出发，把人间问题当成全部灵感的源头。

不宁惟是，这种从人文思入社会的诉求，还同国际学界的发展不期相合。擅长把捉非确定性问题的哲学，看来有点走出自我囿闭的低潮，而这又跟它把焦点对准了社会不无关系。现行通则的加速崩解和相互证伪，使得就算今后仍有普适的基准可言，也要有待于更加透辟的思力，正是在文明的此一根基处，批判的事业又有了用武之地。由此就决定了，尽管同在关注世俗的事务与规则，但跟既定框架内的策论不同，真正体现出人文关怀的社会学说，决不会是医头医脚式的小修小补，而必须以激进亢奋的姿态，去怀疑、颠覆和重估全部的价值预设。有意思的是，也许再没有哪个时代，会有这么多书生想要焕发制度智慧，这既凸显了文明的深层危机，又表达了超越的不竭潜力。

于是自然就想到翻译——把这些制度智慧引进汉语世界来。需要说明的是，尽管此类翻译向称严肃的学业，无论编者、译者还是读者，都会因其理论色彩和语言风格而备尝艰涩，但该工程却绝非寻常意义上的“纯学术”。此中辩谈的话题和学理，将会贴近我们的伦常日用，渗入我们的表象世界，改铸我们的公民文化，根本不容任何学院人垄断。同样，尽管这些选题大多分量厚重，且多为国外学府指定的必读书，也不必将其标榜为“新经典”。此类方生方成的思想实验，仍要应付尖刻的批判围攻，保持着知识创化时的紧张度，尚没有资格被当成享受保护的“老残遗产”。所以说白了：除非来此对话者早已功力尽失，这里就只有激活思想的马刺。

主持此类工程之烦难，足以让任何聪明人望而却步，大约也惟有愚钝如我者，才会在十年苦熬之余再作冯妇。然则晨钟暮鼓黄卷青灯中，毕竟尚有历代的高僧暗中相伴，他们和我声应气求，不甘心被宿命贬低为人类的亚种，遂把移译工作当成了日常功课，要以艰难的咀嚼咬穿文化的篱笆。师法着这些先烈，当初酝酿这套丛书时，我曾在哈佛费正清中心放胆讲道：“在作者、编者和读者间初步形成的这种‘良性循环’景象，作为整个社会多元分化进程的缩影，偏巧正跟我们的国运连在一起，如果我们至少眼下尚无理由否认，今后中国历史的主要变因之一，仍然在于大陆知识阶层的一念之中，那么我们就总还有权想象，在孔老夫子的故乡，中华民族其实就靠这么写着读着，而默默修持着自己的心念，而默默挑战着自身的极限！”惟愿认同此道者日众，则华夏一族虽历经劫难，终不致因我辈而沦为文化小国。

一九九九年六月于京郊溪翁庄

目　录

第三部分　协作与支持

语言学

艺术史学家

自然科学史学家

第五部分　人物与回忆

第六部分 最后的期望

序　言

如果说，我从自己的许多文章中挑出这么几篇汇集成册，只是要以此为自己树立一座纪念碑，那么这部文集就该是另一个名字了。过去我曾为历史学的殿堂做过一些类似于起装饰作用的大家具的东西，以后我还想再做一些——这些“家具”至少暂时布置了克利奥女神的宫殿中某些被腾空的房间，而我现在收集的这些文章，只是我在做这些“家具”时落在工作台下面的一些“刨花”。但我收集这些刨花，这些流水账一样单调乏味的作品，并不是要炫耀什么，而是要为同行们，尤其是为那些比较年轻的同行提供一些便利。因此我选的书名会让人想起我的生活中那些与战斗有关的活动。我那是**为自己而战斗**吗？当然不是。我从来不为我自己战斗，也从来不和某个个人战斗。我是**为历史而战**。我毕生都在为历史而战。

记得在早年的时候，研究历史对我来说只是为了取乐或为了满足某种欲望，也就是说当时我从事历史并不是很用心、很专业。我的父亲本来是学历史的，后来在亨利·韦伊和蒂罗的影响下改了行。韦伊是大名鼎鼎的古希腊语学者，曾先后在贝桑松文学院和高等师范学校供职，而语法哲学家蒂罗当时的名声也极其显赫。但我父亲从未失去对历史的兴趣。我的叔叔也教了一辈子历史，而且在我的孩提时代就教我喜欢上了历史。我于是有机会在父辈的书斋里浏览，放在按序排列的多卷本词典《达伦姆贝格与萨格利奥》(*Daremberg et Saglio*)的下方，出类拔萃的阿歇特出版社的杰作，维克多·杜卢伊的巨著《古希腊罗马人史》。这是两本绘图十分逼真的画册：由最优秀的版画家画的当时已知的全部古代艺术品、神殿、胸像、神祇和器皿；尤其是怀着经久不息
iii 的热情，如饥似渴地阅读著名的黑泽尔出版社的米什莱《法国史》——该书由特别喜欢想入非非的达尼埃尔·维尔日绘制了插图，该插图非常契合那些引人入胜的文字，以至于我现在还有些纠结：是不是真有必要再读一读该书的另一个被一些人称作“定本”的枯燥乏味的版本？为那些谆谆教诲所滋养，为博览群书所充实，我的心已经插上了梦想的翅膀——这一切，教我怎能不成为一个历史学家？

这些就是我的老师，我的真正的老师——往后，在我16至25岁之间，还要加上埃利泽·勒克吕及其《世界地理学》的深邃的人文精神，加上布克哈特及其《意大利文艺复兴运动》，加上库拉若及其关于《勃艮第和法兰西文艺复兴运动》的卢浮宫学院课程。从1900年起，还要加上写《社会主义史》的极富有经济和社会直觉的饶勒斯，最后尤其还要加上写《罗马、那不勒斯和佛罗伦萨》《意大利艺术史》《旅人札记》《书信集》的司汤达。这么多学习心理与情感史的入门书，多年来一直摆在我的床头。我几乎是意外发现它们的，在那些逝去已久的年代里，这些惨遭科隆出版社糟蹋过的书，由卡尔曼出版社印在包烛纸上，用老式钉子装订起来……

这就是我的“纸魂”。另外还有我的“乡魂”——大地是我的又一位历史老师。我生命的头二十年是在南锡度过的。我就在那里进行知识储备，游遍了阿伊的高高矮矮的树林，发现了一条又一条轮廓分明的海岸线和洛林高原，获得了一些刻骨铭心的记忆和印象。而当我每年重访我的真正故乡弗朗什-孔泰时，我心里那个美啊！首先是气候温和的瓦尔德索恩，是驰骋在这片曾为蒲鲁东再次带来幸运的草甸子之上

的格赖小君主[1]；其次是古老的汝拉山脉，它的林边牧场和冷杉，它的绿水和峡谷，两边延伸着广袤的石灰质沙滩，就像居斯塔夫·库尔贝用壮烈笔法描绘过的一样。弗朗什-孔泰，我从小就乘坐布韦运输公司古老的拖着黄色车厢的公共马车游遍了它：车子上的旧皮革散发出浓烈的香气，怒气冲冲的马儿也散发出刺鼻的气味，驶入村庄时，欢快的铃铛声和马鞭声不绝于耳。孔泰像洛林一样，也有一些荒僻而神圣的胜地： iv
如穆捷的上皮埃尔，萨兰的普佩山（Poupet）山顶就在此遥向勃朗峰致意；更远处是多尔，一处文学的胜地，以及许多别的不太出名的地方；这些是精神随风吹拂的宜人之地，是你在整个一生中，即使远在天涯，也会感到有必要去发现、去体味的境域。我们弗朗什-孔泰人不墨守成规。库尔贝在画《在奥南的葬礼》或《画室》时，就一点儿也不遵守常规。当要阴谋的科学院狂叫着反对巴斯德的真理时，他也没有遵守常规。当箍桶匠之子蒲鲁东把他的《财产即盗窃》献给贝桑松富甲一方的资产者时也是如此。蒲鲁东也是我们弗朗什-孔泰人，而关于无政府主义者，如果米什莱不提出他的定义："他们早就知道两件事：该出手时就出手，该住手时就住手。"那么蒲鲁东给出的定义无疑是最好的："无政府主义者……却是懂得管理的。"

由于孔泰和洛林都是我的故乡，而两地的人都同样桀骜不驯，"爱挑剔，好争论而且尚武"，于是这种脾气在我身上就有了加倍的表现——所以我没能心平气和地接受1870年的被征服者的历史学，它的战战兢兢的谨慎，它对任何综述的放弃，它对"事实"的费力却又浑浑噩噩的崇拜，以及对外交史那种几乎专一的兴趣（"啊，我们学得再好，也达不到那种程度！"），这种外交史，从半神半人的阿尔贝·索雷尔到十分之一神的埃米尔·布尔热瓦，从1895年到1902年一直死死纠缠着那些向我们灌输思想和观点的人——对所有这些，我都能够本能地予

① 格赖小君主（petite majesté grayloise），当地的一种马。——译注

以抵制，而且几乎得不到历史学家阵营的支持(但我在朱尔·布洛赫、亨利·瓦隆、夏尔·布隆代尔、朱尔·西翁、马塞尔·雷这些语言学家、东方学家、心理学家、医生、地理学家、日耳曼语族研究专家朋友那里获得了支持，而我的历史学家兄弟中最不因循守旧的那些人，除了包括奥古斯坦·勒诺德在内的很少几位之外，都只是聚集到夏尔·瑟诺博斯那面含糊不清的旗帜下，还觉得自己挺有骨气)。很快，我就加入了《历史综合评论》及其创办者亨利·贝尔的阵营，而这一行动在这种冒险历程中其实也没有什么可奇怪的。如果没有这种标志了一个时代特点的冒险历程的话，无论是我的大胆，还是我的冲动，都不会促使那么多
v 正直的人与我对立，而这些正直的人一直是非常喜欢我的，而且一有机会他们就会表明这一点——他们当中，有加布里埃尔·莫诺，有克里斯蒂安·费斯特，有卡米耶·朱利安，还有居斯塔夫·布洛赫，以及维达尔·白兰士(但是他当时已经为自己以及他的继承者们，完成了他自己的革命)。他们是那个时代法国教育界的上层人物，至少是一群心灵上的贵族，在这些伟人的身上，总洋溢着一种仁善，一种博爱。

于是，我只好只身一人在这角斗场上努力拼搏。如今五十年过去，我的一些论点已经为公众所接受了，而它们当初的提出似乎都是非常大胆的。我的另一些论点则仍然没有定论。先驱者的命运总是难以捉摸的：他的同代人可能当即就会支持他，于是研究者的菲薄之力就融入了集体的强力之中；他的同代人也可能抵制他，于是他过早地撒在地里的种子的培育工作就只能留给下一代了。这就是一些书和文章会获得令作者吃惊的延期成功的原因：它们在发表10年、15年之后才遇到真正的读者，而且有些支持的力量还来自外界。

这些来自外界的支持力量，是我从1910年起潜心研读了亨利·皮雷纳的一些书之后才发现的。我先是读了他在弗拉马里翁丛书中的一本小部头的《荷兰的古代民主》，然后又读了他的《比利时史》的前几卷，接着又等到了他的一些学术论文问世，这些论文都很出色，堪称他

的绝唱，这些论文便是：1914年出版的《资本主义社会史的各阶段》，1922年出版的《穆罕默德与查理大帝》，1923年出版的《经济对比：墨洛温王朝时期与加洛林王朝时期》，最后是1927年出版的堪称瑰宝的小书《中世纪的城市：经济与社会史论》。这些书给了我一种巨大的安全感。看到一位跟我志趣相投的比利时强者迈着王者的稳健步伐穿越历史，我首先感到的是心安气顺，接着就是一种由衷的快乐。而青年历史学家马克·布洛赫带给我的，又是另一种快乐。他比我小8岁，但已经以一种稍稍不同的方式自行确定了研究方向。他像兄弟一样支持我，不遗余力地在他的中世纪史研究领域延续并强化我的努力成果。我们俩在1929年创办了《年鉴》，该杂志从第一期起就得到勒伊略的忠诚支持，而他的支持比亨利·皮雷纳的祝福又要实在得多，因为他提供的是慷慨的合作。这个杂志迅速获得了成功，其高洁的活力从一开始 vi 就赢得了广泛的认可，也正是它，在我周围聚集起了一个热情友好的小圈子，这一功绩，实在非同小可。而且它还在继续构筑这个小圈子：你们看，费尔南·布罗代尔不是也来了吗？他关于地中海历史的杰出探索已引起许多热烈的共鸣，而他未来定会大胆地推进经济史的革新；乔治·弗里德曼也来啦，他关于个体和集体灵魂的分析鞭辟入里，研究对象从莱布尼茨和斯宾诺莎一直延及那些无名的机器奴仆；还有您，夏尔·莫拉泽，对未知领域充满好奇心的热切探索者，新方法的执着追寻人，也加入了我们；最后，还有你们大家，我的合作者们、我的读者们、我的学生们和我的国内外同行们，是你们对我的那种带有殷切期待的爱，维持着我的力量，支撑着我的热情。这些话我不能不说，在这个文集的开头我必须承认，我欠着许许多多的人和场所，许许多多接受过我的教研机构的人情，从高等师范学校（1899—1902）和梯也尔基金会，到第戎大学和斯特拉斯堡大学。当然我也不会忘记，在新旧大陆的许多其他机构中，有为我提供一年教授职位的布鲁塞尔自由大学，最后，自1933年开始，还有高贵的法兰西公学院。我的声音正是通过这些崇高的讲坛才得到广泛传播的。

但愿这几页彼此差不多的文字还能为我所钟爱的事业服务，而且我还希望它们的感染力能够再大一些！这些年来困扰我们的焦虑可谓多矣，而此时我并不想学着米什莱的腔调这样说**人民**:“老老少少，我们都厌倦了。”年轻人厌倦了吗？我非常希望他们没有厌倦。老年人厌倦了？我不认为他们厌倦了。经历过那么多的悲剧和动荡，天际已露出耀眼的曙光。一个新的人类在鲜血和痛苦中呱呱坠地。而在这个时刻，通常都会降生一种新的历史学，一种与未曾预料的新时代相称的历史科学。我希望我的努力能够就这种新历史学的方向提前做出预测，并积极顺应之，以使我个人的涓涓细流得以汇入它的滚滚洪流。

vii 1952年圣诞节于勒苏热

告读者

为了延续和扩展本人在半个世纪里写的一些文章的影响，以宣传和捍卫那些本人认定永远有益的思想，本人将允许自己：

——对辑录在这里的文章做一些形式上的改动；

——因情况发生了太大的变化而对文章进行删减；

——修改一些标题以便突出文章的主旨；

——甚至（但很少）向读者推荐阅读后来发表的作品以便他们能对先前文章的观点有所调整。

其实本人已抵制过自行实施这种调整的诱惑。况且，让读这本书的年轻历史学家们能够真切地感受到思想的演进和历史观点的不断变化，也是有好处的。这不是要让他们通过这些调整来满足虚荣心，而是要让他们通过对事实的充分了解，认识到他们的努力不会是徒劳的。

第一部分

开宗明义

1. 从1892年到1933年

一种历史学和一个历史学家的自省*

不回溯过去，就做不到反省。Domine non sum dignus.[①]——当一个人第一次来这个学院讲学，为这么多看不清面孔的听众所围绕、所打量的时候，这句话就会自然地流到嘴边：他感到了肩膀上自己弱点的沉重。而我也将羞于掩饰这一点。再说，听课的学生和同行们对当选教授的期待，并不是一通情感的抒发，而是一个有关某种奋斗、某种精力奉献的坚定承诺。那么我要为之奋斗和奉献精力的，究竟是一个什么样的事业呢？我是历史学家，要把这个事业说清楚，还只能直接按年代顺序来叙说。

1892年：阿尔弗雷德·莫里辞世后，法兰西公学院撤去已开设了一个多世纪的通史和应用历史学方法教席，为的是另设一个历史学教席，其最早的名字是历史学与伦理学，其风格多次变换，在多努执教时为古典主义，在米什莱执教时为浪漫主义，保证了教学卓越而富有新意。

1933年，即40年后：学院创设了一个现代的通史与应用历史学方法教席——这是我个人对这个教席的随意叫法，其正规名称则是人

---

* 在法兰西公学院开班典礼上的发言，1933年12月13日。

① 拉丁语：主啊，我不配。——译注

们此后在学院的通告上所看到的那个现代文明史教席。

1892年和1933年，这两个年份其实体现的是同一个问题，我不得不向你们提出这个问题。而且，要是为了提出这个问题，我不得不对我这一代人所接受的观念和所学到的方法进行不客气的质疑的话，希望你们不会认为我傲慢自负。其实我只是在明确地表达一个强烈的愿
3 望，那就是要为你们和我自己指明今后要一起走的道路。

一

学院在1892年撤销历史学与伦理学教席时，遵循的其实还是该教席的存在理由。它这样做不是要分享胜利，而是要抢先获胜。然而在1892年，当时人们所构想的那种历史学已经参赛而且获胜了。这种历史学已经进入拥有历史教师的公立高中，进入设置了历史学教席的大学，进入历史学专科学校。它还由此掌控了教学负责人、大学校长及公共教育部门的所有重要职位。它在世俗领域有权有势，在精神领域信心满满——但也有些昏昏欲睡了。

那么这种历史学的哲学原理是什么呢？那是由高中历史课所教的从奥古斯特·孔德、泰纳、克劳德·贝尔纳等人那里借来的一些套话草草构成的。尽管漏洞百出，但借助进化论这个又宽又软的枕头，这些漏洞倒也都能被遮掩住。这种历史学就在这些肤浅的思想潮流中恬适而自在地生活着，以至于我常常禁不住要说，历史学家没有太多的哲学需求。贝玑在他言辞最激烈的《半月刊》的某一期①中，曾发出过这样的嘲讽："历史学家研究历史通常都不考虑历史的局限和条件。他们大概是对的，最好各司其职嘛。大体说来，一个历史学家在开始研究历史的

① *De la situation faite à l'histoire et à la sociologie dans les temps modernes*, 3e cahier 8e série, p. 28.

时候，时段最好不要做得很长，要不然他会一事无成的！”一想起贝玑的这段话，我就忧心忡忡，因为我发现直到最近，许多历史学家在读到这种貌似宽厚的言辞时，都还在点头称是，根本没有觉出这种奥尔良式狡黠的讽刺意味……

这还只是史学界之外的看法。而在史学界内部，情况则很简单，一目了然。

没有预先下好的定义：历史学就是历史学……但是，若有人偏要煞费苦心地给它下个定义，反倒显得奇怪，这个定义一定不是根据它的研究对象，而是根据它的材料——实际上只是根据它的丰富材料中的一部分——来下的。

“历史学就是文献学。”这个著名的公式，至今还没有穷尽它的真理性。这种真理性真是非同凡响。对于那些合乎情理地以博学意识为
荣，并且正在跟浅薄无聊的历史作品作战的优秀史学工作者来说，它是 4
命令，也是集结号。但是，要是有人格外小心一些，并且想一举颠覆紧密团结的人文研究总运动，那么这个公式就颇有些危险了。

这个公式是把历史与写作紧密联系在一起的。但就在这个时候，人们在**没有文献**的情况下书写着人类历史最漫长的一些篇章——史前史（这个名称本身就奇怪地意味深长）。于是，经济史诞生了。这种历史首先应该是一部人类劳动史，而这种人类劳动史（其基本情况是弗朗索瓦·西米昂一年前在这里确定下来的），又如何能够简单地用纸张或羊皮纸（在人们还没有掌握造纸技术的情况下）来写就？同时，人文地理学也诞生了。这个学科引起了一些年轻人的注意，而这些年轻人也就迅速地加入了一些实际而具体的人文地理学研究，这些研究似乎让他们从单调沉闷的教室走进了天空和海洋，走进了村庄和森林，走进了整个生机勃勃的大自然。“历史学即文献学”？如果还坚持这个公式，那么对历史现场的深入观察，对远近地理关系的敏锐理解，对新石器时

代以来人类的艰辛劳作在人文化了的土地上留下的种种印记的考察，似乎都失去了意义。而正是新石器时代的人们，在那片仍旧为森林覆盖或就要变成耕地的土地上，开始为后续时代奠定一些最早的历史类型，也就是人们如今已知的种种人类原始制度。

的确，古代社会的探索者们是幸运的，他们没有受制于“历史学即文献学”这一狭隘残缺的公式。因为考古发掘、人类活动遗址文物的发现，源源不断地为他们的研究提供着革新的动力。他们的研究与那些实际存在的东西息息相关：一把金属斧头、一只经过烧制的或未经烧制的陶罐、一杆秤及秤砣、一切人们可以用手触摸和拿取的东西，可以让人切实感受到它们的强度，而通过形态分析，人们又可以得到许多有关人类和社会生活本身的具体资料。此外，他们的研究还不得不与土地紧密相连，并为那种因地理学意识的获得而带来的地形学意识的觉醒所引导，从而不必服从“历史学即文献学”这种刻板的规定。

与之相反，在现代研究方面，年轻人在智力上为一种完全基于文献、文献研究、文献解释的文化所塑造，而且该习惯从只以诠释古文的能力为准来对他们进行水平评定的高级中学，到建议他们从事同样的
5 文献研究工作的高等师范学校、索邦大学和各种学院，一直没有中断过。文献研究是常年伏案的文字工作，是关门闭户、拉上窗帘进行的工作。因此，从事文献研究的人就是一些似乎只把故纸堆当作沃土来耕耘的农夫。因此，他们是一些这样的领地占有者，其中谁也不急于知道他们会让自己领地生产出什么来，或者急于知道他们的产业在不同时期会以什么形式向他们体现——是以劳役或者以实物的形式体现呢，还是以人的忠诚或者以钱的数额来体现，都无所谓。历史学是位贵夫人，在她面前，卑微的经济现实只是个迪芒许先生。其研究者既没有钱也没有声望，从事的是某种抽象的农业、工业和商业活动。而这也就让历史学显得能够更好地分享文献和文学研究的尊严、体面、完美和贵族

气派的无私了。她享受着这些研究自文艺复兴以来就在法国享有的崇高敬意。如果在1933年（其实今天还是这样），大学培养历史教师时，只要求他们做四个有关历史的法文作业和做四次有关历史的尽可能“出色的”讲座；如果在要求他们复原那些过去社会的生活——所有那些过去社会的物质和精神生活、它们的经济和社会政策——的时候，却不问他们能否看得懂一项统计资料，能否在必要时对其进行矫正或至少进行评判；不问他们是否了解法律及其演变这些基本知识；问不问他们是否听过一些相互对立的政治经济学理论家的课程，这一点我不清楚，但肯定不问他们能否对日常使用中的货币是什么，汇兑是什么意思，证券交易所内部和储蓄银行柜台后面真正发生的事情等问题做出准确的回答；而最有违常理的还是，大学甚至不问他们能否对一篇文献做出考订，仅满足于他们能说出某些词语、日期、地名和人名——了解了这些情况之后，再回头想想“历史学即文献学”这个公式，我们大概就能明白那究竟是怎么回事了。

而且，我们真的通过文献发现事实了吗？是的，人人都这样说：历史学就是先确定事实，然后再实际利用这些事实。这话不错，也很清楚，但过于粗略，尤其是当历史学仅仅只是或几乎只是用事件编织起来
的时候。某位国王是在某地某时出生的吗？他在某地决战并打败了他 6
的邻国了吗？翻查所有提到这个诞辰和这场战役的文献，只挑出其中值得相信的内容，然后再利用其中最好的部分写出精确的记述：这一切，真的就会按部就班地顺利完成吗？

而且一些问题已经可以提出来了：为何图尔城的铸币里弗尔在几个世纪里会逐渐贬值？为何工资会在连续若干年里出现下降，或者说生活费出现了上涨？这些大概也是一些历史事实吧，而且在我们看来，这些事实比一个君王的驾崩或一个短暂条约的缔结更重要。而这些事实，难道是可以一下子就弄明白的吗？绝对不是。那是一代代苦心孤

旨的研究者，通过无数次的潜心观察，借助从各式各样的档案文件中辛辛苦苦搜寻到的数据资料，缓慢而艰难地研究出来的：实际上档案文件本身从来就没有直接提供过这些事实。——但愿大家能同意“事实的收集并非事实本身”这一看法，因为我们都知道，事实这个号称历史学“原子”的东西，本身只能来自何处。亨利四世被拉瓦亚克刺杀，这是一个事实吧？可是仔细分析一下，找出其中的所有因素，再看看哪些是物质因素，哪些是精神因素，于是我们就会发现，这件事非常复杂，是一些普遍的规律、一些特定的时空环境，以及在这个悲剧里起过作用的每一个已知的和未知的人的具体情况共同作用的结果。你们看，就这么一会儿工夫，一个事实就成了一团乱麻……那么事实还是自然呈现出来的吗？当然不是，那是历史学家无数次创造活动的结果，是借助种种假说和推测，通过一种呕心沥血和引人入胜的工作，发明和制作出来的东西。

由此可知，各个起源时期之所以能让历史学家们那么强烈地感兴趣，就是因为那里有很多奥秘要破解，有很多情况要还原。要是我们能够让一股股甘泉从无垠的荒漠上涌流出来，并通过坚定执着的调查研究让一片片新知的绿洲从无到有地生成，那该是多大的乐事！

但这样一来，一个最近常为人们说道的信条可能就要被动摇了：“历史学家不可选择事实。事实也能选择？哪儿来的这种权利？依据哪条原则？选择事实，势必否定史学工作的科学性……”然而，任何历史学都是事实选择。

历史学是事实选择，首先是因为有偶然性存在。偶然性会让过去的遗迹在不同的地方存在或是毁灭。其次，人也会为历史学带来事实
7 选择，因为文献资料一多，人就要删减和简化它们，突出一部分，放弃一部分。再者，历史学家还会创造出一些资料，或者说他们会再创造一些资料：历史学家不会漫无目的地在过去中闲逛，不会像拾荒者一样期待

偶然发现；他在出发之前头脑里就已经有了明确的目的，即一个有待解决的问题，一个有待用工作来验证的假说。说“这不是科学的态度”，只能反映出一种对科学及其条件和方法的无知。显微解剖学家凑着显微镜观察，就能立即掌握未经加工的事实吗？他的工作其实主要就是依靠一些通常是极其复杂的技术来“创造”他的观察对象。而在获得了这些对象之后，他就会去“解读”他做的一些标本切片。这种工作特别艰难，因为描述看到的东西并不很难，最难的是找到那些需要描述的东西。

确定事实，然后加以利用……这没错。但是要当心，不要因此就设立一种有害的工作分工，一种危险的等级制度。不要鼓励那些表面上稳重多疑，实际上消极盲从，漫无目的地收集完事实后就抄起手来，等着别人来把这些事实连接起来的人。历史学场地上的石块何其之多，那都是一些义务石匠开凿后扔在那里的，毫无用处。如果这些石块所需要的建筑师真的来了，我想他也会避开这些砾石散布的场地，找一块空旷的地方去盖房子。好像在史学界，可以让一些人干粗活，让一些人搞发明；让一些人在这边搬砖瓦，让一些人在那边盖房子：可这是不行的。任何地方都必须有发明创造，这样人的劳作的价值才能得以充分体现。厘清一个事实就是建设。如果你愿意，你也可以说这是在为一个问题提供答案。而如果没有问题，那就只有一片虚无。

历史学家们常常与真相失之交臂，他们怀着对假说的极端恐惧培养弟子。假说被认为是有悖于他们所说的**科学**的最严重的罪恶（持这种观点的人还总把方法论和科学真理的大话挂在嘴边）。在他们的历史学大厦的三角楣上，闪闪发光地镌刻着一句字字千钧的话：Hypotheses non Fingo[①]。而若要对事实进行分类，则只有一个准则：严

① 拉丁语：不做假设。——译注

格按照年代顺序……米什莱是这么说过，说得很机灵。可是众所周知，米什莱与历史学毫无交集。所以他说的什么“严格按照年代顺序”，其
8 实就是在捉弄人。人们过去一直在给我们讲述的历史（这里我使用的动词都是未完成过去时，你们也就能看出我不是那么天真了），人们过去一直在向我们展示的历史研究，实际上都只是一种借助过去对现在进行的神化。但这种历史学既不愿看到这一点，也不愿说出这一点。

看看法国历史吧。这部历史，从由恺撒在《高卢战记》的开头定义的罗马高卢，直到由1933年的国境线圈起来的法国，顺着时间流逝，不曾消亡，也不曾迷失方向。她没有因一些暗礁而搁浅，也没有因一些急流而沉没；到达旅行终点后，她下结论道：“你们瞧，我从高卢开始，一路顺风地走到今天的法兰西：一个民族的历史就是这样延绵不绝！”确实如此；但是从1933年起，历史学家开始追根溯源——辨认出所有的支流，排除那些走偏的支流（也就是那些不能直接流向恺撒的支流）。这一令历史学家着迷的庄严的寻根进程，却好像也把一种莫名其妙、矫揉造作的僵化带入了历史，让一部由种种灾变、悲剧、短暂的领土肢解和吞并构成的生动活泼的历史，变得死气沉沉。

只要用新的眼光看看历史地图集，我们就会发现，那个被我们称为**法兰西**的国家，曾经有过许多不同形状的版图，而且这些版图之间的差异大得惊人。但无论怎样，这些版图千百年来都一直被叫作法兰西。如果我们能摆脱那副萦绕在我们脑际的当今法国的模样，我们的眼前就会浮现出这一连串在我们看来有悖常理的版图：但是如果其中之一的确存在过，那么毫无疑问，历史学就能通过溯源找到法国的诸多原型，如法兰西与西班牙的混合体，法兰西与莱茵兰的混合体，或者法兰西与英格兰的混合体，法兰西与意大利的混合体，法兰西与荷兰的混合体……我不一一列举了。而如果避而不谈这许许多多的偶然现象、开国故事和权力更迭，那又如何解释一段历史在活力和趣味方面的损

失？而且在这个讲台上，如果我能使用不同于科学术语的用语，那么又有谁能说明这种历史学可能带来的危害呢？

让我来设想一下莱茵河历史的撰写。[①]你们幻想着可以按事件的发生顺序忠实地编写它，但实际上却只能从溯源开始。莱茵河，在我们 9
看来那是一条承载着民族仇恨的河流，是一条边界，是黩武政策的血腥赌注。你们就从这里出发，一步一步地走到了那篇有名的文献《高卢战记》，这篇文献预言："莱茵河，是高卢民族和日耳曼民族的分界线……"然后你们再顺着年代往下走。当然得老老实实地走。自由自在地走，好吧。可是在整个旅途之中，你们都忐忑不安地紧紧抓住防滑链的两端不放。你们已经把灼热烫手的现在这一端不由自主地投射到了已经冷却了的过去千百年里。如今你们又在那里发现了它，而它还是你们当初把它投射进去时的那个样子。这是一种逆退式推理，而你们却浑然不觉。不久前一个叫威廉二世的人主张过这种方法，还有这么一些人跟着他鼓噪——这些人以世界最终目的自居，认为整个过去只有作为他们的现时状态和计划成为的状态的准备和证明，才有价值。就算是这样，可是科学呢？科学在这种历史学里位置何在？

人们就这样走着，而历史学也在高奏凯歌行进。外界对它的威望钦慕有加，它却渐渐失去了它的本原。已经有人在说了：历史学不是一门有完备的内容界定的学科。它一直就是一种"方法"，而且还是一种正在变成人文科学领域中几乎可以通用的方法。一篇有名的文章还说，这是一种"用以构造历史的方法"，实际上它好像和所有科学的方法都不一样：也许是一种间接认知方法？历史学的影子还在，但这个"影子"已经离弃了它的真实躯体。而持这一看法的，主要是被亨

① 对照吕西安·费弗尔：《莱茵河》(*Le Rhin*, Strasbourg, Imprimerie Alsacienne, 1930）第一部分中的《莱茵河的历史问题》(*Le problème historique du Rhin*)；以及《莱茵河：历史与经济问题》(*Le Rhin, problème d'histoire et d'économie*, Paris, Armand Colin, 1935)。

利·贝尔集结在《历史综合评论》周围的那些人。亨利·贝尔1911年在他的《历史的综合》的前言里大胆而深刻地指出(第Ⅵ页):“有人断言,历史学因为有着过多的科学性,所以失去了与生活的关联。而我的看法正相反,我确信历史学失去与生活的关联,恰恰是因为它的科学性还不够。”——那些人大概正在为未来做准备,只是他们并没有掌握现在。

二

而这曾是一种醒悟,一种突然的和令人不快的醒悟。其发生之际,正是危机时期,周围疑虑重重。

有些疑虑源自战争。那是那些在战后重新过上平稳生活,但也陷入了一种困惑的人的疑虑。这个困惑就是:他们每个人现在所从事的
10 职业,都不是他们自己想做的事——要是没有这次席卷全球的大战,他们肯定是另有所为的。而他们现在承担的,只是那些已逝去的人的任务,是经过战火的惨烈洗劫后只剩下一些伤残者的那两代人的工作,就像人们常常在前线稀里糊涂地穿过的那些噩梦般的森林……[①]“研究历史,教授历史,其实就是在搅动战争的余烬。这一堆余烬已经冷却,那一堆余烬余温尚存——而任何余烬,都不过是活生生的东西焚烧后留下的毫无生气的残渣……干吗还要去搅和它呢?不是还有其他一些更紧迫的事情(话说得大些:更**有用的**事情),需要我们去做,需要我们去贡献余力吗?”

还有那些嘲笑“历史学的大失败”的人的疑虑,这些疑虑的分量稍

① 吕西安·费弗尔:《毁灭的世界的历史》(*L'histoire dans le monde en ruines*),在斯特拉斯堡大学开设的历史学公开课[《历史综合评论》(*Revue de Synthèse Historique*, 1920, n. 88, p. 1 et suiv.)]。

轻。因为，指责历史学没有预见，没有预言；讥讽一些“规律”的崩塌，还嘲笑人们打造这些“规律”只是为了通过揭露其无用来取乐；打着不容置疑的道德的旗号来批驳某种“经济唯灵论”，这种理论前不久还被一个叫弗雷德里克·劳[1]的人斥为披着“历史唯物主义”的外衣；用萧伯纳的玩笑话——“有理性的人适应环境，无理性的人试图让环境适应自己，因此所有进步都是傻瓜造就的”——来回应那些有关环境及其限制的言论……所有这些胡言乱语都是不出所料的，也丝毫引不起历史学家的兴趣。因为他们清楚地知道：存在着这样一些不同的范畴，如认识和行动，如知识与灵感，如已经开始存在的事物和正在发生的创造。完美地建立起来的历史规律难道永远不会变成一种束缚吗？而且谁能肯定，在一定环境中，一种自主创造的意识对于反抗传统压力和制度惰性的行动不是必不可少的？——甚至谁能肯定，就未来而言，革新者的自主努力有可能正是他们与之斗争的社会体制造成的某种后果？

在精神领域，历史学周围的一切都陷入了危机，而且更加严重。在这里，战争已不再值得关注。而在种种新思潮的反复冲击下，在那些动摇和摧毁着物理学古老基础的深层震动的作用下，一切都大面积崩溃了——包括这个我们为之骄傲、能为我们的活动提供安全舒适的场所的现代世界，这个为一种被看作“世界几何学”的物理学的一丝不苟 11
的数学精神所统治的世界（这里，物质的一切质量都被掏空，剩下的只是一种纯粹的广延性）；同时坍塌的，还有那种一门心思只关注客观实在——一种不受思考主体（Moi，**我**）影响，只承认量的价值而无视质的价值的客观实在——的自然现象学，更出奇的还有那种研究人文事实的科学，它形成于某些研究方法在人文领域的应用，而这些研究方法已经在某种注定要受制于决定论的物质的领域里，经过了长期的检验。

如此说来，旧观念、旧学说都彻底失败了，都被新观念、新学说扔进

① *Études de morale*, Paris, Alcan, 1911, p. 64 et suiv.

垃圾堆了？没有的事！没留下能证明其力量的“阶地”，就不会有地质学说的“海”。那么，这是一场理想的危机，是向一种原始的或发达的神秘主义的必然回归吗？恰恰相反。这当然是一种充实，是一种扩展。它在我们关注的关键问题上，在直到当时还在为一条鸿沟所分隔的自然的客观领域与精神的主观领域之间，隐约地显示了相互沟通，建立联系的可能性……

尽管没有多少科学的气息，历史学多少还是受到了科学的影响。至于历史学能以何种方式，在多大程度上，以及在哪些关键点上，为那些观念的巨变所影响，现在还不是研究这些问题的时候。不过，即使还不能就这些问题写一本书，开设一门有关的课程还是应该的。其实只要简单地提出这些问题也就够了：在如此动荡的环境中，历史学怎能一仍其旧，还牢牢地抱着它的那些老习惯不放？我们怎么还感受不到把我们的观点与方法和其他观点与方法协调起来的必要性？——说得更直白些：旧的历史学既然已经破绽百出了，我们为什么不另起炉灶，重建一门历史学呢？

重建历史学——可是在什么基础上重建呢？我们不要舍近求远，就在应该被称为“人性”的那个东西的坚实基础上重建吧。

历史学是一门人文科学，是研究人类过去的科学，而不是研究事物或概念的科学。思想是外在于人并为人所信奉的东西吗？思想，作为由各种外来影响、回忆、阅读和交谈构建起来的人的心智知识里的一些简单要素，是我们每个人都随身携带的东西吗？惯例制度是与制造它
12 们、尊重它们同时又不停地更改它们的人相分离的吗？根本不是。只有人才拥有历史，而且人的历史是最广义的历史。当阿尔塞纳·达姆斯特泰尔撰写《词的生命》，并把语言当作他的书的主角时，我们知道，就在这里，就在法兰西公学院里，米歇尔·布雷亚尔对他的批驳是怎样地义正词严、雄辩滔滔。

历史学是研究人的，因而也是研究**事实**的——这没错。但这些事实是**人**的事实；历史学家的工作，就是重新发现曾经经历这些事实的人，以及那些后来在自己头脑中产生各种观念来解释这些事实的人。

要研究**文献**，没错，但要知道这些文献是**人**的文献。甚至构成文献的词本身都充满了人文的内容。每个词都有它的历史，在不同的时代有不同的发音，即使在它指称物体的时候，也只有在很少的情况下才意指同一种实际的东西，意指相等或相当的品质。

文献也许很重要，但也要看到**所有的文献**都很重要。不光是那些人们为之建立了一种特许权的档案资料重要——那种特许权，像某个人[①]所说的，就是可以从中引述一个人名、一个地点、一个日期的特许权——此人还断言，一个日期、一个地点、一个人名，对于一个不关心现实的历史学家来说，那就是全部有用的知识。但是，一首诗、一幅画、一场戏，在我们看来也都是文献，都是鲜活的人类历史的见证，饱含了潜在的思想和行动……

文献显然是重要的，但重要的也**不只是文献**。档案材料，不论是哪一类的，也同样重要。人们用的那些年代久远的档案材料，尤其是那些由各种新学科——如统计学，如正在取代系谱学的人口学（反映了人民主权取代王公贵族主权的进程），如梅耶的语言学（主张任何语言现象都显示着一种文明现象），如从研究个体转向研究群体和大众的心理学，数不胜数——发掘出来的档案材料。几千年前，有树木的花粉从远方森林飘来，落入北方的沼泽地中。今天一个叫格拉德曼的人用显微镜研究这些花粉，竟发现了极有意思的古代移民研究的基础信息。研究人类居住状况的学科就必须承认做不到这么好——哪怕增加了对文献资料的地名或考古遗迹名称的研究也做不到这样好。这种几千年前的花粉就是一种历史档案。历史学要用它来酿蜜。历史学的大厦，就

① 物理学家布瓦斯（Boisse）。

应该不加排斥地依托人的灵巧机敏所能发明和组合起来的一切来建
13 立，以弥补文献不会说话的缺点和遗忘带来的损坏……

在关系或亲或疏的各学科之间，学者们经常通过协商达成新的合作关系；让性质各异的多股科学之光组成光束聚焦在同一课题上。这是极重要的工作，而且它在一种不受边界和分隔束缚的历史学所必须承担的工作中，也许还是一项最紧迫、最能出成果的工作。

我们需要从其他学科借用一些基本概念吗？有时真是如此。首先是需要借用方法和精神。独立自主的研究者难道应向他人求助？其实这在今天已经是通行的规则。也许明天各类教育工作者还会组成团队一起合作。我想可能会出现这样的情况：先由物理学家提出问题，然后由数学家提供运用科学语言的技巧，最后是天文学家在广袤的天空中挑选一些天体做观察和检验。这可能就是未来科学研究的模式。工作的私密性将在很大程度上被消解。科学研究将不再只是一个人的事情，也不再只是一个人的才干的体现。但它在个性方面失去的东西，是会在效率方面找回来的。不管人们愿不愿意，手工业时代在慢慢淡出我们的视野。我们这些做科学研究的小手艺人，跟其他小手艺人没什么两样，甚至把小手艺人的毛病和怪癖都当作好东西敝帚自珍。小手艺人什么都自己动手做——创建他的工艺设备、他的试验场所、他的研究方案。他是面向过去的，一心要与许多逝去的美重聚。然而，另一种美正在人世间呈现。

人与人的合作，带来的是方法的趋同和发展的平衡。比较语文学是语文学的一个分支，本身源于18世纪梵文的发现，而语言学这门新学科就是从比较语文学中脱胎出来的。然而，在转向对语言现象的静态研究，完成对语言史的提炼之前，它几乎只专心于比较语文学。这种演变过程，似乎是对历史学演变过程的一种来自远处的粗略预示：历史学在从对各种历史集合体（或者说，各个民族和各个国家）的全球性研究，以一种无法预先确定的形式（因为这种形式很大程度上是随其他邻近学科的未来发展而变化的)，转向对历史事实的静态研究的过程中，终有一天也会完成这种演变。眼下，我们不妨谨慎些，除了提出一些人文问题之外，不要给历史学安排其他的任务。这样做，既是出于人文主义的考虑，也是出于对某一天历史学可能会变成“历史事实学”的担忧。 14

历史学是有法则的科学吗？也许是。一切事物都有赖于人们称为“法则”的东西。法则这个词矫饰浮夸，带多重含义，这些含义有时还互相矛盾。法则强迫人们行动——对此我们已经说过：没门。那就像把黄花鱼裹上面包粉油炸一样，是对人的主观能动性的蔑视。我们还要提高嗓门再说一遍：历史学家们，正因为他们是历史学家，绝不受“法则”的胁迫。不受“法则”的胁迫，那么受不受“过去”的胁迫呢？无须胡思乱想，要知道人是记不得过去的，人总是在重建过去。孤立的人是抽象的，群体的人才是真实的。而群体的人绝不会像北方冰层里的猛犸被冷藏了数千年一样，把过去保留在自己的记忆中。他只从现在出发——而且总是通过现在来认识过去，解释过去。

需要举一个例子吗？这里就有一个可能是最典型的例子，也是马克·布洛赫最近很恰当地援引过的中世纪习俗的例子。在好几个世纪里，一项法规之所以被认为有效，一笔佃租之所以被判定为合法，只有一个原因，那就是这项法规或这笔佃租古已有之。有头脑的法官断案前，总会先翻翻以往的案例：“在我之前人们是怎样做的？通行的习俗如何？”难道法律就必定因此而一成不变吗？其实，它一直在变，而且变得很快。一切都像从教会和平时期到宗教改革时期的基督教那样在发生嬗变……

似乎一点办法也没有，这是人在面对一大堆旧时的事实、观念和习俗时，本能地做出的防御反应。将现在渗入传统本身，是抵御传统的最好办法。而客观历史学的反应肯定不是这样。它根本不听这些解释，只想直截了当、奋力一搏，按其原初形态复原那些观念和制度的演进历程。但它也看到了这种任务的艰巨性。它知道，它将永远启动不了那个无法找到的装置，该装置在沉睡了千百年之后，还能让它听到原汁原味的过去之音——那是被永久保存下来旨在启迪今人的先人智慧。于是它就来解释，就来组织，就来重建，试图给出完满的答案。它要为自己制作它所需要的过去。这不是什么见不得人的事，没有冒犯人们为历史科学所设想的尊严。历史科学并非产生自象牙塔；它就是在实际生活中产生的，而且是靠那些生活在尘世中的活人产生的。它与人的各种活动都有千丝万缕的关联。它甚至常常受时尚的影响。历史学这门被普恩加莱称作“占卜过去”的科学，一直跟其他人文学科泡在一块儿，岂能不受它们的种种不安情绪的影响？而在我们看来，历史学只对过去的某些部分做过“占卜”，目的是让它们重现。因为它感到，只有这些部分，在它为这个理想服务的时候，对它所服务的理想有利用价值……我还是回到我刚才谈的那个问题上来吧。

我刚才谈的是法则问题。法则，如果你们指的是那些把一直都是相互分离的事实通过归类形成系列的史学方法的话，那么这有什么不对呢？历史学将由此再次体验到**科学**的鲜活的**统一性**，并将更好地感觉到它与其他学科的姊妹关系——而如此一来，最重要的事情，在所有那些其他学科那里，就是要在逻辑性和现实性之间达成协调，而在历史学这里，则是要在制度性和偶然性之间达成协调。

这是个困难的任务。在当今的所有学科中，对立、冲突、自相矛盾无处不在。让我们在这里，在这座楼里，嘲笑那些笑话我们、认为我们无能的人吧。他们只是忘记了这一道理：任何科学研究，最初都得打破常规。科学的进步是争论的结果，就像宗教要靠异端来滋养自己、充实自己一样。Oportet haereses esse.[1]

要把这些观点真正说清楚，那得花多少时间和精力啊！——我在

[1] 拉丁语：必须有异端。——译注

本演讲一开始就深知这一点。请原谅我没有展开说说我所熟知的那些困难。对我来说，重要的并不在于建立一个体系，而在于向你们介绍一个人，让你们了解他的意图、他的决心和他的弱点，以及他毋庸置疑的诚意。

法兰西公学院在建校400周年之际出版了一个在职50周年纪念册，装帧精美。其中有一份由保罗·阿扎尔还原的档案资料，读来令人动容。这是米什莱亲笔写的一页笔记——是他在这里上他最后一个系列课中的一堂课之前，以清秀的笔迹写下的笔记。这张纸上，已经振荡着这位浪漫主义历史学大诗人的韵律。从中我们读到了这样一些文字：

“我没有党派……为何？因为我在历史中看到了历史，仅此而已……

“我没有学派……为何？因为我不夸大方法的重要性，因为我不想奴役任何人。相反，我想解放人们，赋予他们判断和发现的活力。”

在我今天开始的这门课程结束时，或近或远的某一天，希望我能获
得这样的尊敬：“他在历史中只看到了历史，仅此而已……他在教学中 16
没有奴役他人，因为他没有体系——没有克劳德·贝尔纳也曾说过的那些试图奴役他人的精神的体系；但是他关心观念和理论；他关心观念，是因为科学只有靠思想的原创力才能进步；他关心理论，是因为我们大概都清楚地知道，理论永远掌握不了自然现象的无限复杂性：所有的理论都只是一些连续的阶梯，科学怀着扩大人类思想范围的无穷欲望，会一级一级地去攀登它们，但他也很明白，要登上可以看到晨曦初
现的顶峰，绝无可能。” 17

2. 体验历史学

在讲座开班典礼上的发言*

我喜欢历史学。如果不喜欢的话，我就不会当历史学家了。历史学家的生涯分两种：一种就是从事一门职业而已，敷衍应付，谈不上爱好；另一种则要满足人的内心深处的需求：如果人们选择的职业是一种用脑子的职业，这是不讨人喜欢的。我喜欢历史学，所以今天我很乐意把我喜欢的东西跟你们说说。①

我乐意这么做，这是理所当然的。我不太喜欢把事情搞混，不喜欢用私下的谈话来代替会议发言。但是，这些内容我毕竟还是可以跟你们谈谈的。1899年，我服完兵役一年后（我们那一代人一般都要在七年学业的第一年入伍），我和你们一样，进了这所学院，学的是文学专业。这是违背自己意愿的：我从小就有坚定的志向，要当个历史学家。可是这个志向无法让我抗拒在路易大帝中学两年的高级修辞学课程，无法让我抗拒对埃米尔·布尔热瓦的《外交政策史教程》进行两年的钻研（后来我认出他就在学校里当讲师）。阿纳托尔·法朗士似乎在什么地方

---

* 对高等师范学校学生做的讲座，1941年。

① 这些话是1941年开学时对高等师范学校的学生讲的。我受邀为他们举行三场讲座，内容是经济与社会史，我相信能为他们提供一些建议。建议的具体内容见下文。

说过，小时候他梦想写一部法国史，“把全部细枝末节都写进去”。在中学里，我们的老师似乎都向我们宣扬过小阿纳托尔的幼稚的理想。有人也许说过，在他们看来，对于德·夏尔纳塞先生在北方几个宫廷里的使命，即便不能了解全部细节，至少也要了解得尽可能详细。谁比旁人知道这些细节多一点，他当然就比旁人强了：哇，他擅长研究历史！

我有点担心，我们这个时代从开始到现在，情况没有发生太大变化。我们法兰西公学院的一位刚刚过世的同行，大数学家勒贝格，直到生命最后时刻，还保留着巴黎高等师范学校的幽默，他曾经带着这种幽 18
默跟我们谈心，说存在着两种数学：一种很可怕，是总督学的数学，他都承认不太懂；另一种可以弄懂，就是他每天钻研的数学，没有任何困难能让他灰心丧气。同样，也可能存在两种历史学，大家都不想去尝尝前一种的滋味吧？那是莽撞之举。无论如何这不是我要跟你们说的历史学。我要说的是另一种历史学，即总体史，是我试图发展的历史学，是我喜欢的历史学。

一

你们会问我，我是要谈总体史吗？不是的，因为你们的通知是举行关于“经济与社会”史的讲座。不过也正好，我一定要告诉你们的第一件事就是，严格地说，经济与社会史并不存在。这不仅是因为，经济与社会之间的联系并不是特有的，从这个意义上，就没必要说**经济**与**社会**的，更不必说**政治**与**社会**的、**文化**与**社会**的、**宗教**与**社会**的，甚至更不必说**哲学**与**社会**的。我们一直很自然地、不假思索地把经济和社会这两个修饰语联系在一起，而使我们产生这种习惯的，并不是经过考虑的理由，是一些很容易确定的历史的理由，而且归根结底，我们一直采用的这种说法，不过是一种思想的残余，或者说是一种遗产：争论了长达一个世纪的遗产，被称作历史唯物主义的遗产。所以，当我采用这个流行的说法时，当我谈到经济与社会史时，绝不要以为我一点不对它的真实含义起疑心。当马克·布洛赫和我把这两个传统的词印在我们的《年鉴》的封面上时，我们都很清楚，尤其是“社会的”这个形容词，在时间的长河中，已被人们说得太多，最终几乎都不想再提了。但正因为如此，我们还是用了这个词。它那么招人喜欢，到头来竟因为一些纯粹偶然的原因，让另一个词失宠了，弄得这个词如今形单影只地出现在《年
19 鉴》的封面上，“经济与社会”史年鉴就这么简单地变成了“社会”史年鉴。我们欣然接受了“经济”这个词的失宠。因为我们一致认为，像“社会”这样一个空泛的词，就像是由历史学的保护神的一道通谕创造出来的，它被当作一种杂志的标志，因为这种杂志自称四周没有高墙，而是面向毗邻的所有园地，广泛地、自由地甚至不慎重地宣传一种精神，一种它的精神：我说的是一种任何意义上的自由批判的和首创的精神。

因此我说：没有经济与社会史。只有统一的总体史。根据定义，历史就是整个社会的历史。我所认为的历史学，就是科学地对从前的人类在极为不同但可以互相比较的（这是社会学的公设条件）社会范围内的各种活动和创造进行的研究，这些活动和创造被按照年代记载下来，它们遍及全球，贯穿更迭的时代。这定义有点长，但是我不相信短得离谱的定义。我认为，按照原话，这个定义排除了许多伪问题。

从一开始，我就这样把历史学叫作一项科学地进行的研究，而不是一门科学。因为同样的原因，我在拟订《法国百科全书》的编纂计划时，不愿按照惯常的要求，为它提供科学的一般分类作为编纂基础；尤其由于这个原因：说到科学，人们首先提到的是大量成果，可以说是一个装满了钱财的宝库，其中有些是珍贵的，有些并不是；而不强调所谓学者的原动力，我指的是**不安于现状**，是质疑传统真理，不是无休止的，过分注意细节的质疑，而是经过论证的、有系统的质疑，必要时，需

要对所获得的成果重新思考、重新审查、重新修改，使它们重新适应观念，并由此重新适应新的存在条件，这些新条件是时代和人，生活在时代中的人，一直不断地为自己创造的。

此外，我来说说人。人是历史学的唯一对象，这里指的是一种属于人文学科的历史学，这类学科，除了人类学、心理学、语言学等之外，还包括了所有范畴、所有阶段的学科；这种历史学感兴趣的不是某种抽象 20
的、永恒的、本质不变而且永远保持下去的人，而是一直生活在他们作为其成员的社会中的人；是处在完全确定的发展时期的那些社会的成员；是具有各种职责、拥有各种职业、有着各种操心事和才能的人。这些职责、职业、操心事和才能混合在一起，相互冲突，相互制约，最终达成一种妥协，就叫作**生活**。

这样定义的人，人们为了能够很方便地捉住他，不是抓住他的头，而是抓住某部分肢体，比如腿或者臂膀即可：人们一拽就拽出的人，总是完整的。这个人不能被切成碎块，那样就是把人杀了。而历史学家不需要破碎的尸体；历史学家研究逝去的生活。当代大历史学家皮雷纳曾经给出过人的定义："人热爱生活，并且知道关注生活。"用一句话说，这个人就是他的一切活动发生的共同场所，而人们可以更具体地对其中某一种活动感兴趣，例如对他的经济活动感兴趣。这有一个条件，就是决不要忘记，这些活动总是牵涉到整体，而且是在他创建的社会的范围内。而"社会的"这个修饰语的意思恰好就在这里，我们照例把"经济的"这个修饰语和它绑在一起；它提醒我们，我们研究的对象，不是实物的碎片，不是人的活动的一个孤立的方面，而是人本身，要把他放在所处的群体中来理解。

请原谅，这些看法有点抽象。然而我说这些看法的时候，既没有忘记我的真实意图，也没有忘记我此刻到这里来的深层的原因。昨天，我为了你们特意重读了一些奇特的杰出的文章。在1914年，奥瑟曾发表了米什莱的一些授课笔记，跟以往的文章一样，他的这些笔记充满着闪光，是预感和天才的闪光。其中有一课就是在这里上的，时间是1834年7月10日，是对三年级的学生讲课，他们就要离开学校到外省去。等待这些年轻人去的那座城市，没有整理有序的档案资料，没有编好书目的图书馆，旅行又不方便，还没有地方消遣娱乐，等待他们的就是一所皇
21 家学院的艰苦的教师生涯——为此米什莱要鼓励他们。他指出，一个历史学家，只要愿意，在任何地方工作都能出成果。如今，问题变得不一样了。不过米什莱凭着他的威望，他的热情话语，以及他的天资的影响试图做的事情，也都是我要试图跟你们一起做的。如果我能挽回并且加强某个历史学家的动摇的志向；如果我能消除对历史学的一些偏见——产生这些偏见的原因，是你们不幸过多接触了人们以历史学的名义向我们提供的东西，是接触了人们给予你们的，以及直到博士学位的考试还在要求你们的东西，这是唯一让你们避开或者至少能避开风险的东西——如果我能让你们产生“当个历史学家也能尽情享受生活”这种意识，那么我就能报答一点学院对我的恩情了。

可是，如果我不当着你们的面，跟你们一起研究当今**历史学**向那些攀登探索巅峰的人，向那些站在船头不断察看视野的人提出的一些现实问题，怎么能让你们产生这种“当个历史学家也能尽情享受生活”的意识呢？

因为，任何历史的开端和结束，都是“提出问题”。没有问题，就没有历史。“叙述”，就是编写历史。然而，你们记得，我虽然没有说过历史的“科学”，但是说过“科学地进行研究”。这些词在这里不是故弄玄虚。“科学地进行”这种说法就包含了两种活动，就是在任何现代科学工作的基础上的两种活动：提出问题，并提出假说。有人向我们这一代人指出过，这是所有活动中两种有风险的活动。因为提出问题，或者提出假说，根本就是背叛，是让主观性的特洛伊木马潜入客观性的城邦……

在那个时代，历史学者生活在对“事实”的崇敬当中，这种崇敬幼稚又虔诚。他们天真地认为，学者盯着显微镜，马上就能弄懂一大堆事实。这些事实是人们向他提供的，是好心的上帝为他编造的，他不过是记录这些事实而已。随便哪位掌握了方法的医生，只需稍稍盯着显微镜，观察一下标本切片，马上就会意识到，对于组织学家来说，关键并不在于**观察**，而是在于**解释**一种完全应该被叫作抽象概念的东西。学者 22
按照预先设想的打算，首先经过长时间的、艰难的准备，才掌握他要的东西，而研究者只是因为自己提出一个问题，并且提出一种假说后才做，可能五分钟就可以测定。

历史学家的情况也完全一样。没有哪个上帝会为历史学家提供一些原始事实，会提供一些偶然被赋予了一种实际上十分确定的、简单的、顽强的生命的事实。历史事实，哪怕是最不起眼的事实，它们的生命也是历史学家给的。我们知道，人们经常要求我们虔诚对待的这些事实，就和一些抽象概念一样——而且我们还知道，要确定这些事实，必须求助于证据，这些证据差异极大，有时还极为矛盾——我们必须从中进行选择。因此，人们常常当作原始事实提供给我们的这批事实，自然而然就会构成事件发生的那个时刻记录的历史——我们知道它本身就有一种历史——而且知道这就是历史学家的认识和意识的发展史。因此，为了了解不同版本的事实，我们有权要求人们首先接纳我们参与考证工作，这种工作已经准备在引用这些事实的人的头脑中把它们都连接起来。

而且，同样地，如果历史学家自己不提出问题，或者在提出问题以后，不提出假说来试图解决这些问题，那么我就有充分理由说，他在职业、技术、科学能力方面，都不如水平最差的农民：因为连这些农民都知道，不能一见到草场，就把牛羊乱哄哄地赶过去，随随便便地让它们到处吃草。他们会把牛羊关进围栏，把它们系在木桩上，让它们吃这一片草，而不是吃那一片草。他们知道为什么要这么做。

你们想知道原因吗？一些年来，我们最优秀的历史学教授，呕心沥血撰写了一些巨著；经过认真细致的准备，精心编纂了一些十分出色的教科书；当这些著作的某一本中充斥了事件、数字和日期，罗列了图表、传奇故事或文学艺术时，当这些书的某一本被法兰西研究院、索邦
23 大学、地方上的大学打下的恭维的印记，比一家好旅馆的光怪陆离的招牌还要多时，人们就有了这么一种印象："我们要研究的时期（而这也是我们最现实的一段历史），是它前面时期的延续，也预兆了它后面时期要发生的事情；这个时期就因它所废除的东西而引人注目，但也因为它所创立的东西而引人注目"，等等。我们还会花更长的时间继续思考，为什么许多有才智的人都嘲笑历史学，离开历史学，痛斥和奚落历史学，因为他们失望地发现，下了那么大的功夫，花了那么多金钱，出版了那么多精美的书，结果只是为了传播那样一种指导思想，让那种鹦鹉学舌式的、没有生命的历史学长盛不衰，从这种历史学中，人们永远感受不到（这里我引用了，而且我坚持要引用保罗·瓦莱里的话），"人们面对由伟大生活的重大感觉构成的不确定的东西时，所产生的那种忧虑，如诸民族在面临命运所系的战役时的感觉；野心家在即将获得荣誉，或者即将上断头台时的感觉；艺术家就要为他的大理石雕像揭幕，或者下令拆除还支撑着他的建筑物的拱鹰架和陈列台时的感觉"，不知为何你们就会对人们激烈反对历史学感到吃惊，对年轻人对历史学丧失兴趣感到吃惊，对因此引起的历史学的退步和这场真正的危机感到吃惊，我们这一代人是亲眼见证这种历史学缓慢、逐渐、稳健地发展起来的。你们想想，在我进高等师范学校的时候，历史学在斗争中是获胜方。对它来说，赢得太多了。这么说是因为它甚至都不再像是一个具体而有限的学科了，是因为人们把它当成了一种万能的方法，用来不加区别地分析所有形式的人类活动，是因为如今还有一些落伍的人，在定义历史学时，不是根据它的内容，而是根据这种方法——它甚至都不是历史学的

方法，只是考证的方法。

历史学攻城略地，征服了所有人文学科。居斯塔夫·朗松把文学批判变成了文学史，库拉若的继承人，性子暴躁的安德烈·米歇尔，把美学批判变成了艺术史，这位主神在卢浮宫学院叱咤风云。古老的神学争辩则变成了宗教史。历史学为这一进步沾沾自喜，为它的征服感到自豪，它自负于世俗的成就，心安理得地呼呼大睡。它不再前进了。它老话重提，反复修改；它也不再进行再创造了。而每过去一年，它的声音都增添一点死气沉沉的音调。 24

在这期间，一些新学科建了起来。在里博、雅内、迪马的推动下，心理学把它的方法和对象同时更新了；在迪尔凯姆、西米昂、莫斯的号召下，社会学同时作为科学和学派创建了；高等师范学校的维达尔创立了人文地理学，索邦大学的德芒戎、法兰西公学院的让·白吕纳发展了它，满足了一种现实需要，在史学研究中，是找不到任何东西来满足这种需要的，因为史学研究正逐渐朝着最专断的、与现实最割裂的外交史学发展——而且还朝着政治史学发展，而从狭义上说，政治史学对所有不是历史学的东西都瞧不上眼。年轻人对新兴学科的兴趣越来越浓。斗争随之而来，危机爆发了——一些人把历史学抛弃了，还有一些人讽刺它。然而，历史学在我们的精神生活中占据的位置太重要了，以至于人们不能不关心它的变迁，而对它的抨击不会只是耸耸肩了事，这些抨击的形式可能有错误，或者显得笨拙——常常都是这样——但是都说出了历史学的不足之处，这些不足之处需要纠正，而且要赶快：这是一种失望，一种彻底的幻灭——是一种痛苦的感觉，是让人觉得，今后研究历史、阅读历史都是浪费光阴了。

二

这种局面必须得到纠正——可是怎样纠正呢？

方法就是把历史学和围绕着它的那些学科之间的联系了解清楚，不管它是不是知道，也不管它是不是愿意，这些联系都是存在的，而且它的命运永远跟它们分不开。

1834年米什莱在讲课时对学生说道:“在历史学中——就像在斯特恩的小说中一样：客厅里发生的事，在厨房里发生了。就像两块相互能感应的手表，一块在200法里以外指示钟点，而另一块会把这个钟点报出来。”他还对这个例子进行了补充说明:“在中世纪，这就是一回事。阿贝拉尔的哲学敲响了自由的钟声，而自由就在庇卡底的市镇显示出来。”真是一番妙语啊。我还顺便注意到，米什莱没有把人类的各种活动分成等级：他不像泥水匠，有着过于简单化的形而上学思想：一层砖，二层砖，三层砖——或者是一层楼，二层楼，三层楼。他也没有建立一种谱系，说这个是从那个派生出来的，这个产生
25 了那个——没有。他有共同环境的观念，这种观念更为精妙。而且很奇怪，我附带还注意到，如今在我们所处的世界，电已经无处不在，可以向我们提供许许多多的隐喻，来满足我们的精神需要，可是我们却还在固执地使用几百年前的那些笨拙的、呆板的、不贴切的隐喻；总是还要固执地要按照砖层、楼层、砾石——按照地基和上层结构来思考历史学的事情，而电在线路中流动，它的干扰现象，短路现象，就能方便地为我们提供一整套形象化的比喻，如果将其融入我们的思想环境，将产生更多的灵活性。而事情总是这样的。一个历史学家，当他想建立历史学理论时，就要借鉴科学的情况，（如果他很好学的话）就要重新读一读克劳德·贝尔纳的《实验医学研究导论》。这部伟大著作很有历史学价值。（近一个世纪后，这本书成了规范。）优秀的普拉塔尔从前写过一篇文章，对哥白尼的太阳系在他那个时代没有立即产生更大的影响，而且没有在人类思想中引发革命感到吃惊。如今，还有一个令人惊讶的事实值得我们去写一篇好文章，这个事实就是，三四十年来，在现代物理学的推动下，我们的宁静生活

的根基，即旧的科学体系发生了整体性的动摇和倾覆；不光是这些体系，连所有基本观念都要重新考虑和修正：首当其冲的便是决定论的观念。那好，我就想，一百年后，再发生一场革命，今天的概念又会过时，那时，理解力强的人，有学识的人，那些研究人文科学的理论、尤其是研究历史学的人，会突然发觉有过一些叫居里夫妇、朗之万、佩兰的人，一些叫德布罗意、约里奥的人以及其他一些人（只列举一些法国人吧）。这些研究历史学的人便会把他们的理论著作中的某些只言片语据为己有，按照一百年前的观念来修正他们的关于方法的论著。

不过这没有什么关系。因为历史学家们可能没有意识到：历史学的危机并不是一种专门只侵袭历史学的弊病。它过去是，而且现在仍然是人类精神的一场严重危机在历史学方面的体现。或者更确切地说，它只是特征之一，同时也只是最近科学家、学者对**科学**的态度发生 26
很明显的转变所造成的后果之一。

确实，在所有这些新概念产生之初（这些概念是学者，更确切地说，是研究者提出的，是那些推动科学进步，而且常常关心行动，而不是关心研究行动理论的人提出的），出现了“相对论的提出”，这个重要事件，它动摇了我们那一代人年轻时所想象的那种科学的整个结构。

在那个时代，我们就靠着一些观念无忧无虑地生活，不费什么气力，这些观念是随着时间的推移，根据感观数据，以及可以被看作拟人化的材料，渐渐地、缓慢地建立起来的。首先，一堆知识碎片被以物理学的名义组织起来，最初这些知识碎片各自保持着独立和不同，并且以一些可比较的事实，以及以它们通过人的某种感觉器官提供给人的方式归类。通过视觉得到的，就是光学知识。通过听觉得到的，就是声学知识。通过触觉和肌肉的感觉得到的，就是热学知识。力学知识则更加复杂，它是身体运动的科学，同时通过视觉和肌肉感知信息，并由此结合成各种器官的感观数据；还有，也许是由于拥有更丰富的直接信息，也许是由于对力学感兴趣的人因为实践和技术方面的缘故好奇心更强，产生了更复杂的，但发展也更快的知识。例如，为了制造机械，建造磨坊和锯木厂，人们提出了一些越来越复杂的水力学问题；为了制造和继续完善火器，尤其是为了制造大炮，人们提出了越来越艰深的弹道学问题。而物理学的其他科目，那些人类在其中不太能得到直接经验的科目，发展就比较慢，尤其是电力学和磁力学这两个新领域，因为感觉器官根本或者几乎无法直接去感知。

我不必说力学是怎样开始一点一点地对各门科学产生影响，并且渗入其中的，再说我也会被阻止这样做，况且这对我讲话的目的一点用处也没有。首先，它兼并了声学，用振动来解释声音的感觉。然后它创
27 立了天体力学，把人类的运动法则——把我们祖先的头脑根据他们自身的肌肉力量得出的运动法则——应用于宇宙星辰。接着它又把它的方法和法则推广到整个热学领域、整个流体力学领域。而光学、磁力学、电力学无疑还在抵抗——但是人们已经相信，可以宣告已经征服它们了；人们已经宣告，而且提前庆祝笛卡尔物理学、宇宙几何学无可争议的全面胜利；巨大的希望已经萌生了，人们总是在同一方面看出苗头，预告精神的东西成功化简为物质——而当这突然成了**革命**时，我们历史学者，在这个一切在我们看来都用已知数字来标记的科学世界里，曾经是觉得自在的。这场**革命**分为两个时期：先是电力学、磁力学，甚至光学的突然出现，抗拒预先宣告和庆祝的合并。后来，从由麦克斯韦在安培和法拉第的实验的基础上创立的电动力学，与牛顿在哥白尼的观察的基础上创立的力学之间发生的形式上的对立，又发生了融合，就是这种奇妙的融合，改变了原先关于**时间**、**长度**和**质量**的观念，把整个物理学都囊括进去，并且用成套的定律，把被旧概念分离开来的因素联系起来。

其间，**生命**领域也在发生一场类似的革命——一场由微生物学引起的革命；人们通过观察，得出了“机体是由大量千分之一毫米大小的细胞构成的”这种观念。而当裸眼观察到的生物机体越来越显得像一些物理化学的系统时，一些力学定律、地心引力等对微生物学所揭示的机体的作用，却又似乎可以忽视。那种在人们认为有机体，至少是基本有机体，似乎也受经典力学定律支配的时代产生的解释性理论，对它们不适用了。相反，微生物学所理解的机体，自身没有强度，不是实心的，其中有空洞，而且这些机体的绝大部分只是能被一些力场穿透的空间。这样，人就突然改变了世界。在他面前，有像他本人躯体的机体，裸眼 28
可见，手可触知；一些具有重要机制的机体，例如我们想到血液循环机制，以欧几里得几何学为基础的经典力学定律，曾经而且仍将适用于它们。但是在他面前，构成机体的还有我们无法描述大小的亿万细胞。而在细胞层面上发生的情况，又经常跟我们的感性认识不相符。我们这样突然看见的机体，最近的工作成果向我们揭示的机体，可以说超出了“我们的常识”，并且违背了这些常识。而在生物学领域，机体组织的空洞，也让我们习惯了不连续的观念，而这种观念也从另一方面随着量子理论进入了物理学，这大大加剧了相对论已经对我们的科学概念造成的破坏，它似乎对传统观念，对旧的因果关系观念提出质疑；因此也一并对决定论这个任何实证科学的无争议的基础——老的经典历史学的这根不可动摇的支柱提出质疑。

这样一来，整个世界观一下子就崩塌了，多少代的科学家，连续几个世纪，以对世界抽象的、适当的和综合的表述构建的整个结构崩塌了。我们的认识突然超出我们的理性。实际存在突破了抽象理论的边界了。靠牛顿力学即推理力学来解释宇宙的尝试止于这场突如其来的挫折。我们必须以新理论来代替旧理论，必须对此前我们还赖以生活的所有科学观念进行修改。

这里如果把要修改的东西一一指出来，需要太长的篇幅。我们注意到，没有什么东西是不需要修改的。科学事实的概念，科学定律的概念，**偶然性**的概念，都免不了要修改。学科本身的全面和整体的概念，乃至**科学**的概念，都免不了要修改。一些学科，像从前奥古斯特·孔德所提出的那种在同一门类下分成不同等级的学科，其双重缺陷一下子就暴露出来：它既不承认科学工作深远的统一性，又不妥当地使事实状
29 态转变为理论状态；例如，它把傲慢自大的几何学和力学送上科学的巅峰，它们就为自己的完美形象感到沾沾自喜，并且把它们的法则——它们的真理的法则，它们的抽象的、绝对的、普遍的和必然的法则，当作典范一样，可以说当作标准一样，推荐给其他学科。什么是学科？学科就是一些分离的领域。是杂乱的混合物。而且所有的发现并不是在各个学科内部得到的，而是在学科的边界，在边缘，在分界线上，它们就在这些地方互相渗透。这就是学科。至于**科学**嘛，它和**艺术**差不多，而且对此我们可以引用贝特洛的话。1860年，贝特洛说到在合成的基础上创立的有机化学，当时他就陶醉于他早期的成就，宣称："化学创造了它的对象。"他还补充道："这种创造能力就像艺术本身的创造能力，从本质上使化学跟自然的和历史的学科区别开来。"他明确指出，因为这些学科"有预先给定的，而且与科学家的意愿和活动无关的对象；它们不支配的对象"，而新化学却"有能力构造大量人造生命，与天然生命相似，并且具有它们的一切性质"。当科学家渐渐地把理解，而非认识视作科学努力的终点时，区分就变得过时了。当科学家渐渐地把**科学**定义为一种创造，我们称之为"构造对象"，而且注意到其中随时都有科学家（通过他的意愿和活动）在进行干预时，区分就过时了。

这就是当今的**科学**的环境。这种环境与昔日的——我20岁时的**科学**的环境不再有任何共同之处。那种**科学**所依赖的公设条件都彻底遭到动摇，受到批判，变得过时了。科学家早在多年前就抛弃了那些公设条件，代之以别的公设条件。那么我就要提一个问题，只是一个简单问题：我们历史学家还要独自继续承认那些公设条件有效吗？此外，如

果我们所用的有关科学观念的全部材料，确实正好是从几十年前那些
对在拿破仑时代意义重大的自然科学，即物理和自然世界的科学感兴
趣的人那里获得的，这种承认还有什么用？我们难道不需要用一些更
准确、更近似的新观念来替代那些过时的观念吗？无论如何，我们难道
不需要彻底打消依靠五十年前的“学科”来支持并论证我们的理论的 30
念头吗？因为五十年前的学科不过是一些回忆和往事而已。问题的关
键就在这里。回答了这个问题，就能解决历史学的危机。而如果学科
确实都是相互关联的，答案就是可预知的，无须郑重地把它说出来。

这就是在我们眼前上演的大戏，是许多大戏中的一场。因为还有许多别的大戏在我们的眼前上演，剧情冲突不断形成、化解，我们却没有给予它们短暂的注意。唉，要是我有时间就好了！我多么想以参考和比较为由头，跟你们说说所谓**进步的悲剧**呀！我多么想为你们描述一下，19世纪强盛的市民社会的创造者、组织者，以**理性**为基础发起他们的力量，并依靠明显理性主义的哲学来支持这种力量，后来到了19世纪末，当瓜分世界遇到困难，当群众都组织起来，并且越来越迫切地要求提高生活水平时，情况就发生了180度的大转变，这些组织者把**理性**扔到海里去了，而且就在他们把生活托付给技术，托付给从前被父辈称赞为进步的那些**科学**的应用——它们不再是为他们服务，而是在奴役他们——之时，他们就不再绝对相信**科学**和**进步**，而是宣告它们彻底失败了……这是可悲的矛盾。不过，如果真是因为这些人已经不再相信这些用技术来奴役他们的**科学**的人文价值，这种矛盾是能够化解的。当人们的视野内没有任何重要目的吸引他们时，手段就变成了他们的目的，而自由的人类就变成了它们的奴隶。

对我们历史学者来说，这是重要的教训。我们绝不要忘记，**历史学**是关于**人**的**科学**。是关于人类社会的持续变化的科学，是要按照物质、政治、道德、宗教、知识存在的一些新条件，进行持续和必要的调整

的科学。是在所有时代，在人类的不同但同时存在的生存条件之间进行协调，使和谐持续地和自发地确立起来的科学：这些条件包括物质条
31 件、技术条件、精神条件。历史学就是从这里获得**生命**。它就是通过这种方式，不再当婢女，而且不再追求那个各方面都具有极大危害性的梦想：把昔日的死者口授的所谓法则强加给活着的人。而我既然有幸知道，在这个大厅里，有一些年轻人决定毕生献身于历史研究，我肯定要对他们说：研究历史，就要坚决背对过去，首先去生活。你们要和生活相结合。或许，还要和整个多变的智力生活相结合。历史学家们，你们要成为地理学家，还要成为法学家、社会学家和心理学家；不要无视重大演变，它正在快速改变我们面前的物理宇宙的自然科学。但是你们还要去体验一种实在的生活。你们不要只是待在海岸上，手足无措地看着暴风雨肆虐的大海上发生的事。在遇到风浪的船上，你们决不要做巴奴日，因为胆小而名誉扫地，甚至也不要做庞大固埃，他只是死命抱住主桅杆，仰望天空，苦苦祷告。你们要像约翰修士那样，卷起袖子，帮着水手驾驶船只。

这就完了？还没有。要是你们继续想的是一套，做的是另一套，把你们的历史学家的生活和普通人的生活分开，那么你们甚至会一事无成。做的和想的之间没有隔阂，没有藩篱。对你们来说，历史不应该像一块死气沉沉的墓地，只有一些没有实体的亡灵在游荡。你们应该斗志昂扬，身披战尘，任衣服上凝固着被打败的怪物的血，在沉睡着历史的古老宫殿中，把它的门窗统统打开，让阳光重新洒进来，让声音重新响起来，让你们自己的活力焕发出来，焕发你们的炽热而年轻的活力，唤醒沉睡的历史公主的被冻结的生命力……

世界，这个破碎的、分裂的、流血的、呼吁宽恕的世界，它的统一不是靠外部干预来恢复的，而是要靠这个世界中的每个人，通过每个人的深邃的思想与无私的行动完美一致，要靠每个人的全部天赋，只有这种天赋将允许我们以恢复的全部信心，对“我够资格吗？”这个重要问题

作出肯定回答。 32

请原谅我采取这种方式讲话。对历史学家我尤其要这样说话。不过，要是他们真想认为，我这样对他们说话，是没把他们当历史学家看，我请他们在发这种牢骚之前务必三思。这种牢骚非常致命。

历史学和任何学科都一样，也需要一些优秀的工人和工头，来按照别人的图纸正确地施工。它还需要一些优秀的工程师。他们必须能看到藩篱之外的事物。他们必须能够描绘一些宏伟蓝图，然后就靠能工巧匠通过有效的工作来实现。要描绘宏伟蓝图，就必须有宏大的思想，就必须对事物有明晰的了解。他的工作必须与他所处时代的整个发展保持步调一致。必须抛弃琐碎的、无价值的、贫乏的、落后的东西。总而言之，必须会思考。

历史学家们严重缺乏的就是这种东西，半个世纪以来我们一直能认识到这一点。他们不应该再一直缺乏下去了。不然的话，面对“非得研究历史不可吗？”这个问题，我会干脆劝你们放弃研究。不要浪费生命。生命浪费不起。此外，我也希望人们广泛了解历史学与其他学科建立起来的关系，这么做不是阻止人们去抓住具体问题，也不是阻止以讲求实际和实用的方式提出问题，而是相反！这是我打算在下次讲座上向你们指明的东西。相较于他们的入门课，历史学家们也许更喜欢这些课，也更感兴趣，如果这样，我只求他们想到，所有东西都是相互关联的；而且也需想到，对建筑师而言，全面的文化修养，也许比做好砖石工程的本事更有用。

今天我想对你们说的就是这些，语言没怎么修饰。你们也耐着性
子听完了，我要谢谢你们。 33

3. 顶风前进

新《年鉴》的宣言*

自1929年以来,《年鉴》年年出版。尽管曾经有灾祸笼罩在法国和世界的头上,但是《年鉴》没有一年放弃过科学和教育的双重任务。

在这种新环境下,《年鉴》将以一些新方式,并且以新刊名继续出版。

"真喜欢改啊！一开始叫《经济与社会史年鉴》。然后叫《社会史年鉴》,接着又叫《社会史文集》,怎么现在大标题很短,就叫《年鉴》,而副标题却长了,叫'经济、社会、文明'?"

我们可以回答,这些改变一部分是偶然做出的。可是为什么我们要摆出自我辩解的架势呢？1929年,布洛赫和我想出版一份有生命力的《年鉴》杂志——我还非常希望,那些把我们的努力延续下去的人,也把我们的希望更久地延续下去。可是,生活就是充满变化啊。

我们非常钦佩,而且应该钦佩,那些怀着冷静的坚信立足于一种知识领域的重要杂志。这种冷静就像埃及金字塔般冷漠的平静。金字塔端坐在那里,一动不动。远远望去,给人一种威严的印象。但是,金字

* 《年鉴:经济、社会、文明》,1946年。

塔毕竟是陵墓。在塔的中央,禁锢着一位显赫的、被制成了木乃伊的死者。万岁,水泥和透明玻璃!当它们的组合满足不了新的需求时,人们就毅然决然把它推倒,然后从头进行重建。这是另一种力量,就像美国那些大城市的那种扩张的力量,在这十年里,它们重建林荫大道,使城市脱胎换骨。 34

《年鉴》之所以变化,是因为它周围的环境变了:人和事物变了;总之,世界变了。1938年的世界已经根本不是1929年的世界了。1942年或1946年的世界又会怎么样?——哪个世界更合理,因而更高效呢?

因为我们通常一直在演奏有关废墟的浪漫主义旋律。我们一直在把废弃的电站、高架道路和桥梁、城市街区和村庄夷为平地。我们还惊恐地睁大眼睛,低声咕哝:"有原子弹了……得,世界毁了!"——毁了?还有跟废墟完全不一样,比它还要严重的事情:那种神奇的加速度,猛撞大陆,海洋没了,沙漠没了,使带有相反电荷的——而且直到今天还最有理由在精神和肉体上"保持距离"的人群,突然相互接触:发生短路……

我们的世界基本上就是这样被摧毁的。了解这一点对我们至关重要。心里只有废墟的人马上就自我安慰了:"要有耐心……一年,两年,十年,一切都会重建起来的。将会有全新的地铁站。高架路都将修复。所有水果店都会有香蕉卖。"——虚幻的安全感。

同样,对于这危险到令我们发疯的速度,我们也存在着某种想法:"唔!这是交流的问题。人们解决了国家边境线内的交流问题。人们努力为大陆解决这个问题。好了,人们还将为整个地球解决这个问题!时间的问题、研究的问题、材料的问题,尤其是材料的问题……"这是工程师的幻想。也是政治家的幻想,他们的身边围着官员,为了让这些官员懂得操纵人类,有人向他们传授了秘诀。

当然,也存在一些技术问题。还有一些经济问题。但是对于人类的未来而言，唯一要紧的问题就是人的问题。1932年，我参观了殖民博览会，发现有新的无法抵御的烦恼出现了，回来用这些话表述出来：“历史学家对历史中所有已经发生失常的东西进行思考，种族之间、民族之间的距离，交替发生变化：有些距离是物质上的距离，每天都在缩短；有些距离是精神上的距离，很遥远，也许无法跨越。”——这就是整个巨
35 变。是文明的巨变。它在1932年就有预兆，在1946年发生了。

“我们现在都知道，我们这些人，这些文明，都是必定要灭亡的。”这句话曾引起过巨大反响，它是瓦莱里在20世纪20年代末写的，可是对历史学家来说，这句话并不新鲜；就以老巴朗什为例，1817年他就已经说过同样的话，字句都一样：这儿那儿遭受过灾难的人都这么想。可是巴朗什也会说这种话——巴朗什，他可是欧洲的一位享有盛名的公民，该欧洲对傅立叶的嘲笑不管不顾，宣称自己就是典型的文明世界。至于瓦莱里嘛，在他写《时事观察》的时代，问题甚至已经不是我们的文明，这种继续被我们当作总体**概念**的文明（*la* civilisation），是否就要灭亡。灭亡，是一个庄重的词，带有平静的威严和天然的安详的印记。问题甚至不是要知道，我们的文明是否就要完结，遭到毁灭，而是要知道，未来哪一种文明会在这个已经在熔炉底部冶炼的新世界上建立起来。

因为具体的**某一种**文明（*une* civilisation）是会灭亡的，而总体概念的文明不会灭亡。人类的天性，人类的特性，就是争先恐后，互相赶超，以意愿为跳板，总想往更高处跳。只是到现在，他们还是在狭小有限的群体范围内尽最大的努力。产生了群体、部落、民族，甚至大陆的文明，或者是部分大陆的文明。这是一些封闭的文明。毫无疑问，如果不发生大灾变，未来会首次出现这样一种文明，它即使不是全世界范围的文明，也是可在人类可居住的土地上推广的陆地文明，至少是一两块大陆间的文明，它们是由许多局部文明扩充而成的，一边互相对抗，一边又互相吸收。

这个巨大的进步将分成哪几个阶段？最早获得的部分成功是哪

些？它们将在哪些连续的层次上确立？欧洲以外的贡献在整个成就中代表了什么？在这些逐渐代替我们的文明的世界级文明中，我们的文明会经历什么？这些都是未来的奥秘。人们多么想预先知道啊，否则的话，就会开始推测……

“这一切都是疯话。而且是一位历史学家写的……”——呵，你们希望这些关于历史的评语是什么人写的呢？因为，请问，从6世纪到10世纪，欧洲到底发生了什么？发生过无法形容的剧烈动荡，遍地烽火狼烟，战争此起彼伏，旷日持久，社会崩塌，生灵涂炭——这些都是文明的大厮杀：野蛮人打古罗马人，北欧人打地中海人，亚洲人打欧洲人—— 36
这已经就是各种文明的互相吞食了。在这之后，产生了中世纪的全新的基督教文明。最近我们只经历了这场文明大更新。我们还一直处在这场更新当中。那么，这些都是我们历史学家的“预言”吗？不是的，这些都是回顾。

从现在起，有一种情况是确定的：生活，就是去适应一个悄悄地持续发生变化的世界，今天我们自己已经在适应了，明天我们的后代将要去适应。

一项伟大的工作已经开始了，它再也不会停下来，尽管有时会暂缓一下。保险公司，把你们的“寿险”这个项目撤销掉吧。父亲按孩子人头往你们的储蓄箱里投放几百埃居，为的是在二十年后，连本带息一起收回这些钱，这样的时代已经过去了。增加你们的“火灾险”吧，并把它现代化。还有“盗险”也是……

不错，我们正面临着巨大的危险。唉声叹气无济于事，我们必须去顺应趋势。但首先不要手足无措。每天要评估形势，要确定自己在时空中的位置。

空间，我们也把它叫作世界。地球这个物质小球混在其他千千万万个小球当中，漫无目标地游荡，处在银河的一个角落，已经开始不再能满足我们的探索之梦了。我们第一次意识到它的渺小。如果用法国旧的长度单位来量，它是那么大！如果以千米来量，就小些了。而如果以飞机的速度去量，这更不算什么了。人们早晨从卡拉奇上飞机，次日午后4点就在伦敦喝下午茶了。如果十年之后，我们对这个世界已经了如指掌，厌倦了，就去乘坐火箭，漫游无垠太空，飞向那个苍白的月亮，有朝一日还登上它，这是异想天开吗？……

是啊，在我们看来，这个小星球已经微不足道了，没有了神秘感，这个想法出现得多么突然……但是，我们所有人种，不论是白种人、黑种人，还是黄种人，不管愿意不愿意，都得在这个星球上生活。这是人类的大厦，在其楼梯的脚下，刻有它的“规章制度”：违者必亡……

这就像是一座有着几百套住宅的大厦，有着几千间寝室的大厦。五彩斑斓，大小不一，还有各式家具。但是大家应该彼此熟悉，因为现在走廊相通，或者电梯上装了两个楼梯平台，黄种人进了白种人的家，
37 而白种人进了黑种人的家，提着冲锋枪，双肩背包装满好吃的：这就是最近的国际主义的两种面貌。

我们应当学会了解这个世界的布局，了解这些房间里的东西。这些房间堆满了货物，也充满了力量，我们应该对其盘点，但始终只从人的角度来盘点：这是欧洲人1946 年的第一个任务。第二个任务呢？不仅要置身于人类大厦中，我们住所里那个自我们出生之前就存在的社会，而且要置身于人类大厦其他房间里的所有社会，这些社会以前的主人对这些场所进行过布置整理，给他们的继承人留下了一些家具，还跟我们的祖先建立了某些关系。首先调整好的是**空间**。其次是**时间**。1946年的有教养的人是什么样？我们借用我们的中学教育的改革家居斯塔夫·莫诺的说法：“是能了解他同时在时间和空间中的处境的人。是能将他既是参与者又是目击者的处境与其他文明联系起来的人。他们了解了一定数量的重要事件，从接受学校教育时起，并通过改革的学校教育，获得了关于文明的产生与消亡的一种类似经验的知识……”

简而言之，**空间**，就是地理。**时间**，就是历史。

当然，有人坚持用其他解决方法。

“你们要注意邻居，”我们在此说道。危险就来自邻居。即使他对你们没有恶意，但像人们之间——白种人、黑种人、黄种人之间——这种比邻而居的关系，也会使一家的任何活动在另一家立即产生反响。这样的紧密接触并不会带来一种亲善关系。因为我们周围都是些多么奇怪，多么叫人担心的邻居啊！人嘛，一向如此。

我说的是一些人，人文主义者也说，不错，就是一些人。你们说：你们要当心他们；而我就用苏格拉底的话来回答：“注意你们自己吧。注意你们自己身上的**人**吧。人类从**类人**到**人**，穿越了千百年，经历过诸多文明。他们的美德，他们的优点，他们的品质，始终是不变的。唯一变化的是他们的外形，外貌。忽视随时而变的人吧。他们没有威望，也不是恒久不变的。他们是鲜活生动的人，这无须多说。直接去研究永恒的**人**吧。孩子们要努力把这个永恒的**人**从你们身上分离出来。成年人，就在你们身上完成对永恒的**人**的塑造吧。塑造成有力的、勇猛的、强壮的人，能抵抗外部压力，不会被压垮……” 38

永恒的**人**？这是一幅按规则画的漂亮的裸体画（选好十个美丽模特；取其中一人的肩，取另一个人的腿，等等），我们对它做的全部努力是属于我们新兴的“**人**文学科”的，其中包括心理学、人类生态学、人类学、民俗学、社会学，当然还有历史学——直到勒里什的外科学，所有这些学科天天都自称更具有人性，更直接关心人类，可是，我们的全部努力不是正好相反，越来越反人类吗？

30年前，地理学家说的往往不就是“人”及其在地球上的业绩吗？我们不是要求过他们只谈人类群体及其奇特的适应能力吗？通过这种适应能力我们可以解释，虽然人类从大自然获得的武器那么脆弱，且自身的力量那么薄弱，那么易受攻击，却能在陆地上获得成功——而且无论在极地和赤道，还是在格陵兰岛和刚果，在地球表面任何地方，或者几乎任何地方，人类都能相遇。我们的全部愿望不就是要通过他们的业绩来理解他们吗？他们自从在这世界上出现，做出了那样艰苦卓绝的不懈努力，融入了危机四伏的环境，并且通过化解这些危机，分化这些环境，争取最微小的空间，为自己开辟出一块地盘，并且不断扩张，让自己在其中胜任一个角色——生活，用一种充分展现这个词人性意义的方式。

“关注你们自己？”但是，当我们深入到我们自身时，当我们发掘自己的内心时，我们惊讶地发现的，可不是一幅尽可能完美的抽象裸体画的轮廓，而是我们祖先的遗迹，我们身上竟然存在那么多这样的遗迹：一堆出人意料的古代标记，一些古老的信仰，每个人生下来就继承的一些最古老的思维和感觉的方式——而我们却浑然不觉。我们的历史学家甚至在伯里克利、菲狄亚斯、柏拉图的意识里找到它们——以我们的因循守旧的人文主义者始终指责的一种渎圣行为为代价。因为这样的意外发现其实并不令我们高兴。它们令我们感到惭愧，让我们瞧不起自己。但毕竟事实摆在我们面前。有时候不就出现这样的情况吗？在一种个人的或者往往是集体的激烈情绪的冲击下，人们从祖先那里继承的古老的积淀，原始的积淀，会突然泛涌上来，引起人们的恐慌，煽起
39 整个群体的狂热，控制我们，直到使我们“疯狂”。

我们要关注我们自己。要在这些充满我们的意识积淀——这对人类思想的考古发掘来说是意外发现的连续沉积层——中，关注我们自己！这是祖先的遗产。但是不能在它们还有待核实时便全盘接受。不能让死人控制我们活着的人。

那么，快去干活吧，历史学家们。讨论已经够多了。时间在流逝，时不我待。你们是不是还想要人们允许你们喘口气啊？想让时间从每个人门前飞驰而过？关键就在这里。世界在催赶你们，朝你们脸上吹

拂它发着高烧的气息。别想了，人们不会让你们安宁的。英国人、美国人、俄国人、黎巴嫩人、叙利亚人、阿拉伯人、卡比尔人、达喀尔的搬运夫、西贡的小男仆，都不会让你们安宁。想安宁，可是你们身处人群之中啊，被一些没有学会讲礼貌的人挤压着，冲撞着。你们有礼貌，你们那么为它自豪（尽管不管在什么地方，人们都知道你们的礼貌会变成什么）。邻居要冒犯你们，对你说："走开，我要坐这里！" 怎么办？摆出一点傲慢的样子："可是，先生……" 于是，卡比尔人先生，非洲西部的沃洛夫人先生，越南的东京人先生，恶狠狠地冷笑一下，然后，砰！你胸前着着实实挨了亲善的一拳。接着你就派坦克、大炮、飞机去反击？可是他们也有这些武器，甚至就是你们卖给他们的。他们的人太多，太多，太多……要在世界上扔原子弹才行，要有条不紊地一公里一公里地去扔吧？划成格子精准地去扔吧？多美妙的进步啊；不过人类还知道一些比较便宜的自相残杀的方法……

旧世界结束了。永远结束了。我们法国人，之所以有机会度过危机，是因为我们比别人更迅速更清楚地理解这个浅显的真理。放弃正在下沉的船。我告诉你们，跳到水里去，拼命游吧。从现在开始，这种利害一致，实际上就会让遇到海难的船员们团结起来——将来还会使所有人团结起来——努力把它变成一种劳动的、交换的、自由合作的利害一致。我们已经彻底或几乎彻底丧失了我们的物质财产。但是如果我们还剩下精神，那就什么也没有失去。我们来向世界解释世界。

通过历史学来解释。可是通过什么样的历史学呢？是把玛丽·斯图亚特的生平"写成小说"的那种历史学？是让戴翁骑士（Chevalier
d'Eon）及其裙子真相大白的那种历史学？对不起，我糊涂了。 40

好了，别说了！我们已经没有时间了。历史学家太多，而且造诣都很深，一丝不苟，最糟糕的是，还有太多的历史学家听任自己被1870年战败者的拙劣课程引入歧途。哦，他们都在努力工作！他们研究历史就像老祖母做绒绣，对细微之处都全神贯注。可是要问他们为什么做所有这些工作，他们就会笑得像孩子一样，老兰克说的天真的话是最好的回答："就想搞清楚事情是怎么发生的。"当然，也要掌握一切细节。

我们不再有时间，我们不再有权利。26年前，1920年，当我在获得解放的斯特拉斯堡大学第一次上讲台时，在战场上死里逃生的我，面对两代在风华正茂时就倒下的睡在墓地里难以瞑目的人，焦虑地自问，我的责任是什么？！

我作为历史学家，有权利重新研究历史吗？在有那么多别的工作急等着公民去做时，我有权利把我的时间、精力、我所剩下的全部力量都贡献给历史学吗？我作为教师，有权利以身作则，鼓励一些年轻人跟在我后面，走我走过的老路吗？在如今这种形势十分严峻的处境下，我们所有人，应该怀着怎样沉重的恐慌来自问？

要明确回答。然而在这里我毫不迟疑地回答："要研究历史，不错。因为历史学能，而且**唯有它能**让我们在一个极不安定的世界里，以除了对恐惧的本能反应之外的其他本能反应来生活，那种本能反应就是拼命钻地下室的本能反应，而人的全部力气，也只够把头顶上破裂的屋顶和摇晃的天花板撑住几小时。"

历史学不束缚人。历史学不逼迫任何人。但是，没有历史学，任何东西都不再牢固。要在蒙马特高地上建造圣心大教堂，首先就要对高地进行钻探，一直钻到塞纳河水面的深度。沙地、泥灰岩、石膏层、石灰岩：当人们把支撑地表风化的土壤的地底下的地质情况都弄清了，就可
41 以开工建设了。当然，地质条件并不强求建筑师要建造新拜占庭式教堂，而不是新哥特式教堂。不管他最终采取什么样式，地质条件都能让他的建筑稳固，一年后不会倒塌。历史学也是这样。它理解事物，也让人们理解事物。它不是每天早上要去洗耳恭听的一堂课，而真正是一种像大气一般的持久状态。对我和马克·布洛赫来说，它就一直是这样的东西。对所有将帮助我工作的朋友来说，历史学是明天对当今的

人必然面临的问题的回答。历史学解释了人所处的复杂局面，如果他了解这些局面产生的根源，他在其中进行斗争就少一些盲目。历史学可以重新提起曾经解答了过去的问题的答案，因此无论如何，这些答案都不会解答现在的问题。但是，把过去和现在的不同之处弄清楚，这对于受历史学滋养的人来说，是一种多么灵活的教育啊！

“你们这样做，是要让科学的尊严屈从于我们记者所称的时事的需要……”我不让任何东西屈从于时事的需要。你们大可放心，我不会把历史学家跟电话问讯处那些助人为乐的女士混淆，电话用户有权向她们询问当代名人的年龄，或秘鲁军队中军阶的饰条。但是我也不想把老阿纳托尔·法朗士的《企鹅岛》中的那位菲尔让斯·塔皮尔归入**永恒**的概念。我要求历史学家们在开始工作时，不要按照马让迪的方式去做，他是克劳德·贝尔纳的老师，生理学先驱，那么喜欢把双手插在口袋里闲逛，关注罕见的奇特现象——而且像他说的，跟拾破烂的一样，在垃圾堆里翻找。我要求他们照克劳德·贝尔纳的方式去做，头脑里先有个很好的假设。绝不要像从前在巴黎塞纳河畔旧书摊上淘书的人那样随便收集事实。我要求他们不要提供一种自然而然产生的历史，而是提供有疑问的历史。

通过这样的方式，他们将对他们的时代产生影响，他们将让他们的同时代人，让他们的同胞能够理解将要上演的、已经上演的戏剧，在这些剧中，他们既是演员，又是观众。他们将提供最丰富的答案元素，对困扰着他们那个年代的人的问题做出解答。 42

历史学的方法、文献学的方法、考证的方法：这些都是非常好的精密工具。它们为其发明者带来荣誉，为几代使用者带来荣誉，他们从前辈那里继承了它们，并且在使用中加以完善。但是会使用，喜欢使用这些工具，还不足以培养出历史学家。无愧于这个称号的，只有那种全身心投入生活的人，他们具有这样的意识，即通过投入生活，沉浸在其中，从中吸收当前的人文精神，来大大增强他的研究能力，增强他使过去复原的能力。他复原那种掌握着人类命运隐含意义的过去，并且作为报
43 偿，过去也会让他掌握这种意义。

4. 生活，就是不断地调查研究*

问题并不在于总结。总结，就是终止，就是画一条杠。在哪一章的哪个段落呢？我想起我从16岁起亲眼看到并且注视的一切，亲耳听到并且注意倾听的一切。我想起一种精神发生过的两三次转变，这些由艺术和文学的革命，直至这精神最深处的转变。受到一种革命的影响，又受到另一种革命的影响，我们为什么会有偏重呢，怎样画这条引起“终止”的杠？

1896年，那年我17岁，还没有从外省的南锡来到巴黎。“我”，是一个方便的代词，在这里只表示我的同代人，1875年到1880年间出生的人。那时我有知识吗？已经有了，但是为了重构我的知识，我需要努力。我要说的是，对30岁的读者来说，50岁到60岁的人似乎很陌生。

文学？离开中学之后，我们不仅有公认的古典文学，还要再加上浪漫主义文学。米什莱，福楼拜（小说和书信），有时也读点勒南的作品。有人狂热崇拜维尼，勒孔特·德·利尔也拥有忠实的读者。他们是“现代”作家，但是作家之名当之无愧：在我们父辈的书橱里，他们的书拥有羊皮精装，这是有权被收藏的明确特征——不论怎样，书壳都是

* 《法国百科全书》第17卷：“结论”，1935年12月。

硬纸板装订的。我们的其他读物更有伤风化：我们在装订成卷的书中读到它们——瓦尼埃、卡尔芒或夏庞蒂埃出版社的白色、红色或黄色的丛书。此外，就在我们试图摆脱我们所受的过于出色的中学教育时，它继续支配着我们的判断力。因此，在法朗士的作品里，我们尤其欣赏热罗姆·夸尼亚尔的模仿的讽刺，或《鹅掌女王烤肉店》那略显狡黠的博学；因此，我们觉得巴莱士的《血、肉欲和死亡》比他的三部意识形态
44 小说里表达的微妙的无政府主义更好，更让我们喜欢，它使西班牙带上的色彩，更多是浪漫主义的，而不完全是浮夸华丽的。可是开始欣赏魏尔伦时，我们既有强烈的兴奋，也有点抗拒。至于当代的作品，有《我们的更有名的同时代人的夜晚、烦恼和灵魂》(欧内斯特·拉若内斯的这本小书把时期说得这么明确，我怎能抗拒把它的书名写出来的乐趣呢？)——这本书，再加上其他几本，让我们了解到时髦形容词“颓废”和“世纪末”的含义。我们中间有人涉猎龚古尔兄弟。有人甚至涉猎伊斯芒斯。但我们全都在偷偷阅读莫泊桑。读点都德。还读左拉的很多作品。

音乐？我们会听一些古典音乐会。有贝多芬的，有舒曼的。偶尔也听听柏辽兹的。歌剧《罗密欧》重新上演，《维特》或《埃罗底亚德》成功演出，其间市剧院还向我们零散地展示了《参孙和大利拉》、《希格尔德》或《磨坊之役》：都是引起了热烈讨论的新剧。随后，歌剧《罗恩格林》和《唐豪瑟》又怯生生地悄悄上演了。

绘画，雕塑，没什么可值得提的。我偶然喜欢上了一个叫罗丹的人的作品——苗圃公园里的《克劳德·洛兰》，他体形矮胖，穿着笨重的靴子，脸上露出迷惑之色，矗立在底座上，阿波罗的马拉着底座准备腾空而起。但是，我们在16岁时，尽管有十分强烈的好奇心，却都没有看过马奈、莫奈、雷诺阿的画。我们只知道那些遭到排斥的名字，或者退一步讲，那些默默无闻之辈吗？画展上的那些名家我们倒是都知道。每年在阿尔贝·沃尔夫的费加罗–美术展览会上，我们怀着必要的敬

重之情，欣赏了博纳、邦雅曼 · 贡斯当、让-保罗 · 洛朗斯，有时如果胆子再大一些，还可以看贝尔纳的画，或者要是有革命思想，就可以看亨利 · 马丁的画。而且，我们身在钢铁之国，义愤填膺地诅咒着工业。我们用双眼在晚间欣赏钢铁熔流的火光，或者在清晨欣赏由从工厂的金属剪影中袅袅升起的雾霭构成的奇特景色。可是艺术的教条压抑了我们的感受。因为它们阻止我们把建筑、绘画、雕塑和雕刻以外的所有东西归于艺术。确实，在这个时期，工厂墙壁剥落，高炉矮小，铁桥狭窄，没有欣赏价值。确实，摄影（仅举它为例）证实了福楼拜的强烈批评太对了：它只是一种方法，用来制作一些相册，让人们打开它们的搭扣，欣赏欣赏玛丽姑妈的裙子，或者让娜表妹的头饰。

在所有这些中间，有一件新事物，唯一的一件新事物。但它只关系到“装饰性艺术”。人们把我们推进了一个世界，他们为这个世界精心配备了一些泾渭分明的不同类别：有**艺术**的**美**，也有**工业**的**丑**；同样， 45
与无用但有魅力的“纯”艺术相对，也存在“实用”艺术，“实用”艺术因为实用而名声不佳，因而被视作次等艺术。然而就是在这后一个领域，产生了了不起的东西：埃米尔 · 加莱的森林和花卉艺术，已经从他的充满神秘感的器皿上，转移到即兴制作的家具上，转移到所有细木镶嵌桌盘上，他在它上面铺满金色秋天的遗物。这些用单线条恰到好处地勾勒出来的弯曲的植物，开始蔓延到公共纪念雕塑的底座和私人住宅的墙上。形成了“现代风格”：蓝蝴蝶花、爬山虎、梧桐叶和栗树叶。在马若雷尔的橱窗里，我们每天晚上目睹它的诞生。茶几和碗橱，漆盘和玻璃器皿，扶手椅的木刻或墙饰，门窗框子上的雕刻，总之，我们生活中的全部装饰，都沉浸在大量或由木头雕成，或由青铜铸成的花卉和枝蔓中。

1896年到1902年，在巴黎，突然同时爆发了斗争和危机，是政治的、道德的、美学的危机。在那个动乱的年代，我们这些从小地方来的发现了**城市**的人，正在为我们的真理战斗，为我们存在的理由战斗，还为要引起别人关注，得到别人倾听战斗，那是感知世界的一种新方式。是为一些未知的乐趣战斗。

一个星期日的午后，在夏特莱大剧院。那个穿着有点不平整的白色衬胸的人；那个留着景教大胡子的人；那个鞠躬的胖子：就是受到我们这些坐顶层三等楼座的人狂热喝彩的爱德华·科洛纳，他曾经因瓦格纳体系的罪过遭到科学院院士们谴责：人们站起身来，敲打一切能敲打的东西，扯着喉咙呐喊。此后几个小时，沿着河岸和马路，当学者们讨论音乐主题和主旋律时，还在轻声赞叹的人，能听到他们的心脏在胸腔中怦怦跳动。

又一个星期日，在工业宫。从洞开的大门外拥进大群的人：大家兴高采烈地拥入大殿，为就要获得的快乐兴奋不已。他们冲到罗丹的《巴尔扎克》雕像旁，巴尔扎克站在底座上，头向后仰，身着棕色的粗呢长袍，一副目空一切的样子，不是无视这些人，而是排斥他们，因为他们出言不逊，还发出下流的笑声。

然而，卢森堡的凯博特厅——尤其是1900年博览会上的法国艺术
46 百年展——向我们展示了印象派的作品，跟着一起展出的还有其他一些作品，那么多闪光的作品，让我们眼花缭乱。怎么！毕竟法国是世界绘画艺术的圣地。可是，人们并没有这么跟我们说过呀，怎么这块圣地里也发生了反叛，而且在我们的思想中，也有啄木鸟在猛烈啄击？莫奈、雷诺阿、皮萨罗、西斯莱、塞尚、马奈和德加，然后还有罗丹——所有人都来到我们中间，像兄弟一样亲切。而且把我们都吸引住了。完了，其余的人都从我们眼前消失：我们决不会再去官办的美术展，去崇拜制作赝品和教人采用明暗对比画法的高手了。我们找到了我们真正的神。他们重塑了我们的灵魂。

他们为我们这些从来不拿鸭嘴笔，不拿琴弓，不拿凿子，也不拿画笔的人重塑了灵魂。为我们这些哲学家、历史学家、生物学家、医生或

文献学家重塑了灵魂。或许，当时我们几乎都不曾进行分析。我们喜欢，我们拥有；我们既不将理论作为爱好，也不会突然厌倦它。这是一位沉浸在其恰如其分的忧虑中的塞尚，他具有自发的从容；那是一位文学意图和拉伯雷一样纯洁的雷诺阿，有着他的健康与快乐；另外还有瓦格纳的日耳曼浪漫主义；或者还有罗丹作品中的那一对紧紧相拥的男女，他们发出了绝望的呐喊、啜泣、呼唤；或者还有马奈的冷酷，德加的残忍，莫奈的梦幻，或者西斯莱的流水的盛会，在所有这些之间可能存在矛盾和冲突，存在我们不想见到的某种对立。可是我们的心胸突然开阔，足以容得下他们。

在那些艺术作品丰产的年代，他们，以及那些已经出现的要取代他们的人，创作的活力多么旺盛啊。某一天，我们就在德吕埃的画廊，看到马尔凯的继风景画之后的裸体画。或者在马德莱娜广场的伯恩海姆画廊，找到博纳尔的肖像画，维亚尔的室内画，鲁塞尔的田园画。在迪朗-吕埃尔画廊，发现雷诺阿作品的完美的健壮身形。罗丹的作品几乎无处不在。所有这些都不曾遭到惩罚吗？我的意思是说，它们都被收在专门的柜子里，贴上标签，上面写着“艺术和文学的享受”吗？对这样的问题，我们的回答之所以是否定的，绝不是因为我们已经读过美学论著，而是我们觉得，这些“工匠”及其艺术的优雅，真正使我们自身发生了某种变化，变成现在这个样子，而且一直保持了三十年。

这些回忆有什么用？我讲述青年时代的往事，像是在东拉西扯，像是为了高兴，漫无目的……其实，我说的似乎就是《法国百科全书》的第16卷和第17卷，“艺术与文学，结尾”的内容吧？ 47

某种东西已经进入我们的生活，它那么强烈，那么光彩夺目，让我们突然觉得一切都不协调了。我们应当让断裂的联系再衔接起来，重建一种必要的秩序。首先是我们生活中的装饰本身就需要衔接。于是你们就在一个费利克斯-福尔式客厅里，挂上一幅雷诺阿或者莫奈的画？那个客厅看上去好丑，因为其中的圆形家具的曲线没有什么表现力，还充斥着风格不一、看着别扭的小摆设，墙饰也灰暗沉闷，是许多无用之物，令人不舒服。所以你们就把塞尚的一幅画镶进一个“现代风格”的画框里？鲁斯已经在维也纳向我们鼓吹要跟装饰画做斗争了。库尔贝和德拉克洛瓦的弟子们的画更好，不仅教我们这样做，而且还付诸行动。

还有什么要衔接的？我们的文学？确实，如果用抽象词语来提这个问题，我们可能很难解决它。我已经这样说过，而且我们模糊觉得：仅仅靠一门课，我们根本无法摆脱所有那些吸引我们的画，那些大理石和青铜制成的雕像。同一个上午，先去欣赏一幅罗丹的作品、一幅德加的作品、一幅雷诺阿的作品和一幅莫奈的作品，然后再去听歌剧《特里斯坦》，或者《佩利亚斯》，谁也不能就此推断出，浪漫主义是否已经消失，自然主义是否已被埋葬，一种出于本能的抒情表达方式，是否靠着一对一的格斗，战胜了一种尖刻的写实主义。同样，在文学上，我们也没有一下子放弃“先前”所喜欢的一切。而且，对于我们现在怀着最强烈的冲动去接受的东西，我们几乎并不去操心如何从中看出那种只在教科书中才能真正焕发出来的灵感的一致，也不去操心如何在“我们的”善于描绘的作家的这部分作品和那部分作品之间，建立一种学院式推理的联系。比如：（我有意杂乱无章地列举一些风格迥异的作品）在儒勒·列那尔的《自然纪事》（但得是带有博纳尔插图的版本）和《胡萝卜须》；还有夏尔-路易·菲利普的作品，从《布布》到《夏尔·布朗夏尔》；奥克塔夫·米尔博的作品；写了《人类的苦难》的皮埃尔·昂的作品；或者写了《流浪女伶》的科莱特的作品之间，建立这种联系。不过可以肯定的是，在发生排斥，厌恶某些作品和某些奇观异景（如林荫大道剧场及其通俗戏剧）之初，也就是在1900年前后吧，我们，以及其他许多人，都曾掌握并热情接纳那种在西方文明中没有名气，也无关紧要的小玩意：法国画法——生于1830年和1840年前后的大师们的画法。

还需要继续往下说吗？还要说到道德的“衔接”，或者说到哲学的 48
“衔接”吗？我们当然否认希望在印象派与当时吸引了那么多青年的某些哲学态度之间，建立过于明确的关联。同样，我们也不希望在我们对正义的渴望，对超凡预见力的热切需要，与像莫奈、雷诺阿、西斯莱和巴齐耶这些人的创作意图之间，建立过于明确的关联。1862年的一天，当着一个真人模特的面，格莱尔嘱咐他的弟子思索古代艺术：“我们快离开这里，这地方损害健康，这里的人缺乏真诚……”但愿至少肯定，我们不仅仅会用先决问题，而且会用一些确定的日期和一个明确的问题，来反对将问题颠倒。是柏格森和柏格森主义的哲学吗？可是，为什么要把画家安顿在哲学家的不稳定的环境中，而不是把变化不定的哲学安顿在绘画的永恒的宫殿中呢？画家诞生在哲学家之前，在没有哲学家的情况下，就已经做得很出色了。

既然需要衔接，那我们就来衔接。通过淘汰，通过接纳，也通过看待古代事物的全新眼光。在这个时代，我们当中有些人竟想弄到卡尔芒版的——用钉子和包烛纸装订的——《罗马漫步》和《旅人札记》，就像科隆出版社留给后人的那种，可是这时这些后人接受这些书并不太热心……在这个狂躁不安的时代，我们已经预备迎接普鲁斯特了。还有瓦莱里。他们之所以被我们接纳，是因为被一些人引荐的，这些人改变了我们，可是他们自己反而又抵制这些作家了。就像说到底在我们这里影响了德彪西的是瓦格纳。而德彪西又影响了拉威尔、斯特拉文斯基、弗洛朗·施米特。而这些人又……我们打住吧。所以人们会说：“或许我生活在1900年；而我的邻居，就是你们看到的这位，生活在1890年；而那边那一位则活在1880年。”事实上，我们每个人都有一部分活在1935年，或者1920年，但总归都活在1912年。

我们用一个词来概括，这就是“突变”。有时不只是对**科学**的征服才导致所谓人的智力真正发生“突变”：这是突然发生的转变，而且是非常深刻的转变，以至于在一些年里，那些花费了一个时代的一流科学天才的极大努力的观念本身，都变得十分浅显，连小学生都懂。也存在
49 着可能和应该被称为对艺术的征服的东西。一些年来，这种征服产生的后果也掺和了进来，使公众的世界观发生"突变"。但却没有使艺术家的，或者使艺术爱好者的世界观发生突变；甚至也没有使最近为一位杰出的艺术史学家所提到的那位"精英"的世界观发生突变，这位精英丝毫不理解1860年到1900年间法国人对库尔贝、马奈、莫奈、罗丹和其他许多艺术家的热爱，声称这是"民主扼杀精英的诸多后果之一"：然而别搞错了，正是这些"精英"，在自己家的客厅里挂满了那位在我们的作者最近的《法国绘画史》中找不到其踪影的梅索尼埃的画，他的十分抢手的军事题材的画，还挂满了德塔伊描绘战斗的画和沙特朗的侧面肖像画，以及那么多艺术院士的色彩艳丽、俗不可耐的画作，如今有修养的人都羞于提到其中的名字。这些就是艺术的革命。当这些革命具有1900年在我们20来岁的人面前发生的那种革命的力量和规模时，我们就从中看到人类历史的一种最积极的因素。

人们也许看出我说所有这些话的目的了吧？首先是要成功证明，仅凭《法国百科全书》的第16卷和第17卷就得出任何结论是无法令人满意的，也是不可能的。因为，如今就连我们50来岁的人，也没有在我们的从1900年到1910年的战利品下面画一道"终止"的杠。因为，当战争（这里战争只是作为年代标志，而不是作为一个泛指的或特指的原因）再次爆发时，我们已经认识并欣赏了其他画家、雕塑家、音乐家，另一种有着其他装饰的建筑。而且还有其他艺术，如在摄影术中与光线的天然作用合作搞创作的人；能把动作记录下来，以便以后能随意再现这些动作的人。这一切就发生在一个被一整套神奇的科学发现完全颠覆和更新的世界里，由这些发现产生了无线电报、航空、摄影术、无线电广播——将来还有电视，等等。这一切发生得如此强烈和深远，为此最

近亨利·瓦隆还提醒我们：在这寥寥数年中，这些具有神奇通用性的发明，已经开始影响我们的机体，改变我们的感觉，使千百年来构造几乎固定的人类发生转变。 50

但是，也存在别的东西。在《法国百科全书》的整个编纂计划中，我从一开始就给**艺术**和**文学**留出一块充裕的地方；鉴于必须给现代物理学这种当代的革命之革命保留两卷的篇幅，我曾打算也安排两大卷的篇幅来“让人们理解”艺术在我们的文明和生活中是什么；我曾经还为了方便起见，一度试图把这两卷合并成一卷，后来又不得不马上作罢，又采取了原计划，这些都绝不是因为我无缘无故的心血来潮，而是因为我发现，在我的经验中，在我的记忆里，在我认识到已经“完成”的东西里，存在着一种观念，它还在起作用，即艺术不属于，或者以一种歪曲为代价只附带地属于《法国百科全书》第14卷所称的那些“**消遣**和**娱乐**活动”：它的确切位置，我从一开始就已经指明（皮埃尔·亚伯拉罕很想在第16卷的开篇再次提起它）。它属于人类所掌握的最有效的**认识**和**理解**事物的方法，它从现在起就是这样。而且不用担心它将来会发生变化。

科学家们向既高兴又困惑的我们展示他们所知的前景，展示他们轮番进行的实验研究和数学研究，这些研究是为了把宇宙更好地捕捉到人类的网中，即把它更好地封闭在由理性从已知事物得出的那些形式和抽象概念构成的坚固建筑中，这时候必须来说一说它将来可能是什么，应该是什么……数学家在让·佩兰所称的无边界地域里进行勘察，在“夜间蛰伏着意识可能永远无法激活的无数潜能”的人类大脑里探索，从已知对象中抽出他的理性存在的无限的链条。直到有一天，现实事物的内容都被完全加工过了，它就要求实验者再去收集事实，将其作为构造未来所需的元素。

这是没有终点的循环，是有点令人生畏的齿轮传动机构，如果艺术在这里根本不作为一种平衡力量介入，或者作为阳光大道的开辟者介

入，那么无疑，许多柔弱地生存着的东西，我们所依恋的东西，都会在这
些齿轮间被无情地轧碎。艺术不和科学截然对立。艺术不应该瞧不起
51 科学，或者跟它作对，相反，艺术会越来越依靠它，把它的材料当作工作
的对象。这不仅是为了增加它的能力，掌握新的方法，开辟新的疆域，
更是为了向某些人阐明对事物的一般解释，因为这些人只知道从艺术
那里接受**科学**所提供的，以及艺术或艺术家所暗示的解释。

在这两种相互替补，并且使交互的努力相结合的研究的循环中，我
们有必要考虑到艺术的一种接替。这就是第三种研究。这更像是表面
的研究，而不是深入的研究吧？你们以为呢？深度并不重要。我俯身
看大海，你们告诉我："这里水深三千米。"三千米，还是三百米，都一样。
重要的是要知道光能照到多深。这就要使光线照得更远、更深，照得越
来越深。要击退黑暗。所以要深入下去：我的意思是说，要照亮黑暗的
52 地方。艺术能做到这一点。

第二部分

赞成与反对

1. 赞成一种受引导的历史学

集体研究与历史学的前途*

集体研究：这种方式，也可以说是程序，一点不会让生物学家或生理学家，甚至心理学家，甚至离我们不太远的，但往往靠“调查”来做研究的“人文”地理学家和人类地理学家，感到吃惊或不快。可是，现在一旦我们把它用到历史学上，法国的大多数自称是历史学家的人，就会感到吃惊或不快了：这是事实。要解释这个事实，就必须了解它。

有人可能以传统为由。我在20世纪初开始研究历史时，在历史研究领域，集体工作的方式确实不流行。人们还用不着麻烦老档案保管员，自己就把一些“发掘出来的”档案藏起来，一藏就是好几年，以备以后可能用上。这样，要么有时会突然冒出一部十分可笑的“领先他人一步”的历史来；要么就是在同样的基础上工作的两位历史学家，身上像是安装了蒸汽发动机（一个来自尚不知道汽车为何物的时代的隐喻），使出浑身解数，你追我赶，要把对方远远甩在身后，让人们看着着实有点感动。可这是幼稚的个人主义。他们不是关心历史学，不是要促进学科发展。他们关心的是历史学家的名头，是一本要署上大名的书，是作者的虚荣心。

---

* 《综合评论》，XI，1936年。

现在这种心态可能不太明显了，但是依然存在，并且还会持续下去，我还没有那么天真，不会想不到这一点。不过，这种心态是结果，不是原因。它起源于一些坚定的信念——按照正常逻辑，他们相互竞争，最终还是会殊途同归的。一些人坚信历史学“不是一门科学”。而另一些人坚信历史学是一门科学，因此“自然而然”要禁止历史学家对材
55 料进行任何选择，禁止在对文献的原始采集与对读者的阐述之间，插入任何（假说形式的，甚至理论形式的）观念。我们不去详细讨论这些相互矛盾的理念。它们在历史学界获得持久的成功，一方面只能解释为人们对一种相互关联性完全不了解，不管人们愿意不愿意，各种科学的学科都是靠这种相互关联性联系起来的；另一方面还可以解释为人们对演变或革命的一无所知，在现在这个时代，这种演变或革命就发生于整个“学者”行业关于人们惯常所称的科学客观性的观念中。

总之，我们只要注意：**科学**不是靠一些在时空之外过着忽视物质的纯智力生活的科学家，在象牙塔中进行私密活动产生的。

科学——我指的是**科学社会**——靠身处其时代的环境中的人产生：对数学家、物理学家、生物学家和历史学家来说，环境都是同一种……它以同样的方式对所有人产生影响，而且他们的科学活动与同时代的全部其他活动的联系，就通过它来实现。[①]

换句话说，**科学**不是一个独立王国。它与所处的社会环境分不开。它承受着其中的压力，许多偶然事件束缚了它的发展。因此顺带地说，

---

① 关于所有这些论述，除了见“国际综合研讨周会”的报告外，尤其见关于“科学与法”主题的报告（5e semaine; Paris, Alcan, 1934, in-12）——见题为《在马克思主义的启发下》（*A la lumière du marxisme*）的令人感兴趣的文集（Paris, E. S. I., 1935, in-8°）和我关于这个问题的看法：《方法之争：技术、科学与马克思主义》（Un débat de method: Techniques, Sciences et Marxisme, *Annales d'Histoire Économique et Sociale*, 1935, pp. 615-623）。

科学的历史学，绝不是建造一个死气沉沉的、积满灰尘的收藏馆，保存过时的理论和陈旧的解释，相反，它体现了人类思想通史的一个生动篇章：它归根结底追溯了精神对事物的适应，以及人类对其所处环境的控制。

由此可知，既然在最近二十年中**自然**科学受到一场真正的意识形态革命的影响；既然由于物理学突然发生惊人的进步，致使由17、18、 56
19世纪许多代科学家建立起来的自然科学理论结构发生崩塌；既然由于具体事物冲破抽象事物的框架，人们尝试用"纯理论的"力学来解释世界，但因为一次突然的挫折而终止；既然必须对此前人们一直赖以生活的所有观念进行全面修改；既然最终没有主要观念能避免这种修改：无论是科学事实的概念、法则的概念、必然性的概念、偶然性的概念，还是总体上的、学科本身和**科学**的概念……这种**科学**与科学家们的顽强而认真的干预一起构造它的对象，那么，历史学就摆脱不了这样的动荡。无论它愿不愿意，都要被牵扯进去。如果历史学还坚持要研究一个世纪前那套旧的"科学"观念，就显得非常可笑，那些观念是它不久前从一些"科学家"那里获得的，如今都已经被他们彻底抛弃了。而如果所有科学确实都是相互关联的，那么历史学就变得滑稽可笑了，除了消遣，别无他用。

然而，这些相互关联的，其典范必定对历史学有影响的科学，给了我们什么教益呢？教益有许多，但有一点需要特别注意：任何科学事实都是"编造过的"事实——而且不是未经加工就交给科学家的。观察是照相，是如实反映现实，实验则是干预现实，它们之间旧的区别需要全面修改。观察在任何情况下都不会提供未经加工的材料。观察就是一种构造。照相时的"取景"就是构造，人们想利用它们对理论进行某种检验和证明。这样，人们经常挂在嘴边的"历史学家无权选择事实"这种反对意见就无效了；因为事实上不管什么科学家始终都是在选择——况且整个历史学就已经是选择，选择唯一的偶然事实，就湮灭了某个证据、某个遗迹、某套文献——但是保护了别的。最后的教益是，我们要坚持许多关于科学工作真实意义的旧偏见——就要在历史学内部产生一种荒谬而幼稚的信念，认为“漫无目的”地，权当消遣地收集一些事实，留着等待一个能处置它们的人来用，是在做好事；并且，既然历史学与相邻学科相关，这就会导致人们提出一种从前最受社会学家
57 喜欢（况且对他们的抱负十分有利）的理论，即认为历史学家就是干粗活的工人，他们的任务就是从采石场采石，并且凿成方石，而社会学家建筑师只要把它们堆砌起来就可以了……

我们要彻底丢掉兰克的那种幼稚的唯实论，他自以为能从事实本身来认识事实，“就像亲眼看见一样”。我们是通过我们的精神的形式，像认识自然现实一样来认识“历史现实”的。历史学传统的工作步骤是先确定事实，然后运用这些事实，我们尝试用另一种步骤来代替它，这种步骤既重视目前的技术，也重视未来的实际应用，像它所预告的那样的应用。我们历史学家不像逻辑学家那样推理，他们注意按照等级，循序渐进地提升自己，并且一级一级地建造楼梯，从最简单的任务通向最高级的任务。这里要遵守的顺序，就是发生的顺序。根据这种观点，首先最重要的，是有一个长期酝酿和范围广泛的研究计划，把它制订出来，并且不断修订。①

那么，你们的历史学的基础是一些“理论”吗？——这个词根本吓不倒我。不久前，我读到过一位作者写的这些颠覆性的话：“理论是思想的一种构造，它满足了我们天生而迫切的理解事物的欲望，用来向我们提供对事实的一种解释。从这个观点看，理论就是对**科学**的说明……它不把发现定律当作最终目的……而是就把理解现象当作最终

① 见本书第一部分：《从1892年到1933年：一种历史学及一个历史学家的自省》。

目的。”这位疑似的形而上学家是谁？是一位生物学家，叫安东尼，他的话被另一位生物学家弗雷蓬引用了。[①]路易·拉皮克[②]最近提及的时代，以及马让迪所描述的那种四处巡回拾荒的人的兴奋，都结束了，都已成为过去。马让迪说：“我像一个拾荒的人，在那里面闲逛，每走一步都发现了值得放进背篓的东西。”他的“那里面”指的是一个生命体的迷宫。如今对许多历史学家来说，“那里面”仍然是有生命的历史的迷宫……但是拉皮克用达斯特的话来驳斥马让迪的话，我们历史学家也 58
要记住这句话，因为“科学”也包括我们的历史学：“如果人们不知道自己要找什么，就不知道所找到的是什么。”

对生物学家有用的东西，对他来说是聪敏和理智的东西，对历史学家来说，怎么会是愚蠢和不理智的呢？致力于处理所有材料中最复杂的材料的人，致力于研究人类历史活动的人，怎么会甘心花更长的时间去冒险，没有方向，单枪匹马，而且像祈求神助一样祈求机遇呢？目前在历史学领域，不论是谁，不论待在什么地方，不论用什么材料，沿着不论什么方向，只要他按照自己喜欢的样子，或大或小，建造他的一段墙，完了他就会得意地搓搓手：“嘿，我为未来的宫殿做了这么多功绩！”哎呀，可别这么说！一丁点儿功绩也没有。人们如果要建造宫殿，就得请一位建筑师来，画一张草图，而不是先在自己的领地上砌满这些不协调的各种墙面。我们要从头开始：从建筑师的草图开始。[③]

本质上，这是协调的草图，是协作的草图。这样，我们就回到“集

---

① Ch.Fraipont, *Adaptations et mutations*, Paris, Hermann, 1932.

② *L'Orientation actuelle de la physiologie* (*R. Philosophique*, 1930).

③ 请允许我骄傲地提醒，《法国百科全书》，如我所构想的，是《问题的百科全书》，而不是《参考的百科全书》，它体现了现在任何国家都在进行的最伟大的尝试，即让人们相互接近，并且与有见识的读者直接接触；不是与一些有才能的普及者，而是与所有领域的创造者本人，即科学的“发明者”直接接触，因为他们处在数学、物理学、生物学等研究的前沿；不是从论文或教科书中汲取思想，而是从他们与每天多钻研一点的未知事物不断的斗争中汲取思想。

体研究”上来了，我们从来没有把它忘掉。这个时代需要全面的研究。在所有领域处处如此。有人告诉我们：“贾尔是最后一位全面的博物学家。”有人告诉我们：“西尔万·莱维是最后一位全面的印度学家。”就算是这样，我们又能从中得到什么教益了？亚历山大死了，他的帝国分裂了？我的意思是，将出现一些人，成为西尔万·莱维可能还完全占有并管理的这个庞大帝国中仅仅某一部分的主宰吗？而这是唯一的结论吗？可是我发现了另一个结论。

限制学者的活动范围——是在加重“专业化”这个灾难。让它变得不可救药。如果让亚历山大的继承人来统治整个帝国，他必须跟五六个人合作——一位将军、一位外交官、一位征税官、一位建筑师
59 等——他只需组织他们合作，安排任务，分配要干的工作吗？

我们这么来想：历史学家，如果不是自己制造整块手表，不是首先自己制造工具，然后制造零件，最后进行组装，让手表转起来，而是只满足于履行最后的职责呢？如果他出于适当的原因，选择了一个研究课题，细心地划定了它的范围，确定了首先必须确立的东西（因为必须抛弃“所有东西都对所有人同样有趣”这种幼稚的观念），然后组织一个小组来研究，在这个小组中，（考虑到要对技术史进行一些可能的和必要的调查）要有一位真正的技术员，一位熟悉其学科历史的化学家，一位有实事求是精神的经济学家——如果把事先制定调查表，对所得到的答复进行比较，从中得出问题答案的要素，安排必要的补充调查，尤其是指出所存在的问题与提出这个问题的时代的全部历史问题的关系这个艰难职责留给自己——如果采取了这条漫长的路径后，最终却发现，它比从前那些迂回曲折的老路径要短得多，那么，即使并不总是一定能一下子解决这些问题，他也终于能让历史学变成了一门“待提问题的科学”：我相信他的角色尤其会比某个撰写“个人的”著作的人的角色更引人注目；我相信不再会有人去追问历史学是一门科学还是一门艺术；我相信人们或许不再会把写《路易十五和女人们》《博尔吉亚的

毒药》这些学术性书籍的学者型作家称作历史学家。不然，历史学家就要把这个被他们糟蹋的名称，和为他们设立的科学院奖一起，让给这些杰出人物，毫不犹豫地为自己改个名称，免得再长期受到一种混淆的伤害，这种混淆令人生气，而且还太过荒唐。

如果想让这个时刻提前到来，而且它必须提前到来，首先要做的，就是征求别人的建议，探查已经实现的成就，依靠那些已经在其领域里组织“集体研究”的人。60

2. 反对孤立自在的外交史

是历史学，还是政治学？

关于1930年和1945年两部著作的思考 *

一

一段时间以前，一个资深法国历史学家小组在亨利·奥瑟的领导下，在大学出版社出版了《欧洲外交史（1871—1914）》(1929)，这部著作并不直接属于我们这种杂志的评判范围。可是，不把一种那么实用的工具公之于众，可能是一件有失公允的事情，而且更可能会漏掉一个颇具意义的问题。

翻开这本书，人们完全能发觉，做了那么多经济史研究的作者亨利·奥瑟，就他个人而言，绝对没有忘记，一种新的外交学逐渐替代了“宫廷和内阁的政治”，而且这种外交学必须越来越多地考虑舆论的演变和团体的利益。他在一篇刚劲有力的引言中写道：“一种在捍卫其生活标准的本国工人，与接受极低工资的外籍非技术工人之间爆发的冲突，足以挑动两个国家互相对立了。”的确，打开报纸，翻开杂志：通篇都是通商条约，关税谈判，金融改组的举措或工业的装备，作为经济或

* 《综合评论》，I，1931年，《年鉴：经济、社会、文明》，I，1946年。

政治利益交换物的申请和给予的银行贷款。人们容易发觉，这就是一种日常的外交事务，在环境影响下，这种外交无意中都必须受人民议会的持久而直接的控制。显然，经济对政治的这种掌控，不是从昨天才开始的，而且如果要探究事物的本质，古代许多战争的目的，就是掠夺盐、香料或鲱鱼。亨利·奥瑟出过一本出色的小书，《当前经济问题的历史 61
根源》，他就清楚这一点。半个多世纪以来，这种掌控确实变得越来越明显，举两个最明显的例子，迪斯雷利购买赫迪夫·伊斯梅尔的股票，是1875年以来影响英国的埃及政策的一个主要因素，赫拉特铁路差点引发人们经常预言的俄国人和英国人的冲突；只要想到圣哥达隧道的贯通，人们就可以理解三国同盟了；最后，矿石、燃料、商品销售市场和工业信贷的问题，也肯定影响了参与1914年战争的人和国家的决心。

这些很显然是应时产生的事实，或者像人们有时所说的，是“只叙述事件”的事实，就由于它们引起的轰动，勉强能够体现经济对政治的影响，这种影响虽然模糊，但是顽强，和其他许多同等重要的影响一起，成为国与国之间直接行为的一个决定性因素。这些具体的，而且在某种程度上属于细枝末节的事实，也有机会被《欧洲外交史》的编纂者们偶尔提及，带着过多的保留和简略；但是隐秘的力量，即激发人民群众的热情的隐蔽的原动力，他们却很少操心去揭示它们。他们认为它们蛰伏在隐蔽的深处就行了。就像奥瑟在其引言中所写的，这是“历史的隐蔽层”。它们得到一种简单的成见掩护，这成见向来都是由最严格意义上的外交文件，即那些蓝色的、灰色的、黄色的或红色的官方文件汇编而成；各国最近的重要文集，如果没有法国的，就用德国和英国的；再加上重要事件的当事人和见证人的书信和回忆录。他们只关心他们的政治外交球体的外壳……难道为此我们要怪他们？不。我们不怪这些人。要怪就怪一种传统。

在这两卷《欧洲外交史》的封面上，有这样一行字：“欧洲政治教程。”我不喜欢这种标题。但值得注意的是，它一开始就标明了某种方

62 向，表达了某种理念，某种可以说是合理的，不过有点专业的理念。一些很有名的书与之类同，最近以彩色标题再次出版的《外交政策史教程》，自1892年以来在法国就具有代表性，并且渐渐在教学上占了上风。这是一种**不幸**，我想了很久才这样写，倒不是我认为这些教科书从技术角度看质量差，而是因为它们比其他所有书都更能促使几代学生（其中许多后来超过了老师）在头脑中，用一种“历史政治”的，专注于政务的观念[1]来替代一种“关系”史的公正观念，我说的这种“关系”史，它一有可能就会仅满足于理解和让人理解那些重大群众运动，那些运动具有实际的、深层的和多重的原因，它们时而使国内各种集团团结起来，并且和平地合作，时而又使它们爆发强烈而致命的情绪，相互对立。

然而，很显然，我们不应该只从“大人物”个人的情绪、心理和心血来潮中寻找这些原因，也不应该只从竞争外交的博弈规则中寻找这些原因。因为还有地理的原因、经济的原因、社会的原因；也有智力的、宗教的和心理的原因。而我明白，这更多的是人们深陷在过去——我指的是现代欧洲国家的过去，是历史学家觉得政治的个人因素在起作用，而非像文献一直声称的那样，是一些多少有些专制的君主的行为，或者是比主子更专制的大臣的行为。我也明白，有必要给予所谓外交技巧与其作用相称的地位。最后我还明白，艰苦工作当然不是一点用处没有，我们克服了重重困难，付出了关键的艰苦努力，推定了可能对某个事件产生了决定性影响的一些外交措施的出台日期，不是精确

---

① 难道说是有意识的专注于政务？对照埃米尔·布尔热瓦：《外交政策史教程》（*Manuel historique de politique étrangère*, Paris, Hachette, 1892.7, I, p. 7）：“从前，当诸民族将命运交到君主家族的手中时，这些家族的后代，儿女们，就被带进国家档案室，在那里学习公法，了解国家的传统利益，准备接受等待他们的任务。如今一有国家重新获得主权，就有责任让他们的后代接受这些课程。”同样的事，受同样的精神启发，出于同样的动机，产生于同样的原则？这就是整个问题，而我们所援引的著作还没有把它提出来就解决了它。

到周或天，而是精确到时，有时还精确到分。这些我统统都明白；对于 63
那些人们可能不用相反的论据，而是用补充的论据来反驳的观点，我也明白；但我还是要说，给一本书取名为《外交政策史教程》，或者更简略地取名为《欧洲政治史教程》，不管人们是否愿意，都是无视“有血肉”的国家的有生命的历史，无视一些“正在形成”国家的地区的历史。这些地区由陆地、江河湖海、森林和山脉构成，但也由采取某些生活方式，习惯于某些思维、感觉、信仰方式的人构成，组合的变化范围巨大，因此各地区的面貌都具有个性；这就让一种“外交”政策的、“对外”政策的，如果人们更喜欢（在说法上人们有选择）的话，还有“宏观政策”的，甚至“欧洲”政策的永久的抽象概念，飘浮在这些现实的上空。在外交的天空中，这种政策不是沉浸在像善良的拉伯雷的幻想那种第二意念里，而是充满了国王的心血来潮、皇帝的野心或大臣的“宏伟计划”。

而如果有人反对说：“可是，您指出的这种在国家的实际利益与统治者的宏观政策之间的不一致的情况，确实是经常存在的呀。”我回答说，在这种情况下，一些从定义上闭口不谈这个至关重要的事实的著作，一些似乎把一些外交学的抽象体系（外交学本身被作为抽象事物来考虑）当作表达国家集团——这些外交家就以这些国家集团的名义说话、写作和行事——的一致意见、观念、意愿和利益来阐述的著作，就撇开了真正的问题，撇开了值得提出的问题。这里考虑的还只是所争论的问题的纯科学的方面。如果我们在这里还必须从其他角度来看问题，如果还应该和某些作者谈谈公民的职业培训或教育，那么人们就容易猜到我们要说什么了。虽然没有使用更浮夸的词语来表述，但掩盖像这样的不一致，是多么笨拙的错误啊。

这部著作表述客观、格调高雅且具有道德心，对此我们表示尊重，但我们也坦率地表达了一些意见，在她总结和概括一下。

一些有益的研究几乎统统被赶出这个领域，那么多受到用心良苦
64 的经济学家欢迎的那种“经济人”（*homo œconomicus*）被打入了冷宫，一个充满了学究们的空想的地方。当人们最终也把“外交人”（*homo diplomaticus*）连同他们的繁文缛节、讲究等级的客套，以及由矫饰的谦恭拙劣地装扮出来的可憎的粗俗一起，从同一领域除去时，那么从纯科学的观点（这里对我们而言是唯一有价值的观点，对历史学家而言是唯一可能有价值的观点）看，人们不仅能确保开明理性战胜了使人变得冷酷的例行公事；而且从完全实用的角度看，这样做也能发挥一种有益的作用，不管是培训未来的外交官员，或者只是教育一些公民。

我们的祖辈懂得一种从《圣经》里得出的政治学，他们还有必要向我们当代人传授一种从狭义外交史中得出的政治学吗？对此，我有一些意见，而且是反对意见。按我的意见，这种政治学和历史学无疑是两码事，因为历史学不会随意让领导者的意愿脱离领导者的基本利益；历史学不知道一种孤立自在的外交学是何物，不知道一种与经济无关联的政治学是何物，也不知道会存在这么一种经济，在强大的物理和自然因素的影响下，它竟然不反映精神或心理的力量的作用，而这种力量的作用，与那些参与所有人类活动的力量的作用同样强烈，像干柴燃烧的火焰，轰轰烈烈，持久不熄。

二

15年后。阿尔芒·科兰出版社以小文集形式出版了一本书，书名是《武装的和平（1871—1914）》，让我评论它，我感到有点为难。因为这本书是一位优秀大学教员怀着诚心写的，他一贯脚踏实地地工作，而且搜集到了最好的原始资料。

不过，他提出了一个非常重要的问题，我们必须不怀成见地认真研究它。

我们不要揪住书名不放。“武装的和平”，从词的严格和局限意义上看，这种组词方式就可能值得研究。这里我们要做的并非这种研究，而是概述从1871年到1914年这一时期的整个外交关系史：这个时期通常被称作“武装的和平时期”。我们要承认，这不是什么大不了的事。因为1920年后的和平和1920年前的和平同样是“武装的”。可是 65
1946年以后的和平就是“刀枪入库”的和平吗？我没看出来。重要的是，这本按照教科书的样子，带有标题、副标题、段落号和节号的明白易懂的书，与当代史的优秀书籍（对我们来说就是《年鉴》），完全背道而驰。

地理因素，此书一点没提。人们发现作者既没有受到法国地理学派的著作哪怕一点点影响，也没有受到德国地缘政治家的著作的影响。不过作者在接触德国的那些蛊惑人心的危险言论和主张时，还能守住他的道德底线，这是对的；况且人们在这方面并非总会做得很好；我们还应该知道，1945年，人们在发表一本1940年完稿的书，来论述那些当然不是在空间以外发生的“国际关系”问题时，地理因素是存在的。我们应该注意到，雅克·昂赛尔在其著作中表明的，并且试图靠它来改革外交关系史学的地理学意义，对本书作者来说还十分陌生。

经济因素，此书也一点没提。哦，当然，书中许多地方出现过经济这个词，不过是作为一个无关紧要的词提出而已：经济被弃之不顾了……可是，列强在一起博弈时，难道不是越来越多地声称是为了经济利益吗？

当语法学家让人向初学者解释恺撒的一句话时，问：“主语是什么？”本书作者鲁博以及所有和他一样支持这种陈旧而有害的“外交史”的人回答：“是外交。”不！外交不是主语。而外交家也不是主语的修饰语。主语是1871年到1914年的世界。

是世界。我没有说欧洲。世界，它的发现、它的成就、它的情感。

因为在所提到的这些年里，世界发生了外交冲突。我的意思是说，在那时，以前还只在某些国家以及这些国家的某些地区、某些阶层存在的某种生活制度，突然普及开来，所有国家的所有人都使用人类的所有产品，或是智力产品，或是物质产品：这让人们明确了目标，也没有了拘束。大家都朝着这个目标。而这就要求人们交流，交流，再交流……

所以是世界。是世界的情感、欲望、诡计。外交呢？只是一种手
66 段而已。这个世界是野蛮的，没有秩序，脾气暴躁，情感偏激，受到一些力量的作用，这些力量被一些人小心翼翼地操纵着，它们十分强大，时刻都有可能挣脱这些人的手；这个世界的强大原动力名为资本、信贷、工业、销售和贸易组织。外交只是这个世界为了满足它的情感、它的欲望，表现它的诡计所采用的手段之一。还有其他的手段，如公然而粗暴的武力，具有隐蔽的腐蚀力的贪腐和宣传。

作者无视这一切，蛮有把握地向我们宣告，“重大事件的复杂原因，尤其是统治者的动机，仍然隐藏在永远不会消散的黑暗里”；自己沉迷于这些至多是趣闻轶事的“统治者的动机”，而且还想让读者也沉迷其中；好像这里不存在明显而确定的真实原因，不存在深刻的原因，不存在世界性的原因，我指的是工业技术大革命，它就是科学技术大革命的产物，是世界经济大革命的发生器。无视这些原因，真是不可思议。

当该书作者为秘密外交辩护，满怀同情地提到那些具有现实观念的技术专家，在负责的部长监督下工作，“不受偏见和空想的侵扰”时，简直是在说梦话。“不受偏见和空想的侵扰？”赖伐尔和其他一些可悲的人（他们的名字不提也罢），这些非常可爱的技术专家，在公正、“客观”、无私的“监督”下，为你们干得多漂亮啊……我们不想再说了。在1940年前那场和平的小游戏中，我们的外交家和外交给我们造成那样的后果——那场小游戏持续的时间真够长啊。在1940年前，人们可能耸耸肩膀说：这是对精神犯的过错。而在1940年后，人们就必须说：这是对法国犯的过错。我们不想再玩这样的游戏了。我们必须大声发出

强烈的呼吁。我们要反复呼吁，要不断重复马克·布洛赫说的话：**法国的失败首先是智力和性格的失败**。

自1850年以来，原本在世界上领导革命的法国，不知不觉（或者它自己意识到了，并以此为荣）放弃了权力。 67

这是因为物质革命已经发生，而且是因为法国人以他们的稳重、克制、谨慎的过时哲学理念做挡箭牌，继续搞政治、只搞政治、始终搞政治。“打倒君主制，共和万岁！打倒共和，帝国万岁！打倒帝国，共和万岁！打倒共和，国王万岁！”——这位国王曾经是个元帅。这就是1848年以来法国的思想史和成见史，有点短，但是真实。是几乎全体一致的思想和成见。

但是，机械文明的浪潮滚滚而来，越来越汹涌地冲击着世界。怎么办？跳上船吧，用刚劲有力的手握住桨，引领潮流，至少要在精神上引领潮流。人们寻找法国，最终找到了她，心地善良的小法兰西，那么聪敏伶俐，那么通情达理，那么端庄稳重，穿着过去的旧衣裳，坐在老宅子的风景秀丽的花园里，手指塞住耳朵，什么也不听，翻来覆去读着她的古典作品。法国式**稳重**的大师们的作品。

是**稳重**的大师，还是**平庸**的大师？

是啊，这场景很动人，但也很致命。法国做出了选择。她选择了灾难。没有人理解这个选择。人们在法国本该在的地方找她，却没有找到。她在玩外婆的旧玩具娃娃呢。样子恬静、圣洁、呆头呆脑的。

好啦！这场景该结束了。法国人——尤其是那些向他人灌输他们的思想和观点的人——应该正视事实。到底是谁在领导世界？是外交家，政治家，还是夏佩先生在其最新的著作中指出的，正活跃着的那两类精英？一边是精神上的技术专家，即文人、艺术家、道德家；一边是物质上的技术专家，即制造商和批发商；尽管他们有时可能互相嘲笑，但是为了互相哄骗，他们结成了联盟——联合起来统治世界几十年。

鲁博在其著作的第212页果断写道:“历史唯物主义的信徒总是力
求强调经济因素在国际冲突中的作用,削弱政治因素和道德因素的影
68 响。”啊!老天爷,“历史唯物主义”在这里要干什么啊?而你又说:“大
概是……但是最终……”这种毫不掩饰的摇摆是什么意思?**世界**就是
世界。你跟我们说:在1914年大战前,世界根本不像1920年到1940年
它将会变成的那样。而从1871年到1914年,它也已经不再是1848年到
1870年那个样子。为什么?是因为政治问题吗?还是因为道德问题?
都不是!是因为经济问题。这是明摆着的。

我再说一遍:在1945年说这个问题,这不是对智力和历史学负责。
69 对一个法国人而言,是对法国负责。

3. 赞成综述，反对历史概述

现代俄国史，首先是政治史吗？*

夏尔·瑟诺博斯在一篇简短的序言中，向法国读者介绍了一部由三大卷构成的《俄国史》①——他制订了该书的编纂计划，并和夏尔·艾森曼一起，而且尤其是和十分著名的研究俄国历史思想和文明的历史学家保罗·米柳科夫一起，领导了编纂工作：这是由一些习惯于史学工作实践，并且多少与他们的祖国的现行制度关系微妙的人创作的集体著作，想让法国读者从一种无可争辩的知识和能力中获益。

我们应该热烈赞扬主编们的创举。在法国，类似于《俄国史》的作品只有鲁博的教科书，在他那个时代，它是新颖的，但不用说我们也知道，如今它已经过时了。因此人们是怀着非常强烈的愿望扑向由拉鲁斯出版社相继迅速出版的这三卷巨著的。这之后呢……我不想说我们感到失望。这样说有些过分了。但是读者很快发现，这个壮举远没有提供人们期待的所有用处。因此，有时人们见到封面上印着1932年，就会怀疑是不是排字工人把年份搞错了，因为人们根据直觉会说应该是

---

* 《综合评论》，VII，1934年。

① *Histoire de Russie*, Paris, Ernest Leroux, 1932, pp. xx–438, 439–828, 829–1416. 书名为：《俄国史，从起源到1918年》（*Histoire de la Russie, des origines à 1918*）。实际上，自亚历山大二世去世后的整个当代时期，只用几页进行了概述。

1902年。这是为什么?

首先,严格意义上的**俄国史**是从第81页以米亚科金的文章开始的,他在东欧史中介绍了7世纪前后的斯拉夫人部落。第81页讲7世纪;到第150页,就已经说到伊凡雷帝(1533—1584)了;到第267页,
70 就说到了彼得大帝!换句话说:1416页的历史,三卷,只用200页讲述10个世纪(从7世纪到17世纪),却用了1140页来讲述两个半世纪(从1682年到1932年)……因此,当人们在第XI页上读到瑟诺博斯的一句话,他诚恳地保证"在相继的时期之间,以及在不同性质的材料之间,保持一种合理的平衡",人们就觉得作序的人甘愿要人家讽刺他。我们光是知道这一点还不行,还得擦亮眼睛仔细看看……

更糟糕的是,瑟诺博斯还要为之辩解!因为他对我们说:"请原谅!时间太紧了;出版商也让人受不了……"还有:"写这些时期的历史需要真正的专家,可是我们缺乏撰稿人,请原谅……"我们只好叫苦,因为这样一来,我们就看不到我们最想看的东西。看不到我们显然需要的东西。[1]我们终究也只好认了:这毕竟是不可抗力造成的嘛!可是根本不是这回事!瑟诺博斯还坚持为他的判断力辩护。他言之凿凿地解释说,在前一部分,作者没有跟读者讲什么东西,那是因为"缺乏文献",所以没有什么要说的,在后一部分,则是因为"缺乏事件",所以也没有什么要说的……哎呀!这就再也说不过去了,如果说这是一种方法,那么请允许我们提个意见:这种方法糟糕透了。

"缺乏事件。"这么说,您想让我们索性把"历史"和"事件"看作同一种东西?而且,您就在那些您所谓的"文献"的巨大碎纸堆上正襟危坐,并且宣称"我们无法了解十个世纪的历史"?抱歉!它是很容易得知的。所有关注它的人都能知道,所有不是老想着去抄文献,而是想

① 翻开亨利·皮雷纳那本论述中世纪城市的名著,只要读上几页,你就会找到一些可用作俄国史的例子,来理解欧洲历史的一章……

方设法用一整套互相依赖、互相支持、互相补充的相近学科去重构过去的人都能知道，而你们历史学家的职责，就是去支持他们尽可能地描述它、完善它；而不是为明显的懒惰和令人遗憾的短视辩解，动动嘴皮子，轻飘飘地来一句："没办法……"

关于各个时期之间的平衡，这就是我们想说的。可是"材料"数量的配比呢，像药理学上所说的那样的剂量配比？必须承认，这种比喻再贴切不过了。政治要放在首位！除了一个叫莫拉斯的人，没有其他人 71
这么说过……可是我们的历史学家做的比他说的还有过之而无不及；他们把他的话付诸实践。而这就是一种方式。这也许甚至是一种反方式？——再说一遍，瑟诺博斯为历史概述这种方法大唱颂歌——这就是历史教科书。这是一个没有被时代在身上留下印记的人！序言（第X页）向我们说明，本书作者们"坚持要提供一种关于俄国生活各个方面的历史概述：包括国内政治制度和对外政策；人口流动和社会组织；农业、工业和商业；文学和艺术，科学和教育"。更过分的是下面这个计划："分别和相继提供不同性质的各类事实，包括政治的、社会的、经济的和知识的事实。"——这就是我通常说的"五斗橱方式"，拥有一只漂亮的古色古香的桃花心木五斗橱，是让小户市民人家脸上有光的事情。里面的东西收拾得那么井井有条！最上面的抽屉装着政治，右边是"国内的政治"，左边是"国外的政治"，不会混淆。第二个抽屉：右下角是"人口流动"，左下角是"社会组织"。（这个五斗橱由谁来控制？我认为是政权，它控制最上面的1号抽屉，统治和管理一切，因为它合适。）这是一种构思；而将"经济"放在"社会"后面也是一种构思，但这并不新颖。当亨利·勒莫尼埃在为拉维斯编的所谓《法国史》撰写的"16世纪"一章中出现这种构思时，我还是个懵懵懂懂地探求知识的小青年。我一直记得我当时的天真的兴奋心情（那时我20来岁！），我心怀敬畏地发现，作者首先十分简单地论述了社会的"阶级"，然后再跟我们谈论经济生活……35年过去了，我们来看看有什么进步没有。

我们发现,《俄国史》隆重地把社会组织塞进第二个抽屉,然后,它把经济现象……装进了第三个抽屉吗?没有,它装进去的却是三个老太太,如果你们喜欢,说是三个奶妈也行:**农业**、**工业**和**商业**,紧随其后的是**文学**和**艺术**。啊!像雍维尔的农业促进会!只是,在雍维尔,**商业**是领头的;但在《俄国史》中,商业被放在最后。既然我们说的是一个国家,我认为,不论是内销,还是外销,首先它肯定很早就出口农业产品,然后紧接着又出口工业产品,这难道不合情理吗?——历史概述啊,这些就是
72 你干的事……

这其实不是一部《俄国史》,倒像是一本《1682年至1932年俄国政治史教程》,开头一篇约200页的引言包含了有关彼得大帝时期的俄国的历史回顾。一切都包括了进去。而我们也应该对提供给我们的这些东西心满意足。保罗·米柳科夫的合作者及米柳科夫本人显然已经能够在统治的传统方面,撰写一篇很简明的、充满俄国历史的"重要事件"的文章——政治事件,带点多少有些简短的有关经济、社会、文学和艺术事件的附记,如果这些事件是由政府的政治行为引起的话。可是……

可是,这就是你们眼前的俄国。我嘛,没有亲眼认识它,如某人所说,我从未专门研究过它;但我还是能想象出来的,俄国、幅员辽阔的俄国、乡村和农民的俄国、封建和东正教的俄国、传统和革命的俄国,这够强大了吧?——可是,翻开这本《俄国史》:叙述的只是逃离《乌布王》的平庸的沙皇、宫廷的悲剧、贪污的大臣、鹦鹉学舌的官僚、沙皇随意发布的敕令和命令。而这个国家苦难的、原始的、深厚的生命;森林和草原的生命;人口的来回迁徙;按不规则的速度迁徙,越过乌拉尔山脉,一直涌到西伯利亚远东的大潮;还有河流上的强大生命:渔民、船夫、商品运输;农民的农事:他们的器具、技术、作物的轮作、放牧;林业和森林在俄国生活中的作用;大产业的作用;贵族阶级的地产和他们的生活方式;城市的诞生:它们的起源、发展、机构、特性;俄国的大

集市；我们所谓的资产阶级的缓慢形成——可是俄国出现过资产阶级吗？——所有这些人对俄国的了解在他们头脑里勾勒出了什么样的，哪个方面的清晰表象呢？种族方面的？领土方面的？政治方面的？东正教信仰在俄国集体生活中的作用，然而如果有必要（如果没有必要，也请直说）的话，还有东正教信仰在意识的个人培养中的作用如何？语言问题呢？区域之间的对立及其起因？——还有什么我不知道的？关于以问题形式摆在我们面前的这一切，关于在我看来就是俄国历史的这一切，在这1400页的书中，却很少能看到。是我智力发育不正常？我是一个怪人，一个怪物？可是，克吕德纳夫人、她与亚历山大的关系、那 73
位曾是一个小酒馆老板的女儿的女沙皇、另外一位喜欢美男子的女沙皇，以及所有这一大堆乱七八糟的轶事：不，它们不是历史。

我在这部《俄国史》里没有找到历史，所以这本书一问世就夭折了。

还有东西需要详细讨论，尽管这样显得很挑剔。关于俄国的现在和未来，这本书可能也没有展开写。

叙述1917年10月至11月以来苏联所发生的事情，只占了本书简短的一章。尽管内容达到了一定的客观性。我还要补充一句，它写得也还值得称道，因为这几页署名是米柳科夫。可是话说回来，让这位经历过那场悲剧的米柳科夫来写这几页，合适吗？问题在哪里？在于如何让人能够理解，准确无误地理解。然而，不管他们怎么努力，在需要表露必要的和关键的同情的地方，也难以让人真正理解。

驾驶苏联这艘轮船在波涛汹涌的激流中航行的人，16年来背负着艰辛的责任，逆风曲折行驶，迂回前进，犹豫不决，相互冲撞，有时还相互破坏，但是还在坚持着不妥协，如果我们想知道是什么东西真正激励着这些人，就要向十位法国的、英国的、美国的或其他国家的观察者请教，他们已经了解，并且也能让别人了解，是什么真正激励着俄国人，此外，他们在许多问题上是互相矛盾的（幸好是这样！），但在其他问题上又是一致的——并且都让人对生活、力量、紧张的活动和创造的愿望产生了印象，这些应该说都能让人满意，要是用子虚乌有的东西来解释历史，岂不是天方夜谭？所有这些，大家都别想从这部《俄国史》中找到，也就是说，别指望它有任何我认为是历史的东西。再说一遍，它有的仅
74 仅是一篇一位亲历者对所见所闻的政治事件的概述。

4. 反对无意义的观念争斗

关于宗教改革的政治精神的研究*

最近皮卡尔出版社出版了一本大部头的书，请我在这个杂志上发表一篇书评。[①]我深感为难。因为这本书的作者很好学，有着极大的好奇心，同时对思想史也很感兴趣。再说，我从书中看得出，作者付出了艰辛的劳动，他阅读认真广泛，思考深入细致。可是我能力实在有限，不能在这里对它说三道四。

德·拉加德先生发表的这本大部头洋洋洒洒，有486页。但是，我们要想想他要论述些什么。瞧瞧引言，论述了“中世纪的政治思想”；这题目可不小啊。第一章，“宗教改革的政治观点”，德·拉加德先生在这一章依次重温了路德、茨温利、加尔文的思想，还有1525年发动叛乱的德国农民的思想（我不知道他为什么把他们叫作乡巴佬，这是洛林人用来称呼农民的）；他没有忽略再洗礼派的思想，也没有忽略反暴君派的思想：这些思想确实令人生畏。接下来他抨击了新教教派的法理论、他们的国家概念、他们的主权观念。然后，他力图确定个人主义思想在

* 《斯特拉斯堡宗教历史与哲学评论》，VII，1927年。

① Georges de Lagarde, *Recherches sur l'esprit politique de la Réforme*, Paris, Picard, 1926.

宗教改革家的哲学和教会学中所占的地位。而这又引发了一连串小问题：自由探究、基督教自由、全民皆祭司……我在合上这本书时感到困惑，人们能理解这些吗？这些主题属于那种可大可小的类型，如果某人花了20年来思考，就可以根据他的兴趣和才能，用200页的篇幅来论
75 述，并且不加注释。或者，如果某人花了一生的时间来思考，就可以用皇皇六卷，每卷500页的篇幅来论述。

这不仅仅是因为，这么多问题中的每一个都含有范围大得让历史学家害怕的东西。对于这些问题，尽管德·拉加德先生诚意满满，也只能向我们泛泛地论述。我认为这里还涉及一个方法问题。这本著作是在一定数量的文献的基础上写的。面对卷帙浩繁的文献，作者自然会很有意识地——并且专断地——进行选择：有路德派的、茨温利派的、加尔文派的，不用说还有其他教派的。德·拉加德先生读了这些著作后，对它们运用了一种明确、清晰和忠实的灵巧方法。就像他说的一句很明确的话："我一边搜集古代资料，一边就试图理解它们。"困难就在这儿。

怎样理解？人们可以靠直接阅读一些著作来领会宗教改革家们的政治思想；靠对它们进行比较，注意它们可能的组合、未被注意的矛盾、可能的后果来理解。但是历史学家所说的理解并不在此。在历史学家看来，理解不是阐明，不是简化，不是归纳成十分清晰的逻辑纲要，即拟出一份简洁明了的抽象的提纲。理解是把问题复杂化，是深化充实，是逐步扩大，是融入生活。

在路德的头脑中（但是路德只是一个头脑吗？），在茨温利的头脑中，在加尔文的头脑中（这里存在同样的先决问题），他们用锋利的手术刀一刀划出装"政治观念"的框子；接下来，把它和周围的一切分离开，切断赋予它生命的动脉和神经，把它拿出来，然后描述这种已经死掉的东西，好像生命并没有从它上面消失：历史学家决不会赞同这种方法。尽管它被一些被当作大师（而且也自认为是大师）的人运用多年，

获得了巨大的学院式成功。但是，如果有人读了他们的著作——那些让德·拉加德先生深受启发的著作——确实会感到困惑，这种困惑就向你们证明了他是一位“历史学家”……人们因此明白，让我为德·拉加德先生的著作写书评，我为何会感到为难。

著作的第1页是引论的摘要。摘要是这样开始的：“中世纪政治思想有三个来源：经院哲学和神学、罗马法和法学家、教规学者。”——什么！这些就是中世纪政治思想的唯一来源吗？不再有其他来源了？这种思想只从书本中，不，更确切地说，只从手稿中汲取营养，从书本上的传统和教义的思辨中汲取营养吗？那个时代的人都待在封闭的书斋里，两耳不闻窗外事，只从这些“传统”，罗马法学家的教诲和爱国传统中汲取思想吗？我也听到德·拉加德先生补充说道：“思想与事实的合作。”我也看到他在第13页指出，“国家的复兴是在战场上，在大臣官署中，而不是在大学里实现的”。但是，如果人们想要“理解”的话，必须对跟战场、跟大臣官署完全不一样的东西加以考虑。 76

同样地，路德、茨温利、加尔文、再洗礼派、农民、反暴君派，恕我冒昧，宗教改革的所有这些人格化的抽象代表，统统都被混为一谈了？当我读了第114—115页的简史，我怕是坠入五里雾中了。1530年，因为路德被萨克森教会的组织吸引，茨温利在卡佩尔战败，斯特拉斯堡被一些有分歧的博士占领，失去方向的“宗教改革的世界”瓦解了；然后，当“宗教改革运动”分崩离析时，加尔文横空出世：“多亏了加尔文，它的历史开始了一个新阶段……宗教改革运动又开始发展，并且围绕着更理智的教义组织起来。它自己萎缩凋零了，但自己又重新壮大起来。它与优柔寡断的啰唆的路德主义决裂”，等等。怎么回事，加尔文就这样成了路德主义的掘墓人啦？就是他，“用他拉丁人的手”，埋葬了那位习惯喝啤酒的维腾贝格人吗？想象力好丰富啊！但是，显然，德·拉加德先生在其著作中，为了采用不比人物名称更合适的民族名称，就不去操心探究法国宗教改革、德国宗教改革、苏黎世宗教改革的深刻但迥异的根源。我相信他不会在整本书中提到埃塔普勒的勒费弗尔（又译勒费弗尔·戴塔普尔）的名字。在作者看来，这场宗教改革运动似乎是路德，德国人路德的发明，他令瑞士人茨温利十分钦佩；当这两位先行者都倒了霉，这唯一的一场宗教改革运动濒临瓦解时，出现了让·加尔
77 文，他把它拉丁化，一时拯救了它。于是就在1926年，真的出现一个奇怪的概念！这本书到底在什么地方考虑过不同的社会环境呢？生活在这些环境中的人，其出生、社会出身、受教育状况、民族特性、生活经历，甚至所处的时代，和这些叫路德、茨温利、加尔文的人一样，彼此都是不同的。对这些人，如果把他们从阐述他们的所有东西中——从既阐述他们的高度相似性，又阐述他们的根本差异性的所有东西中抽象化，那么我们要怎样来“理解”他们？

德·拉加德先生在一条注释（第114页）中评论弗洛里蒙德·雷孟德的一篇著名文章时告诉我们，“斯特拉斯堡是法国路德教**所有信徒**的避难地”。我们要着重指出这种奇怪说法。人们不会对若斯·克里西多夫或我们的老师贝达的笔下所叙述的东西感到惊讶：那是惨烈战争的避难地。可是在这本书里呢？所有信徒……这太多了。或者说太少了。因为，在斯特拉斯堡避难的法国难民究竟是些什么人？那些重要人物是谁？有埃塔普勒的勒费弗尔、热拉尔·鲁塞尔、纪尧姆·法雷尔、让·加尔文。德·拉加德先生称他们是“路德教的法国信徒”，这说法完全适合这四位彼此大不相同的人物吗？——我想现在人们理解德·拉加德先生的书对我们的启发的性质了。它几乎是先决的保留意见，是方法的保留意见，也可以说是原则的保留意见。这些保留意见是一个历史学家的本能的保留意见，利于他培养对多种特定差异的判断力和辨别力。

有人会说我在用很长篇幅没完没了讲评一本其构思比撰写更具争议的书，而这些缺点并不是这位作者特有的。也许是。可是，作者向这部巨著倾注了那么多的热情和诚意，而看到那么多精力被浪费了，这让

人感到气愤，要是把这些精力都集中到一个十分确定的目标上该有多好，而且在选择这个目标时，既不要抱太大的雄心，也不要缩手缩脚，很有可能会产生极好的效果。

至于作者的论题，我绝无意愿去讨论它们，我刚才明确讲了原因。我不是辩论家。我尽力当个历史学家。而且我并不指责德·拉加德先生的意图，而是重申一下指责他的方法。就我而言，我满怀热情地对16世纪研究了三十年。对所有这些主题，数量那么多、题目那么大、变化那么令人惊奇的主题，德·拉加德先生都非常勇敢地依次进行论述，踏着菲吉斯的后尘，急匆匆地从热尔松说到格劳秀斯。我不缺观念，相对
来说，拥有一些观念太容易了！可是我肯定都能“理解”它们吗？我不 78
抱如此粗浅的幻想。

观念只是观念——人们在觉得有兴致时，跟一位雅士聊一聊，辩论辩论，跟他唱唱反调，抨击抨击这些观念，可能是件很愉快的事情；可是自己受骗上当，这可是真正的危险——甚至在人们按照一些熟悉方便的秘诀，引用某些话来支持它们时，那些引语因为把一切都说了，也就等于什么也没说，而且这些引语被从它们的语境中拔出来时，根被拔断了，汁液也好像被倒空了。德·拉加德先生莫名其妙地断言，个人主义不是“宗教改革者反叛的主轴”。在我看来，这个命题和其对立的命题一样为真，而且是同一类的真理。是Flatus vocis[①]。问题在于去理解。我说的是不仅要理解个人主义的定义，而且要理解进行宗教改革的人。而如果人们真正深入理解了路德和加尔文；如果人们理解了信仰是什么，以及激发他们的宗教情感的强烈程度；如果人们在他们所鼓吹的东西背后，复原激发他们的情感，复原促使他们下决心的观念，那么，似乎那些争论、那些思想冲突、那些无可辩驳的两难推理，一种自以为正如日中天，却已过时的经院法学辩证法的全部手段——似乎这一

① 拉丁语：空虚的声音。——译注

切实际上都毫无意义了！人们认为宗教改革家的“整个华而不实的自由使命”，“归根结底是要摆脱罗马的枷锁，寻找另一个主的权利”——这只是表明人们是多么不肯探究路德的意识深处的思想。确切地说，德·拉加德先生就犯了这种错误，他还责怪那些把路德当作“自由探究和现代理性之父”的头脑简单的人犯这种错误。

其实，我要是对引起德·拉加德先生注意的这种说法上的冲突感兴趣，就得放弃我的所有思维习惯。否则，当我感到自己落在一位一生难遇的导师手里，并快乐地追随他时，会感到一丝隐隐的恐惧——我试
79 图为了我文人的一时乐趣，牺牲掉我的历史学家的认真。

5. 不要主题史，也不要历史教科书

从本达到瑟诺博斯*

人们如果想一想，就觉得这是一个相当奇怪的现象，半个世纪以来，法国一些有才华的历史学家出于一种胆怯，避开了广泛的主题，我们不说“大主题”——那种说法会产生一些令人讨厌的学院式的共鸣——或者更确切地说，避开了那些超出专著的狭窄范围的主题。

我们没有花很长时间去找这种逃避责任的行为的原因。要找到这些原因，我们必须着手研究半个多世纪以来法国史学的历史。我们只是注意到这种逃避行为的明显征象，那就是传统的字面意义上的**法国史**并不存在。

没有个人写的法国史，也没有集体写的法国史。最近的尝试是拉维斯做出的，竟能在出版界引起轰动，竟能促使维达尔·白兰士的杰作《地理学概览》问世。这种尝试同样还产生了一部著作，但概念并不一致，因此没有生命力。这是一套多卷本的丛书，其目的只限于向应试者提供实用观念。因此，如果真正意义上的读者被诱导去买这些书，那这些书就遭到滥用了。它们只能部分满足真正以实用为目的的读者的好奇心，并不能激发新的好奇心，无法让有学问的读者去了解最优秀的工

---

* 《综合评论》，V，1933年。

作者的艰苦工作，那些工作是在远离人们经常提起的地方默默进行的，能拓宽人们的眼界。

这就出现一种可笑的现象，我们听到历史学家叫道：“人们无视我们！把我们撇在一边！”同时出版者还把大量的“小说化的传记”、“历史揭秘”、“内幕”和掺假的“新发现”，塞给渴求知识的读者，骗他们上
80 当。的确如此。可是，话说回来，你们抱怨所有这些乱七八糟的东西似乎也没有道理。你们说，这些东西错误百出。这不是问题。让你们激动万分的著作，小册子的，大部头的，里面的日期和事件难道就非常准确吗？那种正确凭什么就必定能平息批评呢？你们指责这些书让读者心生幻想，以为它们是“讲历史的”，还认为它们的内容就是历史：甚至一些颇有头脑的人也抱有这种幻想。[①]而你们要想让指责一针见血，说到点子上，你们就亲自研究历史吧，去研究真实的历史，不是躲在你们的书柜后面研究，也不是为一些专家研究，是要面对读者研究，公开研究。人们要你们提供容易看懂的过去，人类鲜活的和真实的过去：再别把学校的教科书递给我们了。

现在，在我面前摆着两本小书，传奇故事那样的开本。[②]这是著作，一本是一位有意尝试另辟蹊径的评论作家的著作；一本是一位从事历史教学的著名专业人员的著作。两位作者在相隔几周的时间里，都向我们提供了一部法国史。哦！还有点细节上的差异，可从标题所用的词看出来：一本是“概要”，一本是“试论”；但最终还是用黑色或红色

① 难道需要提到保罗·瓦莱里的那场引起轰动的抨击（*Regards sur le monde cutuel*, 1931）吗？我们说这是对历史的抨击，抨击的是读者称为历史的东西，的确是这样；可是，那就是历史吗？这才是真正的问题。

② 朱利安·本达：《怀有成为一个民族的意愿的法兰西人的历史概要》（*Esquisse d'une histoire des Français dans leur volonté d'être une nation*, Paris, Gallimard, 1932）。夏尔·瑟诺博斯：《真诚的法兰西民族史，试论法兰西人演化史》（*Histoire sincère de la nation française, essai d'une histoire de l'évolution du peuple français*, Paris, Rieder, pp. xii–520）。

大字醒目地标出:“法兰西人的历史”,另一本是“法兰西民族史”。难道破了规定不成?我们就不带偏见地来看看吧。

一

朱利安·本达是评论作家。不用说,他有思想争论的癖好。他写过《永恒的终结》,这回他是作为有点忧伤的分析家对历史学家发起争论。他也指责他们保持沉默,并在他们闭口不谈的那么多大主题中,向他们指出了一个并不缺乏魅力的主题。

一个伟大的民族,尤其是其历史已经发展了20多个世纪的法兰西民族,一路走来,它是如何形成的?这不单单是爱国主义的问题,关于这个问题,我们还只是继续看到一些浮夸的词句,或者一些联系不当的象征。这是个关于民族的基本问题,作者直接着力讨论了这个问题。是谁在世纪的铁砧上锻造了这个民族?是像人们常常说的那样,是它 81
的始祖,是它的国王吗?抑或是它的全体成员?他们在形成团体和群体时,激发出了朦胧但强烈的集体意志?本达先生回答说(第16页),“法兰西人作为民族的实际构成,是他们曾经有的,而且是很早就怀有的**一种意愿**的结果;而不是像某个学派所说的,是一系列转变的结果,是他们在外力的影响下实现的,向现在这种组织结构的转变,这种转变几乎是机械的,甚至是无意识的,(至少在很多世纪里)跟任何倾向无关”。

人们了解命题的广泛性,也了解它牵涉到的一切因素。但是朱利安·本达不打算详细描述事实。他明智地说过,他不是历史学家。那他的意图是什么?是要把历史学家激发起来,引导他们去做他拟订了提纲的工作,尤其是要他们理解这工作的必要性。有人可能会用一种不正直的荒谬方式来评论他的著作:和害怕别人抢他饭碗的历史学小店主一样,带着痛苦,一页一页地挑毛病。可能还有另一种方式,一种完全合理的方式：一条一条地修改他的提纲，同意、批判、修正、改写……但这也可能是为他考虑，希望他能草拟出一部“法兰西人史”来。我们的审查只限于方法和思想，我们也劝作者本人来审查。他相信（第32页），他的论题会遇到“两类反对者”：一类反对者认为历史只是个人创造的；另一类反对者会声明：“当作现代论题研究，当然可以；但是要当作中世纪，和上古中世纪，以及起源的论题研究：不行，绝对不行。”——对不起，我希望我属于第三类反对者。

我不属于那些认为历史“只是个人创造的”的反对者。如果有意用一个很普通的词来表达的话，依我之见，历史是个人和群体共同创造的。历史中的个人——我曾在别的地方解释过①——更准确地说，**历史人物**，就是在群体中并且借助群体成长的。他曾经一时脱离这个群体，并为它指引了一些新的道路。但是，他要完成他的业绩——一种作为酵母使人类这个面团发酵的业绩——就必须融入这个群体，越快越好，成为该群体的一员；用现时的话说，这是退却，甚至说是倒退。是逃避
82 者自己暂时做出的退却；或者是由其追随者做出的退却；或者是由其学说做出的退却，在经过多少有点长的时间的拒绝后，群众往往勉强以字面上接受的形式来理解这种学说，只有按照群众的方式修改，重新思考，使之变成群众可以领会的东西后，他们最终才领会它……

而且我更不属于另一种反对者，他们会天真地对你们说：所有在人类历史上存在并且有价值的东西，都是从“现代的开端”出现的。我自认为对我们的16世纪是有所了解的。我想，我之所以能在某些问题上提供有关这个世纪的可信的表述，是因为我始终竭力抵制“它是一个

① 《历史中的个人，历史人物》（*L'individualité en histoire, le personnage historique*, Troisième Semaine internationale de Synthèse, Paris, Alcan, 1933, pp. 123–138）。我还要提及《马丁·路德的命运》（*Un destin, Martin Luther*, Paris, Rieder, 1928; 3e éd., Paris, Presses Universitaires, 1951）中，所有论述历史人物与历史中的集体之间关系的问题的内容。

开端”这种幼稚的观念。

我的态度简单。我希望这就是历史学家的态度。我面前有一个论题。有人明确地说，这是一个形而上学的论题。[①]我不太在乎这个。我只把它看成一种工作假设。而我用我的工具和职业技术开始干活。什么？要么**赞成**，要么**反对**？这么说太含糊了。从历史的观点来看，在什么情况下，而且在什么条件下，假设可以被认为符合现实？问题就在这儿。

您说：“我相信，在法国，形成一个民族的意愿，不仅在最近的时代，在现代的世纪存在，而且在很久以前就存在。”不论是您的“相信”，还是反对您的人的“不相信”，这都不重要。请向我们说明，事情**怎样**才会发生，或者不会发生，那样我们才会听您的。

您肯定地说（第34页）：“我有其他证据，这就是按照历史学家们所说，每当法兰西人达到了一个让他们渐渐形成一个民族的条件，他们看上去都是挺高兴的。这些条件包括领地的联合、中央权力的发展、摆脱外国势力的吞并。”我立即揪住“外国”这个词不放，原来这就是贯穿一个像法国这样的国家的整个历史的观念吗？对于“外国势力的吞并”——本达在别处（第16页）说到了“外国势力形成的从法兰西人手 83
里掠夺土地的决心”——各个时代的法兰西人怎能真的回想得起来？这样的说法，连同在我们的思想中必然与之相伴的一系列明确的司法

① 这种被我视为个人意志的群体意志，超越其中部分人的意志……完全是我头脑的抽象力的产物，是属于形而上学一类的观念。任何说到法国的历史、说到“法兰西古老意志”的人，头脑中都必定存在这种观念……还有，那些持这种说法的人，往往公开对抽象观念表示最傲慢的蔑视，并且声称“只承认事实”。“我们在这篇著作中的唯一价值也许就是，其中如果有形而上学者，我们知道我们就是这形而上学者。”（Brenda版，第39页）我们只是顺带注意到，在“法国的历史”和“法兰西古老意志”这两种说法之间存在一道裂缝。这两种说法提出的问题是不同的，它们各提各的。

和政治的观念一起，真能表明，不论是克洛维时代的人，还是共和二年的士兵、查理大帝的臣民、1914年的法国兵，他们的看法和感觉方式都完全一样吗？而对我们来说那么浅显的其他说法，如**领地的联合和中央权力的发展**：在一部从起源到现代的“法国史”中，没有掩盖缺乏其他说法的事实吗？就“构成法国”的一代代法国人而言，唯一可以理解的说法是对本土领主的服从，对国王神圣人身的虔心，习俗、方言、交往、宗教信仰等真实感受到的亲缘关系，等等。

请再分析分析吧。把缺的和不缺的说法都一一列出来。您面对的又不是斯芬克斯，如果找不到谜底，也不会被吃掉。但是，如果您要求我们历史学家借助于逻辑上的肯定来解答一些历史问题，或者还靠求助一种假定贯穿20个世纪都不变的“民族心理学”的古老背景，而不是靠对被研究的各个时代的人特有的反应进行研究，那么您所做的工作都是白费力气。我们需要依靠的当然是人的反应，而人依然是人，没有变。至于群体的反应，我们往往把祖先算在这个群体内，因此从时间上看，他们是我们的近亲。但是，仅仅是在时间上，而且要加以mutatis mutandis[①]：不过，要“变”的东西极大，而且在过去和现在之间，存在着一大片开阔地，此处正是我们发掘和活动的领域。

您写到“民族”。可是什么是民族呢？这个词是从什么时候才有的？跟它相随的还有些什么近义词？怎样把这些近义词跟它区分开？尤其是在这些词背后，法兰西人堆积了哪些事实？只要您没说过这些，或者不试图说这些，那么在一个历史学家看来，您就等于什么也没说。您只是使用了对今天的人来说最明白易懂的词，它就好像一种舒适又安全的交通工具，让人坐上它沿着许多世纪的河流溯流而上，永远不需要换座位。形成民族是历史的总趋势，我很理解。我决不把这个人的

① 拉丁语：必要的变动。——译注

“原子说”和那个人的“连续主义”对立起来。但是对于历史的总趋势，有两种方法来阐明它。一种是形而上学的方法，也可以说就是博絮哀的方法，因为本达援引了他的话。[①]另一种是历史学的方法。当我们探究我们这些1933年的人所指的各种观念、意识、反应，在13或16世纪与之相对应的东西是什么时，他们的说法是“反抗外国势力的吞并”，还有反抗“外国势力形成的从法兰西人手里掠夺土地的决心”——我们并不否认这样一种总趋势的存在，我们只是不愿把一种有年代错误的东西建立在一种连续性的基础上。我们不接受为一个真正的问题给出的浅易的答案，这个问题就是：“在岁月的长河中，同一人类群体的一些基本意愿，是以什么样的相继的形式，通过哪几组变化的意识和观念表达出来的？”要解答这个问题，不是穿上华丽俗气的现代服装，在逝去的时代的整个变化的历史中溜达溜达就能完事的。 84

总之，我们这些业内人士怎样看待这本充满灵巧的好奇心，并且是由一位外部主教部分地特意为历史学的神职人员写的书呢？

我们首先把它当作一篇有关一些有学问的读者的精神状态的文献依据。朱利安·本达“不接受”（第8页）一种反对意见，即一个大历史学家，“就是由于他所知道的大量各类事实，才决不会同意把它们归纳为一个简单的观念”。他也不理解，一位“科学巨匠”，即使他有方法，也会有意识地拒绝表达他的深奥的哲学；他不认为，如果一位大历史学家表达他的历史哲学，会因为“它必定包含了专断的和富有想象力的东西”而“表达走样”。我们就别对这些话逐句分析了，只了解大意吧。它们证实了我们在这篇文章的开头所写的历史学家保持沉默的原因。

本达的著作还是另外一码事：他要求人们考虑“历史学家也许没

① 参见《怀有成为一个民族的意愿的法兰西人的历史概要》，第45页：“博絮哀的成体系的‘连续主义’也许不是比司汤达的同样成体系的原子说更严重的错误。”

有充分考虑到的”某种历史因素的干预（第42页），这种干预在历史上经常发生，而且重要。听着，例如，那些“超越群体成员的意愿”的群体
85 意愿。确实如此。而这儿就存在一个大问题。

我已说过许多次[①]：那些主张只了解“事实”的人不明白，他们利用的大部分事实并不是以原始状态“提供”给他们的，而是被制造出来的，可以说是通过专深的艰苦工作编造出来的，从无数直接或间接的证据得出的；因此那些偷懒的人只关心完整的文献中所记载的事实，这些自认为谨慎却只是知识狭隘的历史学家，其实是置他们的职业的首要条件于不顾。

“了解各个外省的普通民众怀着什么样的情感同意归并法国的问题，由于是把一种模糊而且无特征的人性作为对象，因此不被历史学家研究。”我们要注意本达的这些话（第12页，注1）。我当然不认为我国的合并的历史之所以首先是政治、外交和军事的历史，是因为“模糊而且无特征”的民众内心深处的情感特别难以了解。[②]可是，人们以为在涉及大人物时，并且在需要弄清楚可能从某个方面推动他们的因素，如领土的野心、家族的宿仇、被保护人的关系、世袭的效忠或反叛时，对情感的了解就会更加有把握吗？

其实，历史学家之所以沉默，是因为文献没有给他们现成答案；是因为他们习惯的不是把一些文献摘录摘录就一下子交出去，而是从中汲取它们所提供的东西。即使各省的档案馆保存了一些由菲利普-奥古斯都时代的省长，或者路易十一时代的检察长用行政手段建立，并且在封面上以漂亮的圆体字题有“舆情”字样的档案，长期以来历史学家在接手这样提供的课题时，也会以一种不冷不热的态度来对待这种问

① 尤其在《社会科学百科全书》(*Encyclopædia of the Social Sciences*)的“历史”(*History*)词条中，与亨利·贝尔合写的词条。

② 然而这是瑟诺博斯的见解，见下文的一场讨论的开头。

题。他们对待文献的态度的确总是消极的，而且他们认为甫斯特尔的格言（历史靠文献来研究）终究宣扬了一种有害意识。因为它教唆人们消极被动，不动头脑。

研究历史首先要有对历史学的意识和热情，唯有拥有了这种特殊禀赋才能证明人有资格从事这一种智力职业。奇怪的是，即使是数学 86
家，甚至是哲学家，人们都同意他去研究历史；但在我们的大学里，谁曾经因此成功（即使他想到过）劝阻一个“不适合的人”研究历史呢？而在许多人看来，首先要求一个历史学家有“天分”，这难道不是很天真可耻的吗？

首先要有精神，其次还要有知识。没有完全适合历史学家工作的最起码的实用的学识，研究不了历史。而我还要补充一点，没有一套材料也研究不了历史，而谁都无权预先对这套材料加以限定，因为历史学工作的选择方式之一，就是增加材料的要素；就是在缺乏文献时，可以通过对地名的精明独到的研究，或者通过对某些词组的比较考察，或者通过墓地形式的分布、建筑式样的推广、教堂所冠的圣人名字的分布、宗教仪式、司法程式、礼仪或习俗等，来获得许多要素。还有什么？开动脑筋吧。碰到不知道的东西要积极主动。填补，替代，并使之完整：这就是历史学家的工作。

历史学家的目的只有一个。是了解历史吗？这只是开端。是评价？不是。是预测？更不是。是真正理解，并且也让别人真正理解，这才是目的。

二

评论家的这本书出版一年后，教授的书才问世。人们在橱窗里见到它，可能会想：“怎么，他会消除霉运吗？终于有一个职业历史学家来回答朱利安·本达的问题了吗？”于是人们打开了这本书。我直言不讳，为什么任何人读过它都必定承认感到失望呢；为什么它不是一部真实的“历史”，而又一次，只是一本教科书，况且写得非常熟练，并且墨守成规一丝不苟；最后，为什么读者想要的书迟迟不能问世。我直言不讳，而且没有一点不可告人的想法：这不是一位历史学家写的书，是关于一种我所抨击的历史观念的书；瑟诺博斯先生多年来凭着他的职位、他的个人影响和他的著作，能够靠一些有力的手段来向这种观念效
87 力。[①]这是一种我完全排斥的观念，而且通常就被我看作是导致历史学威信丧失的部分原因，这种威信丧失虽然有失公平，却又被证明是有道理的，历史学经常就被这些“门外汉”弄到这样的境地。这也是一种历史学。瑟诺博斯正是在这本让我们关注的书中，一心要向我们展示这种历史学的一个能说明问题的新概貌。

所以，我们这就来随便看一下两三个我们不该忽视，也不该夸大的问题吧。——人们猜中了，首先是标题。标题就令人不舒服，我同时请作者和他的同谋朗格卢瓦原谅我这么说，他引用了朗格卢瓦死后留下的证据。这位博学的索邦大学老师是想让一种时尚流行起来吗？而且还有人要和他比拼哪，这不，不久人们就看到安托万·梅耶发表了一篇《关于日耳曼语族一般特征的真诚论述》，还有乔治·迪马发表了一篇《关于感情的真诚论著》。我们已经有了一部《衷心的欧洲地理》；但这并不是地理学家的著作。顺带地说，是修饰语的修饰语，我原本希望瑟诺博斯最好尝试为我们弄一部《衷心的法兰西民族史》。他没让我们如愿。但是既然他也在等待公正的一击，我们还是要厉声问他：“告诉我们，您的真诚是什么意思？”

“真诚，是你们的良心与你们之间的事。你们说到科学和科学精

① 顺带地说，这就是使他对“教学公认的法国史版本”的指责令人十分惊讶的东西（第12页）。因为，毕竟多年来，“瑟诺博斯教科书”在教学中拥有很多听众，而且完全允许向孩子们的头脑中输入一种令人满意的版本——我指的是，让瑟诺博斯满意的版本。

神，那就请打开一本似乎把一个文明而礼貌的社会的全部精华，都浓缩成其中的精美格言的杰出著作吧；请打开优秀的吉拉尔神父的《法语同义词典》吧，我在读过这本书后，从来都是带着感激之情把它放回书橱的；你们读一读这句：‘真诚防止了言不由衷，这就是一种美德。’”[①] 可是，历史恰恰根本不理会那些行善积德之人身上的“美德”，您回避了问题的实质。防止言不由衷，必须这样吗？——对于个人，也许得这样，但是也要看对什么人和什么事吧？对他自己；对他的“意见”；总之，对他最私人的和个性化最明显的“自我”，对他的有偏见的、完全卷入世纪的激情，卷入职业、阶级、政党、宗教或不信教的联系的“我”，您可能是“真诚”（*Sincère*）的。这不过是就您而言的，是就您的私密的思维和感觉方式而言的。［利特雷词典，第五卷，真诚（*Sincère*）：“坦诚地表达所想和所感觉的东西。”］这其实是最有害的主观主义。**诚实**（*Véridique*）对待您所采用的文献吧，**诚实**（*Véridique*）对待你们所收集的事实吧；可是，根据利特雷词典在吉拉尔神父之后对您所用的这个不 88
合时宜的词的定义，您还是不要**真诚**（*Sincère*）为好。那就是您为一种具有科学精神的历史学提供的最大帮助了。

“真诚”的历史，因此是“勇敢无畏”的历史：美德是一条很滑的下坡路。我们来听听瑟诺博斯在其序言中所说的：他说话将“毫无保留，不考虑任何公开的意见，不拘泥于正式的行为准则，不敬重名人和既定权威”。崇高的誓言。这么勇敢，成果呢？也就是520页中三四个突然冒出的念头。

其中一个就是奥索瓦山上的韦辛格托里克斯。身手敏捷的夏尔·瑟诺博斯，攀上这位阿莱西亚之役战败者雕像的凄凉的底座，要轻轻地捋捋他的小胡子（第30页）。这是一位民族英雄！对别人说吧，

① 我引用的是1780年的巴黎版，由博泽（Beauzée）增补；**真诚**（*Sincérité*）词条（与**坦诚、天真、纯朴**对照）在第1卷，第386页（第341条）。

我可不信！而虚构这种“追忆出来的爱国者”，想要告诉我们什么？在韦辛格托里克斯的时代，高卢还不存在“民族”，您的斩钉截铁的断言，就一准能轻易推翻“非真诚的高卢史”的相反的结论吗？大家知道，为了写《高卢史》，卡米耶·朱利安可是花了一生的心血呢。因为高卢人“从来就没有形成过一个民族”，所以韦辛格托里克斯不可能是高卢人的“民族英雄”。**证明完毕**。

瑟诺博斯在这里似乎对“民族”应该表达的意思有精确的概念，这个我们不去管；我们就要看出，他本该在他拟订撰写计划时就利用这种精确性。我们也不问韦辛格托里克斯“实际上”是什么人。他是“曾在罗马军队里服役过的阿尔维尼人首领”，瑟诺博斯回答说（第30页），而且，由于“一场全面起义”在高卢爆发（是**全面的**，而不是**民族的**，你们完全能够理解这是什么意思），他受命领导一个“抗击外来侵略者的联盟”。这么说，他是一位结盟部队的总司令？那好，我们就把韦辛格托里克斯看作“高卢多民族的英雄”吧，而且别再提他了。“追忆的爱国者”在这里可能得到晋升，而瑟诺博斯的真诚也得到了完美的阐释。

还有贞德……果然不出预料。她是爱国主义的化身？得了吧！这是米什莱式的谬论，那个稀里糊涂的米什莱。（这不妨碍我们所拥有的
89 唯一的直到现在还能看得懂的贞德，还是米什莱的贞德）——贞德吗？
一个教徒，仅此而已（第201页）。“她忠于她那一派别的国王，而不是忠于法兰西民族的国王。”这不新奇，也很简单；简单得我都理解不了。首先，如果说两派之一的勃艮第派是作为外国盟友出现的，那么贞德那一派确切地讲就不是吗？尤其是，我不懂派别的国王，民族的国王之间的区别。但是，我想知道在这个时期，在人们的共同信念中，法兰西的国王是谁。这才是整个问题所在。

因为，作为历史学家，人们不要求他说（除非在报纸上，当有人采访他时；但这时又跟历史无关）韦辛格托里克斯和贞德是否配得上“民族英雄”的称号。人们要求他“解释”这两位历史人物。“抵抗外敌”，

我再来谈这一点，如果这位历史学教授促使我在这点上纠缠他这个“好空想的人”，这错不在我：我想知道，在举行“全面”起义来反叛罗马的高卢人的思想里，就观念和情感而言，这种说法能向我们表达什么？毫无疑问，他们的观念和情感，与我们的观念和情感是截然不同的。从而我还想知道，这场抵抗运动的共同首领，韦辛格托里克斯真正体现了什么？我还想知道，查理七世时代“阿马尼亚克人”“反抗为英国国王效劳的帮派”的斗争其可能的背景是什么？换句话说，告诉我激励贞德及其战友进行斗争的因素是什么，他们反对的王是谁，支持的王又是谁。这就是我向历史学家要的东西。而且，如果他不能满足我的好奇心，至少要说一句：“我找过了。我给自己提出的问题就是这些。我没找到任何答案。将来也许有人比我走运……”

解决问题的可能性始终是有的。我们要积极进取，不要自暴自弃。要有一些研究计划，不要突然冒出来一些念头让读者甲觉得无聊……或是把他的业绩对读者乙吹嘘……真诚吗？那是您的事。而我们需要的是历史的意识。我指的是，要不惜一切，付出坚忍的努力，让自己，也让读者进入过去的人的角色。

话说回来，瑟诺博斯的目的到底是什么？他想告诉我们什么？
“法兰西民族史”，书名就是答案：这正是本达所需要的，他的论题和瑟 90
诺博斯的论题是截然相反的[①]，而且他不让人对**民族**所表达的意思有一丝怀疑：“我想概述一下法兰西人民的演化史。”这么说，法兰西人民跟法兰西民族是一码事了？肯定吗？瑟诺博斯继续说，“我想证明在什么

① 我们记得他的话：民族不是在外国压力的影响下发生“机械的”转变的结果。而瑟诺博斯在首页的第一句话中就说：“民族的演变取决于它赖以生存的物质条件。”可是后面一句确实又立即违背了这个颂扬“环境”的断言，因为他说，除了环境，还有“种族”；因为环境“对所有居民起作用的方式不一样”；因为“自然环境只在人们能够让它起作用的地方起作用”。保留这些是明智的；但是，为什么又要在开头郑重其事地说一下呢？而且为什么后面又有那么乏味的概述来颂扬法兰西土地上物质方面的优势呢？

时候，在什么地点，以及出于什么动机，产生了在我看来构成法兰西民族基础的习俗、制度、生活条件……”这就根本不是本达所说的“社会史”中的**民族**，即那种在各个时代，由各种条件、各种状态、各种文化的法兰西人构成的社会的民族了吧？那些法兰西人，像领地的检察官所说的那样，都是强者帮助弱者的。——这也是肯定的吗？瑟诺博斯写了上百段文字，来说明他的“法兰西民族”的一个颇受多数人赞同的概念。这一让他操心的概念就是群众。他还按照一种逻辑，为了这个概念而冷落了艺术、科学和文学[①]，这种逻辑很奇特，而且揭示了一种极其奇怪的概念，一种可能起到一些观念以及传播这些观念的方式的作用的概念。他冷落了艺术、科学和文学，却把日常生活上的事情献给这个概念：它们不就始终是“绝大多数人在个人生活中主要关心的事情吗？”什么呀？把我们弄糊涂了。这说的是民族的历史，是法兰西人的历史，还是法国人民的历史，还是人民群众的历史啊？这一大堆混乱不堪的东西，难道说是为公共教育用书树立的一个好榜样？

书的页边应该还要注上几个感叹号。而且，既然是从这里说到中世纪，感叹号还会增多。

瑟诺博斯不喜欢中世纪。这就算不是历史学家的权利，也是他私人的

91 权利。他认为中世纪幼稚，还往往对它的“天真”表示怜悯。他在专门阐

① 参见慧诺博斯《真诚的法兰西民族史，试论法兰西人演化史》，第10页：“我把文学、艺术、科学摆到次要位置，我认为我没有错；我非常肯定，它们不可能对刚刚意识到民族存在的群众起很大作用。”“肯定”？瑟诺博斯吹过了头，不过这篇文章倒是已经过长。其次是，在一种您只根据其影响来保留最重要的事实的历史中，您却既不提布丰，也不提拉瓦锡、拉马克、居维叶、克劳德·贝尔纳、巴斯德……（我需要写20行来列举所有这些被排除在外的人）；要是这样，那就别再跟我们提巴吕兹、比代、卡佐邦等人了……别再跟我们提乔芙兰夫人的沙龙了，我怀着敬畏之情思忖，“根据其影响”，这个沙龙的重要性，是否超过了我刚刚列举的那些杰出人才创建的科学成果、传播的观念、“生活方式”的重要性，譬如说，是否超过了贝特洛及其化学成就的重要性？

述中世纪人的宗教信仰的20行中(第186页),“天真”这个修饰词就重复了许多次,甚至到了强迫症的程度:天真的信仰、天真的换位、天真的想象;结尾再来个天真的基督教。“天真”,如果我们就这样用一个词来了结所有问题,就不天真吗?我不信。不过我们还是不谈这个吧。瑟诺博斯以前专心研究过中世纪,是在他听了甫斯特尔的课后,进行《勃艮第的封建制度》的论文答辩时。我在想他那时是不是更糟。人们对于自己在30岁左右自以为已经知道的东西是绝不会忘记的;而现在瑟诺博斯要论述在50年前所操心的问题,必须忘掉多少在19世纪80年代和90年代接受的观念啊?

作者还用四章篇幅按优先次序论述了平民、贵族、有产者和教士,如果说在1895年,或者在1900年,他的论述还能让人满意的话,那么到1933年就不行了。特别是关于城市和资产阶级的章节,显然表明作者没有一直参与人们在这些问题上开展的一种工作,这种工作非常活跃,一直处在深化、转向、矛盾和扩展中,几乎到处都在进行,但中心处于比利时,由亨利·皮雷纳及其门生的工作主导;在法国本土则是依靠乔治·埃斯皮纳和其他一些人的工作(尽管我们大学的历史学家们常常被指责不参与)。尤其是,一些和他的“真诚”同样明显的成见,往往让他书中的群体人物带上奇怪的特征。例子不胜枚举,其中一个便是他断言“贵族只把领地作为他的收入来源来关心”,这就接近潜在的经济唯物主义了,这让我们感到困惑。[①]同样,再看看(第177页)他所描绘的18世纪的“城市场景”:“在这个时代,城市的生活与农村完全不同。保护居民不受外敌侵犯的城墙,迫使他们挤在一个非常狭小的空间里生

① 他说的“贵族”(而我很希望,这里不是一个人格化的抽象概念,不像“法国人”或“德国人”,记得他从前的学生跟我们讲过,他们的老师厌恶德国人),我想我们应该把它理解成“领主”才对?不过让一种令人遗憾的混淆这样一直存在下去,这不是教育读者的方法。其次,尤其是这个如此断然的说法,其依据是什么?“贵族只把领地作为他的战略地位来关心”:这个断言言之有理,却同样也可能没有依据。这位审慎的教授,就这么一下,“用一些根据一些不审慎的普遍化做出的推论,填补了他的认识的……空白”了?

活……他们几乎不出城；乡村十室九空（？），没有什么东西吸引他们（？），
92 为了防止盗匪在市郊出没，树木被砍光了；他们觉得那里不安全；没有任何证据表明他们会去那里散步。”他臆想的这幅图景要让他的读者吃惊、怀疑、困惑达到何种程度啊。这些读者知道，在16世纪，城市和乡村还紧密相融，并非老死不相往来，而且在那些已经比较“现代化”的城市里，鸡、鸭、狗、马就在马路上溜达，猪儿遍地乱跑，每天一大早，市镇的牧羊人把城里街上的羊群赶拢起来放牧，到了晚上，狭窄的街道上，马嘶狗吠，不绝于耳。更不用说，在太阳刚升起的时候，在还紧闭着的城门前，就已经有一些身背背篓、拿着工具的市民在等候着，守门人一醒，吊桥一放下，他们就冲出城去，扑向葡萄园和菜园，与此同时，农夫们则车拉肩扛，带着柴火、水果、麦草，逆向涌入城市。

这些场景是我想象出来的吗？当然不是。在那些时代，老百姓钱包里的钱太少，很少丢失，小市民的精神的满足，必定不是在大百货商店花钱买日常必需品（更确切地说很少！），他们本来就没有钱[1]，而是

---

① 瑟诺博斯为货币的功绩零星地专门写了一些评语。但是这些评语停留在他的文章的页边空白处，停留在他的思想的边缘。他没有从经济学上进行思考。在学说方面，他在这个领域的尝试并不顺利，在事实方面，甚至都说不上有过尝试。他向我们描绘的中世纪农民，“封闭在其村庄范围内，没有任何手段来改变他们的生存状况，既没有钱，也没有提高其教养的知识”——他以两三行文字堆砌出大量的时代错误。“封闭”的农民？那么，瑟诺博斯从来就没有在文献中碰到过那种经常游荡在乡村，出没于森林的流浪汉、逃犯、游侠、游民吗？他们响应垦荒承包人的号召，在像法国这样的国家内部，深入那些构成那么广阔的移民地的森林区域。关于这方面的内容有千言万语，我把最近在一位地理学家德方坦（Deffontaines）先生的论文《论加龙河中游地区的人及其工作》（*Les hommes et leurs travaux dans les pays de la moyenne Garonne*）中找到的一句话献给瑟诺博斯，它是为一项长期研究作出的结论：“一个人口不断增加的地区。”在我们当中，有谁深入了解了法国的一个区域，不会作出这种结论？反正不会是我，我既是弗朗什-孔泰人，也是汝拉人（汝拉这个移民地区就在几个世界的接合点上）。当要另外补充说，农民假如“有钱”，而且有……按照农业部的教授的意见，在13世纪他们就可能“提高他们的教养”了——而在《论加龙河中游地区的人及其工作》中（第130页），他却又马马虎虎向我们阐述了地役制度（但是很显然，他并没有在头脑里把它弄明白）——这是要促进合理正确的观念传播吗？

在离城市尽可能近的地方拥有一块地，面积够让三四个人耕作一天就行，自己去耕种，或者雇人耕种，为自己提供一些吃喝，如果有可能，还提供麻纤维做衣服。我这是说梦话吗？城市里保留了宽阔的空地、花园、苗圃、草坪和葡萄园。我这是说梦话吗？“乡村没有什么东西吸引 93
他们。”从观赏美景的角度来说，或许说得不错；应该是先吃饱肚子再欣赏，就像在我的家乡，人们常说，“美景不能当饭吃”。不过乡村的出产是吸引人的，甚至会强烈吸引。“他们不去那里散步？”当然。野营活动不是从13世纪开始的。人们去那里是“劳作”，是去做买卖，到阳春四月还会去采摘山楂花和紫罗兰。当时的人为了自娱自乐，为了颂扬创造自然美景的上帝，在古老的教堂里用石头雕塑了我们历法上的收获者，谁会认为他们不理解我们所称的大自然的意义呢？而且就在这时候，大商人就在他们上了锁的钱箱前盘算着，梦想有一天能买到一大片领地……

城乡差别？这是比较历史学的好主题①，可惜好机会没有了！他应该了解一下，按照这种观点，这种深刻差别使像德国这样的国家发生分裂，因为其中城市实际上都是自我孤立封闭，对外戒备森严，很少照顾政治规章、法律、文化都跟它们完全不同的乡村，而乡村的报复则是削弱城市。然而像法国这样的国家，乡村很早就城市化了，并从城市法律中吸收了对它们有用的东西，然后建立了这种比较同质和一致的文明，这很早就成了我国的一个特征。

可是实际上，在夏尔·瑟诺博斯看来，中世纪一无是处。

① 尽管从理论上作出了断定的论述，但是瑟诺博斯根本没能做到把法国史重新泡进西方史的大澡盆里（对此我们一点也不感到吃惊）。在一本用于公众教育的普及性的书里，他本来是应该让读者具有这种感觉的。我们重读一下皮雷纳有关《比较历史学》的论述和马克·布洛赫关于这种历史学的条件的阐述吧（《历史综合评论》，第46卷，1928年）。

有问号，也有了一些感叹号：但是，页边空白处也应该写上一些“很好”这个评语吧？当然应该有。可是在那么多资深评论家——记者、政治家、道德家和其他人——告诉我可以标记上“很好”的地方，我也并不总是会在那里写上一些“很好”的。

“没有主角的历史，啊，不可思议！在有关法国大革命的章节，你们看到米拉波了吗？没有；丹东呢？没有；卡诺、维尼奥、德穆兰、埃贝尔？……都没有！这是何等豪放的胆量啊！”胆量是真的，豪放就免了
94 吧。但是，先别高兴，我们想起了瑟诺博斯追随甫斯特尔制造了他的头几样武器。虽然民主并不习惯于把《古代城市》的作者甫斯特尔尊奉为它的一个创始人，可是他已经相信，社会现象的唯一动因就是民众。而且人们可能在合上甫斯特尔的《法国古代政治制度史》一书后，却对达戈贝尔特、查理大帝、虔诚者路易或秃头查理一无所知，连他们的名字都不知道。

可是，瑟诺博斯对日常生活中的琐事却样样操心，况且列举这些事实的方式也很怪：先是食物、衣服、居住条件，然后才是“家族习俗”，以及……私法，是作为附录列出的。我们当然要说说这些事实存在的方式，不是说这位作者阐述事实的方式，而是说他列举事实的方式，据说这位作者常常提醒读者，要求他们别去管他周围的一切能吸引住正在埋头工作的地理学家、历史学家、经济学家、民俗学者、法学家的东西。“农民通常居住在狭小、潮湿、阴暗的茅屋里……，这些茅屋往往用木板（？）和泥土等材料建造。”这就是对法国的居住条件进行了五十年的研究所得到的成果（第140页），这就是我们了解到的关于全国各地极为丰富的乡村房屋的样式、设备和建造方式的一切，这就是在这个主题上产生的引人入胜的全部问题……“这位”农民和“这位”茅屋：在那个被瑟诺博斯瞧不上眼的浪漫主义时代，就没有被别人用其他色彩描绘过吗？

我们再往下看：“农民主要以稀粥、黑面包、黑麦、品种稀少的蔬

菜、肥肉和干酪为食。”稀粥，不错；但是汤呢？（熬的汤，酸汤或甜汤。）面包，不错；但是没有简单的饼吗？再说，粥是什么粥？——还有一句话令我不安：“蔬菜品种稀少”。这就抹杀了食品供应这个重要的历史事实，我的意思是，本地收获的食用作物的品种数量一直在减少。人们长期地、努力地去精简，去改良，不是逐渐淘汰大量采集的野生作物或人工种植的次要作物；只用小麦来全部替代古时常用来做面包的多种谷类；最后用小麦面包和马铃薯替代18世纪法国人还在吃的小米粥和荞麦糊、各种饼和汤吗？而且与此同时，世界各地持续增加的新品种的蔬菜和水果，不是通过越来
越快的人口逆向流动，通过建立庞大的世界产品流通网络，被带到 95
人们的餐桌上吗？其中不仅有富裕市民的餐桌，也有工人和农民的餐桌。

精减、稳定、扩大，食物的质量归根结底得到提高。请把这一切告诉我们，概述一下就行。当您说到铁路的诞生时，至少要用一句话表明，它让越来越多的法国人不再只靠土地生活了。当您说到中世纪时，也要说一句话，只要一句，指出法国的粮食供应并非一律只是自产自销；指出这些主要事实不只是法国才有——但是还要经常指出并非全法国都是普遍一样的；说到饮食和烹调时，要指出存在吃植物油的地区和吃黄油的地区之间的差异（而且关于黄油，也是有话要说的！）；要指出在法国，起码像存在着各种语言区域……或者各种植物区域一样，也存在着各种不同的烹调区域。

尽管如此，我还要补充说：关心一个法国历史学家的著作中有关日常生活的事物，不能从1933年开始，也不用追溯到更久远。老蒙泰伊（阿芒-亚历克西）从1827年起撰写《各种职业的法兰西人史》时，就已经踏勘了这个尚不为人所知的领域。而时间与方法都更接近我们的是杰出的朗博，他编纂了《法国文明史》，我14岁时就从那本书里了解到了许许多多的知识。

除了这些保留意见，瑟诺博斯的书还剩下一些有益的东西。但是没有重要的有益的东西。我的意思是他没有能够把无数零乱的细小事实集中起来，通过比较来解释它们，并且产生一整套包含大量的核实、推翻和重建的有成果的艰苦工作的重要假说：而这就是一门科学及其科学家的活动。倒是有一些深刻的小想法，却被压在有点残缺的常识的角落里，其力度和敏锐程度都受到限制。表达形式和方式也常常是消极的，而不是积极的；是厌世的，而不是热情的：这就是瑟诺博斯的命。他的女神不让他快乐地为人指引新路，鼓舞旅行者去勇闯险境，冒险家去探索未知。他要嘲笑热情；要教训人们：出人头地就要冒大风
96 险（比如会跌落陷阱、扭伤腰肢、碰断鼻梁……）。最后，在史学研究的大道上（以及十字路口和岔路口），要沿路竖起一些木牌，上书警示语："当心，有生命危险！"——不错，这就是他的成就。这成就实在太大了。

现在我们可以直接来谈要点了。瑟诺博斯写书绝不是白纸黑字写着玩。要么是我完全误解了他的意思，要么就是他打算编一本可以大量发行的通俗教育课本。是课本，同时还应该假定它是历史学及其方法、意图、对象的启蒙书吧？从这个双重角度来评判，有**真诚的历史**什么事呢？真叫人丈二和尚摸不着头脑，首先它的墨守成规就让人不理解。因为这本书从头到尾都是传统的。[①]

主题的概念呢？瑟诺博斯是从公共领域获得它的。他在书中自始至终都把法国当成一个"现成的已知事实"，当成一张注定不平凡的床，从这本《真诚的法兰西民族史，试论法兰西人演化史》的第一页起，他就在这张床上铺上完全按天意制成的被褥，等待意中人去睡？我深思过这一问题，而在三十年前，维达尔·白兰士在其《地理学概览》中，就已经巧妙地提出这个真正的问题：探究一些情况各不相同的地区，在没有任何天命指示它们要结成一个整体的情况下，最终**如何**以及**为何**

① 我们只是指出，书在出售时，封套上许诺："反传统的真实。"

会形成这个整体：在这种特殊情况下，我们最早是在恺撒的著作中了解到这个整体的，他按照"自然界限"划出了一个高卢地区，这不就大致上预示了我们法国的形状吗？

但是，形成这么一个整体，是很了不起的事情，但也可以说它没什么了不起。因为这个整体只有维持原状不变才有意义。原先可能形成过上百种形状不同的整体，不过都是暂时的，没有持续多久，因此都被我们忽视了，因为历史只记载成功的事。如何，为何，尽管有那么多"说法"，如拉维斯说过的，那么多法–英民族或法兰西–伊比利亚民族、法兰西–伦巴第民族、法兰西–莱茵河民族的失败的尝试，这些尝试有时只是出现隐约发生的苗头，有时则暂时实现成了事实。——在经历过许多动乱之后，高卢地区是如何、为何始终得以重新形成，并且围绕着一个根源（这是一种可以充分发挥的观念，可惜瑟诺博斯的书没有一处提到它），把因为一些重要事件，按我们所说是"偶然事件"，暂时与整体 97
分离的零散的小块区域重新并到一起？那里实际上不存在"外部事件无意识的约束"吗？或者应该被本达想揭示的那些其他因素取代？还有，当我们在所谓"法国的"历史的开端就说到"法国人"时，并且在整个历史中都继续说到"法国人"时，我们这么说的理由是什么？这些法国人，我们随便在哪个时代都能说他们是法国人吗？不需要分清谁是在某个时期才被我们称为**法国人**的人，谁是被我们排除在法国以外的人？以及我们不需要说明被排斥的、分离的法国人对把我们约束在一起的这些重要方面有何看法吗？

回避一个问题容易。但如果想要给读者上一堂真正的**思想独立**的课，需要说明的问题依旧存在。——维达尔作为大地理学家提出了这个观点，本达作为形而上学家也再三提出这个观点。可是瑟诺博斯作为历史学家却不愿面对这一点。因为对他而言问题的观念本身仍然是陌生的，由于他"反感"这种假说。他对一些旧观念忠贞不渝。

具有演变的意识，是历史学家的基本优点。这就要我们拒绝认为民族和政治结构具有一种永久的必然性，不能想当然地假定这些民族和政治结构千百年都不变。生活的趣味只在于破和立，在于聚和散。下面这句话，非常正确地提醒历史学家注意他的艰苦工作永远是相对的，而且这句话对丰富他自己的资历，不也是富有意义的吗？“社会在消亡；新社会又从它们的废墟上诞生出来；法律、风俗、习惯、信念，甚至道德准则，统统都在变……**法国必须重新编写她的编年史，使之与智力的进步相称**。”这是历史学的灵魂吗？是的。这是夏多布里昂给出的
98 定义。

6. 在所有这些中，人在哪？

关于一本教科书*

我们反反复复讲，我们反反复复思索。我们像是在穷追不舍。是针对一些人吗？当然不是。这些人诚心诚意执行了人们为他们拟订也被他们接受的计划，研究了人们要他们当作历史学的历史学。可是在我们看来，这种历史学没有用。是方法的问题，还是性格的问题？不管怎么说，是两种学派的明显的冲突，截然的对立。

瞧，这儿又有一本这样的教科书，这种教科书常常要刺激我们提些保留意见。书名是诱人的：《民主与资本主义》。这里得有多少问题啊！实际上，对于这两个大得让人摸不着边的主题，我们得要进行多少伤脑筋的思考啊！要给年轻人多少积极的批判性的教训啊！甚至还要给一些老人教训，他们不慎受到一块漂亮招牌上的许诺诱惑，出于强烈的好奇心，去翻开这本外表招人喜欢的大部头。

那就翻开吧。如果我没弄错的话，这是没有收入《民族与文明》丛书的几卷的倒数第2卷，这几卷如果收进去了，丛书就完整了。[1]它论述了1848年至1860年间的欧洲和世界。它像一本教科书那样论述，（对

---

* 《社会史年鉴》，III，1941年。

① Paris, Presses Universitaires, 1941 (Coll. *Peuples et Civilisations*, vol. XVI).

属于我们研究的固有对象）存在一些奇特的成见，还有一些同样奇特的疏漏。

我这样说并不是因为它没有给经济留下位置。它描述了“交通运输业的革命”和工业技术的进步，也预言了信贷业的诞生；但是关于民族和国家的社会结构，却什么也没有说。论述事物嘛，还行。可是人呢？他们在克利奥的宫殿里干什么呀？

你看，关于资产阶级在这个社会事件如此丰富的时期的发展，该书
99 什么也没说。关于这个时期的手工业者和工人群众的发展，什么也没说。关于在人们身上体现的，以及在激增的对立群体中体现的观念之间发生的激烈冲突，同样什么也没说。该书让机器动起来了，却没有让人动起来。它不厌其烦地计算、枚举、清点。例如在第201页，它描述了“贝尔维尔的锅炉”、由米卢斯工业公司自行改进的“法尔科加热器”、都纳尔汽轮机、“1862年的埃里克松的热气发动机、1853年的弗朗肖的小功率热气发动机”，以及“1801年由勒邦发现原理，在1858年以于贡发动机，尤其是在1860年以勒努瓦的卧式机投入工业应用的燃气发动机”。我在想，这样絮絮叨叨地——日期、人名、机器、日期、人名、机器——表述的这些内容，对一位头脑不完全适应一种机械记忆的读者来说，是容易看懂的吗？枚举没问题，可是究竟在哪里说明了这些机器在人类生活中起的新作用呢？而且是什么作用？这些机器在比例上占多少？收效如何？简言之，尽管书名漂亮，但著作的全部内容写得似乎是牛头不对马嘴。这不是历史书，而是教科书。又是教科书，怎么老是教科书？而且是最差的教科书。

最终还是教科书，我们需要这些教科书吗？确实需要。学校的孩子们需要一些经典书籍。可是《民族与文明》丛书发动的这些博学的作者并不该只为这群孩子写作。我提倡为这群孩子提供一些写得好的读物，包括一些简明的小册子，只要向孩子们传授的一切知识都面向生活就行。而且，如果它们收集了一些事实，哪怕是很少的事实，也是要

经过精心选择的，具有重要的实际意义，真正解释得透彻。尤其是，它们不研究公式，而是摈弃公式，那些可恶的公式只有靠死记硬背才能学会，而且免除了懒汉们毕生自己做判断工作之劳：那种工作是繁重的，大多数人对它们都望而却步……对开始在学院里学习的17岁到20岁的年轻人来说；至于成年人，尤其是为他们备课的老师——我坚决地认为，不要提供这种书。现成的情况都明摆着：《克利奥》丛书中已有一些出色的书籍（有一些，不是全部；但有了典范）。是的，那种促使或者能够促使人们去思考、去探索、去阅读的著作，我们可以要。一些"封闭"的教科书，以及其愿望仅限于尽可能详尽地描述任何外部事物的教科书，从历史学职业考虑：不要，不要，坚决不要！ 100

请注意，经济方面确实是这样，艺术方面也是这样。作者拿库尔贝说事。这里我引用一段："库尔贝因为他的革命热情，摆脱了任何谨慎态度，于1849年发表油画《碎石工》；1850年发表《奥南的葬礼》（我们把这幅画的真正名称还给这个絮絮叨叨的作者：《**在**奥南的葬礼》）；1851年发表《村姑》；1853年发表《摔跤手》；然后在1854年发表《筛麦妇》和《路遇》；1855年发表《画室》。"库尔贝摆脱了任何谨慎态度……这说法就很怪。实际上，我不相信一个叫库尔贝的人，会因为"不谨慎"，或者因为"革命热情"，就能画意大发，才思汹涌。这个我们就撇开不论了，这些画名和日期呢？这里论述库尔贝就跟论述蒸汽机一样。画名、画和日期、日期、画和画名。后来，芒德的青年迪朗，他从未见过一个叫库尔贝的人（和没见过一种法尔科加热器一样），还有贝济耶的青年杜邦，他具有历史学方面的天分（具有识途老马的记忆力，他在法语、哲学、拉丁语、希腊语方面成就不佳，对数学也不感兴趣，这使他无可救药地专攻历史学，这是一无所长的人谋生的手段）——于是这两位未来的"历史学家"就读啊，读啊，反复大声朗读，必要时，还以疯狂的热情朗读50遍这8个画名和8个日期；"把它们背得滚瓜烂熟，这样在考试时，它们自己就能从心底跳出来"。卡冈都亚式的优点。但是，卡斯特尔诺达里的青年马丹就显得机灵些，他也许无所顾忌，竟然另外从其他书中觅得一些日期和画名。就是嘛，他们为什么不会有库尔贝画作的另一份清单呢？如“1845年的《波德莱尔肖像》、1848年的《柏辽兹》、1849年的《手卡腰带的人》、1850年的《抽烟斗的人》、1849年的《奥南的餐后》、1853年的《浴女》、1855年的《十点钟时的岩石》和1858年的《围猎》”。作品一样多：8幅对8幅——而且，马丹这个完全还能（因为他具有这样的能力！）替换这两份清单里的名称的机灵鬼，成绩定会超过背书背得晕头晕脑、狼狈不堪的杜邦和迪朗，并会首先得到像雅诺图斯老师那样的学位！因为规则不就是要求完全按照考试的样子，用10行或者2页，或者10页，来叙述人们知道事实、名称和日期的所有事物吗？

几代历史学家就这样培养出来了，就这样流传下去了，他们没有观念，没有思想，没有智力要求，被人用名称、标题和日期塞得饱饱的。他们无所畏惧，在开始上课时，或者，唉，在开始读书时，就背诵并且将永远背诵那些堂而皇之的套话，学校的智慧和哲理就被封闭在这些套话
101 中：“我们要研究的时期，延续了它前面的时期，也预示了它后面的时期。它因为它所摧毁的东西而值得注意，但是也因为它所建立的东西而引人注意”，等等——你说得太夸张了吧？哎呀，我只是在引述人家的文字呢（第1页）：“从1848年到1860年前后这一时期，它因为它所摧毁的东西和它开始建立的东西，在历史上打上了印记（？）……从这个意义上说，1848年的运动属于前面的时期，并且结束了这一时期。不过，它也是一个开端，为未来定下了方向。”为什么不以“一般观念”（或者，如果人们更喜欢的话，甚至用“历史哲学”）这种哗众取宠的标题，并用填空的形式来发表这些文字和其他一些文字呢？我的意思是说，在日期和名称处留出空白来，让人随意填充。我记得非常清楚，拉美西斯二世的历史学家赛索特里斯就是这样开头的：“从……到……前后这一时期……在历史上打上了它的印记”，等等。

此后，人们就会对那么多有才智的人的愤怒和讽刺感到惊讶了。这些人研究历史时，以为这类书能满足他们的好奇心，可是读了过后又感到气愤，因为他们发现，花了那么多精力、金钱和优质纸张，只是要宣传这种指导思想，宣传这种概念，即历史学没有奥秘，没有生命，只是鹦鹉学舌。从这种历史学中，没有任何人能感受到，借用保罗·瓦莱里的话（我有意坚持引用他的话）说，“人们面对由伟大生活的重大感觉构成的不确定的东西时，所产生的那种挂虑，如诸民族在面临命运所系的战役时的感觉；野心家在即将获得荣誉，或者即将上断头台时的感觉；艺术家就要为他的大理石雕像揭幕，或者下令拆除还支撑着他的建筑物的拱鹰架和陈列台时的感觉”。而且要是只有这个就好了！

我指责这本书不谈任何人物。对他们所做的事情、他们的成长、他们的性格、他们的心理都毫不关心。会感觉、会思想、会痛苦、会行动、会享乐的人，在这本书里我们一个也没遇到。作者确实也提到三四次一个叫马克思的人的作用。或者在某些地方提到一个叫孔德的人的著作。提到叫这些名字的人：作者为什么对他们感兴趣？还是书名、人名、日期、日期、书名、人名，这就是全部答案。不过，作者不时也会引用一句话。比如列举了奥古斯特·孔德最后的一些著作：“在这里，情感要在才智旁边重新找到位置——而爱情要引导行为。”——“引导行为的爱情”和“在才智家里重新找到位置的情感”：其实是两个漂亮的徽章式的主题。可是我心里想，受到诱惑的杜邦和迪朗，他们大有可能一 102
生就用这些铿锵有力的话来替代奥古斯特·孔德了，并且这些话会在他们荒芜不毛的脑壳中，在毫无思想与经验的虚无之境中回荡。这就是让我担心的地方。因为任何教学法都会引起严重后果，但历史学的教学法引起的后果也许会更加严重……

我们来总结一下：书中缺乏个性分明的个人。普通人和伟大人物之间没有区别。满篇都是平庸的人。人们寻思，他们到底做了什么事才能跟历史挂上钩。米尔热，拉普拉德，还有谁？好吧，再说一遍，而且这不会是最后一遍；再说一遍，而且无论对谁（需要这么说吗），我们都反复讲这些重要的事情。教科书从来不说这些事情，所以必须声明十遍，而不是一遍："人，是历史学的价值，是它的唯一价值，而且是它存在的理由。"小时候，在弗朗什-孔泰，我们老家的宅子里，我发现在老人放床的凹室深处，始终供着一个加了黑框的"独自的上帝"像（Dieu seul）。《年鉴》很乐意制作一些"独自的人"像（Homme seul），足能满足
103 个人需要，供历史学家们用。来吧，谁报名？

7. 反对专科意识

1933年的一封信

亲爱的朋友，我为您的决定感到遗憾，甚至很遗憾。《百科全书》**想**集中、**必须**集中法国所有研究领域中的领头人。它要把他们集中起来，它已经把他们集中起来了。我们原本很希望您不会错失这次机会。

您用3个理由答复我：**手头上有已经在进行的工作**（对此我没有什么要说的）；**困难极大**，**无法胜任**：物质条件太艰苦；智力上呢，首创性太弱。这里我们就开始有分歧了，因为，恰恰相反，我要着手进行的事业，其中的首创性和革新的分量，我认为是巨大的；它不是制作一本**相册**，加上有限的简短说明，就像在所有所谓"加注释"的相册每页下面都能看到的那种说明；而是要写几大页历史和地理，借助接近的和结合的表述，彼此支持，相互印证：地图，**统计表**和狭义的**见解**，集中在同一页上，包含了一种对新的阐述及表达方法的机智巧妙的探索（我设想，通过采用不同方法划分"时期"来变动统计表的数字，并且对照不变化的地图和"照片证据"来表明结果，等等）。不错，这有困难，但不是**技术上的**（尽管灵巧的技术不可轻视），而是**智力上的**。困难很大，难以一下子就做到十全十美。但是《百科全书》就是一种不断**发展**的作品，每年都要增补，修订，有的地方还会推倒重写。

最后是您的第3个理由，而就在这一点上我们的分歧更加明显。

您问我："在这一切中，地理学在哪里？"亲爱的朋友，它**到处都在**，又到
104 **处都不在**。它跟艺术史、法学、伦理学……完全一样。为什么？因为我不是在编**学科的百科全书**。

我强烈排斥这种观点，甚至极其强烈地排斥。我碰到过这种观点，是一位著名哲学家在去年表述的：他向我提供了学科的全部分类，而且要求，他所清点的这些学科要一批接一批的，每一门都在《百科全书》中有一章（地理学是其中之一，伦理学、逻辑学、形而上学、法学、美学等等），篇幅长短不一，在这些章节中，高尚的专科意识再一次发扬光大。**不，不，不。**

这就是我们之间激烈争论的焦点。有些人整天反复对我说："您一定要坚持己见！别向专科意识让步！在目前的人文工作的状态下，这种意识没有生气。"恕我直言，我本人同意这种意见，我毕生的全部活动，直到现在，都反对专科意识，最后您再看看我的《经济与社会史年鉴》——我说过：决**不**要分**学科**——上面的文章都是一些材料的应时的和局部的组合，它们常常是随意关联起来的。打破了抽象的框框，直接触及非专业人士提出的**问题**，这些问题是他们为自己提出的，也是为别人提出的，根本不考虑学派，根本没有航海中人们所说的那种"绳结意识"。[①]这就是我在1932年10月从草拟第一条短小注解开始就提出的目标，这条注解就是《百科全书》的萌芽。由此人人都能感觉到人类精神的一致，人类遇到未知事物表现出的不安情绪的一致：这种一致被小学科的激增掩盖了，这些小学科唯恐失去自治权，拼命坚持**闭关自守**，在智力领域跟在经济领域一样，这样做是徒劳的，也是有害的。必要时我们都会写一些有关各自学科的专论和教科书：这是一种实际需要。但是，只有被赋予了科学**统一性**的开放精神，它们才会具有**人文**价值，明确地说，《百科全书》**就要**一直为这种统一性服务。

① 航海中的绳结各种各样，各有用途。——译注

这是一贯的思想。而且我实话对您说，我投入《百科全书》的工作不是冲动之举，我还是完全能够阻止自己冲动的，我之所以这么做，是因为我找到了一种方法，是我突然获得的，而且是以最意想不到的方式获得的，它能为我的一些一贯的观念效力，这种观念也渐渐成为一些科学家在科学范围内思考他们学科的观念。人文地理学没有原封不动地被列入《百科全书》。而且我用您最后说的话和它所表达的意愿，更清楚地表达我的思想：亲爱的朋友，人文地理学和化学、植物学等学科一样，**永远**不会“在百科全书的大厦里”找到“它的独立的小房间”。这样做就否定了计划，抹杀了《百科全书》的意图。《百科全书》是一座科学与艺术的“花园城”，但是里面有的不是百来座孤立的小楼，每座都有看门人，小型暖气设备，以及小楼主人和他的小习俗；这座花园城是**所有**科学家和**所有**工匠共住的房屋，他们相互交流思想、方法、追求和操心的事，从而认识到他们想法一致；他们有共同目标，力量就会往一处使，而且一个人成功或者失败，别人也能从中获得教益或教训。 105

因为我不要求杰出的教授们来写教科书，或者写解剖学、矿物学或化学专著。但我并不轻视智慧的力量和技术的精巧所导致的一切，并不轻视制造氧气、硫酸或解热镇痛药匹拉米洞的技艺。我做的事不一样，而且是有意识地去做，是为了一些我认为如今很崇高、很实用的目的，而且我身边的人们都一致同意要去找这样的目的：这些人都是一些各自所在领域中的大师，是得到全世界认可的大师；可是他们也主张推倒隔墙，让**科学**的一种大众精神的潮流、一种全面生活的潮流，冲出专家们的那些所有门窗紧闭的工作场所流动起来。

我要在这儿停下了，而且必须停下，唉，原谅我说得太多了，因为这是我的思想的基础，是我特别珍视的东西。您给您的学生写一篇文章，深入属于您的学科范围，概述您的经验和富有成果的努力，当我最终拿到由您构思和编写的我们期盼的书时，您知道，不止我一人会感到高兴。可是，《百科全书》却是另一回事，截然不同，但也完全有理。我原本希望您能像跟我在一起的那些人一样，从一个方面转到另一个方面，而且也希望您能同时为两尊相互对抗和竞争的神服务，这两尊神其实是同一尊神的两面，即“局部”和“全局”。

106 请相信……

8. 反对充当约沙法谷[①]的代理法官[*]

一、卡米尔·德穆兰：是历史，还是控诉？

历史学家，就是寻找圣人的人。今天的圣人，就是卡米尔·德穆兰。圣人所在的地方，就是他的《老科德利埃报》。[②]寻觅者是阿尔贝·马迪厄。[③]

"《老科德利埃报》并不是一种痛苦的叫喊，而是一位穷途末路的小册子作者的工于算计的诡诈。"他的"皮卡底人和巴黎人的讽刺"的才智，往往就是一个"没名气的苏格兰报人"的才智（请听听戈尔东所说的，他是1728年的《论塔西佗》和《论萨卢斯特》的作者，著作多次在英国重印，并多次被译成法语：马迪厄证实，德穆兰在某些期的《老科德利埃报》中大量利用了它），"德穆兰作为一个智力迟钝的学生，作

---

* 《社会史年鉴》，Ⅷ，1945年；《年鉴：经济、社会、文明》，III，1948年。

① Vallée de Josaphat，约沙法是犹大王，约沙法谷又称断定谷，地处耶路撒冷，上帝在此聚集万民审判侵犯以色列的列国。——译注

② *Les Classiques de la Révolution*, Malakoff, Armand Colin, 1936.

③ 他未能完成这项工作：他的早逝把对此项工作的关心留给了他的一个学生，亨利·卡尔韦，他圆满地完成了这项工作。

为为生计所迫的记者，从他的书橱里的一本著作里，匆促地摘抄并汇集一些只言片语”。这么说，“这位最伟大的丹东派门徒的真诚就可想而知”了？

我从引言中援引的这些话，让我们了解到有关这份刊物所处的“氛围”。它当然是最有学术性、最严肃、最精致的刊物。它向我们提供的文献，是一种经常被援引并且一直被品读的版本。经过考证，它的真实性是可靠的，而且作者认真加了注，并加上了丰富的附录。至于我，我更愿意看到有人把这些附录收集起来，融入一种先行的初始研究。不过，这些附录，即使原封不动，也含有丰富的知识，用途广泛；它们极为清晰地揭示了这份刊物的状况，它的兴趣、它的作用、它的影响，尤其
107 揭示了它所服务的运动的真正的政治意义。

说实话，我非常反感一个历史学家——马迪厄——经常采用检察官的那种语调。他披着好公民的外衣，擅取一种有点幼稚的事后审判权，这种审判权无论如何都十分令人困惑，因为它只建立在它的本义之上：“被告德穆兰，请起立……您要说些什么为自己辩护吗？您声称自由（第6期，第187页）就是博爱；就是神圣的平等；就是在地球上，或者至少在法国，唤醒所有淳朴的美德的方法。”——可是，您“有理由颂扬淳朴的美德吗”？（原文如此；注5，第187页）

我们不往下说了。整个一代历史学家都热衷于这种行为。他们像诉讼电影中的检察官那样站着，一心要以一种原则可变的道德，并且以一种时而受“左”时而受“右”的意识形态激励的政治的名义，要求对历史的主角或配角实施最严厉的惩罚：左派检察官和右派检察官还互相生气，而且还是发自内心地生气。是时候该结束那种事后质询，那种检察官辩才和那些黑袖效应[1]了。

① Effets de manche noire，黑袖效应，检察官在法庭上挥舞袍袖产生的效果。通常指他们的理由可疑，无根据。——译注

历史学家不是法官。阿尔贝·马迪厄在结束第一期《老科德利埃报》的再版(第48页)时加了旁注:“这一期的结尾不太谦虚。比如德穆兰要当一个思想家的抱负令人可笑,等等。”也许是的。但是,第五期的《老科德利埃报》(第164页)上有一句:“在这个战争时刻,我的两个兄弟都已经为自由抛头颅洒热血,断头台算什么,不就是大刀一劈吗?一个议员,为他的勇气和共和主义牺牲,不是最光荣的吗?”在读了这一页后,我发现了这页下面的评注:“阅读这段大无畏的话时,我想起卡米尔·德穆兰在被处死时表现出的态度,心里感到难受”,我多半也感到不舒服。我也斟酌词句,对在第48页上劝人谦虚的人说:“我们都要谦虚。不要评判他人。”这首先是因为,我们在研究历史时,评判不是我们分内事。其次……

怯懦、勇敢、勇敢、怯懦:这些词,这些贫乏的词在您看来那么明确,而且那么容易理解;您以为从人性的角度来说,人们使用这些词时,心里就那么踏实吗?我知道我这一代中有许多人,因为有过(马迪厄所没有过的)经历,就永远不再有兴致去扮演情节剧中的富基埃-坦维尔,把它们说出来。 108

历史学家不是法官,连预审法官都不是。历史学不是审判,是理解,并且让别人理解。我们要不断重申这一点,我们学科的进步就是以此为代价的。

二、一本在大革命问题上装模作样唬人的书

您给我们带来了新东西。确实是新东西。谢谢。但是凭这个您就该像大公鸡一样,站在屋顶上,声嘶力竭地喔喔叫,大肆宣扬吗?如果真是这样,我们就来好好看一看它,还要来说一说它。您不妨就让我们心平气和地说说它,如何?

您真的该含蓄地自称是唯一聪明的和唯一有洞察力的人吗?是唯

一值得让人去读、去听、去称赞的人啦？而对于走在您前面的倒霉鬼，那些既没有您那种超群的天赋，也没有您那种确实非凡的英雄气概的可怜人，便说他们“不是傻瓜，就是出卖灵魂的人”，您认为这种非此即彼的简单选择合理吗？

《第一共和国时期的阶级斗争》一书的作者达尼埃尔·介朗先生在这个时期的阶级斗争问题上靠装模作样来唬人，一开始（第368页）就提醒他的大革命史学前辈，说托洛茨基把他们叫作“篡改者”。而且是巴奴日所说的具有西塞罗辩术的那一类家伙。介朗先生则把他们叫作奸人，试图“奸诈地”“从法国大革命中找到证明他们的阶级统治的正当理由”。啊，不错，他们统统都是奸人。所有那些未能挣脱“资产阶级民主政体之茧”（为这个茧叫好！）束缚的民主历史学家都是奸人。首先是饶勒斯，这个假社会主义者，从未剪断“使他和资产阶级相连的脐带”（第371页）。这个可怜人只能“部分地领会”真正的唯物主义方法。他声称自己“既和马克思一样是唯物主义者，又和米什莱一样是神秘主义者”。这说得一点都不对，因为饶勒斯只是写过：“我们对历史的解释，将既和马克思一样，是唯物主义的；又和米什莱一样，是神秘主义的。”达尼埃尔·介朗先生在第370页还对我们说，而且说得不错：“这还不算太差，因为米什莱的天赋比所有研究大革命的历史学家都强得多。”可是您不明白，米什莱和马克思之间的这种私通，是一种乱伦行
109 为，只能生下杂种。还是让我们保持纯正为好。

我们对饶勒斯可能还有些尊重……相对的尊重。但是现在谈到马迪厄了。可怜的马迪厄！他如果不是傻瓜，就是出卖灵魂的人。和其他人完全一样。关于唯物主义方法，他似乎曾经大力推广过（第376页）“其中他能够理解的东西”，是经过选择的东西。因为，“其中他所理解的东西”，就是这种方法所提供的“对统治阶级危险比较少的”东西。您大声嘲笑这位马迪厄一门心思要尽量避免伤害正直的统治阶级，那您就错了。您甚至都没有必要提出：“他这是无意识的；不过他

诚实……”冷酷的达尼埃尔·介朗先生会跟您说到**诚实**，在这里我们不用这个词也罢！这些民主历史学家最终都是一丘之貉。“他们都被激情冲昏了头脑”，他们都受到“他们的阶级利益的影响”。诚实不诚实？做个精神分析吧，人们期待着，可是好不容易才在第2卷的第388页看到开始进行这种分析了。难道精神分析没有使所有这些过时的区分消除吗？确实没有，因为所有研究大革命的历史学家，除了达尼埃尔·介朗，都在“说假话”。作为个人，他也许是无意识地这样说的；但是作为他所处阶级的人，“他就是有意说假话，是为了更好地奴役人民”（第388页）。然而，至于马迪厄（还是来谈他），您不会认为，身为“第三共和国官员，资产阶级民主的忠实公仆”（第378页），他没有全身心地投靠资产阶级吧？骗谁呢！至于乔治·勒费弗尔，他也（第379页）“没有完全摆脱资产阶级民主之茧的束缚”（幸运的茧啊，可以用那么多次还不坏！）；当然，人们应该向他的努力致敬，但也要“为他的胆怯惋惜”……

他胆怯？对一个像我这样的研究16世纪的人来说，这可是纯粹的笑话啊！历史上已经有一个“胆怯的勒费弗尔”，现在又多了一个。对于埃塔普勒的勒费弗尔，400年来，严格奉行教规的所有新教空论家都指责他怯懦，害怕自己被当作烟熏咸鲱鱼放在柴火堆上烤，不去指责法雷尔。因为在这些空论家看来，人们只有出于恐惧才会对他们的教义表示反感；按理说恐惧感是难以抑制的——这不，就有一个里尔的勒费弗尔来与埃塔普勒的勒费弗尔为伍了；这个人名字叫乔治，而不是雅克；他擅长讽喻，这些讽喻要是“把谨慎的面纱揭掉”，就“容易转变成明确而有力的结论”（第379页）。因为毫无疑问：乔治·勒费弗尔不像达尼埃尔·介朗本人那样说话，仅仅是因为他害怕。简单的心理。真 110
诚的心理。微妙的心理。各个时代所有盲信的人的心理。

关于这一点，有一小段关于“客观历史”的论述（第379—382页），它具有中学哲学科目毕业会考的清新气息。而当人们急切地读它时，发现是一段雷蒙·阿隆的漂亮的引文——原来他也没有能力论述“客观历史”。很快，他又回到那个基本话题：资产阶级历史学家。“他们都有东西要藏着掖着。”（第386页）只有介朗先生“没有东西要藏着掖着”（第389页）。他们满手握的都是真相，可是要他们打开，绝无可能。他们这样就给“历史学”（但这是什么历史学？）造成了一种“无法估量”的损害。总而言之，这些说假话的人“欺骗了我们”。

哦！介朗先生是一位善良的君主。如果有人强烈恳求，他会同意说：“他们要么是自己欺骗自己，要么是欺骗我们。”（第388页）他觉得这么说话“对于……的大师不是那么失礼”，等等。可是，亲爱的先生，您和托洛茨基这些大师一样，把他们说成篡改者，说成说假话的人；然后又说成编造讽喻的人，出于“谨慎”，这些讽喻晦涩难懂；您写到您“当场撕掉他们的假面具”——这就是礼貌？您怒火填膺。——“我们为什么没有权利生气？”（第389页）哦！您有权利。完全有权利。您生气吧。像度申老头[①]那样，呸；可是，他这个小市民，呸；气极了比您还古怪呢，呸。愿他永远快活，也希望人们别跟我们提作家的这种过分激动的情绪，这种情绪劳力伤神。他不必“赤膊上阵”的。

至于这种腔调嘛，它让我想起某件事情或者某个人来。啊，对了！是乔治·索列尔，他早就跃跃欲试要对饶勒斯挥舞他的“菜刀”了。亲爱的索列尔，拉葛德尔和墨索里尼的索列尔。——度申老头万岁，呸！

最后一句话。既然我们全都要么是傻瓜，要么是出卖灵魂的人——这在预料之中——那为什么要让我们的“资产阶级”杂志，我们的“有东西要藏着掖着”的杂志，我们的说假话和掩盖真相的杂志，为您的书效劳呢？不是您，是出版者吗？唉，人们以好教义的名义，吊死了许多没有进行过这些违背良心的勾结的正直的人！

尽管如此，还得说一说（而且我恳求读者认为我幸亏不是大革命史

① 18世纪末和19世纪法国革命政论中一个虚构人物，有政治讽刺性报纸以他的名义，用平民的粗俗语言来对付论战对手。——译注

学家；认为我几乎不了解马迪厄，而且是很不了解；从而认为我介入这种争论纯粹是无理取闹，是从另一个世纪过来的老傻瓜，对什么都一窍不通），如果我们开始讨论达尼埃尔·介朗先生的这本书本身，能从中发现什么？ 111

它是一个研究，是一次二手的，但深入而生动的调查研究，主题是："法国大革命是一场资产阶级革命。但它也是另一种东西：一根导火索，一场无产阶级革命的萌芽。我们试着来证明。我们特别专心地研究这场无产阶级革命的历史，即便它很零碎，即使它是萌芽状态……"

这里，我禁不住要反驳："哎呀，亲爱的先生，您研究吧，悉听尊便。您认为我们能从中发现什么缺陷呢？"我还要说。我禁不住要反驳："这是当然的！您给我们带来一个意外情况。您把您的伟大计划委托给我们，好像它很神奇。我是否要对您表明，我并没有看出它有什么神奇之处呢？而且还要表明，我要事先做好充分准备来相信您吗？我跟其他一些人完全一样，读过一些文献，如巴贝夫在1789年以前写的那些信，这些信总是给我强烈感受。而我为什么会不愿接受您提供给我们的事实呢？"

——"唉，因为您满脑子都是阶级意识。您不是托洛茨基主义者……"——"亲爱的先生，我对此一无所知，您也是。这些都是我的小事。而且就算我是托洛茨基主义者，或者是斯大林主义者，或者是教皇主义者，或者是佛教徒，这对您能有什么好处？我在研究历史时，我就是历史学家。"——"傻瓜！您在为控制着您的利益服务……而且傻得连自己都感觉不到。要不然您就是非常卑鄙，干得就像……您瞧，我的理由多简单；就看您在任何情况下作出的选择：要么是傻瓜？要么是出卖灵魂的人？要么两者都是？别想破了头……"

我们来严肃地说吧。在众多缺陷当中，达尼埃尔·介朗所采取的讨论方法的缺陷，就是它们几乎阻止你们说"我同意他的意见"——如果人们有点自尊心的话(可是,毕竟经过他的精神分析,还有必要说自尊心吗?)。人们觉得不舒服。要是有人反驳他的意见,达尼埃尔·介朗会说,这是出于利益考虑,要不就是因为害怕。要是同意他的意见呢?就不是因为害怕,或者就不是出于利益考虑了?

人们同意吗?这不是关键。讨论大革命史是专业历史学家的事,
112 事关努力和尝试。至于我,我没有发现什么东西阻止我同意。我通常把历史学定义为人类的一种需要:各个人类群体在其演变的各个时刻,觉得需要探索并且利用过去的事实、事件、趋势。这些事实、事件、趋势酝酿了现在的时代,使人们能够理解这个时代,并且帮助人们生活。我还要补充的是:历史学就是要再现过去人们的精神面貌;让自己从头到脚都处于他们的境地,以便理解他们的行为、他们的愿望、他们的成就;但是不要认为,一旦一个人的事业开始在世界上传播,能否在某一个点上停止这项事业,将取决于这个人;相反,要注意经常发生在伟大人物、伟大探索者、伟大发明者、天才身上的那种悲剧,他们甚至在活着的时候就丧失他们的事业了——有的被歪曲了,有的变了质;有的虽然被民众采纳,并且随着时间的推移发挥作用,但是结果却常常事与愿违(看看路德和路德教吧)。——那么,亲爱的先生,您的尝试中,可能妨害我的东西是什么呢?我找呀找,没找到。我只发现一些侮辱人的话。让我看着不舒服。不要把我当成懦夫。我会和其他人完全一样,对你说……**不**。我可不吃电影里的检察官气势汹汹挥舞胳膊那一套。不认他们的那种指控。不认他们的轻蔑的言语或态度。对不起。我就是一个很卑微的老历史学家。要是我这种态度能成为风气,我的后继者将
113 会有许多机会。

9. 关于一种另类的历史学

唯历史的历史学*

我仔细地，当然也是饶有兴趣地阅读了老朋友路易·阿尔方的一本小书。这本书是他利用维希政府强塞给他的闲暇时间，远离他的被“占领者”偷去的书和扔掉的文件，仅凭他的经验，在寂寞中写成的：这是一位历史学家的经验，这位历史学家自1900年以来工作不辍，时而为个人工作，时而督促并指导别人工作。我自然而然想到那部《民族与文明》丛书，在署有萨尼亚克名字的同时，也附有他的名字。

这本小书被阿尔方题名为《历史学导论》①。但是，与其说是“导论”，不如说是为他所从事的历史学“辩护”。他对我们说，“人们从来没有这么强烈地怀疑过历史研究的用处……我的目的不是为一件能自行辩护的诉讼案辩护……”哎呀！正是这样，我们应该相信；如果没有它，抨击本来早就中止了。路易·阿尔方料到这一点，他立即进行辩护，为所采取的立场进行辩解，这立场早就众所周知，毫无奥秘可言。

纪德的《托词》(第97页)写道：“在全部忠诚中，**对**自己的那份忠诚，一旦不再是自发的，那就是最愚蠢的。”阿尔方这位研究查理大帝

* 《年鉴：经济、社会、文明》，II，1947年。

① *Introduction à l'histoire*, Paris, Presses Universitaires, 1946.

的历史学家，对自己的思想观念的忠诚完全是自发的，从而也是最合理的。我们发现他是一个坚信这种历史学形式的游侠骑士，在年轻就学时是这样，离开巴黎文献学院也是这样。亨利·贝尔把这种形式叫作唯历史的历史学，很贴切。路易·阿尔方毕生的精力都花在了这上面。
114 他如今送给我们一本《历史学导论》，请听清楚，这可不是献给博学的克利奥女神的供品，因为在她的无袖长衣的褶子下，她庇护着历史学派的所有形式、所有变种、所有差异，正如慈悲圣母在她的斗篷下庇护着所有有资格的基督教徒代表一样。阿尔方更平凡，也更骄傲，他只思考一种形式的历史学，即他努力研究的那种形式的历史学；他还请我们考虑认定它是唯一有价值的形式。“历史学导论？”“为历史学辩护？”不，是为唯历史的历史学辩护，1911年贝尔谈到过这种历史学：“有一种形式的历史学，它自我满足，也认为能满足历史认知的需要。”这句话让我高兴。仅这一句话就足以成为对路易·阿尔方的这本书的批判的书评了。[1]

一个唯历史的历史学家实际上是什么样的？亨利·贝尔用1911年阿尔方本人一封信中的词语作出了大致的回答：他是一个对由他本人确认的特殊事实进行加工的人，他企图把这些事实联系在一起，使它们协调一致，然后（我援引阿尔方1911年的话）“分析文献所揭示的特定时刻的政治、社会和道德的变化”。是特殊的变化，请听清楚了，因为作者认为，历史学被定义为一门研究特殊事物的科学。[2]

现在我们翻开1946年的《历史学导论》。全书主要分三章：一、事实的确认；二、事实的协调；三、事实的陈述。教理没有变，还是构成

---

① *L'histoire traditionnelle et la synthèse historique*, Paris, Alcan, 1921, 146 pages, La «Discussion avec un historien historisant».

② 在同一个文明圈内部，在某一时代被理解的特殊，与一般非常相似。只要听听皮雷纳、马克·布洛赫、我们所有在这里的人都珍视的**比较历史学**所说的就知道。

历史学两种活动的老教理：首先确认事实，然后运用事实。有人说，希罗多德和修昔底德就是这么做的；甫斯特尔和蒙森就是这么做的；如今我们也都是这么做的。就假定是吧。可是，确认事实，然后运用这些事实：就是这些大白话，让所有好学的人伤透脑筋，而且战战兢兢……

因为毕竟您把什么叫作事实？您认为"事实"这个小词有什么含义？您认为事实就是作为基本的现实被提供给历史学吗？时间把它们 115
埋得多少有些深，问题只是去发掘它们，清理它们，让它们重见天日，呈现给同时代人吗？要么您自己就复述贝特洛的话，他刚获得成就就颂扬化学——他骄傲地说，化学，**他的**化学，是所有科学中唯一能**制造它的对象**的科学。贝特洛在这点上就错了。因为所有科学都制造它们的对象。

这对我们的前辈，像奥拉尔、瑟诺博斯、朗格卢瓦之类的同时代人来说是对的，对那些对"**科学**"敬服得五体投地的人来说是对的（不过他们对科学的实践及其方法一无所知），对那些认为一个组织学家只要把小白鼠的一片脑组织标本切片放在显微镜下就万事大吉的人来说是对的：他马上就获得了一些原始的事实，无可怀疑的事实，我敢说是就"铁板钉钉"的事实；他不过是把它们摆放在抽屉里而已。天分嘛，不是米什莱的，而是大自然本身的……当有人告诉这些历史学家，我们的前辈，一个组织学家实际上首先用大量精湛的技术和灵敏的染色剂来制作他的研究和假说的对象时，他们就会感到惊讶。他以一种照相的方式"揭示"这个对象。然后就来解释。"看懂他的标本切片"，这可不是随便说说的。因为描述所见到的东西还行，但是要对必须描述的东西进行观察，这可是令人生畏的事情！当有些人，如当代的一位哲学家，把事实定义为"一些上面挂着理论的钉子"时，我们的这些前辈就会感到惊讶。钉子先要经过锻造，才能钉在墙上。这里既然说到历史学，那就由历史学家来锻造钉子。这不是像他所说的"过去"。或者按照一种奇怪的套套逻辑，说这就是"历史"。

您同意吗？同意就说同意。您不同意？那就来辩论吧。但是行行好，别回避这个问题。这是个小问题，却是个最重要的问题。

您闭口不谈，这就使我们产生了第一个分歧。瞧瞧后果吧！

您多次听到过我们的前辈喋喋不休说的话吧："历史学家无权选择事实。以什么权利选择？根据什么原则选择？选择就是违背'现实'，也就是违背'真相'。"他们始终抱着这种观念；事实就像一些方形锦
116 砖，很分明，很均匀，很光滑。发生了一次地震，震散了它们；方形锦砖被埋进土里；我们再把它们挖出来，尤其注意不要漏掉一个。我们要把它们全都收集起来。不要挑选……我们的这些老师，他们这样说，好像说的是破坏了这一处遗迹，保护了另一处遗迹的唯一的偶然事实（此刻我们没有说到有关人的事实），所以任何历史都不是一种选择。而要是只存在这些偶然的事实呢？——其实，历史学就是选择。不是随意选择，而是预先设想好的选择。亲爱的朋友，这一点也使我们产生分歧。

假说，研究计划，甚至理论：我在您的导论中寻找这些东西，可是都没有找到。

然而，没有事先准备的理论，没有预先设想的理论，就没有可行的科学的工作。理论是满足我们对理解的需要的思想构造，是科学的经验。科学的经验不把发现法则当作最高目标，而是把能让我们理解当作最高目标。任何理论都必然以大自然可以理解这个公设为基础。而人，作为历史学的研究对象，就是大自然的一部分。人之于历史学，就像岩石之于矿物学家，动物之于生物学家，星星之于天文物理学家：是要解释的对象；是要让人理解的对象；因此也是**思考**的对象。历史学家，如果不愿思考有关人的事实，主张无条件服从这些事实，好像这些事实不是他制作出来的，好像它们不是他事先挑选出来的（而且不能被他选择），那么他就是一位技术助手而已，也许很出色，但不是一个历史

学家。[1]

我以严重不满结束这一段。历史学的导论、历史学的方法、历史学的理论、为历史学的辩护……可是,历史学到底是什么?

我来告诉您。您要搜集事实,为此您就要去档案馆,那是事实的库房,那里事实俯拾即是,筐子都装得满满当当的。您把上面的灰尘掸掉,把它们摆在桌子上。您做着儿童做的事情,他们就是忙着用一些 117
"六面画拼木"拼凑漂亮的图画,人们事先已把这些图画打乱。拼成后,就是一幅画。历史研究完毕。您还要什么?——没有了。不对,**还要知道为什么**。为什么要研究历史?因此要知道历史是什么?

您不告诉我?那么我继续往下说。您让我想起了那些可怜人。大学由于一种可悲的阴差阳错,把当时所有任务中最艰难的任务,交给这些可怜人,让他们对我们这些四五六年级古典班的小"文科生"进行数学启蒙。他们多么成功地阻止了我学习数学啊!因为他们把数学简化成不知道从哪儿找到的一些解题的小方法、小技巧、小秘诀。有些像我们的小学生黑话里所说的"小玩意儿",如今早已过时……

但是现在我对这些"小玩意儿"没有一点兴趣。人们给我一些"有用的资料",要我去做某种事情,却从来不跟我说这些事情为什么值得做。人们为什么想出这些事情?而且是怎样想出来的?最后是,做这种事情管什么用……好有朝一日能让你考进巴黎综合理工学院?可是巴黎综合理工学院本身又不是目的。而且从这时起(对我来说太糟了),我有一些精神上的基本需求……于是很简单,我不学数学了。而那些对此没有那么多要求的同学,数学成绩就很优秀……

---

① 路易·阿尔方这本书有一个作者人名索引。这是以他的方式提供的证据。卡米耶·朱利安、亨利·皮雷纳、马克·布洛赫或乔治·勒费弗尔,总之那些我们认为是历史学家的人,是这个时代的真正的历史学家的人,都没有被列入这个人名索引,这难道不值得注意吗?我没有提维达尔,地理学在唯历史的历史学中没有被引用的权利。

唯历史的历史学要求很少，非常少，在我看来太少了；除了我，在许多其他人看来也太少了。这就是我的全部不满。但是是强烈的不满，是那些认为观念是人的一种需要的人的不满。观念，就像尼采所说
118 的，是一些正派的女性，是不会被懦弱的男人占有的。

10. 历史学的两种机会主义哲学

从斯宾格勒到汤因比*

我的桌子上摆放着3部巨著，书名是《历史研究》①。第1页上印着一个名字：阿诺德·J. 汤因比，他因为一些实际功绩和大量科学著作在英国（甚至在英国以外）家喻户晓。我们不要装出一副样子，像是发现了这样一部著作，根据它的外表和厚度，就确信应该让它跟詹姆斯·弗雷泽爵士的名著《金枝》齐名。汤因比效仿这位创立了“原始”宗教机构之间的比较研究的作者，也打算用20来卷的巨著，完成对人类相继创造的各种文明的比较研究：可以说是对人类在文明方面的经历的研究。

这是庞大而广泛的计划。虽然一开始他就引起了我们的惊恐，我们也不打算掩饰这种惊恐；虽然经过深思熟虑，我们最终产生了一种有条理和有道理的排斥情绪，但是我们不会用任何先决问题来反对作者。我们不会怀着一种要组织“专家”对诱惑人的评论作家进行浅薄的报复的渴望来细读这些大部头。这部著作是复杂的。有积极的东西，也有消极的东西，它们通过一根显而易见的纽带与近期整个一系列活动

---

* 《形而上学与伦理学评论》，XLIII，1936年。

① *A Study of History*, Oxford University Press; London, Humphrey Milford; 1re éd., juin 1934.

联系起来——这些活动虽形式各异，但精神类同。

一些年来，历史学家有幸接受一批各种各样的杰出人物盘问，其中有诗人、小说家、记者、评论作家，他们仅仅从他们献给其他事业的生涯
119 中，抽出一些时间分给历史学，就即刻理解了（至少他们坚信如此）历史学家专门研究多年都未能理解和表达的东西。这些才华横溢而且思维敏捷的人，有的具有法国人的讽刺，有的具有德国人的狂热或英国人的幽默，之后他们便怀着些许慈悲，在他们的著作里，以启发的形式，把他们的发现或方法传授给我们。我们怎么办？谢谢他们吧，不要怕不好意思；以十分诚恳的态度研究他们的批评；我们是接受，还是抵制？如果我们把他们看作战友，而且他们或是靠一些合理的论据，或是靠一些情感的诉求，能够触动我们：因为我们历史学家毕竟是和同时代的其他人生活在相同的危机气氛中，而且，要想坚持下去，我们还需要对自己和自己的工作有信心。那么，我们就接受吧。如果我们从他们披着的历史学外衣下面，发现会引诱犯错误和产生错觉的诱惑力，那么，我们就要抵制。如果在他们的作品中，我们注意到有对思想的毒害作用，那么，我们就要抵制，坚决抵制。而这就迫使我们进行长期研究。

不过，在讨论汤因比及其著作之前，我们先做个回顾，以引论的方式，而不是以附加部分的方式。

一个预言家的伟大和衰落：奥斯瓦尔德·斯宾格勒

1922年，德国问世了一部著作。作者名字人们不熟悉，叫斯宾格勒。书名倒吸引眼球，叫《西方的没落》①。我还看到这些8开本的书在

① *Gestalt und Wirklichkeit*, t. II, *Welthistorische Perspektiven*; in-8°, Munich, C. H. Beck, 2e éd., 1924, t. I, 549 et 666 pages.

莱茵河沿岸的书店的橱窗里堆得老高：等到书店营业就被人一抢而空，就像雪堆在太阳底下被晒化了一样。几周时间，斯宾格勒的名字就在德语世界人人皆知，他的书获得了自吉本以来一本历史哲学的书所获得过的最大成功。成功这个词还不是最恰当的：应该说是意想不到的新发现。

该书在国外却不太受欢迎。在英国，人们怀有谨慎的好奇心；在我国，人们持嘲笑的怀疑态度，过了3年（1925年），福孔奈才在他的小书中对斯宾格勒的主题进行分类，两年后才有一个姗姗来迟的译本。然而，出现一批丰富的专题著作（《围绕斯宾格勒的争论》《斯宾格勒与基督教》等），以一种有耐性的单调，全面地反复分析这位预言家，这位断然自称是"历史学的哥白尼"的人，以及他的思想。我们别去评判，评判不是一个历史学家的事；我们试着去理解，就是说，在这种情况下， 120
把他的书，以及他的成功，跟当时德国的需求联系起来，从那时起，那里正孕育着一种思想，即日后希特勒的国家社会主义。

此人——1936年在完全退隐中去世——1880年生于东普鲁士。他出身于一个低微的新教家庭，1904年以一篇关于赫拉克利特的论文获得"自然科学"博士学位。然而，整部《西方的没落》，对于大多德国人对自然科学的重视、对于自然科学爱好者的自由主义，尤其是对于他们关于进步的概念，却表现出刻骨仇恨；青年斯宾格勒对进步、自由主义、神的崇拜，是通过他的家庭环境、他的老师和同学，强加给他的。他强烈反对历史学的原子说，反对历史学的专题工作，反对将历史分成像外交史、经济史、文学史、艺术史、科学史、哲学史等这些互不理睬的部分。他要用一座宽敞明亮的宫殿——一部总体史代替所有这些小房间。要解释民族与语言、神祇与国家、战争、科学与哲学、生活观念和经济形式这么多符号。他的历史学方法本身就是类比法。在微积分与路易十四的政治之间，在欧几里得几何学与希腊城邦之间，在电话与信贷机制之间，它们的关系和对应不是表面的和偶然的，是隐秘的和本质的。

同一时代的所有人类事实都融合在一些“文化”当中。而这些文化是一些有生命力的东西。就像植物，能萌发、成长、枯萎和死亡。当包含在它们的统一体中的所有事物，其推广或蔓延变得无序、无规则时，它们的命运就开始衰落了。此外，尽管各种文化在同一阶段都以相同的秩序呈现，但赋予不同的相邻文化生命的灵魂本身之间有着深刻的差别。我们的西方文化拥有浮士德的灵魂，如持久的紧张，渴求不现实的事物，内心和精神的能动性。古代文化的灵魂是“和谐的”：稳健、被动、平静、迟缓、从容；没有精密时计，也没有科学的历史，但是有陶立克柱和欧几里得几何学。同样，人们赋予埃及文化的符号是：断绝的道路，狭窄而且神秘，引导游客走向法老的神秘的墓穴。但是，所有这些
121 文化，尽管区别那么大，都相继经历过一个上升时期（**文化**）；一个衰落时期（**文明**）——最后消亡。

我们难道要像业余爱好者拿着放大镜观看《因普鲁内塔集市》的未完工的画样那样，俯身察看这些色彩鲜艳的图片吗？——这些统一的和总体的文化要求我们怎样做？生活在同一时代的人，无论是柏格森或巴比特，还是巴黎春天百货商店的店员，还是实验室里的科学家，还是乡村里的农夫，无论他们的社会状况如何，都不加区分地、平等地分享这种文化吗？怎么，人人都有浮士德的灵魂，都像他一样过分伟大吗？——而那些惊人之语，那些生机论的比喻：文化的萌发、成长、死亡是怎么回事？是旧物换新貌而已。这让法国读者想起美好时代（1887）的阿尔塞纳·达姆斯特泰尔和他的小书《词的生命》[①]，那么快就被米歇尔·布雷亚尔更正了：19世纪还没有

① *La vie des mots*, Paris, Delagrave, 1887, pp. xii–212, Introduction, p. 3：“语言是一些有生命的机体，虽然属于纯智力范畴，其生命仍然是现实存在的，而且可以和植物界或动物界的生命相比。”亦参见书末，第175页：“在植物和动物的有机体生命中，像在语言的生命中一样，我们发现了同样的规律”，等等。

开始呢。

德国和奥地利的所有受过教育的人，尤其是年轻人，都对斯宾格勒怀有抑制不住的兴趣，他在他们中间获得了不可思议的成功。那么怎样来解释他的成功呢？

是因为斯宾格勒对所有人而言都像个解放者。当我们读到他呼吁和斥责："专题著作够了，要有一些综述！"我们也曾经觉得他说得不错。我们中当然也有目光短浅的人，有掘地的鼹鼠。[①]但是，内容充实而且生动的综述，我们不缺。相反，在德国，在战后，历史学还处在极度专业化的制度下。专题著作是一些技术人员用行话为一些技术人员写的，跳不出大学的圈子；这种历史学的基础是由大学奠定的，是热衷于互相反驳的博士们的事：像莫里哀喜剧《女学究》中的瓦迪于斯诽谤特里索坦那样。这是一个封闭的世界，是技术人员及其不规范论述的领域。受过正规培养的人不必进这个领域。人们固守专业学科，尽管有冒犯， 122
也是外行对专业学科的侵犯。

然而，斯宾格勒鼓吹这种冒犯——并鼓吹共享掠夺来的资源。斯宾格勒鼓吹它，用的不是专家的行话，而是一种通俗易懂的、生动的、富有韵律和文采的语言。针对战后资产者精神上的不安分，他抛出一种历史作为精神食粮，这是他从公认的历史学家那里窃取的，是一种以表格形式表述的历史，每个表格装了人类过去的几个世纪。他在曾经还严格属于一些孤立的专业学科的事实之间建立起一些联系，这些联系由于出人意料而吸引人，由于丰富多彩而富有趣味：譬如欧几里得几何学和陶立克柱联手，这是多么有趣的奇观！德国读者都感谢斯宾格勒

① 参见乔治·埃斯皮纳的看法：《厌恶背离博学方法的空泛》（*De l'horreur du général: une déviation de la méthode érudite*）。载《经济社会史年鉴》（*Annales d'Histoire Économique et Sociale*, 1935, p. 365）。

为他们带来了发现历史的快乐，这种快乐天真而单纯，而这种历史至少能和他们的理解力相适应，具有为他们描绘的前景。这些读者就感激涕零地接受了这个礼物。

作者还充当先知，宣告他的读者真正珍视的一切东西都在衰落，这是快乐和解放的新源泉。因为，毕竟，参与一种文明的上升过程，很好；经历它的衰落时期，更好。而面对它的消亡，就表现出魄力来，勇敢地接受它："好，让它来吧！"这种浪漫主义态度就是爽快；人们对自己采取这种态度很满意。的确，职业历史学家要么会耸耸肩膀，不以为然，要么大骂丢脸，尽管他们也会偷偷钻到桌子底下拾点蛋糕屑尝尝。马克思主义者当然很生气，指责它是一种对历史和生活的所有社会方面都漠不关心的学说。一般读者则在现实的个人自尊心上得到满足。身为普鲁士或萨克森的小资产者的一般读者，可能不具有浮士德的灵魂；但是他渴望具有，或者想象自己已经具有；浮士德是整个西方文明的象征啊，这种体现令他从心底感到愉悦和美滋滋。既然如此，就算他觉得斯宾格勒的这个理论晦涩难懂，又有什么要紧？稀里糊涂地感觉，比清晰地理解容易，不累。

最后，我们要注意（而法国评论界表现出的一些幼稚，使得这种注意更有必要）：历史哲学只是斯宾格勒思想的一个方面，而且依他看是最小的方面。历史是罗马人的门神雅努斯的半身雕塑像，有两副面孔，一副看着过去，一副看着未来：什么样的未来呢？是已经按照类比规则，照着罗马帝国衰亡的方式预示了的欧洲的衰落。一些庞大帝国诞
123 生了。帝国之间爆发战争，而且首先尤其是资本主义本质的大英帝国，与中央集权本质的日耳曼帝国之间的战争。未来？战争的双方一方是一小群大人物，另一方就是群众。因此他向青年们灌输："别在诗歌、哲学、绘画上浪费光阴了。过去已经死亡。在你们身上制造将会构成伟人的原材料吧。"——这就是《西方的没落》中概述的主题，但是这个主题在《德意志帝国的重建》或《德国青年的政治义务》中经过修改，并

且定下了方向，这两本书就是这个人的政治计划，据说此人算得上最早的纳粹党徒。

这是因为，在此时，斯宾格勒和他的读者，即未来的严格顺从的纳粹分子，有着共同的敌人，那就是民主、资产阶级自由主义和马克思主义。在这20年中，斯宾格勒开着当时最令人垂涎的食品店，兜售像悲怆、坚决的反理智主义、命运的英雄观念、反唯美主义，以及人类在宏伟壮阔的历史面前的发抖这类货物。还有对毁灭的预言（见他1920年的著作《人和技术》），纳粹的小资产阶级非常珍视这个预言，因为这非常符合他们的自给自足的愿望："机器的滥用将毁掉欧洲；有色人种将在自己的车间里跟白人学会制造武器，他们将用这些武器攻击白人……" 就是这种东西让斯宾格勒获得了成功：这不是善于分析和推论的历史学家的东西，而是一个预言家的东西，一个巫师的东西，一个幻想者的东西，它完全符合1922年至1929年间忧心忡忡的德国的需要。而一个有力的反证就是：如果说，他在生命的最后几年丧失了纳粹对他的普遍尊重，倒不是因为人们认为他作为历史学家提出的理论虚假，而是因为曾经使他获得成功的那种感伤态度，是因为在纳粹党掌权之后，他的固执的预言就不再符合获胜的纳粹党的意识形态了。

"我们要改变世界，或者至少要改变德国"：这是获胜之后的口号。变革、新起点、新人：积极乐观主义的拙劣表达，而且从现在到未来，大家经常挂在嘴边的，纸上写的，都是这些词。而此人的悲观的说教，怎么能满足那种对未来抱有信心的需要，满足那种希望能激发日常劳动 124
所需的力量和勇气的狂热的需要呢？一些年来，此人一直唠唠叨叨地诉说命运的不幸，诉说现在被过去压垮了，诉说那种自负，希望赋予垂死的文明一股虚幻的冲劲来摆脱历史的桎梏。

斯宾格勒没有感觉到他已经失宠，而他的最后的著作《决定时刻》[1]，终于使他与纳粹分子的不和爆发。他反复讲：有色人种将带来世界末日；在对外政策和国际经济领域，空想理论家无能为力，等等。他无情地揭示了这些国家社会主义分子具有宗教狂的特点，“这些小青年永远狂热”，这些孩子不成熟，没有经验，没有意志，甚至不想去经历。总之，这些人也不是共产主义的社会浪漫主义的信徒，而是政治经济浪漫主义的信徒，把选举中的票数、激昂的演说激起的狂热，以及某些无能之辈的货币理论，当作令人信服的实际功绩。他们不是人，而是羊群中的头羊。他们觉得自己人数众多，就固执地无视他们的无能，说他们战胜了个人主义（第8页）。

他和这个新德国没有明显的联系了。因此斯宾格勒作为预言家和历史学家的资格便遭到怀疑。而且由此产生一个笑话：他都已经跟那些曾经热烈欢迎过他的人这样决裂了，却还要充当纳粹的真正顾问，继续为他们出谋划策。他认真解释说（第7页）：这是因为“行动的人没有远见。他受事件的驱使，对目标不甚清楚。如果他看到了目标，也许会自始至终投身运动——因为**命运**的逻辑绝不理睬人类的欲望；但他往往就任凭自己被周围事物的迷人幻景引入歧途……”。一个人如果不相信历史，又不信任斯宾格勒这位掌握了同时开启过去和未来历史的魔力钥匙的至高无上的人，那他还能做什么呢？

迂夫子，迂夫子！纳粹分子反驳说。他们想到斯宾格勒关于极度愚蠢的人类和世界因不断的战争和革命而跌入最后的深渊的论断，
125 还进行驳斥：“书房里的施虐狂！情节剧的编剧！”因为他们相信，在1936年的德国，普通民众都是好的，世界和平将是获胜的纳粹的最终使命……

① *Jahre der Entscheidung*, München, C. H. Beck, 1933, p. 165.——纳粹的批评：主要见茨威宁格（A. Zweininger）：《斯宾格勒与第三帝国》（*Spengler und 3. Reich*），和格劳德尔（G. Graudel）：《超越时刻》（*Jahre der Uberwendung*）。

在这一切中，历史学在哪儿？在动乱的德国。历史学家的这层薄薄的粉饰，在1922年到1929年间，掩盖了一个精明的、蛊惑人心的、夸夸其谈的人的政治大杂烩，它很快就碎裂了……

一个新预言家的升起：阿诺德·J.汤因比

新预言家的出现是在斯宾格勒的书问世十年以后，这回是一部以英语写的，以英语读者为对象的著作开始大行其道，它也是作为一种新发现问世：是一种全新的历史哲学。

实际上，阿诺德·汤因比的思想和奥斯瓦尔德·斯宾格勒的思想一样，并不是一个科学家的公正的思想。尽管这两部著作大不相同，尽管与那位德国空论家相比，这位英国政论家显得那么特立独行，但是，思想混合体中的批判性成分（对历史学家的抨击及其无效性），建设性成分（作为原创出现的历史哲学），最后是既自觉又确定的私下的政治盘算，无论如何它们的成分都是相同的（即使比例不同）。《历史研究》在斯宾格勒遭到排斥的环境中激起了人们强烈的好奇心，激发了一定的热情——可以说是激情。几个月里，从他的书提取出来的所有词汇，都已被英国所有历史学家、人种志学者和社会学家圈子接受。汤因比和他的书一起越过了海峡。到处人们都在奔走相告这本新书，这个新发现，这部杰作。这三卷书，内容上阐述出色，阅读和查证起来都明白易懂，是这部巨著的第一本书，我们试着来看看一个历史学家可以从这些书的深处获得的教训和教益是什么。我们撇开次要的东西，直接触及构成汤因比著作内容的东西，即关于社会和文明的理论。

他告诉我们，社会，文明，这些是历史学研究的真正对象。他逐个阐述了各种社会，而不是各种民族。然而，他列举了当代同时存在的五种社会：我们的西方社会，巴尔干地区、近东和俄罗斯的东正教文明，远一点的是伊斯兰文明，再远一点的是印度文明，最后是远东。除此之 126

外，他还补充了一些濒于消亡的小片社会：有耶稣单性说的基督教、景教、犹太教社会和琐罗亚斯德教社会、大乘教和小乘教两个佛教社会，以及印度的耆那教。宗教标记的色彩显而易见；不过，在我们的文明中，宗教标记已经黯然失色；"基督教"这个标记不再有什么意义；"天主教的"这个词既不适用于亨利八世、伊丽莎白、克伦威尔的国家，也不适用于路德、卡尔文、茨温利的国家，甚至不适用于一些人；随便举几位：伏尔泰、狄德罗、卡尔·马克思和列宁。我们撇开这个不谈，来看看历史学可以从替代了民族研究的社会研究中获得什么：一种在空间和时间上获得的双重的扩张。

汤因比告诉我们，人们若要研究一个社会的历史，它首先必须处在人们心中，在那里人们才能最深刻地、原原本本地理解它。然后从那里开始，渐渐地追溯，直到某一点，无疑可以碰到另一种能够十分清晰地理解和领会的社会。以我们的西方社会为例：我们沿着时间的长河溯流而上，渐渐就会到达一种类似历史的无主之地的地方。所有起标志特征作用的东西，至少基本上是标志特征的东西，在那里都消失了。假如我们回到公元775年之前，我们就会产生一种进入了另外一种社会的感觉，它越来越像一个别有洞天的原始社会，从一开始就不再是西方社会，甚至可以说它更接近罗马社会。这种观念并不新，而且我实在也不能批判它：长期以来我就向历史学家们提议，利用它解决历史分期问题。①

然而，这些思考引导汤因比提出了一个问题，他称之为应用问题，也可以说是可以连接两个相继社会的关系的问题。是时间上的直接的、紧接的相继吗？不一定。请看巴格达的哈里发执政期。它不是像罗马帝国那样缓慢产生的。它是突然一下子诞生的，是对大马士革哈

① *Observations sur le problème des divisions en histoire, Bull. du Centre internat. de Synthèse*, n° 2, 1926, pp. 22–26 (R. S. H., t. XLII, Appendice).

里发的战争的胜利产生的（第1卷，第73页）。然而，这场胜利重建了不久前由阿契美尼德帝国建立的叙利亚与埃及之间的联系，即从前的罗马行省与阿拉伯这个萨桑王朝的行省之间的联系，这个联系曾经被亚
历山大大帝摧毁过。一千年后，阿拔斯王朝的胜利于是引起了一个伟 127
大的历史复兴，这个历史是被完全来自外部的突然打击摧毁的。这种演变关系一目了然；这里汤因比用了一种隐喻——人的麻痹、入睡、睡醒、复原（第1卷，第17页）——跨过了充满着鲜活的历史的这十个世纪，跨越了中间的形成过程，把阿拔斯帝国和阿契美尼德帝国重新连起来了……

我们别跟着他一起玩这些空中滚翻的惊险动作了，它们适合一个叫科利诺[①]的人去玩。他要证明什么？他要证明，如果人们把他的思考应用到一种对复杂的政治与社会构成的研究中（不过人们可以将一个有充分根据的诞生日期赋予这个构成），往往可能意识到，在一些有时被很长的时间间隔分隔的时代，这个构成就已经由其他构成提前预示了，人们可以不用费太大气力就找到一些表面特征吗？但是我们作为历史学家，都熟悉对这种预兆的研究！不过，它们要么只是一种游戏，要么导致一种对人类形成起源的整体看法。或者，用（况且是违心地用）汤因比的分析得非常少而且很不确切的词汇说，是一种对“文明”起源的整体看法。

然而，在讨论这个重大问题时，汤因比为我们带来了什么独创的东西呢？

人种，他断然将它排除在外。创造文明的不是它。纯正的人种不存在；关于人种，学术的观念与通俗的概念不相吻合。享有特权的人种也不存在：他列举的21种文明中，有些是白种人的成就，有些就是

① 科利诺（Con Colleano，1899—1973），澳大利亚走钢丝杂技演员。——译注

黑种人、黄种人或红种人的成就（第1卷，第223页）。创造文明的是地理环境？气候？地方的地形地貌？甚至态度（第1卷，第249页）？一些自然条件差不多的国家，例如加拿大和俄罗斯，却拥有了迥异的文明。河流文明也是，如尼罗河文明和长江文明，以及“群岛”文明，如米诺斯文明、日本文明和古希腊文明，它们之间的共同点也很少（第1卷，第269页）。

确实，自然科学实在不能提供谜底。汤因比在这里与斯宾格勒殊途同归了。这关系到一个与人有关的问题，以及支配这整个广阔领域的法则，这是一条生存法则，即**挑战与反应**法则；请容我们转译一下：要求与适应法则。这是永恒的法则，关于人类的所有主要著作，都知
128 道并指出了这条法则：有关人类起源的著作，如《约伯记》、歌德的《浮士德》、斯堪的纳维亚人的《女巫的预言》，或欧里庇得斯的《希波吕托斯》；以及从赫西奥德到沃尔涅，从圣马修和俄利根到歌德，从圣保罗和维吉尔到杜尔哥，这是对围绕这个重要观念的发祥地排列的神祇、半神和英雄的全面检阅（第1卷，第271—302页）。汤因比庄严进行的这个检阅，往往都让“天生歹毒”的法国读者对这个冗长的仪式露出一丝和蔼可亲的微笑。然而，《历史研究》的整个第2卷，关于“要求”却提出了一种类似十分混杂的“生理学”的阐述，或者说是诸多的要求，因为作者把它们分成了5类。

首先是恶劣环境。大自然要求人类必须有力量。因此，我们别在气候温和地区寻找存在文明的地方。文明的产生对人类来说常常是一件“力气活”，而且这种力气活很重，以致它的效力难以延续：玛雅文化的毁灭留给我们的就是这种教训，是人类与原始森林进行惨烈斗争的证据。在锡兰和柬埔寨，古迹被藤蔓缠绕、掩盖，在另一个地方，沙漠直接导致巴尔米拉城的毁灭。

反证：自然对人的要求太温和，生活条件太适宜，文明也难持续：这里提到卡普阿，背信弃义的卡普阿，这个阴险的城市，它就让汉尼拔

的士兵堕落了。[①]这条法则不是在处处都得到验证吗？中华文明是在
哪里诞生的？是在温和的长江两岸，还是在恶魔般的黄河的两岸？安
第斯文明是在哪里发源的？是在气候温和的智利吗？不是，是在秘鲁，
那里灌溉和耕作很成问题（第2卷，第34页）。阿提卡，“希腊的希腊”，
和不易翻耕的维奥蒂亚一样干旱[②]，却又是肥沃的和绿油油的。但是，
情况到处都是如此，而且始终都是如此。现代德国不是诞生在莱茵河
沿岸美丽的花园里；它是在勃兰登堡的坚硬的铁砧上锤打出来的。哈 129
布斯堡王朝不是出自他们所继承的最高贵的地区，而是出自最贫瘠的
地区。是艰苦的生存条件的要求：和这些要求相联系的，有新生活的召
唤，新土地的强有力的召唤。亚述诞生了巴比伦文明，那里的土地有待
开垦；印度半岛南部诞生了印度文明，那也是未开垦的地区。

此外，要求不只是来自大自然。也来自人类、秩序和起源。如突然发生的一些厄运、一次失败、一些灾祸所引起的反应：经过阿里亚之战后，罗马重振雄风；50年后，奥斯曼帝国比在安卡拉战败和帖木儿的胜利之前更强大（第2卷，第702页）。这个法则在从扎马战役到凡尔登战役的整个历史中得到验证……《使徒行传》也证实，使徒们在过圣灵降临日时获得激励，就是由耶稣第二次消失引起的……

---

① 还想要别的例子吗？《尤利西斯》中的瑟茜及时出现，随后是伴随着迦南的逸乐登场的卡吕普索。动辄把对历史的参照和对诗歌、神话或传说的参照混在一起，是汤因比的成见。

② 阿提卡自古代以来发生的很明显的变化不在考虑范围之内。离它不远是卡尔基斯，土地肥沃，但面积很小，因此当地居民必须向外迁移：因此发生了从卡尔基斯到色雷斯和西西里的扩张（第2卷，第42页）。我们进入叙利亚。这里的人发明了字母，发现了大西洋，产生了为犹太教、琐罗亚斯德教、基督教和伊斯兰教所共有，但与苏美尔人、埃及人、米堤亚人和希腊人的宗教无关的上帝的观念（第2卷，第50页）。然而，多少民族传播了类似的发现？肥胖的腓力斯人，或贫瘠土地上的居民，瘦小的腓尼基人，同时受海洋和沙漠激励，并且要去发现整个未知世界，大西洋，这时在以法莲和犹大的砾石堆上，在最艰苦的条件下，不是也生存着一个创建了一神教的游牧社会吗？

灾祸的激励；另外还有连续压力的反应，即压力的激励。埃及政治史不就是分别位于南北两端的地域之间的紧张关系的历史吗？心脏是底比斯，处在两端中间。边境地区的政治富有活力，势力强盛，活动丰富，难道不是吗？请看印度：旁遮普，这是一片必定要不断对外部压力做出反应的地区，那里如今还有着印度最好的武装力量。当文化中心在德里时，受到打击，它就充满活力，而且活跃；迁到说英语的孟加拉，它就萎靡不振。①而墨洛温王国是在哪里诞生的？在奥斯特拉西亚，在萨克森人和阿瓦尔人的威胁下。被征服的萨克森，由于它地处前哨，因此在奥托统治下，它成了其极其重要的一个省。②

最后，最后的激励：是对迫害的反击，即惩罚的激励。如基督教对异教徒和帝王们的迫害的反击，使它从隐蔽生活得到的好处，比从公开生活得到的好处多无数倍。如法纳尔人对迫害的反击，他们的商业活动、与西方人的交往和在管理主教的财产时获得的管理才干，以及17世
130 纪末使他们在奥斯曼帝国里获得显著的物质和精神回报的任何才能，就归因于一个基督教徒聚居区的居住条件不稳定。

于是汤因比得出结论：文明产生于逆境，而不是顺境。环境要求越苛刻，反应就越强烈，但还是有一定的限度。挪威就不是这种情况，它的文明是在最不严酷的土地上诞生的，而非最严酷的格陵兰：斯堪的纳维亚文明在冰岛获得最充分的发展。因为在那里，这种文明首先必须回应一种跨海迁徙的要求。而它由此发现那里的生存条件比挪威艰苦。但又不像格陵兰那样过于艰苦。

① 如今，就在海滨，在海边上，在孟买，为回应西方征服者压迫的刺激，印度民族运动轰轰烈烈地兴起了。

② 欧洲的事实，美洲的事实：汤因比为结束他的游历，把我们带到了安第斯、库斯科、特诺奇蒂特兰这些现在的首府（而不是内陆的安全城市特拉斯卡拉或乔卢拉）——因为它们受到来自森林部落或奇奇梅克人的压力（第3卷，第207页）。

汤因比打算这样来告诉我们文明是如何产生的。可是，除了产生，文明更应当生存，并且持续下去。历史上有过许多夭折的文明，或者叫中断的文明。它们不是被外力摧毁，就是在某一时刻中止了发展，可以说发生了僵化，并且遇到太大太顽固的困难，以至于它们在严重的紧张中求生存，永远得不到充分发展。例如爱斯基摩人的文明，可以说就是被过度的“人类力气活”中止的，而在那种环境中，这种过度又是日常生存所必需的。还如游牧民族的文明，他们付出了直面大草原的勇气。最后是文明发展得比较好的例子：奥斯曼人文明和斯巴达人文明为汤因比提供的那些例子。

对人类秩序要求的回应，是一种首要的回应。深深植根于奥斯曼人所觊觎的土地上的社群，对他们实施统治是个难题。奥斯曼人以前是大草原上的游牧民族，保留着牧人的习俗，并从中获得了成功的手段。其中有一个习俗就是，牧人知道驯养狗、马、牲畜来帮他放牧羊群。奥斯曼帝国的皇帝拥有一批人，就是他驯养的牲畜。士兵或官员就被驯化成狗来看管人。这些人不是皇帝从奥斯曼人中，而是从基督教徒中招募来的，表面上看这是个悖论。这是因为驯养这些看管人的人，是一种“力气活”，是一种重塑，这样的事情只有一些彻底脱离他们的环境的人才能干。但是到了16世纪末，一些自由穆斯林加入了土耳其禁 131
卫军，这种制度的末日就立即来临，招致瓦解和失败（第3卷，第46页）。

斯巴达人的情况不同，却又相似。公元前8世纪前后，希腊的城邦人口过剩导致了一个悲剧性的问题，可是斯巴达人没有通过海上扩张来解决这个问题。原因不用说了。他们扑向邻居美塞尼亚人。但是，美塞尼亚人不像被其他希腊人殖民的蛮族，他们不是低等文明的承载者。[①]斯巴达人对蛮族的胜利，属于“拥有钢铁意志的征服者”的胜利

① 希腊人对蛮族的优势在于，一方面，一些小部队就足以保证对希腊的控制；另一方面，他们开发的殖民地，能同时满足征服者和被征服者的需要。由此就产生了西西里、大希腊、色雷斯等希腊城邦共生的现象。

（第3卷，第53页）。从那时起，斯巴达人的全部生活只有一个目标：维持被征服的地盘，并且他们为此建造了一台越来越刻板、越来越完善的管理和剥削的机器。他们基本上不像奥斯曼人那样利用从被征服的人民中抓来的奴隶，而是利用从自己的人民中抓来的自由的孩子。他们对这些孩子下的功夫，和奥斯曼人对土耳其禁卫军士兵下的功夫一样：严格挑选，绝对专业化，严格监督私生活，发扬竞争精神，奖赏过多，惩罚也过重。而在背地里，斯巴达处在无休止的紧张和战战兢兢的状态中。斯巴达有一个特点十分讽刺：斯巴达人拥有一支无可匹敌的军队，但他们却是衰弱的少数族群，不敢利用这支军队，因为社会平衡是经过严谨盘算的，给难以预测的变化留的余地很小，以至于过多的胜利会打破这个平衡。例如公元前404年的决定命运的胜利，就导致了公元前371年的致命的失败，并导致它的衰落（第3卷，第71—75页）。

中止的文明。僵化的文明。这让人联想到虫子：身体僵硬，一动不动，不可能再飞起来。为了唯一的目标——不要衰落，一切都绷得紧紧的。

根据什么来衡量一个社会的生命力呢？汤因比列举了他的标准。首先是对人类环境的逐步控制。然后是对自然环境的逐步控制，接着是对一切人类活动的逐步精神化。甚至在纯技术领域：人们难道不理解从最笨重到最轻巧、从最迟钝到最灵活——从煤炭到燃料油、从水力
132 到蒸汽的演变过程吗？最后一条标准，是要求的转移，由外到内来回应这些要求。例如，对我们来说，外部问题已经解决。尽管人们不说布尔什维主义从外部威胁我们。这是西方的事实，不是外部的事实：是西方对19世纪建立的不稳定的和暂时的社会秩序的批评。五年计划，是西方技术的一个胜利，是一种为了把列宁和福特的相互矛盾的理想融合到一起而做出的违背常理的努力。不，确切地说，是把福特的方法和列宁的理想融合到一起（第3卷，第202页）。——对我们来说，外部问题

已经解决；我们的技术控制了它们——可是我们能够控制我们的技术吗？能在内部战胜吗？这是严重的问题，是严重的考验。我们保持警惕吧。

这就是汤因比通过一种有点离经叛道的途径提出社会内部发展问题，尤其是社会与个体之间的关系问题的原因。他的答案呢？社会不建立关系。它只是一个共同环境，个体的活动在其中相互接触。社会安排个体之间的交流，但是，构成历史的就是这些交流，而不是社会（第3卷，第231页）。社会因天才人物而进步，这些人改变共同环境，回应环境所接受的要求，把与自己遇到的转变相同的转变，强加给这个环境。如果他们不成功，是因为他们太超前了，那就让他们消失吧。①

人们注意到，有时多个天才人物会同时诞生。产生一些进步的气氛。向身处同一环境中的个体发出的一些十分类似的需求激起了同样的反应。但是群众总是消极的。原始社会与真正文明的根本区别，就在于是否缺乏有创造性的少数人。历史的路径总是在处处越过一些分水岭，这些分水岭将少数觉醒的天才从消极的大众中分离出来——天才有他们的特殊法则，有属于他们的生活节奏……

行动，入迷，然后再行动。这就是汤因比所称的**退隐**与**重返**法则。接着，他在我们眼前展示了一长串天才人物，让人目不暇接；我们来浏览一番：圣保罗、圣本笃、圣格列高里大帝、依纳爵·罗耀拉、佛陀、大 133
卫、梭伦、菲洛皮门、恺撒、叙利亚人利奥、穆罕默德、彼得大帝、列宁、加里波第、兴登堡、修昔底德、色诺芬、约瑟、奥利维耶（埃米尔！）、马基雅维里、波利比乌斯、克拉伦登、伊本·卡尔顿、孔子、康德、但丁，还

① 任何天才先打破一种或多或少辛辛苦苦建立起来的平衡，然后才认为这种平衡有问题。打破了平衡后，是在原先的基础上，顺着时间的路线重建，还是在新的基础上，按照未预料到的路线重建？无论怎样，天才都要和社会做斗争，而这种斗争都只能以他的失败或胜利告终（第3卷，第236页）。

有……哈姆雷特。英国人永远忘不了他们的幽默。①

后退与重返，这是普遍的运动。它不仅影响个体，也影响群体，这些群体受到生活的挫折后会收缩反省，以便随后再以前所未有的力量舒展开来（第3卷，第233页）。它影响文明本身，汤因比声称它正在苏维埃俄国起作用；但是，为了避免有违他关于群众无能的理论，他又明确指出，有创造力的少数人的后退，总是先于文明整体上的后退。常常也出现这样的情况，即这些创造者已经在回应新的要求了，而群众却还只是在享用先前得到的文明成果。

因此出现这样一种现象：文明的步态是跳跃式的。文明猛然地施展，接着是停止——自己酝酿新的跳跃（第3卷，第375页）。因为在一个有生命力的社会里，对要求的任何回应，都会立即产生新的要求。并且由于随后的经验发生了改变，文明显得互不相同。每种文明都具有它的特殊形式：汤因比在这里紧跟着斯宾格勒的步伐。而且说很长时期以来——从当代发现的很久以前起——我们的文明的特征就是机械结构的特征。而汤因比的第3卷著作以下面这个乐观的结论结束——任何文明，无论是繁荣，是夭折，还是停止，在一个由《古兰经》的经文（X，4）所表达的节律激发的世界里，都具有它的意义："你们都只归于他，真主的诺言是真实的。他确已创造了万物，而且必加以再造。"

《历史研究》的教训

这就是这部著作，或者至少是它的开头（汤因比宣称有20卷）。这就是这项伟业给人的印象：充满了显而易见的才能，有点夸张的光

① 从第2页到第8页，这些天才人物每人都有一段简介；结果产生一种解剖学标本，残缺不全，随心所欲地变形，变成机器。而汤因比在整部书中，通过对人的关心，大声呼吁对生命的崇拜……

鲜，以及活泼和机智。

这部著作给人的印象就像波澜壮阔的历史，让人在其面前不禁瑟瑟发抖；它还有着作者对所有这些数目确定的文明的出色追忆在信赖的读者身上产生的感觉，这些文明就像情节剧一样在他们面前上演， 134
让他们眼花缭乱；有对这位魔术师慷慨的赞叹，他以那么精湛的手法运用了欧洲、非洲、亚洲和美洲的过去和现在的民族、社会、文明；另外还有，人们因为受汤因比指引，能一眼瞥见21种织成人类历史网状结构的决定命运的文明，感到了人类集体命运的伟大、人类个体的渺小，也感到了人类的力量……而这种无所不知，这种无所不确信，这些如此全面的说明，如此完美的解释，使得人们在读了50来页后，便在心里油然产生一种渴望，就是不再去理解一切了，而是去获知一切，获知人们最终永远无法全知的一切，以及为数不多的令人非常快乐的待解之谜……

如果抵制这位魔术师的诱惑，如果不接受这位参加礼拜的信徒的感伤态度，如果冷静地研究这些观念以及结论，那么在所有这些中，还有什么新东西呢？有什么真正的新东西，能促使我们历史学家去反躬自省，去判定我们现有的方法是错误的，然后去采用新方法呢？

我们要采用这些博人眼球的技巧，采用我们已经在斯宾格勒那里注意到的那种颓废的审美观吗？这种审美观生拉硬扯地把不同的事实、观念和观点放在一起，让它们之间建立一些意想不到的联系。瞧，这是伟大的蒙森（第1卷，第3页）。大家都知道，1854年前后，他开始编纂一部“民族”史，一部罗马民族史。之后他专心编纂发表一些经文和题铭，如《拉丁铭文大全》《狄奥多西法典》《法家言类纂》……除了他的生涯轨迹与那个世纪的发展非常合拍，我还要说的是：最初他受到“民族”的萦念烦扰，于是把历史学家的视野缩小到那些被边境线划分出来的人类历史碎片；后来又受到一种类似工业的萦念烦扰，操心起原材料的开采、冶炼、研磨：于是成了加工“原始资料”，加工历史原材料的历史学家……这要有很强的创造性。这种创造性想必会顺理成章地让我们把马比荣[①]，这个历史原材料的可靠提供者，当成一个已在操心原料及其加工的默默无闻的当代大工业家……

我们再往下看。汤因比也跟在斯宾格勒后面鼓吹要和随意删减、
135 分隔、专题精神等方法进行“圣战”吗？太好了。这种斗争再怎么大力开展都不过分。而要开展这种斗争，光有这些方面的诚意总是不够的，我们多少要有点能力，必须有能力。但是，汤因比实在没有什么东西可以传授给这样一些人，一些年来，在法国和在国外，这些人参与了一个团体的工作，这个团体就是《人类演化史》的组织者亨利·贝尔1901年在他的《综合评论》周围建立的。他也没有什么东西可以传授给聚集在《经济与社会年鉴》周围的年轻工作者，或者传授给一些有经验的学者，这些学者响应法国百科全书委员会的号召，集中起来思考当代世界。他们思考的依据不是专业，而是存在的问题，他们也不关心学派或职业的界限。汤因比只是让一种英国的声音与我们法国的声音合起来。在英国历史学界，这个声音与其他声音脱离达到何种程度，我们不好说。在我国，它只能在合唱里起作用。

汤因比断然指责一些只谈本民族的民族史，以及一些不愿把他们的国家看成一个整体的简单的组成部分的目光短浅的历史学家（第1卷，第15页），他这么做也有道理。他怀着新入教者般的热情教导读者，不应该只关注英国，而是要关注整个西方社会，正如人们不能单单为了研究雅典或拉西第蒙而熬夜：只有研究古希腊社会才需要这么做。说得非常好。但需要提到一个小小的事实：就是在不久以前，以最强的魄力和权威，发挥了历史学的比较方法的效力的人，亨利·皮雷纳，正是一部民族史《比利时史》的作者，他就能够把这部《比利时史》写成一

① 马比荣（Jean Mabillon，1632—1707），法国本笃会修士，古文书学创始人。——译注

部尚待编纂的欧洲史中内容最丰富的一章。如果有必要，这个事实能够帮助我们提防一些肤浅的反对意见和有点过于简单化的说教，这种政论式的意见和说教令学者反感。

撇开这一切，就剩下这个总结了：我们刚刚把1300页的文字概述为20来页，其中“原创”的内容最终缩减为三四个论题。是历史学家可以讨论的论题吗？是的，只要一致同意采取一些预防措施。136

汤因比与斯宾格勒不同，他没有表现出强烈的悲观情绪。相反，他向人们传授可以称作宇宙乐观主义的思想。在他看来，这么多问世又消逝的文明，它们的意义会在另一个世界显示出来。这种信念值得尊重，尽管十分空泛（冒昧地说，还有点不太新鲜），但是我们不必讨论它；它既不属于历史学，也不属于评论。

另一方面，汤因比关心如何重新赋予历史学生命冲动，力图把它从呆板单调的程式化中拯救出来。因此整套“生机论”的表达词语和隐喻是属于他的；尤其是生命的最高法则（至少在他看来是），“挑战与反应”的法则，是属于他的。而这回我们历史学家要说：这是哲学的说法。要是汤因比喜欢，也可以说它是哲学的真理。但是我们不必讨论它。也不讨论“后退与重返”这种导致作者让修昔底德、穆罕默德和……埃米尔·奥利维耶站成一大排让我们逐个检阅的法则。这里我们只是要说：如果汤因比没有声称他是借助某种方法，即历史学的比较方法，发现这些法则的，那么这些对我们就毫无用处；跟我们的工作、操心事和方法丝毫无关。我们是历史现实的探求者和爱好者，而非哲学真理的探求者和爱好者，于是，对我们来说，问题来了：从时间链条的一端到另一端，在地球的整个表面，对分段排列并且分类的21种文明，进行一系列有价值的和富有成果的比较，这样做合理吗？方法恰当吗？步骤也正确吗？

我们来和汤因比一起看，因为在他的著作的第一部分，他用40页的篇幅来赞扬他的比较方法，我们不说**这种**方法，而是说**他的**方法。他依次阐述并反驳了他最担心的反对意见。第一种反对意见：社会是不可比较的，因为不相似。它们没有什么共同之处，只有一个共同的天然事实，即它们都体现历史研究的一些有同等价值的领域，而要进行真正的比较，这个事实有点空泛。错了，汤因比回答。在任何情况下，21种社会都有一个共同点，即它们都是“文明”，而不是原始社会。原始社会有六百五十种。而光这21种文明所拥有的成员，就比所有原始社会总共拥有的成员还要多。而且，它们同样都是“文明”这一事实，就为
137 我们提供了有效的比较基础。——就算是吧，但是首先我们也得就“文明是什么”这个问题达成一致吧？

第二种反对意见与第一种截然相反，即文明不具有异质性，这是我们刚刚发现需要考虑的东西；文明具有统一性，人们不会放弃支持这种论点，即人类是一个整体；不允许被分割成一片一片的，哪怕说的是人类的文明时也不可以；只有一种，一说大家都知道的**文明**。——汤因比花了不少于22页的篇幅（第1卷，第150—172页）驳斥了这个论断，同时驳斥了一种欧洲中心论的历史学观念，那种观念把20世纪的西方文明放在中心位置。这点很好，不过法国读者先是笑着看到堂吉诃德那么信心满满地冲向那个幻影；之后就有点惊讶：怎么，大不列颠还那么坚持已经衰落的18世纪的观念吗？以至于还要花那么大气力，用那么多篇幅来驳斥这些观念？

汤因比预料到还有一种更重要的反对意见：“有人说，21种文明不都是当代文明，而是分布在六千年的时间上，怎么比较？”但是，要是人们想到，地球的诞生可以追溯到二十亿年前，地球上生命的出现可以追溯到三亿年前，人类的出现（我们当然把所有这些数字的责任留给汤因比）可以追溯到三十万年前，那么这六千年算什么？从此时看，六千年好长，可是从天狼星那么远看，不值一提。微不足道的时间片段。我们还要对它进行区分吗？那么好吧，所有文明都算是同时代的文明了。因为如果我们把每种文明都当作一个真正的个人来看，它们

只不过代表三个相继的人生时期：诞生时期，而且如果有必要，也可以说是跟另一个外部文明勾连的时期；生长时期；并入一种新文明的时期，即完全消亡的时期。瞧好了，说变就变！小软木球变过去了；魔术师动作敏捷，可是这也许会把本来富有生机的历史变得像机械一样呆板？——我们不管它，它后面的事也不管。汤因比伸出双臂猛地撞开新的大门（第1卷，第175—177页）：他断言，所有文明都一样，我们的文明并非巅峰。有据可查！

剩下最后一条反对意见："任何历史事实都是独一无二的，因此按照性质和定义，不可能与别的事实进行比较。"汤因比感到了一些不自在，他回答说，任何生命，都既是独一无二的，又是可以与其他生命进行比较的。科学的存在，如植物学和动物学的存在，普通的生物科学和 138
生理学的存在，仅此就能通过实验证明，生命的现象是可以比较的。同样，也存在使比较可行的人类学……比较？可是原始社会是一些没有历史的社会啊……汤因比迅即反驳："原始社会并不像你们想的那样缺乏文献。你们能对原始制度进行比较，那么，如果你们能把采取或者建立这些制度的社会的历史复原，就一样能对这些还处在演变中的社会进行比较研究。这样谁还会阻止你们能以同样的方式，对拥有研究所必需的一切文献的社会、文明进行这种研究呢？"汤因比还机敏地略提一下（第1卷，第180页）：因为他从对文明的任何全凭经验的研究中得出结论，存在一种有规律的和反复出现的要素，为我们的比较方法提供了最好的基础。人们知道，这是一种诡诈的方法，他把需要确定的东西换作了已经确定的东西。

接着作者补充说，对于可将比较方法应用于一些有生命，或者像是有生命的事实，你们历史学家也要无端指责吗？商人就没有这么多争论。他们是根据什么创办企业的？例如保险公司根据什么来进行他们的经营活动？答案是统计数字。也就是说，根据对被认为是"独一无二”的事实之间的有效的比较。这些统计数字不会骗人：无视它们，企业就会衰败；好好利用，企业就能兴旺。所以……所以，我们，畏首畏尾的历史学家们，就去效仿吧。像他们一样运用比较方法吧。

等一下！您进行了这么多有关生命和有关有生命的历史的精辟的说明，最终得到的不会就是成本的观念，或者是要计算的保险费的观念吧？您向我们肯定，商人把他们的常识归功于一个事实，即他们并没有受过历史学的过时方法的训练？这完全正确。这个常识促使他们“很自然地”在他们的领域里找到比较方法的用途？这我也同意。可是他们到底比较什么呢？而且是在什么时间范围内进行比较的？如果超出这个时间范围，我会毫不犹豫地规劝他们，不要根据拉美西斯二世统治期间尼罗河沿岸小麦价格的浮动，来计算明年的收入……我甚至还要毫不犹豫地请求他们，在根据人们对五十年前欧洲的事实的观察结果
139 来进行推断之前，先要再三考虑当时的一些法则，看看它们能否原封不动地适用于今天欧洲的事实！但是我们别再在汤因比的领域跟随他，并且别再效法他去跟一些英国的对话者进行虚拟的论战，从他的观点看，我们觉得这些对话者是古老的落后国家的老人，是过于赞同汤因比的成就的憨厚老人。我不认为，我，或者上面我所提到的历史学界的战友——《综合评论》《年鉴》《百科全书》的那些战友——中的任何一位，都看上去特别像排斥任何新事物的历史学家。我决不认为——如果汤因比对法国的事物和观念（埃米尔·奥利维耶和戈比诺除外）怀有更多的好奇，这些刊物会向他提供证据——我会采取反对比较方法的立场。相反，我确信我为这种方法辩护会取得不错的效果，不过要抱着必需的审慎态度。

不错，我们是进行比较。不过，是作为历史学家来进行比较。不是为了让我们获得陷入21个空贝壳的虚无之中，这种反常的乐趣；而是为了一种健康而强烈的乐趣，为了去理解具体事物，越来越精细地解剖文明，这些已逝去的时间的尸体。我们进行比较，不是要把印度、俄

国、罗马和中国的事实乱糟糟地混在一起，最后制造出莫名其妙的普世教会、大一统国家或蛮族入侵的抽象概念。我们进行比较，是要在深入了解的情况下，能够用复数的事物代替单数的事物。如果要选一个熟悉的例子，就是要能够说：不再是16世纪的**那一场宗教改革**，而是16世纪的**那些宗教改革**，证明这些宗教改革如何在不同的民族与社会的环境中发生，以回应一盘散沙的中世纪世界的“要求”；**那些宗教改革**，不是指一堆详细论述路德、茨温利、梅兰希顿、布策尔或加尔文所提出的教义的专题著作，而是对各种宗教改革的解释，生活把这种解释连同这些宗教改革的特性一起，引入这些人为他们，也为他们的同时代人提出的全部“世界观”：这些不同的宗教改革，每一种想必都考虑到相邻的宗教改革的世界观，并且从为个体、群体、阶级和民族所特有的生存条件中获得源泉。这当然是需要长期努力的事业，但总之，如果把它跟汤因比的事业进行比较，这就显得十分微小。相对于六千年，宗教改革还不到一个世纪；短得更不值一提。 140

而且希望人们不提出反对意见：“您努力理解和解释这个过去，可是您自己最终不会真实地复原它吗？”啊，不，要复原！任何科学都有创造性。但是，并非任何创造都可靠、忠实、合理。可是，文献并不会告诉人们一切。根据这些文献，并不能必然得出相同的结论。要阐明这些，历史学家还需要预言，还需要某种感觉，敏锐的感觉，这些都是浅显的道理。打算靠从一些专家论文中获得的一些资料来有效地复原一种文明的过去，是很大胆的。而打算按照从教科书中获得的资料来归纳出第三手资料，这是空想。

我还要补充说：像有人所做的那样，为了偷懒，继续把“专家”，即专题著作的作者，和真正的历史学家，即综述法的创建者，对立起来，这真是落伍了。我在这里是作为研究者来谈历史学。我是专家，还是杂家呢？两者都是，也只能两者都是。在具体中进行概括，却不操心进行一系列的抽象化处理：这是历史学家要翻越的最后一座山峰，同时也是最高而且最难登的山峰。并非人人都能登上这座高峰，并非人人都有天分登上这座高峰。但是，只有先缓慢地、艰难地、费力地攀登的那些人，才能接近翻越这座山峰。这个过程无论如何都是免不了的。想要纵身一跃就跳上顶峰，在那儿摆个自命不凡的姿势，然后打个招呼，又纵身一跃：这张照片登在画报封面上很妙，但是这样的人不会因此就被算作登山运动员。我的意思是说，不算历史学家。

行行好吧：希望汤因比和任何国家仿效他的人，不要再讥讽专家目光短浅、落伍、一无是处了。汤因比及其仿效者至少和他们同样"过时"。汤因比及其仿效者即使没有掉队，也有一点保守了。他们言必称"生命"，像1900年的那些人。但是，人们不是靠把沿六千年时间长河分布的21种文明放一起进行比较，才会理解生命的。在让亚述巴尼拔和圣路易撞在一起、让塞索斯特里斯和列宁撞在一起的"比较历史研究者"手中，生命只会消失。越少从言语上崇敬**生命**，就越是尊重**众生**。我想，让一位历史学家在一个限定的时期范围内，不把他的20世纪的人的思想、情感、挂虑投射到16世纪，或者13世纪的人的头脑和心中，这
141 件事就那么难吗？让21种社会聚到一起，就是想犯21×21次大错误，不可原谅的时代错误，还是一次性犯下的……

"原始人"有没有历史？按我的意见，这不是问题。"原始人"部落和"文明人"社会的区别，主要在于：说"原始人"时，人们可以说到祖鲁人、卡菲尔人、图库洛尔人，这有些合理——因为他们群体内部相对而言很少发生分化，不管怎样要比"文明人"少得多；但是说"文明人"时，人们就说到希腊人、罗马人、中世纪法兰西人、文艺复兴时期意大利人，尤其会提到（如果可以的话，就"简单地"一带而过）中世纪人或文艺复兴时期人，如果不注意这一点，就很可能会犯滥用历史信心的错误。并且是以用一个词来表示生命为借口，来粗暴对待它。我们举一个汤因比非常喜欢的例子。他笔下的斯巴达人的"力气活"确实存在，但这是一位机灵的记者的力气活。我们也来一次跨越，跳过许多世纪。

关于与纳粹分子的德国相“比较”的斯巴达，只要人们愿意，有多少长篇文章不能写啊？可是，纳粹分子的德国，如果不是一个题目、一个标题、一个实用的表述方式，又是什么呢？纳粹德国？是纳粹分子自己将其作为一种现实赋予它的。但是当代德国活生生的现实，在历史学家看来，并且用汤因比的话来说，这是由不同群体和不同个体对国家社会主义发出的挑战作出的不同回应造成的。是由从95%支持到100%反对之间一系列不同程度的妥协造成的，是由隐藏在官方的因循守旧的大衣下面的根深蒂固的传统、零星的残余势力，以及过去的经验这几种因素的不断变动的（和活跃的）组合造成的。那么斯巴达呢？如果纳粹的一致性只是一个词，那么我们该怎么看待斯巴达的一致性和汤因比为我们描绘的这种一致性的图景？我们不要用一个面具来遮盖那么多漏洞，这个面具用彩色硬纸板装饰，还有诱惑力，而且完全合1936年的伦敦的口味。

按照汤因比的方式比较的历史……岂不是一种曾经流行过而且产生过杰作的旧文学体裁，在20世纪又开始风行了？吕西安和丰特奈尔都用过这种体裁，叫作“死者的对话”。 142

用两句话作个总结。我们认为，《历史研究》带给我们的值得称道的东西没有新的重要意义，而带给我们的新东西又并不重要。

读了这本书，我们几乎处处都考虑了：没有打破任何观念，也没有触动任何观念；我们不因我们的胜利而自负，也不因为我们的失败而气馁。我们的口袋里没发现任何钥匙，真的。没有任何万能钥匙能开启21种文明的21扇门。而我们也从来不想弄到这把钥匙！我们不自满，但不是没有自信。尽管在人文科学的大家庭中，历史学还是一个坐在桌子末端的灰姑娘——我们清楚地知道个中原因。我们也知道，它受到一些科学思想和概念所陷入的普遍而深刻的危机的影响，这个危机是某些科学发生的突然进步引起的，尤其是物理学的进步，动摇了几十年来似乎已被人们接受的一些观念，而人类曾经就是以这些观念来安身立命的。我们知道，由于这样的转变，并且由于**科学**是一个整体，而所有学科是相互关联的，我们建立在过时的科学哲学上面的观念必须全都修改，根据这些观念形成的方法也必须修改。这里没有任何东西能吓倒我们，没有任何东西能让我们放弃谨慎而艰难的工作，投入这位奇迹制造者、既单纯又诡诈的魔术师、廉价历史哲学的创立者的怀抱。尽管这部历史哲学有二十卷。

至于汤因比的著作中暗含的断言，他没有说出来，但读者在书的每一页背后都能感觉到它的存在，这个断言就是“历史会重演”——说得对。历史确实会重演，是在一位伊朗国王的那位老图书管理员所说的那种意义上。那位老国王在弥留之际还那么希望了解整个历史……这位睿智的老图书管理员对他说，“陛下，人都是出生，爱恋，然后死
143 亡的。”

第三部分

协作与支持

语言学[①]

1. 历史学与方言学

语言地理学诞生的时代*

为了研究某些具体问题，历史学与方言学进行了合作，最近几年，评价这种合作可能具有的实际益处，比实现这种合作本身容易。一方面，这是因为人们不能突然成为方言学家；而另一方面，对历史学家而言，只专注于语音或语法研究的专家的专题著作仍然没有什么用处。对所有那些遇到这种情况并为之感到遗憾的人，我们在此愿意指出最近两部著作的问世及动向：尽管它们的方法、起因和灵感有很大差别，但以我们特有的观点来看，它们都大有前途。

一

首先来看一本有趣的有关移民问题的研究著作，是巴黎文献学院的一篇论文。作者去世后，为了在社会科学高等研究院出版社出版，人

① 一种操心革新的历史学拥有协作者和支持者，在对它们进行考查时，应该有地理学的位置，而且是在首要位置。但是，五十年来我们对它的研究已经够多的了，不打算再单独研究它。因此在这里不提地理学，可能令人惊讶。

* 《历史综合评论》，XII，1906年。

们对其进行了审阅和补充[1]：书中知识丰富，其总体意图也容易理解。

1890年9月，作者在法国西南部巡游，研究贝亚恩省的方言。他事
147 先知道，在这个他要游遍的地区，冠词是以两种不同的形式出现的：在比利牛斯山下的平原，呈“lu”“la”形式；在山脉中有人居住的河谷地区，呈“et”“era”形式。实际上，除了唯一的奥索山谷，这个规则都得到了证实，而在奥索山谷，除了正好坐落在平原与山区交界处的三个村庄，其他所有村庄都使用“lu”“la”，不使用“et”“era”。这就引发了一个问题：如何解释这个双重的不规则现象？

作者脑子里冒出的第一个念头是，那里想必发生过一次冠词形式的入侵：平原上的冠词可能渐渐沿山谷而上，把山区的冠词淘汰了。不错，但是，如果是这种情况，如何解释它在最先遇到的三个村庄却没有成功呢？接下来，为什么只入侵奥索山谷，而不入侵其他地区呢？奥索山谷与平原的关系并不如其他相邻山谷与平原的关系那样密切。此外，有大量例子表明，该地区平原的村庄与山区的村庄之间稳定的、连续的、密切的关系，也根本没有导致山区的村庄放弃自己的冠词。

必须寻找别的原因。如果发生的不是一种**冠词形式的入侵**，那很可能就是**人口的入侵**？一群人来自平原，到达奥索山谷，带着他们的方言在那里安家落户，这完满地说明了要解释的现象。这样的假说是能够说得通的，因为类似的人口流动曾多次被注意到过，尤其在山区。不过还必须用事实来解释它、证明它，这就是作者试图依据方言学和历史资料来做的事情。

他长期研究了奥索山谷和相邻山谷的方言。他证明，在奥索山谷地区东西两地所有那些语言中保留了“et”“era”冠词形式的人，长相惊人地相像，尤其从古代事实来看，具有显著的一致性。他确定，唯独不

① J. Passy, *L'origine des Ossalois*, Ouvrage revu par P. Passy, Bibliothèque de l'École des Hautes Études, Paris, 1901.

使用平原上的冠词的3个奥索村庄，其方言与这些方言有紧密的亲缘关系。最后，他证实这一事实，单单冠词的地理分布就已经证明了这个事实，即奥索山谷的方言，那些含有冠词"lu""la"的方言，就是与平原的方言有联系的方言，即**来自平原**的一些方言。

因此，语言学研究使得问题的提出成为可能，它澄清了问题的条件，并且做得更多：它提供了解决方案的要素。因为从对平原方言的研究中，作者不仅找出了它们与奥索方言的一般亲缘关系，而且还找出了 148
它们当中在地理上以两个不同群体分布的某些方言，与奥索山谷村庄方言的特殊亲缘关系。

人们可以在这两个地区之间进行选择吗？可以，但不再是借助于方言学。这个问题是因它产生的；人们可以用它"正确地提出"这个问题；最后，先是通过它隐约瞥见了答案，然后又接近了答案；现在，就轮到历史学来完成并证实语言学现象的研究已经开始的工作。

乍一看任务似乎很难。有关奥索山谷或邻近平原地区的文件和文献，11世纪以前的很少，之后非常丰富，却没有一份与假定的占领有关。可是，从这个否定的事实，难道不能得到已经肯定的东西吗？就是说，如果发生过占领，肯定不是在11世纪以后，因为要是那样的话，保存的大量文献中，就会至少有一份记载了这个非常重要的事实。

因此这个现象很可能是有限的移民引起的，至于时期，是在6世纪和11世纪之间，6世纪是该地区可能发生完全罗马化的时代。这个时期发生过一些大规模的入侵、破坏、灾难。文献告诉我们，就在9世纪中期，诺曼人在西南地区摧毁了一个叫伯纳尔农的城市，它可能就是莱斯卡尔城的所在地。莱斯卡尔方言就是方言学研究表明的与奥索方言亲缘关系最密切的那些方言之一：由此我们离把假想的迁徙和伯纳尔农城的摧毁联系起来只有一步之遥。在作者看来，还有一个事实证实了他的假说，他跨越这一步就更加容易：自远古以来被所有奥索山谷村庄占有的一大片土地，叫蓬隆，就在莱斯卡尔附近。他注意到这个地方在历史方面查考的情况与语言方面的观察结果相一致，他便认为有充分理由得出结论，奥索人就是莱斯卡尔及其附近居民的后裔，在9世纪因为外族入侵被驱赶到山区，并且占领了整个山谷，只剩下三个村庄依旧被原住民占据。这就巧妙地解释了目前的事实状态。

巧妙，但是并不确定。我们希望，我们的叙述能让人清楚了解我们所从事的工作中所有诱人的，但也是冒险的东西。作者除了语言学
149 假说，还提出了历史学假说，但从大量的假说中，他并没有得到确定的结果。但是这本著作中令我们感兴趣的东西，并不是他的结论的真实价值；而是他的概念的新颖。就算奥索人是被诺曼人驱赶的莱斯卡尔居民的后裔，这个历史事实并没有什么意义。但是，把这本著作付诸发表的作者的兄弟写道："令人感兴趣的是这种做法，即为了证实历史，**把方言学应用于历史学**。如果没有搞错，这是一种新做法。人们已经很好地把语言学应用于历史学了，但还没有把方言学应用于历史学。"

一种新做法，我们希望也是一种富有成果的做法。因为类似的研究可以让人们处理大量问题，而且往往可以解决这些问题。首先是历史学家不时就会遇到的移民问题，尤其是向山区——汝拉、孚日、阿尔卑斯、比利牛斯移民，这么长时期以来，这些地区在欧洲一直被作为开垦地区，广阔的移民地区，向老居民的自由活动开放。这些问题本身重要，也跟其他问题有联系；说不定哪一天它们就能解释整个地区的法律、一些政治或市镇管理制度、劳工制度、经济活动本身的历史。这些方面的文献不够丰富，资料证据不够精确，因此我们不可轻视方言学家的帮助。方言学家通过他们自己的研究，努力确定某种方言中的某组词，以及指定地区的某种方言的地理学起源。

如果涉及对外省地区形成、产生的研究，情况同样如此。到现在为止，人们几乎还没有进行过这种研究。人们往往只限于确定它们的边界。人们后来发现，一个外省地区，就像一个大活人，会说一种语言，会

慢慢成长；发现要了解它的生存和历史，不必想象它在发展中受到某种**自然边界**刻板的框架制约，而是要在其本身内部寻求它逐渐发展的规律，这时方言学家就能提供帮助，他们通过工作来证实我们的研究，并且帮助我们弄清楚一些情况，如两个历史群落的边界上的各部分土地占领和整治的情况。 150

二

我们面前的第二部著作，其方法、起因、范围跟第一部完全不同。从该书的作者和构思来看，它与一部正要出版的著作有密切联系，那部著作的问世已被所有对罗曼语方言学感兴趣的人尊为非常重要的大事件，那部著作就是《法兰西语言地图集》[1]。

那是一部巨著。一位调查者，埃德蒙先生，在罗曼语法兰西的全部土地上确定的639个地点——去掉了弗朗德尔、布列塔尼和巴斯克等地区，但增加了比利时瓦隆语区、瑞士法语区和皮埃蒙特山谷一些地区——记下了与一定数量的词句相对应的方言词句，这些词句是预先细心准备的。然后，这些按照方言专用字母表中的准确语音和标注方式记录的方言，在主编日叶龙，一位富有经验的大师的细心关注下，被分散标在一系列印着法国边境线和各省边界的地图上。每张图只用来标注一个词或一个语句，而与这个词或语句相对应的方言也在其中，旁边附着一个数字，表明它的起源地点。可想而知，这份工作的工作量大、耗时长、棘手、费用高昂，但是仍在有条不紊地积极进行。一旦完成，它就将成为目前罗曼语方言研究的一个独特的成就。

① Gilliéronet Edmont, *Atlas linguistique de la France*, Paris, Champion.

日叶龙和蒙甘的著作就是依据这个地图集里的3幅地图①完成的，这是一部新奇的作品，是“语言地理学”这种新学科的首次展示，其地图集的出版本身就让人觉得既有趣，又合理。作者告诉我们：“每个词都有其精确的地理条件，我们首先必须确定这些条件。一个地理事实常常是其历史的关键。如果目前地面上有几层词共存，就有必要证明，其中一层就另一层而言是底层，如此类推：我们首先必须实现语言的一种地理学或地质学的研究，它们可以让我们从年代上为词定位，确
151 定它们的关系，找到它们的起源。”对法国南部和东部的各种方言中的“scier”“scie”“sciure”（锯）这些词的研究，就是这些验证过程最清楚的阐释。

在这些方言中，表述“scier”这个含义的那些词，根本不能归结为唯一而且是同一拉丁语类型的词。我们可以指出其中的类型多达五个。如果在一幅区域地图上，在每个类型的词所占的区域，涂上一种特定的颜色，那么就能得到一个很能说明问题的图形，其中大色斑就表明每个词所占的地盘。

这立即出现一种令人吃惊的现象。其中一个类型的词，“serrare”，所占的区域，没有铺开成为一块连成一片的图形。它像是被撕成了5块碎片，奇怪地分散在法国东南部的整个疆域。这些具有“锯”这个意思的方言词，先是在上比利牛斯省，然后在卢瓦尔省、汝拉省、安省，最后在法国东南端（上阿尔卑斯省和下阿尔卑斯省、滨海阿尔卑斯省、瓦尔省），并且由此到地中海，在东比利牛斯省，与“serrare”发生联系。同一种类型的派生词的奇特的分布，同时在塔布、布雷斯地区布尔格、皮热泰尼埃和佩皮尼昂等地出现，但是在由这些彼此相距很远的地点围起来的广大地域内，却没有一处有分布。——这意味着什么？

① *«Scier» dans la Gaule romane du Sud et de l'Est* (*Étude de géographie linguistique*), Paris, Champion, 1905.

第一种解释:“serrare”是一个现代词,在5个彼此相距很远的不同地域同时出现。这种解释很荒谬。一个词要在5个相距如此远的地点同时出现,就必须涉及另一个共同的词,它的产生几乎不可避免会给人留下深刻印象,可是情况根本不是这样。

所以“serrare”不是一个现代词。它是一个古词,是一个拉丁词。它在罗马化时代进入高卢地区,扎下了根。可是,它为什么只在我们今天发现它的5个地域扎根呢?为什么不同样占领与“serrare”不同的词,如“scier”所占据的居中的地域呢?难道应该承认,在高卢地区拉丁化时代,三四个也具有“锯”的含义的不同的词,混进了这个地区,偶然地分布在其中了?这个假说同样荒谬。

这必定得出一种结论。如今出现“serrare”的这5块不相连的地域,从前只是一片地域;“这些岛屿证明,一块大陆消失了”;以前一个表示“锯”的拉丁语词“serrare”进入高卢,在整个南部和东部地区扎下 152 根,在那里占据了一块居民是单一民族、结构紧密的区域,继续存在这个词的地区就近似地构成了这块区域的边界线。那么,“serrare”所占据的这片清一色的区域为什么破成了碎片呢?这个词为什么又被后来的竞争者从它原来占领的极大部分地盘上赶走了?

日叶龙和蒙甘回答说,这是因为它有个弱点。它和另一个拉丁语词太像了,这个词很常用,也进入高卢扎下根:这就是“serrare”,意思是“关闭”(fermer)。于是在“serrare”与“scier”之间以及“serare”与“fermer”之间老是容易产生混淆,这就在语言上引起一种连续不断的麻烦。有些方言容忍这种混淆。两种形式“serrare”和“serare”融合成单独一个形式“se(r)rare”,既有“锯”的意思,又有“关闭”的意思。其他方言则作了一种选择,保留“se(r)rare”,但是如果只留给它一种意思,要么是“锯”,要么是“关闭”,这就必须再找一个新词。有些方言更过分,干脆把“serrare”和“serare”这对惹麻烦的词都扔掉,用一些新词来表达“关闭”和“锯”这两个意思。

因此，在法国南部和东部的方言中，就慢慢出现、发展、普及了一些表示“锯”的方言词，它们与“serrare”类型无关，而是与“resecare”和“sectare”有关，这些词挤掉了“serrare”，我们在当地发现了它的后代。[①] 第一种类型如今以一种双重形式占据了相当大的地域。它凭什么在相当数量的方言中取代含义模棱两可的“serrare”呢？

凭它的词义？但是词典告诉我们，“secare”意思是“切、割任何东西”。如果这个词没有更明确的意义，人们就不明白，它怎么能用来表达“锯”这个概念？此外，人们不用“secare”，而是用“re-secare”，即反复地“切”。显然，是因为人们有了“锯”就是“切”的重复动作这个观念。然而，如果“secare”意思是“切、割任何东西”，那么“resecare”也就意味着“再切”，即“来回地切”。这离“锯”还差得远。

这些意见产生一种双重结论。首先，用另一个词来代替有缺陷的
153 “serrare”的方言，之所以不用“secare”，而是用“re-secare”，并不是因为“锯”这个概念看起来本质上就是一个往复或来回的概念[②]，而很可能是因为“secare”已经存在于用“serrare”表示“锯”的方言之中，具有一种比一般的“切”“割”更确定、更有限的意义。另一方面，确定的动作，即“secare”这样表达的准确动作，想必是这样的，它的往复动作，可能自然而然地让人产生“锯”的概念。这个确定的、准确的动作是什么动作？作者回答，就是割谷物和草的工具的动作，这种古老的工具叫作“锯齿镰刀”，现在已渐渐不用了，“‘Secare’，就是使用锯齿镰刀；‘resecare’，就是重复一种简单的动作，它本身就已经是‘锯’了，通过来回运动进行，re在这里不单单表示动作的重新开始，而且表示手臂的往后缩、向

① 两位作者多次观察到，他们所用的词语：“resecare”“sectare”“serrare”不是一些复原类型的词，“而是一些单纯示意的词，用来代表拥有相同起源的、可以归为同一类型的全部方言词”。

② 那么奇怪的是，怎么任何地方都找不到一些“re-serrare”来表达“锯”的概念呢？

前推、再往后缩的运动。”

严密的推理和巧妙的假设交织在一起，结构紧凑，相互依赖，相互支持：这突出了词与词之间的这种竞争的意义，这种语言戏剧的趣味性，只有语言地理学这个科学领域的新成员能让它再现并一直存在下去。

还没有完，因为作者没有在此止步。他们指出了“serrare”这个类型的词目前分布状况的原因——这个类型的词被许多方言消灭的原因——“serrare”被“resecare”取代的原因。但“resecare”不是“serrare”的唯一替代者。在地图上，存在着整个一套方言形成的一块很小的区域，“锯”在其中既不用“serrare”也不用“resecare”来表达，而是用“sectare”来表达。这个“sectare”是什么意思？它来自何处？

第一个假说：这是一个古词，一个拉丁词，是“secare”的反复动词。它和“serrare”（锯木头、锯木板等）和“secare”（用锯齿镰刀收割谷物）同时进入高卢，在与它们相同的方言中落户，作为“secare”的反复动词。当人们希望摆脱使用不便的“serrare”时，它就乘虚而入，取而代之。

这个假说简单易懂。不错，可是这样一来，其中“serrare”的位置被它这样占领的方言，不就在一定的时刻拥有了3个表达“锯”的意思的词吗？即“serrare”“secare”和“sectare”，两个正式的，一个可以说是代用的。一种语言，像作者们强调的那样，“只有生活和工作中所说的 154
语言，才是有用的”。因此，“一种和所有传统的东西完全无关的语言，只在文学语言中幸存，而且被限制使用。简言之，一种方言不可能容许这样的共存”。此外，“sectare”的区域还把“resecare”的区域一分为二。如果“sectare”是一个古词，岂不是就该承认，“resecare”是在地理上分开的两个地区同时出现的，并且承认这样彼此独立地产生的这两个“resecare”，第一个在法国东部，第二个在法国南方，分别具有相同的经历,而且平行地发展,始终保持一致的词义,尽管它们是在截然不同的方言中演变出来的?

所以,“sectare” 不是古词。既然不是,那就不是 “secare” 的反复动词。那么它是什么词?一个不起眼的事实帮我们找到了答案。在德龙省,人们在四个地点遇到具有 “用镰刀收割” 这个词义的 “secare”。然而,存在一个拉丁词,一个真实的拉丁词,一个跟 “用镰刀收割” 这个概念有关的古词:这就是 “sector”,“收割者”。这就是产生 “sectare” 的母词。那么,“收割者” 的词义是如何而且为何传给了 “锯” 的词义呢?为什么在发现拥有后者的词义的地区,不像在其他地方,在 “serrare = scier” 的情况趋于减少时,人们不利用 “secare” 构造一个适于取代它的 “resecare” 呢?

新的推测:乡村的习俗发生了一种变化,使有齿金属片即锯条的概念与 “secare” 脱离;**无齿镰刀取代了锯齿镰刀**。这就是恢复原状的演变。“Secare” 和 “sector” 一起进入罗马时代的高卢。这是两个古词。“Secare” 是锯齿镰刀;“sector” 是收割的镰刀。在一定的时期,“无齿镰刀” 出现,并自然而然地征服了渐渐具有 “用无齿镰刀收割” 的词义的动词 “secare”。[1]但是,出于语言上的需要,锯齿镰刀后来没有被淘汰,于是与乡村区别旧时的农活操作的需要相应,一个词就应运而生。由 “sector” 产生了 “sectare”,旧时的 “操作者” 这个词就用来表示旧时的操作动作,而准备脱离 “sector” 的有齿镰刀的形象,就被一个新词重新
155 捕获,获得新生,因此它含有 “锯” 的意思就没有什么可奇怪的了。

这就是日叶龙和蒙甘的十分有趣(几乎可以说很好玩)的作品中几个特点的简要概括。无疑,如果不从语言学的观点(在语言学上我们是外行),而是从地理学的观点出发,我们也许可以试着对作者提出一

① 根据《法兰西语言地图集》中 “镰刀” 的地图;在整个 “sectare” 地域,“镰刀” 这个词目前都用 “volan” 表示,意思是 “无齿镰刀”。

些异议，但这不是我们的目的。我们的目的，只是要让一些渴望知道一些新方法，并且关心所有可能对他们本人的工作有帮助的东西的历史学家，了解一项新的富有成果的工作。

这项工作所显示的对历史研究的益处，也许不如帕西的工作那样明显。但是，当这些类型的研究增多了，我们就不难理解它们可能产生的重要价值，两位作者刚刚把这类研究的首个样本提供给我们，也提供给所有那些力图在指定地区以它的兴衰、它的器具的变革、它的衍变和进步，来复原农村生活演变过程的人；提供给所有那些试图确定指定地区的某些文明进程的路线、发展过程、活动范围，甚至起源的人；最后，提供给所有那些觉得要满足对精确和真实的欲望，必须不再局限于循规蹈矩的系统化，从前往后排列事实，并使之固定不动，而要深入到千变万化的现实当中的人，使这些人在他们的艰苦努力的工作的帮助下，不需要思考多久，就能直接体会到这种研究能为他们提供的所有帮助。一系列专著为法国一个地区的历史提供多么丰富而奇特的贡献啊？这些专著不是研究这个地区的个别的**方言**的[①]，而是研究它的最普通、最常用的**词**的，是所有那些日积月累起来的词，用于表示熟悉的物件、常用的器具、日常生活的活动。它们那么富含底层的朴实生活。

其次，这个小作品提供了一种方法。小作品还充满了思想，表达了对历史现实很清晰的认识。从我们的观点来说，他们在反对"充斥着某些词典的纯词源学思辨的反科学的轻率"时，表明下面这种说法是荒谬的，所以我们只能赞同它们。这种说法就是，"要认为在罗马时代的 156
高卢地区，与在它的拉丁化时代，所有方面的接受能力都相同或几乎相同"，也就是要认为，"一场雨以均匀的雨量落在整个法国，不论土壤性

① 如果诚如作者所言，"思考和事实相一致，破坏了这种被称作方言的语言学的虚假的统一性，推翻了这种一个市镇或者甚至一个族群一直是拉丁遗产的忠实保管者的观念……任何方言学研究都将不是从这种人为的、混杂的和可疑的统一性开始；我们将对**词**进行研究，而不是对方言进行研究"。

质如何，都渗透到同样深度”。①

下面这种看法甚至具有对现实的精明的见解，而且我们要注意到，对我们的研究来说，它甚至大有前途：“傻子才会相信，一个可能经历了1 500多年所有变迁的法国市镇的生活，它在拉丁时代使用的器具会几乎保持不变。生活是人类的全部经济和伦理的活动的总和，因此，人们所碰到的每一个词，被收入《文化词典》(*Culturwörter*)的每一个词，都是或者曾经是一个现实的或者潜在的流动的词。”还有：“显然，一个像‘resecare’或‘sectare’这样的区域，其目前的词汇均一性是一种结果；它不是**统一**，而是**均匀化**。‘serrare’的侵蚀曾经是缓慢的，我们看到新来词的渗透仍然在缓慢起作用……这些区域的几乎所有方面，都从一个邻近地区接受构成指令、启发，甚至形式，而这个邻近地区本身也许也受到其他地区影响。”

即使我们没有任何希望能立即从中受益，看到这些观念在我们的相邻领域占优势，我们还是很高兴。这是又一次以新形式出现的解决社会现象对语言作用这个重要问题的需要。而这也是生活的精神抵制
157 形式主义的精神的一种表现。

① 相反，他们指出，一个拉丁语词“可能只占据一个唯一拥有这种事物或观念的地点，而且当其他地点也拥有这种事物或观念时，就是这个地点把这个词提供给了它们”。

2. 安托万·梅耶与历史学

透过语言看古希腊*

让圣人待在他们的壁龛里吧！我们来请教大师。我们可能有了更好的老师，因为安托万·梅耶在1912年发表了《印欧语言比较研究导论》①的经过修订和增补的第三版——而且这次格式都不是原样了！——之后，刚刚又发表了《希腊语言史概况》②，这是我所知道的最有启发性和最生动的书之一。它比前一本更好，如果有人看到一个显然不懂语言学的历史学家在这里要求人们关注这种著作，并对此表示诧异，那么这本著作给出了一个简单的回答。一句话：请您读一读它。

因为从广泛和真实的意义上说，这是一本历史学著作。可是它怎么是另外一种样子呢？在最近努力破除历史学家——例如学校里的历史学家——很熟悉、太熟悉的“直接亲缘关系”“简单线性发展”的顽固成见的人中，没有谁能比梅耶做得好。没有谁比他更好地证明，所发生的一切并非都让人觉得语言完全是代代相传的，并且证明所有变化都

---

* 《历史综合评论》，XVII，1913年。

① *Introduction à l'étude comparative des langues indo-européennes*, Paris, Hachette, 1912. 第一版于1903年出版；关于第二版，梅耶可以说，没有哪一页是前一版的完全复制，而在第三版中，确实“很少有几页仍然是原第二版中的”。

② *Aperçu d'une histoire de la langue grecque*, Paris, Hachette, 1913, pp. xvi–368.

是由这种代代相传造成的结果。最后，没有谁比他更强调借用词这个重要角色的顽强作用。这角色那么重要，作用那么顽强，以至于梅耶在
158 研究确定一个词的印欧语系特征所用的方法时，能够在其《印欧语言比较研究导论》的第三版中写道[①]：“除了涉及某些部分符合语法规则的词外，如动词‘être’（是）、代词、指示词、动词的前缀，人们绝对没有理由先验地断言，一个已知的词从印欧语系时代起，直到采取在一种已知方言中得到证实的形式，都是代代相传过来的。”如今，借用词出现得那么多，一种印欧语系方言的史前借用词部分来自另一种印欧语系方言，或者几种印欧语系方言的借用词来自其他语族。

但是，这些意见本身产生了什么结果呢？结果就是，任何语言学解释都包含对多种事实的考虑，而且“只有通过考虑一种语言发展的历史处境和社会条件，才能了解到这种语言的演变”。因此，语言学求助于历史学，而且为了自己的目的要求它提供无私的协助。这岂不是由此得出，这种语言学研究反过来对历史学表现出极大的兴趣？

凭空推理没有用。我们翻开梅耶的书吧。首先，这对史前史学家来说，尤其是对我们中间所有那些被没有文献记载、没有文字证据的神秘的过去吸引，想要做到有条不紊地深思熟虑的人来说，有一些非常好的教益。

一会儿就知道，我们的先辈以为可以对语言学寄予的希望有多大。人们耐心编制的这种印欧语系语言的词汇表，那时被称作“原始”的词汇表，我们不能依靠它来确定说这种语言的民族的种族、宗教、习俗，并在很大程度上确定他们的历史吗？靠这些希望我们还能继续做的事情，已被梅耶的考证精确地确定了，不过很少。

在《导论》的第八章，我们发现作者对印欧词汇的主要成分进行了分类。首先是词根，几乎都是表示一般的和空泛的活动，如喝、吃、睡、

① 第366页。这一段在第一版（1903）中没有。

去、跑……接着是孤立的词，词义更丰富一些，如亲属关系的名词，一些涉及女性家族的词语语义模糊，这揭示了一种社会状态，即妇女进入丈夫的家族，而丈夫与妻子的家族没有确定的亲属关系；家养或野生动物 159 的名词十分丰富，表明人类主要食用肉类，也揭示了一些狩猎和饲养的习俗；植物的名词比较少，意义也不准确；奇怪的是我们不能肯定"forêt"（森林）是印欧语系语言的名词；最后是物品的名词，但是很少，梅耶也指出了原因：这些名称很容易变。"通过商业活动或对邻居的模仿，一种新式的或一种经过改进的物品，一些或者是外来的，或者是本地产生的新名词或新观念，一经引入便很快就取代了旧名词。[①]久而久之，类似的和用于相同用途的物品的名词，就和别处的十分类似的语言有了差异。"没有什么能更好地解释这样一种现象，即在各种印欧语系语言中，都没有一个相同的表示斧头的词，斧头是一种宝贵的工具，它在人类技艺中的出现，标志着从旧石器时代向新石器时代的过渡。然而，毫无疑问，在共同生活时期，说印欧语系语言的人不仅熟悉凿制的斧头，也熟悉磨制的斧头，因为，几种印欧语系语言共有的铜、金、银这些名词，证实存在一种文明，这些金属在其中起了一定作用。但是，我们顺便要指出，也没有什么更能证明，我们曾经提到的对技术与语言学进行并行的和混合的研究是有道理的，这就是对物和词的研究。《词与物》(*Wörter und Sachen*)，这是一种杂志的名称，这本杂志看来前途无量。

---

① 例如拉丁语就提供了许多完全外来词的例子，是从一些外来人群中借来的，用作工具和物品的名称。表示"huile"（油）的词就完全是从希腊语借来的。这是因为一些希腊移民已经在地中海西部盆地叫卖"olea europaea"（拉丁语：欧洲橄榄油），无疑被坎帕尼亚的希腊人输入罗马。但是，按照梅耶的说法，这些词语本身并不来自古老的希腊语——印欧语。生成"oliva"（拉丁语：橄榄）的"λαία"，生成"oleum"（拉丁语：橄榄油）的"λαιον"，想必来自爱琴海地区（《希腊语言史概况》，第61页）。同样，罗马车辆制造业的大部分技术词语来自高卢地区。还可以举出许多类似的例子。

从前的希望为什么就这样破灭了，辛辛苦苦编制的印欧语系语言词汇表所产生的成果为什么这么少呢？

梅耶指出的原因很有启发性。他写道："翻阅一本词源词典，就让人产生一种幻觉，觉得印欧语系语言已经通过词和具有抽象或者很宽
160 泛含义的词根发展了，可是人们反倒要按照一种现代立陶宛语的样子来想象各种印欧语系语言，立陶宛语的一般性词语很贫乏，却有很多表示具体活动和常用物品的细节的词语。"

这是一种本末倒置的行为，很奇怪，但是也容易解释。这是因为，人们用来确定一个词的印欧语系特征的方法本身，一开始就拒绝了解这种词汇中的具体的和意义明确的词，因此也就拒绝了解实质上容易变化的那些词。唯一能在许多不同方言中幸存下来的词，正是那些表示日常的和普遍的活动和物品的词，而要从这里面抽出的词最少。此外，要把各种语言的词进行比照，必须只考虑有共性的东西，消除细微差别，总之要进行抽象化处理，排除掉其中的具体意义。最后，为了通过比较获得一种印欧语系语言词汇的成分，需要查考一些方言，而这些方言绝不能给人这样的印象，即它们实际上是半开化的人群，如说原始印欧语言的人群的语言：因为所有这些方言，我们只认识它们的晚期形式；在印欧语系语言时期与它们每种语言的最古老的文献之间，相距几百年，在这些漫长的时期，会产生多少借用词，会发生多少变化啊？因此在考证精神的冲击下，伟大的梦想破灭了。不过，这在措施、审慎和方法上，正好产生了非常有益的教训，我们顺便就把它汲取了吧，以便让我们从中得到启发。

因此，奥秘继续存在。语言学无法或者几乎无法解开这个奥秘。它可以让人犹豫再三地说出一个大概的日期，对金属器件的了解就能让人猜到这个日期。它阻止不了人们认为，在北方地区，或是在欧洲，或是在欧亚分界线上，也许在波罗的海沿岸，居住一些说原始印欧语系语言的人群。可是，要解决下面这个令人苦恼的问题，别指望语言学家能给出一丁点儿指示："在这些武器当中，在考古发掘为我们复原的这

些文物当中，在博物馆里的那些经过认真分类的文明的材料当中，哪些是属于这些人群自己的？”“考古发现不会说话。”根据一件工具，我们根本无法得知它的拥有者所说的语言。“历史事实不让人随便猜测。” 161

总之，只有一点不容怀疑，并且由于一个充分证据而变得显著，这就是，对于一种语言，我们认识到它的印欧语系方言是它的一些拆分和变形，要确立它的统一性——就必须曾经存在过一个“民族”。这是一个重要的断言。就在最近，卡米耶·朱利安在他的法兰西公学院古代民族文化课程①的公开课上，还以历史学家的观点强调了这个断言的价值和意义。一个民族，它也许包含不同种族，这些种族或是重叠，或是并存，或是混杂，都没有什么关系；是一个民族，不是一个种族，种族是从前人们说的词，它含义模糊、虚假——而且危险，因为它不是让人们产生了“身体形态是天生的，谁也逃避不了；身体迫使我们接受物质方面的习惯；存在一种不可抗拒的影响个人和社会的命运这种思想”吗？

朱利安向我们指出，这种种族的概念被米什莱从法国史中废除、摈弃了，而奥古斯坦·蒂埃里、基佐、亨利·马丁却争先恐后地坚持它。他指出，后来甫斯特尔在加洛林王朝和墨洛温王朝时期继续追寻这种概念，一直到诺曼人入侵时期，到帝国时代。最后他指出，这种概念现在被完全由革新历史学家组成的年轻学派在原始时代追寻，甚至追溯到史前史的入口。老官司，老争论。早在许多年前，朱利安在《人类学》中，在谈到罗马时，就直截了当提出了这个问题。②但是，那时不是过去

① *L'ancienneté de l'idée de Nation*, leçon d'ouverture du Cours d'Histoire de d'Antiquités nationales au Collège de France, 1912–1913 [*Revue Politique et Littéraire* (Revue Bleue), n^{os} des 18 et 25 janvier 1913; à part, Paris, 1913].

② 《致雷纳克的信》(*Lettre à S.Reinach*)，载《人类学》(*Anthropologie*)，1903年，第252页。C.朱利安写道：“拉丁人跟我们比起来，是多么幸运，又多么明智啊，涉及民族时，他们不知道种族这个词和概念，而且遇到这种事只说名称！他们说‘拉丁人’‘罗马人’就行了。而这是实际情况；因为罗马人尤其是个名称，而克尔特人也不过是个名称。”

吗？我们猜测，也是在那时，一些大国就是根据人们的意愿，根据其他一些靠公共关系结合起来的民族的意愿形成的，“跟血统或种族这种动物的亲缘关系无关”。朱利安还列举出一些例子：在高卢人之前，西方有利古里亚族；在利古里亚人之前，欧洲有说印欧语系语言的母民族[①]，“这就是在罗马帝国之前，我们的世界经历的三个阶段，而且是在民族
162 的思想或名称掩护下经历的”。

不过，民族这个词，身为语言学家的梅耶也说，而且他说得也对：“因为经验表明，如果一种通用语言在一个民族统一体分裂后还能幸存，就应该有一个统一体——政治统一体，或者至少是文明统一体——来构成一种通用语言。”由这种通用语言，换句话说，由印欧语系语言，这位语言学家得出存在欧洲民族的结论。而这也就是《印欧语言比较研究导论》的一段文字非常明确地表达的观点：“一种语言，以经过证实的语言之间相一致为前提，意味着在一个十分漫长的时期内，存在一个呈现出一定统一性的民族。不同的民族可能保留同一种语言；但是，要建立一种语言统一体就需要有一个感受其统一性的民族。没有任何东西可以让人们证明存在一种印欧种族；但肯定存在过（人们无法准确知道在什么地方、什么时期）一种印欧民族。”[②]

因此，语言学能让历史学家通过一种归纳，发现“没有文献记载的过去”的一个角落，这种归纳以一种无懈可击的经验为基础，也许有限，但是有效、可靠。语言与民族“这两种事物之间存在密切相关的部

① 无须说，尤其是自1913年以来，利古里亚族的概念变化很大，而且，如今在这个问题上，朱利安无疑将会改变他的观念。可是我们不必改变这些文章的内容。它们为人们在写这些文章时所处的时代的所谓科学提供证据。

② 《印欧语言比较研究导论》，第三版，第405页。这一段出现在关于印欧方言的发展的一章，有趣的是我们注意到，在该书第一版中没有这段话。同样参见《希腊语言史概况》第18页：“正如印欧语系以一个具有一定统一性的民族为前提一样，原始希腊语的前提，是在有最早的文字记载的希腊历史之前的时代，就存在一个具有明显的统一性，从而拥有一种语言的希腊民族。”

分”。语言史以民族史为前提。但反过来，研究语言史的人也客串写民族史。这正是梅耶的两部最新著作所证明的。

这本优秀的希腊历史著作，其实是一本语言学家的书。作者在自己的领域是一位大师，坚守着这个领域。可是，从他的领域看世界，就找不到最广阔的视野吗？他不出家门也能将世界一览无余。

这是一个历史学的世界。我们有权注意它，多年来，我们在这里注意到，语言学家的著作对历史学家来说，是如何渐渐变得更加容易理解的，方法、思想和成果也如何渐渐变得更加接近的。这本360页的小书，文笔生动、语言亲切、明白易懂，而内容无比丰富和准确，其中所有内容 163
都相互依赖，没有任何东西是偶然得来，要对它进行分析，进行干巴巴的简化，那是妄想。我们用三言两语指出要从什么角度来着眼。

从前，语言史是一座雄伟的纪念碑，线条简单。这种历史是连续的，没有纷争，有规律地传承，纯线性发展。回忆一下我们所学的拉丁语吧。它是通过直接演变关系从原始印欧语系产生的语言，有人以其壮观的统一性、对世界的广泛影响证明了它。它无疑是发展的，渐变的；但是这种发展，这种渐变，只是在一代一代口口相传中产生的，是一种可以说是在原地的，而且在纯粹内部的工作中产生的。后来进入一个时期，广袤的罗马帝国世界被蛮族人群分割成了碎块。但是，帝国的每个碎块都保留了它的拉丁语区域，这个拉丁语区域就是通过同样的方法，各自随意地对语言学遗产进行加工，渐渐把它变成一种罗曼语族语言：一种通过直接演变产生的拉丁语的子语言，这种演变是平静的，没有动荡。这观点精彩、很合乎逻辑、令人满意，分化过程又好又简单。甚至过于简单了：因为首先还存在着外来词。

在一个高海拔地区，那里有一群人与世隔绝，居住在某个天然的洞穴里。他们跟邻近的群落很少联系，很少需要交流；他们抱着一个坚定的理想：不要外界帮助，自给自足。就是在这种条件下，这个地区的语言也有可能通过细节变革的作用，在原地演变，这些变革为整个一代人所共有，或者为居民中一个特殊人群所特有：例如，某种性别，或者某种职业、某个社会阶级，甚至某种临时的工作，或者某种暂时的活动。但是，这个孤立的人群与它的邻近人群之间产生了一些联系；由于一些紧迫的和至关重要的原因（商业、政治、宗教或智力的原因），产生了交流的需要；不是跟一些自我封闭的人交流，而是跟一群具有广泛和深远关系的活跃的人交流。这就有了外来词，通过口口相传确定下来：如果涉及不相似的语言，就有孤立的外来词；如果涉及相近的语言，就有词、发
164 音和词形的外来词；外来词往往会推广，蔓延到整个语言。

有人会说，不管是战争的征服，还是和平的征服，这都是征服的功绩：这里面有新东西吗？很久前人们不就显然知道，改变了语言的是当地所有居民吗？而且人们知道，例如高卢语，从拉丁语派生出来的古法语，可以说一点都没能保留下来吗？而这不只涉及这些“征服的功绩”。外来词不只有这个方面的因素。它也不是语言学的抢夺、剽窃、搜罗的代名词。它不只是发生在截然不同的语言之间，也经常、不断地发生在相近语言之间，而且它应该就是这样发生的。

因为我们刚刚描述的这些变革，这些影响孤立方言的变革——没有任何理由是不变的，没有理由要不同村庄之间的变革相似，不同群落之间的变革相似。这种局部变革的机制于是最终导致语言的统一性不断被破坏，使方言之间越来越陌生，越来越难理解。而这种分裂会违背人们所谓的语言的目标，这种目标虽然不是终极的，但可以为处理人与人之间的关系提供便利。

此外，不只是地理因素对这种分裂起作用。我们马上来说说“高海拔地区”：这个例子有用，而且极其特别。因为这些活跃而强大的分化力量，不只是在那些被“天然屏障”隔离的情况下才起作用，实际上在所有相邻人群由于某种原因不再维持连续关系的情况下，这些力量都起作用。群落的人口密度小；政治或社会动乱使商业活动停滞，经

济生活分散和专门化，一个已知地区中的任何关系的生命力遭到破坏，这么多原因都能导致同样的结果。那么这些语言就只能成为语言的遗骸[1]吗？法国就只能有方言吗？显然必定有一个补救方法。不是，也不可能只是分化力起作用。必定存在一些统一的力量，再说语言学的现实情况显然也证实了这一点。不过存在一些逐渐彼此孤立的方言而已。存在着一些通用语言，在过度的和不断增加的分化时期突然出现，用一件不变的外衣掩盖局部的差别，让人们恢复交流。

语言发展的现代观念就是这样发生了变化，并且得到了充实。它因
此真正变成了纯粹的历史的语言学。现在看来，因为这种情况主宰着语 165
言史，所以在某些时代产生的这些通用语言，就是“文明的统一性在一些多少有些广阔的领域的产物”。机制吗？依旧是外来词。所有的历史事实，其所有条件广义地说都是历史条件。以下两点因此得到证实，一是“任何语言学解释都包含对多种事实的考虑”，二是“只有通过考虑一种语言发展的历史处境和社会条件，才能了解这种语言的演变”。这是明确的宣言，是梅耶的宣言。整部《希腊语言史概况》都是在阐明这个宣言。

只要两三个例子，我们就能更明确地指出这本书的特征，以及它的概念中的丰富的、有效的和新颖的含义。

梅耶的工作的开端，是一种通用语言，是希腊民族的语言，而且像印欧语系一样，这是一种纯粹的、抽象的语言，即**通用希腊语**。这个民族具有明显的统一性，因此拥有一种统一的语言，而且这些部落想必一批接一批地征服了希腊，并殖民了地中海地区。为了使我们了解，为了研究这种语言，作者要利用印欧语系语言的比较语法吗？

当然，在内容非常充实的分析“通用希腊语的结构”的一章（第二

① poussière linguistique，语言学家索绪尔（Saussure）用来表示一个特定时期的语言的特征，是该语言早期阶段的残留，不再有产生新的语言成分的能力。——译注

章），他指出了这种语言整体上与所有其他印欧语系语言相反的主要特征。但是，他最终并不满意。因为，如果人们能对一些语言过程——印欧语系就是经由这些过程获得通用希腊语所具有的外貌的——形成某种观念，那么，语言是怎样从一个语言学阶段传到另一个语言学阶段的？它的统一是怎样产生的？赋予了它特性的变化是怎样起作用的？是以什么样的条件起作用的？人们不知道。人们应该提出这些问题。而且它们在很大程度上都是历史学问题。

因为通用希腊语确实是一种印欧语系的语言，但是在其发展过程中，在一些居民从印欧语系的地域向希腊地域迁徙期间，它想必受到被希腊人渗透、同化或取代的这些居民的语言的影响。它是一种印欧语系语言，
166 不错，但是它肯定增加了一些词，这些词可以说是希腊人在迁徙时“沿途拾取”的，或者是在希腊本地发现的，或者是从爱琴海地区的各地居民的生活中汲取的。然而，如今我们对他们的语言还一无所知。我们也应该指出这个问题。还应该注意的是，希腊的大部分地名无法用希腊的语言解释，或者解释不清。同时我们也绝不该忘记，希腊语拥有大量来历不明的词，其中大部分无疑是从非印欧语系的方言中借用的，而且，更明确地说，是从灿烂的爱琴海文明的语言中借来的，过去我们对爱琴海文明还一无所知，但是克里特岛的考古发现表明，爱琴海文明成果非常丰硕，非常先进。他们有着专门的植物名词，如橄榄树、玫瑰、百合；物产名词，如葡萄酒或油，印欧语系的人都不认得这些词，它们无疑是希腊人从爱琴海人那里借用的；而且，如果人们像梅耶一样，注意到像“βασιλεύς”（国王）或“ναξ”（国王）这些词，毫无能让人联想到印欧语系的可能，这岂不是让人们寻思：“爱琴海文明对希腊的政治结构是否没有起到重要作用？”[①]

① 《希腊语言史概况》，第64页。——要特别注意，就在这一章，梅耶有一些关于专名学及其潜在用途的极有用而且有趣的意见。其中一些有关方法的注释，对历史学家来说非常珍贵（第55—99页）。

这显然是简单的假说。如今人们所知的这点东西还不能使其盖棺论定。它只是暗示了怀疑，富有意义的和科学的怀疑。前途首先就在这里，这里可以向我们提供所有令人满意的发现。然后，此时我们感兴趣的东西，我们试图表明正在起作用的东西，是一种精神，一位语言学家的精神。在这位语言学家看来，他所体现的科学，不是一台装配勉强还行，只是没完没了地空转的机器，而是一台语言机器，它知道并理解所有的关系，所有与生活、与人类及其社会的历史的联系。

"研究希腊方言史，就是研究希腊殖民史。"[①]而这段历史，一直延伸到有文字记载的历史时期，正好能让我们在某种程度上构想一种"史前史"，由于缺乏文献，这种史前史一直没有被我们准确地掌握。——"希腊方言史体现了一个勇敢的战士民族的征服史，他们把征服归功于他们的军队，他们为自己的力量骄傲，他们到处掳掠农奴和奴隶，使奴隶的语言消失，不留下任何痕迹。"——"希腊语在这个远古时期，出现了两种截然相反的倾向：一方面，语言趋于无限分化，有多少自治城邦，就有多少截然不同的形式；另一方面，又趋于统一……"[②]但是，这难道不就是希腊民族的整个历史，不就是它自身发展的周期性规律吗？——"爱奥尼亚—阿提卡通用希腊语（κοινή）形成的首要原因，是阿契美尼德帝国的创立。阿契美尼德帝国的构造让希腊人感受到他们的统一性。"——"马其顿在希腊称霸的时期，决定了雅典语言最终的成功。"[③]——这些引文不比一些大段大段的句子更能表明，梅耶的这本小书绝对称得上是一本有用的、出色的历史著作吗？而且不仅仅是有关希腊的历史著作。一本内容如此丰富的专著，不只适用于一个民族、一种语言、一部历史——甚至在这部历史，由于一种独特的好运，能从 167

① 《希腊语言史概况》，第74—75页。

② 同上书，第116页。

③ 同上书，第269—272页。

最久远的起源延续到当代，从史前的通用希腊语延续到今天的通用希腊语时，它也适用。它就是语言史的典范。

合上这本书时，我心中不由得产生一种遗憾。当我们回忆起我们的求学时代，想到老师用干巴巴的、贫乏的、机械的方式，来教我们如此生动、内容如此丰富的知识时；而且这种知识本来是可以强烈激发我们对历史的想象力的。我们怎么会不羡慕我们的年轻后生呢？这是何等
168 的讽刺啊！如今这本书问世了，不再有令人“难懂的东西”①了。

① 这里为意译。原文为grec（希腊语），双关语，在法语中，“希腊语”用来比喻“难懂的东西”。——译注

3. 是王室的政策，还是法兰西文明？

法语对南方的征服*

请想象一下，1923年人们谈到一个奇怪的历史问题："法国，法国……这些历史学家，跟我们说到法国，总是像在说一个稳定不变、完全确定的，千百年来一直保持着原样的现实。对外国人和法国人来说，这个法国真的还是过去的法国，譬如路易十一时代的法国吗？据说这位国王是一位'中央集权者'，具有某种特别强烈的危机意识。对于民族统一，人们形成了一种什么样的观念呢？人们是否已经形成了这种观念呢？如果形成了，那通常是在什么基础上形成的？例如，是在语言基础上吗？那个时代的人说什么语言呢？人们感到统一语言的需要了吗？今天在我们看来，这种需要是一种有规律的国家生活的基本条件之一。这些都是重要问题、基本问题，毫无疑问，它们肯定常常引起博学者们的好奇：我们要弄清楚这些问题。"

关于这一点，人们请教了一流的文献学家："很遗憾，我的图书卡片中什么也没有。从前有个叫保罗·梅耶的人对这个问题感兴趣。有许多地方上的历史工作者响应了他的号召，就像响应历史工作委员会的号召一样。他们写了一些专著，其中有长篇，有短篇；笔调有严肃的，也

---

* 《历史综合评论》，XXXVIII，1924年。

有轻松的。总之,手中有这些专著。但这些只是地方上的专著。它们的视野不超出一个地区的边界。从中根本找不到法国。”

169 然而,在1923年,终于出现了一位勇士,敢为我们献上谈及整个法国的书[①],来完整而全面地描述大规模的语言征服与渗透的活动。这种征服与渗透,使法国国王的语言在南方地区落脚,在那里确立了长期的双语制。我们要好好感谢他!他知道在一块四分五裂、荆棘丛生、坎坷不平的土地上,建起一个四通八达的道路网。在道路两旁,他将对建筑物进行改造;地基将被重新奠定,临街的墙面将得到改善。总的构图将保留。而所有细部的改进,功绩最终都应该归于这位一流的组织策划者。

一

我们开门见山吧。奥古斯特·布伦的著作明确论证了这一点:法语在1450年到1600年间被引入法国南方。

引入过程分四个时期完成。可以说是相继的四次浪潮,每一次都把国王的语言向着王国的边境更推进一步。最初是从1450年到1520年,在北部取得进展:利穆赞、佩里戈尔、上奥弗涅、波尔多地区、沃莱以及罗讷河沿岸的著名城市,虽然不是全部,也是大部分,例如图尔农、瓦朗斯、博凯尔,然后是塔拉斯孔、阿尔勒,之后是奥朗日、蒙泰利马尔和阿维尼翁;在那之外是蒙彼利埃和尼姆。最后一次浪潮从1550年到1600年,战胜了最后的抵抗:朗德、巴斯克地区、比戈尔的上比利牛斯山谷地区和奥尔山谷地区;它吞没了塞文山脉南部,从阿尼亚讷到圣蓬

① 布伦:《对法语引入法国南方外省地区的研究》(*Recherches historiques sur l'introduction du français dans les provinces du Midi*, Paris, Champion, 1923)。同样还有《法语引入贝亚恩和鲁西永》(*L'introduction de la langue française en Béarn et en Roussillon*, Paris, Champion, 1923)。

斯，包括整个鲁埃尔格地区和孔泰德罗德兹，再远就是上普罗旺斯的孤立的河谷地区。浩大的工程，只用了30年就完成了。真正令人有兴趣记住的日期是1540年。也可以说是1539年，这是一份决定性的文件发布的日期，是国王从维莱尔科特雷发出的敕令，布伦在其整本书里把最重要的影响归因于这份敕令——后面我们还将回过头来说它：它明令，从此以后，一切司法文件不再使用拉丁语或地方语言，而是一律使用"通俗"的法语。

此外，这一现象在发展过程中，没有发生意外。法语因为一种连续压力的作用，被逐步地引入法国南方。但是，它并不只是从正面进攻，170
它还从两翼迂回包抄。在东面，它先在罗讷河谷取得胜利；在西面，在圣东日和波尔多地区获胜；图卢兹真正被包围了，而且仅仅被围了一下就屈服了。地理学比历史学或政治学更好地让人了解国王语言的推进。典型的例子是阿维尼翁和孔塔弗内森，两地因为归教皇所有，所以不必服从法国国王的行政命令。不过，孔塔让法语成为它的书写语言，并不比它周围的地区和从属于国王的地区更犹豫、更缓慢。[①]阿维尼翁是国际性的商业和娱乐城市，向法兰西王国的语言开放甚至比其他南方城市还早。从15世纪起，法语就在这里占有优越地位；像在其他罗讷河城市一样，它最终于16世纪中叶在此地获胜。

此外，布伦的著作通篇都提到了人口大规模流动的影响。例如鲁埃尔格和热沃当这两个交通不便的地区，人们曾试图将其归在同一类"偏僻但富有生命力"的省中：一些地理学家进行了这种归类。[②]然而，芒德比罗德兹早半个多世纪完成了法语化。显然是那条古交通要道，勒戈尔丹路（*voie regordane*）的影响所致，贝迪埃的著作突出了它的作

① 布伦：《对法语引入法国南方外省地区的研究》，第404页。

② Brunhes, *Géographie humaine de la France*, Paris, Félix alcan, 1935, t. I, p. 355.

用。我补充一点，这是对语言地理学知识的新验证。[①]

就这样，没有神秘力量，没有魔棒一挥产生的奇迹，法语突然就从北部传到了南部。在描述传入的各个阶段之前，布伦注意跟踪法语的征服进程。在他所研究的地区的毗邻地区，即在奥克语和奥依语这两种语言的传统边界的北部，法语逐渐替代了当地方言，从前那么多博学者曾经浪费时间，想确定这两种语言的分布图。他的著作就从这种初步工作中获得一种重要启示。因为实际上并不存在两股不同的流动，
171 而是只有一股，从塞纳河两岸开始，缓慢地传播到比利牛斯山脉。

当然，在这种复原的而且被描绘得完美可信的历史中，没有可以称为"阿尔比剧变"的事件的位置。人们知道，从前没有人相信，16世纪法语在南方的传播是逐渐发生的，而且是迟缓的。人们的说法是，就在对阿尔比派的征伐之后，而且随着这次征伐，征服者的语言一下子就传播到阿尔卑斯山脉和比利牛斯山脉的边界。

布伦对这种说法提出异议。他推翻了这个说法。我好不容易记住了四个字，可以被当作一种评论："不费气力。"这是因为，关于布伦所涉及的这个难题，在博学者那里迄今为止是什么样的意见占优势，一个历史学家对此不了解，并不意外。罗曼语语言学家和语言学家无疑不应该完全无视历史学家的工作。然而，很多年前，这些历史学家——我们尤其援引在这方面一直是权威的保罗·多尼翁的著名论文[②]——就已经证明，法国在征服朗格多克的同时，未做任何尝试来使制度或法律"法语化"，无论是成功的还是不成功的。就连普及的书籍都表明这种意见，并且传播到广大读者中。例如加雄先生在其杰出的《朗格多克简

① 多扎(Dauzat)：《语言地理学》(*La géographie linguistique*, Paris, Flammarion, pp. 156–195)。"论对康塔勒的地理学影响，布伦的出色说明"(Sur les influences géographiques dans le Cantal, bonnes indications de Brun)，所引著作，第57—58页。

② *Les institutions politiques et administratives du Languedoc, du XIIIe siècle aux guerres de religion.*

史》[①]中写道，“实际上似乎什么也没有改变。尽管司法总管一直都是法国派来，但其余大部分官员都来自当地，并且熟悉当地的语言和风俗。因此（在圣路易时代）还不是可以称作君主中央集权的面貌”。他甚至惊奇地发现，14世纪在这个由朗格多克诸国组成的南方，产生了一种区域意识，并渐渐增强，然后通过一些用语表达出来，如“奥克地区”或奥克共和国、奥克语地区。[②]所以，对阿尔比派的征伐并没有消灭南方当地的方言。在13、14和15世纪初，这些方言依旧在它们的地域流行。它们只由南方居民专用，每当人们不喜欢用拉丁语时，就用它们进行书写。而且当拉丁语开始衰落时，它们便利用了这个时机，“随着向16世纪迈进，越来越”得到充分发展。情况很可能是这样。实际情况也就是这样。 172

二

因此，布伦的书确实有不少正确的见识和合理的看法。而这就能说它是一本完美无瑕的书吗？无疑不能。我们之所以下这个评语，不是从评论的角度考虑，因为那样毫无意义；而是出于对一个问题的浓厚兴趣，不，更确切地说，是对布伦肯定不打算完全同等地彻底解决的一套问题的兴趣。这套问题即语言学问题、历史学问题。然而我们觉得，布伦不想坚持下去解决这两种问题，也许是没有同等地、充分地做好准备。他的著作是事实的汇集。即便如此，对未来的工作者而言，也是特别珍贵的无价之宝。但是，他的好见识有时有所欠缺，存在局限性。我指的是，他不管什么理论都极不信任。只有说到事实时理直气壮。

也许是。但是我们始终记得那些研究经济史时不受学说约束的历史学家。就在他们的著作里，他们的残疾人发现了著名的“供求法则”，

---

① *Histoire du Languedoc*, Paris, Boivin, 1921, p. 102.

② 多尼翁，所引著作，第214页。

确实被提升到“常识的真理”[1]的高度。实际上，我有点担心，我们谈到的这种本能的不信任，会使布伦的著作既丧失一点明晰性，又丧失一些意义。他不预先通知，就在半道上甩掉他的读者，让人没有思想准备。拿旅行专家若昂和贝德克尔来说吧，他们编写的旅行指南则不只是提供方法：“服装与行李；零钱与汇兑；地理概况与历史概要”，在进行所有这些综述之后，就只是说明了。若昂写得匆促，而布伦先生则把罗盘的段落漏掉了，还把地图的段落忽略了。整整400页，他追述了法语从起源到1600年传入南方的历史。然后只是在一个题为“法语传入的方式和原因”的很短的一章中，才关心确定他的著作的目的，确实有点迟了。

布伦后来说，他不想预想他的调查结果。唉，谁要求您不诚实了吗？先按顺序列出问题的要素，然后再去寻找它的答案；在尽力完整地
173 找到答案之前，先陈述进行一种渊博的研究的一般条件，这并不是任凭漏洞百出的“预想”的假说摆布。布伦所描述的历史没有什么独特之处。自古以来，民族在生存过程中就一直在改变语言。可以说语言革命发生过无数次。因此我们可以对它们进行一些分类。这些分类有价值。人们早就知道，如今人们能尝试的任何研究，都会进入专家们的艰苦工作曾经组装的一个框架中。不用仔细去寻觅，人们发现梅耶就有一本著作提到这些分类，这本著作像梅耶那本杰作一样易于理解，这就是《新欧洲的语言》。买好灯笼和蜡烛再上路，被证明是一种有害的偏见，无疑这种偏见几乎还没有消除。

请看结果。由于没有预先指明，因此布伦就是让我们相信，而且好像他自己也相信，他的著作的目的是要描述**两个**对手之间的决斗：一方是法语，它要侵入；另一方是罗曼语，它要捍卫自己的地位。但布伦清

① 参见《社会学年鉴》(*L'Année Sociologique*)；吉罗(P. Guiraud)：《关于古代世界经济的研究》(*les études sur l'économie du monde antique*)中，最近使西米昂先生受到启发的始终公正的意见。

楚地知道，还存在着荷枪实弹的第三方：拉丁语。甚至还有第四方：一种文学语言。一位南方中世纪文学的行家向我提起过，它跟方言不同，12世纪在朗格多克、奥弗涅、沃莱、普罗旺斯的君主们的富裕文明的宫廷里，被用来表达骑士爱情的高雅题材。它是一种还没来得及变成真正的文明语言的文学语言；更确切地说，它是一种诗歌语言，是比权贵们更精明的发明者所珍爱的特殊表达方式：只要它表达其美好憧憬的原始文明继续存在，只要它还操心如何进行细致入微的分析，拉丁语这种政治与学术性的语言就会妨碍它的发展，阻止人们用它写公文函件，阻止它成为法律、政治、宗教用语。当拉丁语渐渐放松它的控制，并且在处处开始让位于正在发展的“通俗语言”时，南方就不再有原始文明了，南方的自治就不再存在了；从13世纪中叶起就大局已定。同样，“朗格多克文学也不再有散文。它的词汇的地位得不到提升，不能用来表达一般观念，因为拉丁语在当时就足能满足需要。它的词汇开出绚丽多彩的花朵；但是不会结果，等不到成熟”。没人比加雄先生说得更好了。 174

然而，北部民间已经形成了一种文风，博学、积极、易懂，是一种文明的工具，这种文明不断发展，不断通过它的艺术、它的思想、它的国王的威望、它的大教堂建筑师的才华、它的博学者的科学，来加强对西方世界的控制。没有任何资料可以证明，这种威望在百年战争的漫长年代受到过严重损害，因为在那场严重危机中，南方诸省确实依旧毫不犹豫地效忠法国国王，拒绝当时控制着邻近的吉耶纳的英国国王的引诱，“极力接受共同祖国的印记，并养成了将注意力集中在国王身上，然后又集中在法兰西王国上的习惯，不久他们就对法王和法兰西王国产生了依恋”[①]，况且这种依恋也符合他们的利益。

① 加雄，所引著作，第118页以及第116页：“它（朗格多克地区）帮助法国对抗英国人甚至是一个时机，它抓住机会，终于与中部诸省一起，变成了法国的成员。”我们有意在一本为所有人写的历史书中查考这些情况，再说这书是能人之作。

此外，当拉丁语逐渐萎缩时，在南方，一种通俗语言将扮演一个好角色，即文明语言的角色：能够得到这种角色的不是某种南方方言；也不是那种想必是供由地区任命的公证人使用的通用语，而对这种通用语的研究，无疑可以满足布伦的某些好奇心。在一段时间里，那些方言，那种十分实用的通用语，勉强可以弥补拉丁语萎缩造成的空缺。它们的确是活语言。布伦有理由这样说：它们的能力似乎很强；完全主宰了整个朗格多克和普罗旺斯地区；人们只说这些语言；书写时除了用拉丁语，也只用这些语言。但还应该注意，在宫廷里，人们已经只使用法语了。不过，南方方言的虚假好运没有持续多久。一旦真出了问题，它们的缺点就暴露无遗。法语来了，并且取得胜利。方言被算作土话，从书写文件中删除。只作为口头语言满足人们的日常之需。因此，如果演变真是这样实现的，那么在历史学家看来，对阿尔比派的征伐和“北方人入侵”，这些让布伦不快的老生常谈，便重新获得了一些活力，
175 并显得有些道理。

三

但是，人们同样预先猜到，在一个最重要的问题上，我们的意见不再和布伦一致。就是在解释法语势如破竹地大举占领南方的原因时，确切地说，这个时期大致是从1450年到1600年；更精确地说，是从1500年到1550年。

布伦不愿详尽研究这个问题：“谈论这些原因有什么用？陈述事实就足以揭示它们了。”布论不论述，他只发掘事实。他发现，一方面，在1450年和1550年之间，王权通过不断握紧它的权力，使“一种以统一和中央集权为目的的行政管理体制”占上风。另一方面，与此同时，“直到当时还没有显示衰落迹象的”南方方言被禁止在文书中使用，它在行政管理或文学的地位被法语取代，法语的“绝对权威作为国王的绝对权威

的结果使人敬服”。这是两个同步发生的事实，“像衣服的面子和里子一样”相互配合。第一个事实是第二个事实的原因。法语在南方的胜利，就是政治的成就，是一种政治事业，不是别的什么东西。①这项事业圆满完成的标志，就是维莱尔科特雷敕令，它的命令语调，它的毫不含糊的规定，它的不容置疑的禁令。Sic volo, sic jubeo.②国王命令，南方服从……

我承认，我总是对这种过分简单的解释有点惊讶。哎呀！对“政府决定”的不可动摇的崇拜，毫发无损地流传下来，甚至在1914年到1918年之间发生的可怕危机之后还这样，那时有那么多窝囊废执政，受盲目的力量随意摆布，他们让这种力量释放出来，却既不去引导，又不去控制。——不谈这个了，还是来谈布伦。我很明白，他在这里略提一下保留意见，在那里略提一句让人产生希望的话。他承认（第421页）：“一场革命要拥有持久的丰富成果，必须恰逢其时。”他承认，维莱尔科特雷敕令“符合新生代的潜在倾向”。当这种倾向表现出来的时候，“一大片南方地域已经自发地认同法语了……这得益于一种公众精神的推动，这种精神力图以现代性的意义显现［？］……一种有利于君主制的演变”。但是，也就到此为止。布伦没有再深入下去。没有做任何 176
努力去分析。他没有超出他那个十分空泛的词——时机。为什么会有这个“时机”？这就是问题所在。

希望人们明白我的意思。我跟维莱尔科特雷敕令无冤无仇！在布伦向我们描述的语言史中，它扮演了它的角色，而且还是一个重要角色。③我也不否认另一种因素所起的较小的作用，简单来说，这种

① 在布伦的著作的第1页，文字直截了当：“历史的事实，不是吗，而且是政治史的事实，这就是我们所研究的现象的特征。”

② 拉丁语：我行我素。——译注

③ 第421页有一句很有意义的话：“此后人们都承认，（这道敕令的）影响几乎是巨大的。”

因素就是王国中央集权的发展。但是，如果我不担心被骂卖弄专业学问的话，我还是想指出，布伦专门论述王国官员有成效的工作的那些篇章中，存在着一些缺陷。其中无疑有太多的说法犯了时代错误[1]，关于某些决定的意义也有太多的误解，尤其是有太多的疏漏。布伦关于作用极为重要的最高法院说得很多，却很少说，甚至根本不说王国官员的一些作为。在15世纪末和16世纪初，这些官员渐渐打破自治市镇的特权，随意在市政府安插亲信，在图卢兹设市长，在蒙托邦或马赛派执政官，这些人对他们俯首帖耳、唯命是从。所有这些都要尽量说出来。无疑没有什么比这个更能阐明“法语问题”的某些方面；更有助于部分地解释如下这种现象：早在维莱尔科特雷敕令之前，国王的语言就已经被用在那么多南方市政府的决议登记簿甚至账簿上。

此后，即使这一切都注意到了，还有一个在语言学家看来是明显的，在历史学家看来则更明显的事实。可惜，在布伦的著作中，没有一处提及这个事实。能够促使一个民族放弃自己的语言，或者至少不用这种语言进行书写的因素，能够促使他们实际上同意让自己的方言沦落到土话地位的因素，并不是他们被人统治，以及从此必须采用统治者的语言这种意识。有一些被统治者，他们藐视统治者，并且拥有藐视统治者的资本；或者至少自认为在文化上有和统治者平起平坐的资本。
177 古代说希腊语的民族就是这种情况，当罗马征服地中海整个西部时，他

① 例如：“公职人员的出现”（第82页）：一个“公职人员团体”（出处同上），和其他上百个诸如此类的说法，在布伦的这个小论题中读到这种看法不免会让人们惊恐（第62页）。“由于乐观的拖延和有信心的机会主义，中世纪不再时兴了。”当布伦先生写到路易十一时期设立的这个职位在地方行政当局与中央行政当局之间建立联系时，显然没有料到，路易十一的这个“职位”，与我们现在用这个名称所指的东西完全是两码事。我们不再举例了，因为这么做会有失公允。

们就拒不接受拉丁语(除了少数例外)。①

如果被统治者的语言也追求一种威望,这种威望跟统治者的语言所享有的相比,即使不更优越,至少也要平等,那么做什么都没用。强迫失败了,就将一直失败。甚至在当今时代,现代国家的那么多机制始终约束和压制着个体,一个人从生到死,通过实施义务教育的学校,通过强制服兵役,通过与介入一切事务,并只说只听官方语言的行政机构强制维持的关系,来接受语言的培养训练。然而,这种强迫要想成功,只有以一种最糟的暴力,一种依赖所有诬告的公开和秘密的调查,一种像1914年至1918年间德国人对阿尔萨斯和洛林的说法语的居民实行过的那种恐怖统治为代价。②他们虽然能够禁止人们使用法语,却不能扼杀人们对它的渴望。只要不是一个极小的、甘愿在弱小意识里沉沦的少数民族,人们就不能把像征服者的语言那样的新语言,强加给一个仇恨或蔑视这种语言的民族。

要使语言的改变能够实现,需要情感参与。被统治者应该感受到统治者的威望,并且打算承认它。更确切地说,他们应该放弃任何难以

---

① Meillet, *Aperçu d'une histoire de la langue grecque,* 1913, IIIe partie, chap. VI, p.345.

② 既然我写了它的名称,我们要指出,布伦在阿尔萨斯进行过一次研究旅行,其间完成了一篇十分有趣的语言学著作,这次旅行不会对他没用吧?他对17世纪法国作家常常引用的那些证据进行了十分流畅的讨论(第467页),我们就通过阅读来思考一下,那些作家(如拉辛在于泽斯)宣称,南方当地人听不懂法国人的法语,比法国人听不懂南方人的法语多。布伦举出一个事实来驳斥拉辛的证据,就在1664年,于泽斯的本堂神甫在他的堂区登记簿上,用法语代替了罗曼语,我们立即想到在阿尔萨斯,如今的许多从业的小学老师,在停战时可以说对我们的语言一无所知。有些人,极少数很有天赋的人,每天学习法语课程,然后就去教学生:甚至发生过这样的情况,在教过之后就忘了,至少是部分地忘了。虽然很难做到用法语跟拉辛,甚至跟布伦侃侃而谈,但是如果有要求,他们也会用不太确切的法语,在村子里进行户籍登记。还有一例,莫里哀带着剧团走遍南方进行演出。"他是对着空荡荡的剧场演出吗?"布伦问。不过,阿尔萨斯人去斯特拉斯堡的剧院看古典戏剧(那里有时也上演莫里哀的戏),倒不是因为他们懂法语,而是因为他们要努力学会优秀的法语!

克服的民族或宗教特性，不再渴求与统治者不一样，而要跟他们融合在一起，并且越来越和他们亲近，融入他们公认的、优越的文明，融入他们
178 公认的、值得羡慕的、优秀的伦理、科学、文学、艺术、宗教的文化。这曾经是高卢人在面对罗马人时遇到的情况。一般说来，这曾经就是被罗马驯服的族群的情况，只有说希腊语的族群除外。而人们并未发现，罗马为了推广它的语言，非要建立一整套特别的限制性政策不可：靠它的威望，靠它的文明的魅力就够了；至于剩下的事情，战败者自会权衡利弊。

这同样也曾是法国南方族群的情况；而既然布伦没有局限于收集事实和日期，他一边着手进行解释，一边却又否认这种情况。更确切地说，既然他宣称唯一的、“政治”的解释，直接出自事实，那么我们就有充分理由责备他没有说过这种情况，没有竭尽全力去证明它。在15世纪末和16世纪初，南方人怎么会有靠他们的语言来分享一种优越文化的意识呢？对他们来说，他们的语言不过是一种日常的实用工具，因为他们的文学，任何有价值的南方文学，都已消亡。他们的艺术？不再存在属于他们的艺术了。哥特艺术当时对他们的地区来说就十分稀缺，在它之后，入侵的是与法国北方雕塑艺术有亲缘关系的一种雕塑艺术（按照库拉若那广为人知的断言，人们长期以来把它称作勃艮第雕塑艺术）；阿尔比、图卢兹、罗德兹的人就欣赏这种艺术。他们的民族意识？族群对构成各省的特殊宪章，并得到国王在即位时郑重批准的特权感到满意。他们要求维护它的完整。除此之外，没有任何要求。

因此，南方没有固有的文化。相反，法兰西文化日益强盛，日益有魅力。一个在废墟上诞生的法国，在和平中休养生息、繁荣兴旺，怀着一股炽烈的热情和快乐工作，从1480年到1520年，经历了四十年的繁荣、幸福、安逸和快乐的生活，除了带来无限的希望外，还带来了文艺复兴和新兴的宗教改革。布伦先生怎么能不跟我们说说这些，不向我们

指出这些，哪怕只是一个字？后面他还忘记向我们指出，在“百年战争”最严峻的时期，这个剧烈变化是如何在南方人的意识里发生的，尤其是在朗格多克[①]；他怎么能闭口不谈复兴经济的巨大努力；那种劳动和收获的炽烈热情；那种在一些年里改变了南方面貌的深刻的社会变革呢？南方和其余所有地区一样，生活在统一法国的成功与幸福之中。 179

法国发生了脱胎换骨的变化。在萧条的城市，在荒芜的乡村，人丁开始兴旺起来。在整个南方，人们开垦石灰质荒地、沼泽地、废弃的土地；在普罗旺斯，人们种植油橄榄和无花果；朗格多克也种植油橄榄，还有桑树和菘蓝；蒙彼利埃、纳博讷、卡尔卡松、佩泽纳斯、阿莱、于泽斯，部分城市通过外来移民增加了人口，此后南方的普罗旺斯和朗格多克地区又废除了接收外侨遗产权，国王授予外来移民这种必要的特权，是为了让一些呢绒作坊落户扎根，使这个地区摆脱北方的呢绒业。朗格多克、普罗旺斯、多菲内和勃艮第之间的内部关税被取消。加龙河、罗讷河上废除了过多的收费站、船闸、磨坊的水坝，水道重新变得畅通无阻。王权制定规则，并成了人心所向，既然人们想“获利”，想“赚钱”，就必须越来越向着它：这是这个时期的两个重要的词，这个时期见证了一种既纯朴又残酷的资本主义的诞生和繁荣。同样，整个变化也在社会等级方面深入发生。神职人员与国王和王国政府靠得愈发紧密。他们广泛参政。主教们在巴黎和在图卢兹或艾克斯一样，进出宫廷，入座最高法院，主持朗格多克的三级会议，在朗格多克、普罗旺斯，把持着国王执政官的职位。除此以外，尤其是资产阶级的变化，他们发展壮大了，积累了财富，改变了奋斗目标，显得是新时代无可争议的主宰。哪里能赚钱，哪里能玩计谋，哪里有利可图，哪里就有资产阶级。

---

① 这篇文章写道，在人们不能说到波尔多地区的时代。自1947年布特吕歇(R.Boutruche)的优秀论文《百年战争期间波尔多地区的领主和农民》(*Seigneurs et paysans du Bordelais pendant la guerre de Cent Ans*)发表后，人们可以说到它了。

它的武器不是剑，而是笔杆子：

> 万岁！优美华丽的笔杆、
> 纸张和羊皮纸文件，
> 能读会写又懂得实践，
> 就能沿着大路顺利向前！

这是一个民族真正的座右铭，这个民族渴望文化，因为文化就是他们飞黄腾达的手段——当然是渴望法兰西文化，因为这个时代不再
180 是人们在小城深居简出，不了解世界，不走遍世界就可以“赚钱”的时代——渴望能让商人在康庄大道上追逐财富的文化；能让金融家开始为国王效劳的文化；能让法官主持“正义”、跻身最高法院的文化。确实，这场语言革命把一个在1450年时还不知道法语的南方，变成了到1550年只写法语的南方，怎么能对它的原因只字不提呢，无论如何原因就在这儿呀！再说一遍，问题不是要否定王权、中央权力在这个伟大的文明进程中所起的作用；不是要笼统地从这种权力的作用中，从纯属政治和行政范畴的命令在15世纪末、16世纪初对布伦先生所研究的语言革命的作用中找碴儿。问题可以说是在于，人们不仅要关注这种政治权力的作用，关注法国君主制及其代理人的作用，还应该关注整个法兰西文明在这个时期的更广泛和更重要的作用。

不是弗朗索瓦一世，或者别的某位国王说一声“朕要怎样怎样”，就能完成南方这种转换语言的奇迹的。传令官在用号角对匍匐在地的人群发出3次召唤后，宣读了维莱尔科特雷敕令，但是南方并没有听从他的号召。是法国的伟大、繁荣、活力，促使在事实上和意愿上已经成为法国一部分的整个南方，也愿意在语言上成为法国的一部分。是令整个欧洲尊敬和畏惧的国王所体现的这个广袤地区的强大生命力，强大得可以去谋求帝国的皇冠了；是王国的全部活动的新方向——离开

地中海，走向大洋，走向美洲的新土地，或者更近些，走向安特卫普的国际大广场；是人们的骚动、利益的麇集、观念的翻涌；是所有这些，最终解释了布伦充分揭示（这是他的伟大功劳）并想解释（而这是他的不足）的重要事实，即这种对法兰西语言的接受不是被迫的、强加的，而是自由的、快乐的。南方人渴望使用一种在那个时代，能够通过印刷术把他们印在纸上，通过文学使他们"出名"的语言。

我们仅限于粗略扼要地指出这一切。而要表达这一切，需要的不是一个人，而是两个人：一位语言学家，一位历史学家，并把他们的努力结合起来。这是Vox clamantis in deserto[1]吗？人们会原谅我们乐此不疲地充当这种令人扫兴的人。181

① 拉丁语：沙漠中的呐喊。意思是非主流意见。——译注

4. 引入布吕诺的语言学中的历史问题

18世纪法国的民族性与语言[*]

随着费迪南・布吕诺的宏伟计划的推进，他越来越关心把法语历史与法国通史结合起来。语史学家和语言学家已经说过他们的学科采用类似方法所能获得和已经获得的所有成果。一位在这本杂志上以他的专业观点长期跟踪语言学研究发展的历史学家得到允许，尽力指出通史中所有应该归功于这些如此新颖、大胆却又审慎的工作的成果。

在《从起源到1900年的法国语言史》的第5卷中，布吕诺研究了17世纪法语在法国及法国以外的发展历程。他证明，我们的语言一下子就征服了欧洲；但是在王国境内，却要克服无数的障碍和抵抗，缓慢地、默默地逐步推进。这种内外进程相反的现象令人奇怪，可是很有教益，因为他引人入胜地阐明了"路易十四"的法国的历史！

如今，根据第7卷，是18世纪法语在法国的普及，让我们完整了解到它的全部变迁。[①]这是全新的课题，极有意义。如果某一天有人将把一部法国民族意识史送给我们——这部历史还没有人认真开始写，况
182 且人们有理由把它一直推迟下去，直到准备工作已经就这个重大问题

---

* 《历史综合评论》，XLII，1926年。

① *Histoire de la langue française des origines à 1900*, Paris, Armand Colin, 1926.

展示了某些广阔前景的时候——他们必须把布吕诺收集到的事实仔细考虑进去，尤其要从他的如此简明、如此有洞察力的研究中，得出令人信服的结论。我不知道哪本书比这本更能激发我们对大革命危机以前的一种民族性的内在构造的思考，而且是更有成果的思考。我不知道谁更能帮助我们了解我们的现代国家为何以及在哪些方面跟从前的国家有深刻的差别。我想用几句话来说明。但是在这之前，我会乐于跟随费迪南·布吕诺的步伐，迅速描述一下从路易十四统治末期到法国大革命前夕，法语在王国境内的发展历程。

一

在路易十四统治末期，法语面临两个实力不相当但仍然很厉害的竞争对手：拉丁语和方言。在18世纪，其中一个对手落荒而逃。

拉丁语被打败了。就是说，首先，到1760年，写二行诗、短长格的诗或萨福体诗的人再也不敢自称是真正的作家了，况且这种诗越来越难找到读者。

Aetas egregios duos poetas
Haec fert aurea...①

1538年，优秀的尼古拉·波旁发出感叹。不要找出这两位诗人是谁。也许是龙萨？或者还有马罗？或者杜·贝莱？都不是，是热尔曼·布里斯和萨尔蒙·马克兰，我们这些书虫还是有机会找到他们的。我们需要附加一些说明；但是他们的语言——用从甚至长达五个世纪的拉丁文化、在许多不合规则的诗人中汲取到的词和“句子结构”制造

① 拉丁语，大意是：两位诗人杰出一生，多产而辉煌……——译注

的语言——对有拉丁语观念的人而言，体现了某种极其可怕的东西：一个装满了拉辛风格的古典主义和浪漫主义隐喻的坛子，所有东西上还撒着一些魏尔伦风格的模糊回忆和少许马罗风格的古风。

在18世纪，这些蹩脚的游戏结束了。不是因为人们突然不再阅读或出版现代拉丁诗人的作品，不论是在国外（尤其是荷兰），还是在法国，这些作品还在继续出版。我在写这篇文章时，面前就有一本这样
183 的精致可爱的书，巴尔布另外插进了精美的版画，是向科尚、埃森、格拉沃洛和其他小名家征稿的。这是1786年瓦尼埃尔神父的《田产》的一种版本；同一系列中还有一些杂乱的书，一本卢克莱修的，一本维吉尔的，一本贺拉斯的，以及马提雅尔的精致的两卷本，帕潘的《果园》（1780）；贝赛、米雷和让·瑟孔的《青年》（1779）；德比咏的悲伤的《寓言》（1778），还有其他一些作品。人们甚至可能想对这些版本和再版本进行一次清点，这些清点有无数次了，只要读布吕诺先生的书，每一页都能让人产生这种念头。[①]但是总的来说，确实不再有拉丁诗人诞生了，这是《拉丁诗文宝库》和《攀登帕尔纳苏斯山》的推崇者们的谨慎说法，他们急切地用这种说法来掩饰他们自己面对迎候他们的坟墓时，眼中流露出的恐惧。[②]

不再有拉丁诗了，也不再有拉丁雄辩术了。不再有在那个把人们对科学的兴趣，甚至迷恋，变成知识的时期的拉丁科学了。《百科全书》只用法语表述。甚至天文学家、物理学家、化学家、哲学家、历史学家、政治家的技术性论文，都用他们的语言撰写。丰特奈尔，即写《死者的对话》和《关于多个世界的对话》的丰特奈尔，已经使过渡时期的一代伟

① 在同一系列中，巴尔布转载了伊拉斯谟的《愚人颂》和莫尔的《乌托邦》。在18世纪结束时的这次复兴中，有趣的东西在出版时都假借了爱好珍本的名义，有思想特点的著作的名义，或者对16世纪的情怀的名义。

② 在这一时期，培尔（Bayle）已经注意到，博学的诗人们发出了“拉丁诗最后的叹息”（第7页）。

人，从马勒伯朗士到莱布尼茨和牛顿，隐没在一种十分精致和明晰的语言的细密褶痕中。在后继的一代中，无人不用法语写作：布丰或达朗贝尔、拉普拉斯或道本顿、蒙日和拉朗德、拉卡纳尔和雷奥米尔；这是一场胜利。[①]我在阅读亨利·多丹最近的论著《从林奈到拉马克，1740—1790》时，聊作消遣，在参考书目中用记号标出了从1740年到1790年间，由法国人分别用法语或拉丁语撰写的博物学论文和书籍的数量：33比4，数字足能说明问题。[②]

法语教育显露苗头：中学自身开始变化起来。1748年设立中学优等生会考；从1749年起，会考在修辞班上设立了一项法语论文奖金。184
法语的运用也怯生生地进入课堂。它渐渐占领了地盘，尤其是在奥拉托利修会；1759年，甚至有一些修会会士要设立不包含拉丁语的教育；人们猜测布吕诺不会忘记顺便向索雷兹本笃会的那些杰出的先驱致敬。不过，整体上，教师的思想还保留着拉丁语。在这个阶层，抵抗是顽强的，桎梏难以破除。要战胜它还需要时间。不过这场斗争只涉及一个没有真正掌握时代精神的小职业阶层，他们与世隔绝，与生活隔绝更深。

当法国大革命开始时，带着一点蛮勇支持大规模实施法语教育的人可以高呼，"城市攻下来了"。学校还在抵抗，但社会已经被征服。

更艰难的是方言之间的斗争。的确，它们在任何地方都不再被当作文学用语，也不被当作书面用语，甚至在它们统治那么久的南方地

---

① 关于此前的时期，参见布吕诺的著作第5卷，第21页："拉丁语在自然科学中进行抵抗……尽管科学获得公众的尊重，但科学家在社会上获得地位还很困难"，等等。

② 关于法语科学报刊的问世：《学者杂志》(*Journal des Savants*, 1665)、《文字共和国新闻》(*Nouvelles de la République des Lettres*, 1684)、《通用图书馆》(*Bibliothèque Universelle*, 1668)、《特雷武报》(*Journal de Trévoux*, 1701)；亦参见第5卷，第23页及以后各页。

区，它们的主宰也结束了。[1]不再有用“奥克语”写的公文书、诉讼法、公证书。文学语言，华丽的语言——甚至人们一提笔，写的就是法语。但是它还不是真正的母语，不是人们小时候趴在祖母的膝上学会的语言，不是在家里、在街头巷尾听到的语言，也不是遇到朋友时脱口而出的语言：在18世纪开始时，那种日常和自发使用的“通俗语言”，还一直是方言；当18世纪以大革命的爆发结束时，还仍然是方言。

这是说不曾有过进步吗？问题所涉的面太广。语言是典型的社会现象，忠实反映了各个时代的文明的一般状态。无数种因素都会对它产生影响。但是，其中有主要的，有次要的。布吕诺的功绩，正是指出它们的主次和影响。

作为20世纪的人，既然谈及法语在法国的推进，我们本能地转向小学。除了“老师”，谁会教讲方言的小学生说法语？布吕诺要我们注
185 意：“如今小学是一座教书育人的场所；过去小学是照看和抚育儿童的地方。”况且这些幼儿园的历史多么模糊啊！它们的数量有多少？各个地区之间极不均衡。而小学最多的地方，老师们又会是怎样呢？“可以说商品都不像小学老师这般繁杂”，吕内维尔的一位副代表这样感慨。既不会读也不会写的老师并不是这个讽刺的对象；过去的儿童教育界真有这类人。[2]确实，他会唱歌，这就弥补了不足：小学老师原本就是教堂唱诗班里的人。他每天早晨领着孩子们进教堂；除了所有日课，还扯着嗓子唱弥撒；他也许还能教小学生阅读、书写和计算，每月得五个苏的报酬。这报酬常常还会增加。

此外，面对他提着棍棒照管的这些野小孩，他是说法语呢，还是说方言？在东部和北部说法语；在中部似乎也说法语。当然，说法语是

① Brun, *Recherches historiques sur l'introduction du français dans les province du Midi*, Paris, 1923.

② 见第5卷，第36页，n° 2，和第37页，以及第6卷，第148—149页。

很受限制的。不仅小学生总是说方言，老师为了让学生听懂，也常常不得不用方言来讲解。他也不是执意要说方言；况且他常常会遇到相当大的阻碍。[①]他尽力推广法语。但是他的努力不时会付诸东流。至于南方，有两种说法，使历史学家比为该不该结婚而纠结的巴奴日还要困惑。一位通信者回答格列高里："小学老师上课只说方言，或者说非常蹩脚的法语。"但是另一位却说："上课就会用法语。"对他们进行评判的人是坐收渔利的第三者？我们来听听："在我们的乡下小学，上课不用法语，也不用方言"……这里我们彻底弄清楚了！如果有第四个人突然到来，他可能又冒出一个新看法。因为，小学老师要是受过教育，就该用拉丁语来教孩子。[②]法语本来是赢不了的…… 186

有件事很怪：路易十六统治时期的"开明管理"，一点不利于乡村教育。在那个世纪后期（1782），一位普罗旺斯总督直言不讳，"一个农民会读书写字就不干农活了"。纳瓦拉的那位总督说："我认为没有必要为证明老师在乡村毫无用处来争论不休……当我了解了在村社中产生的这种性质的小学，我就把它们都撤掉了。"可能共和国不需要有学问的人。总督先生说过无数次，老百姓就该愚昧无知。[③]

① 大多数小学老师居无定所，他们的方言想必也说得不好，因为各个村子的方言不一样。而方言说不好的人会遭人耻笑，过去这种农民的嘲笑让人难受，他们对不握犁把的游手好闲者，如裁缝、鞋匠、织布工以及最无所事事的小学老师，态度都很差，说他们这种一无所长的人，只会培养懒汉。

② 我们想想，首先得读拉丁文的祈祷文和礼仪书，人们想必会知难而退。布吕诺指明了完全自然存在的障碍，这些障碍妨碍了从用拉丁语阅读向法语阅读的顺利过渡。孩子们学读de-u-s（拉丁语：上帝）这个词时，会把所有字母分开发音，一旦要读deux（法语：二）就会犯晕（"deux"结尾的"x"不发音——编者注）。

③ Ardaschef (*Les intendants de province sous Louis XVI*, trad. Jousserandot, Paris, Alcan, 1909)完全证实了这一点。参见第373页："总督们很少关心老百姓的小学。"他们首先重视技术学校。总之，是物质上的功利导致他们这么做的。

那么从17世纪末到18世纪末，法语是怎样在王国内赢得一大块地盘的呢？王国？这个时期的地图绘制者在他们的漂亮的地图集里为我们描绘的亚洲或美洲都十分精准。海岸几乎都已准确地标记出来。城市、郊区，以及一些重要的交通运输地带，也都很清楚；但是，在热闹地区形成的多少有点密集的网之间，也存在一些空白区域，即那种日益缩小的荒僻地区，居住着一些居民，他们不参与人、商品和思想的交流，陷在陈规陋习中，什么都不能激励他们走出来。两三年来一位迷路的旅行者；每年来一些小贩和征税官：这些就是这些穷乡僻壤的来客。道路崎岖，难以通行，连每年应该去一次履职的人都不去。格勒诺布尔的主教勒·加缪致信庞沙特兰（1672）说到他的教区："还是40年前有人去过。"在蒙索什地方的莫尔旺，从1704年到1825年，就没有施过坚振礼：主教都推脱去不了那里。人们理解为什么布吕诺在其著作的核心部分，用六章篇幅叙述18世纪的道路和交通运输。对语言本身而言，道路交通是一个首要问题。

关于这方面，我应该说一说。布吕诺的书中我所喜欢的东西，不是
187 他挖空心思来表明这个重要事实，不是他进行论证所用的非常讲究的措辞和尽可能不专断的方式。布吕诺不满足于摆出教训人的样子，把大量方式方法灌进读者的脑袋。他不想相信，或者不想让人相信，单靠道路网的存在，就能自然而然地导致法语向全法国推广。这是长期的工作。哪怕是在一些一点不荒僻的地区，许多村子只有在19世纪中期以后，才从道路通畅获得好处。七月王朝修路的努力有效增强了旧王朝修路的努力；以后的政体也完善了这项工作。杰出的《布尔努瓦方言词汇》（布尔努瓦是弗朗什-孔泰高原上杜河与奥尼翁河之间的一个村庄）的作者鲁塞，在写从1870年到1880年的回忆录时，还能写道："要是有一天来了一个镀锡工或者一个卖五金百货的商贩，那可真是一件大事；他们被围得水泄不通，人们瞪大眼睛看他们，仔仔细细打量驴子及两轮车，议论纷纷。"他还补充说："由于有了道路，进步已经渗入布尔

努瓦。”是的,但是道路只是在1880年前后才通进布尔努瓦。

接下来,费迪南·布吕诺另外还充分证明,任何新发明都会产生互相矛盾的效应。由于交通更加便利,农民就更愿意去法语集中的地方——城市,这不假。可是道路改善又导致旅馆住宿费用锐减,从前由于交通不便,这费用是小贩们必须花的。不过,旅馆肯定不是说高雅语言的场所,但由于城乡关系日益密切,商业又依靠道路发展,这就让中心地区的语言有了新的推广机会,这确实也是一个普遍事实。

实际上,困难在于做加法,求总和。我们很清楚地看到了几大组事实。也很清楚地发现了例外,反向的情况。确定各种因素的比例,然后做加法:困难就在这里。“谁敢断言……一定要有保留……时至今日,对久远的过去怎么确认?……人们割裂这些材料要冒多大风险啊!……”我随意在两页中摘录了布吕诺的这些话。它们多么能引起人们同感并让人放心啊!因为这些话明智地表述了作者的怀疑,因为整篇著作极富成果,我还要补充说,它肯定是一部不会过时的著作。 188

布吕诺自己对出现在他头脑中的非常可信的观点,不时提出一系列异议,我犹豫着再加上一条“也许有的”异议。亚瑟·扬就曾对18世纪末法国道路的空荡荡感到惊讶,我摘取他写的一段文字,写得恰如其分:“人们可能会怀疑,这个断言与正式的实际数据,如通行税数据有矛盾。”不过他没有坚持。他更愿意去了解事实。他注意到,修路的“徭役是昔日的,损失是今日的,好处还没有显示出来;邮车不向城里运送牲畜,也不运送农产品”。他一笔带过这个注意到的事实。但愿他允许我在这上面耽搁一会儿。

不只是邮车向城市运送农产品太少,农民自己的大车运送的还要更少,而且去城市的次数也太少。因为,道路是通畅的,但是要想路上车水马龙,满载麦捆和麦包运往邻近的市场,那么,农产品,不论是粮食还是牲畜,都必须充裕才行,必须在农民留足自需后,还有不少剩余拿去卖钱。为此必须来一场革命:18世纪末,一些先驱恰好开始在科学院、农业学会和其他学会进行这场耕作方法的革命。革命从何时开始不得而知；完成这场革命的时间很长。这些天我重读了一篇论述我们勃艮第和孔泰东部方言的最优秀的专著的序言；我有必要待会儿来引用一下：这就是鲁塞论述布尔努瓦的专著。作者描述了他的村庄种植
189 方面的详细情况——技术非常简陋，产量少得难以置信。[①]——这是1870年到1880年前后的产量——这些详细情况表明，修路确实不足以在整个法国创造繁荣的交通运输。墨守成规的群体比无路的地区更难突破。而且，一旦道路建成，要让满载货物的车辆和膘肥体壮的牲畜在坚实的大路上跑起来，需要的不只是工程师的知识，还需要来一场农业变革，以及由此发生的精神的变革；需要在农民身上及这个墨守成规的古老职业内催发赚钱的渴望，唤起一种新的精神，即商业精神和被我们误认为一直存在的赚钱精神。在乡村，这种精神常常是最近才有的，因此几乎是现代的……

此外，布吕诺不限于叙述道路的进步。他还研究了在18世纪末，一些说法语的中心地区是如何，并且是受到哪些因素影响，才能够到处形成的。其中包括矿山和工厂周围的工人居住区；然后是城堡，公众

---

① *Glossaire du Parler de Bournois*, Paris, Welter, 1894, p. 7："1877年，我还用木制的犁耕地……1874年，布尔努瓦人还使用连枷脱粒，我今年就和我唯一的弟弟弗洛朗坦一起，打了200捆麦子……布尔努瓦人从地里得不到本该产出的收成的四分之一……，因此他们的粮食严重不足。"第8页："许多人家都闹春荒，哪有粮食卖……牲畜的情况也是如此。春季刚到，粮仓就几乎空了。"第10页："农民除了种地没有任何经济来源。"摘录把我们带进一个极想去探索的精神和心理的领域。第19页："依照旧习惯，所有道路都是直的，保养很差，几乎无法通行……也正是由于路面崎岖坎坷，1815年布尔努瓦才得以长久避免了敌人来来往往的侵扰。"

同样还有佩龙（Ch. Perron）关于同一地区的一个村庄布鲁瓦莱佩姆的精彩概述（*Mémoires de la Société d'Émulation du Doubs*, 1889, p. 373）中的注释："人们劳作非常辛苦，却几乎没有收成……一个农夫留下作为来年的种子和糊口必需的谷物，剩下的就仅够付裁缝、雇工的工资，以及佩姆的高利贷债主的小笔债务，这笔债务还是在他的全部牲畜死掉的那一年欠下的……"

的趣味越来越促使大庄园主和暴发户每年在那里举行聚会；小城镇是不定居的官员的聚集地，他们来自各地，而且只说法语。他没有注意到（大概是因为他后来才有机会回到那里）老退伍军人回乡的影响，这种影响在乡村也肯定有。①这些各种各样的事实都相互印证。它们证明一个多世纪前格利高里的一个通信者作出的评判是正确的："老不动窝的乡下人很少说法语，而且说得很蹩脚；时常出门的人说得就不太差；而常年出门在外的人则说得非常好。"② 190

二

所有这些看法都发人深思。但是，人们总是带着更强烈的好奇心，接着讨论那个令人头疼的中心问题：语言与民族性的关系。在法语的推广与法国人拥有的民族意识之间，存在什么直接的关系？

布吕诺没有正面讨论这个问题。他婉转地谈到了。他在书的末尾进行了回顾，首先是回顾了具有地方主义的外省地区或环绕法国的外国语言。那里的人懂法语吗？例如贝阿恩，这个地区"尽管受同一个国

① 参见鲁塞所说的有关他父亲的内容（所引用著作第6页）："他的父母想让他教书，可是他宁愿去当兵。7年后，他带着士官军衔回到村里。从那时起，他就几乎一直在担任全镇的文书。他的几个堂亲中有几个士官和1位小学教师，都出身于村里还没有消亡的昔日小贵族。我在我们孔泰的村庄遇到过一些老战友，他们多次自豪地告诉我乡里的孩子在'大战'后以士官军衔，甚至以军官身份衣锦还乡的人数。"鲁塞十分清楚地注意到，随着小学的发展，士官、小学教师和小官吏这种"持有资格证书"的小阶层在扩大。参见第20页："人人都想当学者。这成了一种真正的热潮，侵袭着人群……最近这些年（1894），这个不到395人的小镇，出了1个神甫、6个小学教师，还不算那些没通过考试的和那些准备当**学者**的人。"

② 就因为如此，在大革命时期游遍汝拉地区的传统的布列塔尼人勒基尼奥，能够向我们指出上汝拉省山民的"语言的完美"（*Voyages dans le Jura*, volume 1, p. 261）。他注意到，"圣洛朗及近郊的所有那些不断迁徙的家庭，都很会读书、写字和计算，读报是他们的一种乐趣。"

王统治，但是对法国很陌生”，而且直到大革命爆发还坚持语言地方主义；巴斯克地区对法国的文化和语言不理不睬；在路易十四时代，鲁西永地区进行过一个值得注意的尝试，通过学校来普及法语，但是没有坚持多久，没有继续下去。在科西嘉，一切还有待进行。1779年，当年幼的拿破仑到奥顿时，还一点不懂法语；他在那里先学了点皮毛，后来是在布里埃纳学会了法语。布吕诺还回顾了布列塔尼，那里的民众不懂法语，都争先恐后去听布列塔尼语的讲道，听布列塔尼语的秘传教义，而在城里人们说法语，这就使得“十分强烈的布列塔尼统一和独立的意识，无法以任何方式和对本地语言的爱好混同，并为它提供支持”。然后迂回到沿海的弗朗德尔、阿尔萨斯、洛林，在这些地方，人们倾向于靠拢法国，同时却又依恋当地语言；人们任凭法语渗透进来，却又坚持地方语言的特性。这些方言之间也存在千差万别，其间还有无数变种。

当然，当费迪南·布吕诺结束边境之旅时，也游遍了严格意义上的法国，他注意到几乎到处都有会说两种语言的人群。人们在乡间说方言，在城里也说方言，但是书写用法语。必要时，例如遇到路人，或者跟大人物在一起，连农民也壮着胆子说法语。说起来吞吞吐吐，还很不好意思。因为，人们攀龙附凤和屈尊俯就一样，都会让人瞧不起，小
191 业主娶大户人家的女儿，产生的耻辱一点不比大业主娶他的女仆产生的耻辱小。同样，在村子里，如果不是因为绝对必要而放弃说家乡话，也会让人瞧不起。一个农民“胆敢说法语”，就是大逆不道的反社会行为，肯定要遭到极其冷酷的嘲笑。人们会指责他装腔作势，要“冒充大老爷”，还有比这更严厉的责骂吗？不管怎样，那些偶尔和迫不得已才说法语的人，这样做绝不是自觉或不自觉地赞同人们可能称之为对民族语言狂热崇拜的东西。没有民族，就没有民族语言。布吕诺在复述1789年拉博·圣艾蒂安说过的一句话时注意到，在大革命前夕，在只考虑方言的条件下，人们可能还在寻思：“所有外省按照唯一一种法律融合到一起，按照相同的道德准则来管理，这种联合是不是一种空想？”费

迪南·布吕诺谨慎的深思熟虑和批判意识又一次大大帮助了他。他感觉到这里不是存在一个问题，而是存在一系列问题。

其实，当人们思考这个问题，说在旧制度下，语言和民族性这两个概念并没有联系时，这只是注意到**民族**这个词在1750年或1793年表达的不是相同的意义。在1750年，还不存在唯一的**民族**，必须到1791年，它才与**国王**和**法律**一起，出现在那么多教堂和市政厅的门廊前。这种民族无疑像一个理想，存在于许多人的精神中。但是，其他的“民族”，古老的、传统的，在许多世纪里把人们圈在一起的民族，仍然伴随着它继续存在，而且阻止人们认识它，阻止人们只想着它，阻止它形成唯一的一个民族。然而，这些民族各自都存在语言问题。

我对一个抵制法语最坚决的外省的历史有点熟悉，可以说它是对其独立的过去记得最牢而且最久的一个外省，它就是弗朗什-孔泰。弗朗什-孔泰人对法语的态度无比奇特。从文化上说，这是一些“勃艮第”类型的法国人。但是，从政治上说，他们过着自己的生活，远在法国历史之外。从上古中世纪到1674年被征服，其间除了从1295到1384年，这长达将近一个世纪的时期，以及从1477到1493年这苦难的16年，孔泰跟法兰西王国都毫无关系。 192

在16、17世纪，弗朗什-孔泰从属于法国国王最厉害的对手，它和法国并不是没有关系，它和法国不共戴天。路易十一的无以复加的野蛮和残暴，他的军队犯下的烧杀掳掠的滔天罪行，最终使弗朗什-孔泰的勃艮第人成了法兰西王国的死敌。16世纪末，亨利四世的没有信仰、没有心胸的残暴与贪婪没有使事情改观。弗朗什-孔泰人说什么语言呢？无疑是说他们的方言，这样才具有民族语言的尊严，而且当他们需要一种文化语言时，他们的选择当然是拉丁语，后来呢，是西班牙语吗？

西班牙语？尽管雨果的一首诗曾经让一个传说根深蒂固、持久不衰，但是，不仅从来没有任何西班牙人在弗朗什-孔泰生活过，而且据我所知，也没有任何弗朗什-孔泰人曾经打算到西班牙的大学去求学深造。有不少人去伊比利亚半岛旅行过，许多还定居在那里，当然不是作为学生。相反，在整个16世纪，在多尔的弗朗什-孔泰大学花名册上，只出现过一个西班牙人的名字，不知道是学生还是教授。①

拉丁语？当然，在16世纪，它还在处处流行，在孔泰跟在其他地方一样，这时它还保持着它的地位，但是仅此而已，它没有起过多的作用。而且它似乎比当时在法国的许多外省占据的地位还低。奇怪的是，我们看到，在16世纪的孔泰，所有从事出版的人，似乎都喜欢故弄玄虚地附上一些标注，以此来显示他们的法语知识。②显然，毗邻的大王国的语言，巴黎的语言，但也是第戎和里昂的语言，在弗朗什-孔泰享有牢固的威望。那里的人们为能和索恩人一样正确和流利地书写法语感到自豪。有一位纯人文主义者，是伊拉斯谟的一位追随

---

① 对照1905年载于《贝桑松科学院论文集》(*Mémoires de l'Académie de Besançon*)的鲁塞的很有判断力的文章《弗朗什-孔泰曾经是西班牙的吗？》(*La Franche-Comté a-t-elle été espagnole?*)，我不抱幻想，引用了这篇著作。还存在有利于这个传说的一段时期，并且不断在弗朗什-孔泰发现一些棕色头发及浅黑色皮肤的人，他们是卡斯蒂利亚西班牙贵族的后裔，还随处可见一些“西班牙式的宅第”“西班牙式的栅栏”“西班牙式的窗户”。然而，弗朗什-孔泰的城市或村庄从未住过王室高官、行政官员、高级教士、博学者、商人或西班牙学生。相反，西班牙倒是有过出身为弗朗什-孔泰人的大臣、外交官、军人、农夫、商人。我们的研究“十年战争”的历史学家吉拉尔多·德·诺泽鲁瓦说过一句话：“西班牙王国是向四处扩展的勃艮第。”

② Avec quelque appréhension au début: *Petit livret*, interroge Ferry Julyot en 1557 (p. 3),

Petit livret qu'en azard te veulx mettre,
En France aller, fontaine d'éloquence,
Doubte-tu point rencontrer quelque maistre
Qui mocquera ta rustique loquence?

译文：1557年，费里·朱利奥(Ferry Julyot)在他的《小册子》(*Petit Livret*)中，用带有一丝担忧的语气写道：“这本小册子，你快放下。快到法国去，那儿是雄辩术之乡。你难道没有遇到过一些先生，他们嘲笑你那乡巴佬一般的口才？”

者，叫吉尔贝·库赞，他的书几乎全是用拉丁语写的，但在里昂却发 193
表了两三本用法语写的小作品。①1557年，贝桑松的公证人费里·朱利奥用法语发表了《为失去的童贞悲伤的漂亮姑娘的哀歌》。1588年，法官莫尔洛也用法语的韵文撰写《对话》交给贝桑松的行政官员。1594年，马莱伯的外省追随者夏西涅所作的400首十四行诗《藐视生命》，其间还有针对“小先知书”和“诗篇”的《释义》，也是用法语写的。还有许多别的例子。在文艺复兴时期用法语写诗的弗朗什-孔泰的诗人——或者打油诗人——的名单很长②。况且他们用得越来越多，而且越来越成功。库赞，莫尔洛，以及其他许多人：这只是一些虚名。在文学上，夏西涅已经是一个了不起的人了。还有日村的迪·莫南。在此期间还有佩姆的多题材作家马蒂厄，他的《以斯帖》《瓦实提》《哈曼》《克吕泰墨斯特拉》《谋杀吉斯公爵》《牧歌》，紧接着有让·梅雷，他是皮埃尔·高乃依的嫉妒者，写了《西尔维》和《索福尼斯布》。

至于方言，那是农民的自有财产。人们若要跟他们交流，就得使用这种语言。奇怪的是，弗朗什-孔泰的文人早就喜欢说这些俗语了。我们的历史学家戈律，《塞坎纳共和国历史论文集》(1592)的作者，是一位拉丁语教授，可是他的所有著作都用法语写，甚至用高雅的勃艮第法语，这种法语有趣味、有韵律，用词准确精当。1589年，他在多尔出版了一本已经极为珍稀罕见的小书：《一些大人物的值得记忆的话语，其中包含许多快乐的俗语》。这些俗语融入弗朗什-孔泰的农民所说的方言

① M. Perrod *Répertoire bibliographique des ouvrages franc-comtois imprimés antérieurement à 1790*, Paris, Champion, 1912.

② 例如对照库赞的学生Jean de la Baume Perès的法语著作(*Aulcunes œuvres gallicaines*, Lyon, 1556); J. Flory de Vercel的著作; 法院书记员Claude de Lesmes的著作; 医生Jean Vuillemin的著作(*Éclogue du Verbe Divin*, Lyon, 1573, etc.)。

中，他们被认为说过这些俗语。[①]与他们交谈的人，不论贵族还是市民，都说戈律的法语。

抄录这种方言一点民族自豪感都没有，这点我还用说吗？这最多
194 满足了一个叫诺埃尔·杜法伊的人的好奇心，也算不上什么文学。当戈律在其历史语言学的胡言乱语中表露出一些对自尊的关心时，他是要宣扬一种爱国精神，这当然不是法国的爱国精神，而是“高卢”的爱国精神，但是他要在这种精神上跟法国人相通。这位反法斗士在其《塞坎纳共和国历史论文集》的开头，在向菲利普二世递交的请愿书中，拟订了一份十分明确的反法国瓦卢瓦王朝的论战写作计划[②]，要在17世纪里完成。孔泰的所有反法宣传者，从安托万·布伦到弗朗索瓦·德·利索拉，都应该听到这位出生在帝国土地上的戈律质问德国人[③]，向他们大声宣扬身为“高卢人”，说一种“源于古克尔特语”的语言的骄傲，并且像他在别处[④]从语言史扯到军事上时，夸耀“这两个正直而尚武的民族”的功绩，没有人永远抹杀得了这些功绩：这两个民族

---

① 见第333—335、345—348、389、406—407页。下面是“记录”这种方言的一个范例：事关弗朗什-孔泰农民在听到卡齐米尔公爵威胁他们家乡的风声时发生的骚动。戈律向我们叙述，他们在想：“Qu’au souque ce M. Cassenesille vin fare en ce pei? et mérite ben qu’on lou pegne in pouchot. — Coise tay, respondoit l’autre; et ne nou demande ran; ce et ne tin qu’à l’y baillie des ne filles, y seu contan de l’y en donna pour ma part un sachoutot”(p. 397)。(这是方言俗语，未译。——译注)

② 戈律：《历史论文集》(*Mémoires historiques*)，1846年再版，第XX页：“倘若高卢的一些子民觉得必须接受使命，那么让勃艮第人去完成并非不合适，这不仅是因为他们说的语言是那些最敢写文章反陛下的人的语言，而且因为他们是奥地利皇室和西班牙王室的忠诚臣民和最忠实的仆人；我决定在政治史上写文章反驳法国人，在宗教史上反驳法国的胡格诺分子。”

③ 参见livre I, chap. XXII, p. 56：“别担心，高卢人，如果德国人在此叫嚷说我们的语言大部分是他们的，就用我们的克尔特语反驳……经过600多年被征服、奴役和主宰的耻辱之后，他们在莱茵河和多瑙河两岸之外被人认识”，等等。

④ Livre II, chap. I, 90. — *Id.*, p. 94.

就是勃艮第人和……法兰西人！

真是咄咄怪事啊！竟有这么一个人，说法语显然是他的民族主义的一个特征，可是这种民族主义却是反法国的。另外，竟有这么一个地区，一些最有才华的人熟练运用法语，却部分地抱有反法国的意图！

我们来回顾一下。在16世纪的孔泰，政治、外交和行政的官方语言始终是法语。该地区的统治者用法语与荷兰和西班牙的宫廷联系，反之亦然。多尔的最高法院也是如此。人们在法庭上都说法语。法律，弗朗什-孔泰的习惯法，同样采用法语。[①]法学家们也用法语撰写用 195 于特殊目的的文书，即便他们本来可以不这么做。而且，弗朗什-孔泰的多尔有一所大学，是最早教授法国法律的大学，甚至比法国的大学还要早。[②]而多尔大学首先是一所"为外国人办的大学"：许多人从德国、英国和荷兰到这里来，并不是希望在杜河岸边找到一个特别强大而活跃的高等文化中心；多尔既不是奥尔良、布尔日，也不是帕多瓦。如今许多外国人到瑞士法语区的那些城市学习法语，那些城市玩小聪明，想让外国人相信，他们说的是"纯正的法语"（而且不带地方口音！）。同样，在16世纪，与法国为敌的外国人，就常常自愿去位于法国之外的一个小的法语文化中心，那是一个富饶之乡，他们在那里受到热情和善的

① 不仅严格意义上的习惯法，而且在16世纪和17世纪中发布推行的许多法令汇编都是用法语写的。弗朗什-孔泰的开业者喜欢读的书，圣-莫里斯（Saint-Mauris）的《开业指南》（*Pratique*）（1577），是用法语写的。一些广泛流传的著作，如博盖（Boguet）的《巫师的对话》（*Discours des sorciers*），也不是用拉丁语，而是用法语写的。

② 17世纪最杰出的弗朗什-孔泰法语教授塔尔贝，就是依照日期注明为1653年3月4日的西班牙国王的特许证书，被任命为大学的习惯法日常课程的教授，为期三年。他获得了巨大成功，习惯法教授职位最终在大学一直留了下来。然而在法国，法国法律的课程也只是在1679年4月敕令颁布后才开始的。

接待，也在那里学习说法语。①课程的补充，是我们母校大学的校友与当地有产者家的女孩子们的那些日常会话。人们还没有把她们称作进入社交圈子的引荐者。她们只是一些在情人节挑选情人的姑娘。但是，这些可爱的人儿在布吕诺先生的历史中也值得一提。②一个多世纪里，她们为推广法语立下了汗马功劳……

这说的是16世纪，正是拉丁化的世纪。当然，在17世纪，局面总是在发展，在巩固。而说法语的弗朗什-孔泰，却越来越广泛地、普遍地跟法国爆发对抗。然而，一个预料中的灾难发生了。两个勃艮第中最后的幸存者也被法国国王“并入”他的疆域。谁不觉得孔泰面临的问题奇特呢？

196 它的语言是其民族性的一个特征。我理解它用法语作为书写语言：方言与民族性无关，吞并也不会使它复兴。③我也理解它有小民族

① 相反，在这个时期，弗朗什-孔泰人很关心找人教他们的孩子外语，不仅仅是意大利语，一有机会还学西班牙语和德语（参见由托普克发表的海德堡大学的人名登记册），以及弗朗德尔人的蒂瓦语，这对将来在哈布斯堡王朝做官有用。

② 关于多尔的在情人节找情人的姑娘，参见蒂罗尔人盖兹科弗勒（Geizkofler）的奇特的《回忆录》。布吕诺先生在其第五部（第215页和注6）中谈到多尔大学，颇有教益。他参考了隆甘（E.Longin）的关于17世纪的出色的有价值的短评《多尔大学的弗朗德尔民族》（*La nation flamande à l'Université de Dole*）。局面已经和16世纪十分相似。参见费弗尔的《菲利普二世与弗朗什-孔泰》（*Philippe II et la Franche-Comté*），第二十章，关于以前的时期，参见《吉尔贝·库赞与弗朗什-孔泰宗教改革》（*Gilbert Cousin et la Réforme en Franche-Comté*）[载《法国新教社会史公报》（*Bull. Soc. Hist. Protestantisme français*），1907年]中一些有关1530年弗朗德尔的伊拉斯谟追随者在多尔的表现。

③ 复兴的势头至少不比其他地方强。18世纪，在被法国征服后，在弗朗什-孔泰（像在许多其他外省一样），有人以用方言写“诗”为乐。（可添加到布吕诺先生所列清单中的）最重要的两首，一是1735年的《另一个世界一位穿撑裙的夫人的到来》（*L'arrivée d'une dame en l'autre monde habillée en paniers*），是用贝桑松方言写的讽刺诗（博吉约，s. d. in-8°，16页），它招致了一些模仿：（瑞士）库鲁的一位叫费迪南·拉斯皮勒的本堂神甫，把它译成“德莱蒙河谷科尔纳的方言”；它以这种形式被罗塞（A. Rosset）编入1903年至1906年的《瑞士民俗档案》（*Archives suisses des traditions populaires*）（*Schweizer.* （转下页）

性，喜欢独立自主，以及那么久地反对法国。然而，法语正是它的新民族性的语言，尽管是统治者通过征服推行的语言，是一些新主宰的语言。17世纪末，孔泰人不管愿不愿意，都融入了这种新民族性，而要让他们把这种语言看成是这种新民族性的一种特征、一种标记、一个基本要素，需要什么？毫无疑问，需要将独立民族性，即小民族性——为了方便，并且冒着惹外省民族性的阴魂不高兴的危险，我们把这种独立民族性叫作小民族性——的记忆彻底消除，或者至少需要孔泰人以一种强烈的冲动，在从内心迸发出的热情的强大作用下，毫不犹豫地让一种正要占领和充满他们的整个意识领域的新的民族情感，超越在过去就已经被抛弃的外省情感！这种热情犹如冲破地层的地火，颠覆他们的历史传统和政治地位。

（接上页）*Arch. f. Volkskunde*，Zürich）。一是1735年的《报时人，以贝桑松方言对话形式的讽刺史诗》（*La Jaquemardade. Poème épicomique en dialogue au patois de Besançon*, Dole, J. -B. Tonnet）。这是八音步方言诗形式的对话，是刚刚重建的贝桑松玛德莱娜教堂上的时钟的报时人像与相邻的一个补鞋匠的对话。作者是初等法院的顾问比佐，他自己注明是用方言写的：

Lou bé peuple de Besançon
La z'antandan pâla Francet;

而且在诗的开头，比佐自以为有责任告诉读者，谈到……他所说的方言的发音方法。最近这份文献和整篇诗一起，再版于《杜河竞赛协会论文集》。就在同一时期（1753），布雷斯边境上一位孔泰妇女，玛格丽特·德·梅松福特（Marguerite de Maisonforte）（布伦夫人），发表了她的《论萨肖街葡萄酒制造商的孔泰语–法语词汇》（*Essay d'un Dictionnaire comtois-français par un vigneron de la rue du Sachot*）（贝桑松，1753年，39页；第二版，1755年；第三版，1759年），更加有力地证实了法语对该省的占领。因为布伦夫人的《词汇》不涉及方言，而是一些当地的短语和习语，她指责它们用法不规范。关于用方言写的《孔泰圣诞节》（*Noëls comtois*），对照贝朗（Behrens）的参考书目和马克斯·比雄（Max Buchon）在其《弗朗什–孔泰民歌》（*Chants populaires de la Franche-Comté*, Paris, 1878）的开头所作的细致的研究。关于布伦夫人的《词汇》，爱德华·德罗（Édouard Droz）在1919年版的《杜河竞赛协会论文集》中有些评论。

这方面没有真正的障碍。这种新的民族情感，不必与任何同等
197 级、同等价值和同等尊严的情感做斗争。对古代残余的纯粹依恋不是真正的民族情感。而且这些刚刚“并入”法兰西王国的“外省”，还有什么真正有生命力的传统可以倚仗呢？法国君主的宗教，已经受到如此致命的打击，而且自己也开始对信仰发生动摇[①]，对跟法国国王离心离德那么久，并且深怀敌意的弗朗什-孔泰人来说，这根本就不是个问题。至于他们的外省的爱国精神，它只是也只能是做做样子而已。因为再也没有任何有生命力的观念来激发它，把它具体化，并赋予它力量。外省的爱国精神，在像18世纪的弗朗什-孔泰这样的地区，靠什么滋养？靠对“当地领主”的忠诚吗？可是那种古老的“勃艮第”情感，曾经那么持久地鼓舞索恩河和杜河沿岸居民反抗西面的庞大王国的情感，在这个公爵领地和孔泰地区长期显示了它的力量和活力，可是并没有产生什么效果，亨利·奥瑟出色地证明了这一点。不久前我曾试着证实，在16世纪末以后，“勃艮第”情感已然消失殆尽。它之所以消失，是因为再也没有任何理由允许它存在，或者继续存在。从查理五世，大胆的查理和好人菲利普公爵的继承人，到可怜的西班牙查理二世，他们之间有什么实际的联系？有什么真正的传统？

在16世纪末和17世纪初，孔泰有一阵子试图以很强很深的宗教情感作为灵魂。它完全地沉湎其中的革新的天主教教义，是被现代修会，如耶稣会和嘉布遣修会改革过的；这种特伦托天主教那么吸引人，那么有表现力，甚至那么充满激情，孔泰开始全盘接受，而且还曾在它那里寻找生存的真正理由。可是到了18世纪呢？那些热忱和神秘主义的时代已经遥远，越来越远；而且甚至在这个信教的地区——但在1720年

① 见马克·布洛赫的杰作：《会魔术的国王们》（*Les rois thaumaturges*, Strasbourg, 1924）的末尾几章。

信仰已不如1620年强烈——对宗教教条的怀疑和批判精神已经在起作用。[①]后来呢？ 198

所有这些处在一种不稳定自治状态的小块地区，它们的悲剧性命运更多是表面的，而不是实际的。至于它们的特权，对专注于文字的法学家有用，他们高估这些特权的价值，这些价值以堆在积满灰尘的文献室里的陈腐的羊皮纸文献的厚度来衡量，这些文献被重重地盖上了封印，供他们自豪地查阅。[②]可是民众对它们不感兴趣。这些废弃的文献中没有什么东西可维持一种民族信念。任何地方的"外省"情感都在濒于消失，因为它们不再被一些思想、一些真正有活力的信仰赋予生命力。而且在外省，在一些被摧毁的外省情感的古老废墟上，曾经发展过一种更广泛一些的民族情感，而这种情感也逐渐枯竭了，可以说已经干枯。与基督教相关联的君主的宗教，越来越受到批判理性主义的发展的冲击。1760年左右，人们带着一种极端而野蛮的喜悦，欢呼胜利，庆祝路易十五的彻底失败。他们是庆祝法国遭受到所有耻辱和失望吗？大概是的。不过，这不是人们所称的"法国"，这是"专制"……

自由的道路已四通八达。场地已被清理干净，以便按照希望进行新的建设。希望在一种自行崩溃的君主的宗教的废墟上；在不过是枯竭的残余或一些法律家专断的观念的外省情感的废墟上，最终能产生18世纪的人们将要定义的民族，它不再按照领地来定义，而是按照作为

① 孔泰人的斗争精神不值一提，为反对征服而进行的持久抵抗也不值一提。不服征服的人远走他乡，留下的人很快就归附新君主。在传说和文学中，有描述说孔泰人死后要求把自己"面朝地"埋葬，为的是不想看到他们所厌恶的主人。一代人的时间，一切都结束了。从1720年到1789年，在这个外省地区，没有反法情感起作用的痕迹。

② 我很担心，许多历史学家会跟着这些法学家夸大这些"特权"的价值，我指的是，夸大它们在1789年前后人们的意识中的真实重要性。我们不应该混淆不同方面发生的情况，包括公法与利益方面和意识与情感方面。

主权基础的全体公民来定义的民族[①]——而将让人们无比欣喜的是，这样一个民族就在远处，突然出现在我们面前，它渴望集体信仰，并将重新获得一种新兴而炽热的信念、一种生存的理由。

199 此时，并且从此时起，我们无疑必须面对法国的语言和民族性之间的关系这个唯一的问题。而在18世纪，人们面临的却不是唯一的问题。那时有10个、20个关系问题，即那些在旧法国中语言的使用和诸多外省的爱国精神之间的关系的问题。而人们在这方面和在其他方面一样，衡量简化与转变工作的关键的重要性和规模，这工作曾经就是1789年、1791年和1793年的人的工作。

不过，我们别揣测布吕诺的后面几卷著作的主题。我们怀着好奇心焦急地期待它们，布吕诺的伟大著作的第5卷和第7卷充分证明我们有理由期待；对历史学家来说，它们确实十分新颖，十分精彩。布吕诺以一种精通，同时以一种审慎、一种保留、一种独特的敏锐的批判精神写的，就像是对我们民族史伟大篇章的一种出色的不朽的批注。不仅如此。他的见解发出的强烈光束，照向整个过去，往往能给人十分明显的启示。我们往往以为已经大致了解了这个过去，但是实际上还没有深入了解。这束光照亮了那么黑暗的深渊，让一些熟悉的景色意外地披上那么绚丽的光彩，令我们感到惊讶，带点困惑地在这些景色旁驻足："来吧，这里要修改，这里要完整建立，这

① 甚至在初级宣传书籍中就出现了这种对民族定义的不同。例如在科洛-德布瓦（J. -M. Collot-d'Herbois）的《热拉尔神父为1792年编的历书，获得由巴黎雅各宾派的宪法之友协会提出的奖励的作品》（*Almanach du père Gérard pour l'année 1792, ouvrage qui a remporté le prix proposé par la Société des Amis de la Constitution, séante aux Jacobins à Paris*）（Besangon, Simard, 1792）中；第一次交谈结束时，一个农民问热拉尔神父："什么是民族呀？就是这整个地区吧，不是吗？"对此热拉尔神父立即反驳："比这更大。"而在第二次交谈中，他这样来解释："民族就是拥有主权的全体公民。通过各种选举手段从这种权力再产生所有其他权力，任何权力如果不是由民族授予的，都不合法。"从领地的观念过渡到社会法律的观念，值得注意。

里要推翻重来……”多么有益！这么富有成果的两种学科，积极而密切的合作来相互充实，这是多大的进步啊！而总体史靠语言史的这种变革，这种如此有创造性的和有力的拓展，获得的益处也许也不少。200

心理学

1. 方法与实际解决方案
亨利·瓦隆与应用心理学*

事业家天天以其积极性编织现时事实的网，他们和历史学家完全一样，都求助于并得益于心理学的进步。尽管这样，这种情况并不能说明，我们的《年鉴》应该跟踪一些研究，如今人们重新激起热情和能力，把这些复杂多变的研究引向各种领域；甚至也不能说明，我们应该以书评的方式，给一些一般的著作留出位置，哪怕它们很有教益，如果非要列举一本这样的书不可，我首先想到的是夏尔·布隆代尔博士前不久发表的著名的《集体心理学引论》。①不过，刚刚在同一丛书中发表的亨利·瓦隆博士的《应用心理学原理》②，倒是特别引起了我们对这个专业的好奇，使我们不可不抓住这个稍纵即逝的机会，去涉足这个领域。对于这个领域，是不闻不问，还是开发利用，我们在这里实在不能掉以轻心。

应用心理学：尽管正在逐渐被应用到日常生活中，但是这种命名

---

* 《经济与社会史年鉴》，III，1931年。

① *Introduction à la psychologie collective*, Paris, Armand Colin, 1929, Vol. 1, p. 211.

② *Principes de psychologie appliquée*, Paris, Alcan, 1930, p. 224. [自从这篇文章完稿以来，阿尔芒·科兰丛书的心理学篇已经充实了许多卷。我们引用了：皮埃龙（H.Piéron）、纪尧姆（P. Guillaume）、皮亚杰（J. Piaget）的著作……]

是不确切的。它让人在头脑里产生一种概念，认为它是一种从属性质的学科，但是事实却截然不同。它让人觉得先是存在一种理论心理学，后来另外有人把它的原理用于实践，就像应用力学是从理论力学产生的一样。然而恰恰相反，所谓应用心理学，即使不是把传统心理学完全而彻底的转变作为目的，也至少是把它作为结果——完全像心理病理学和生物学。亨利·瓦隆博士在他的著作的开头，以及特别是在《哲学评论》上的一篇生动的文章中[①]表明的，就是这种思想。我 201
们只着重指出他的这些对照中的一两个，但都是决定性的。就旧心理学而言，心理现象不能简化为数据，因为心理现象基本上是个人的、主观的，而且在任何时刻都具有一种独特的、无从比较的特性。就应用心理学而言，对对象的能力进行系统的测定是选择的方法，是基本的方法。如果运用得当，它首先能证实个人是受社会环境法则控制的，“使表面上看是完全自发的活动显得像是对外部条件或影响的无意识的反应”；另一方面，我们能在同一个体身上对各组不同的测定结果进行比较，因而能揭示产生精神生活各种活动的心理作用的内在相关性、相互依赖性或不可并存性。这样做绝不会导致把个体分解成各种跟整体个性无关的具体联系；或者更确切地说，它先引导观察者从所观察的活动的各种表现中，辨认出一种多少有点专门化的才能的效应和征象，然后再引导他把个体作为他的研究的基本因素，恢复其整体的平衡：也可以说引导他寻求各种具体联系与整体个性的关系。

这些简单的理论观点，能够将对多少有点空洞无用的方法的讨论维持下去吗？绝对不能。这样的看法，对于瓦隆博士向我们展示的这个新兴学科的前途本身，对于它在科学上以及在实际应用中的威信，都极其重要。他指出，应用心理学要是“无视或者任人忽视个体的存在，

① 1930年1—2月，第97—107页。

它就认识不到，或者让人认识不到它自身的科学潜力，或者实际教益”。他还强调要从已完成的试验中只保留单独一种具体的关系吗。那么我们所能做到的，就只是在一个依旧十分抽象的范畴中确定每个人的位置；因此仍然无法使用一个宝贵的比较和分析工具。可是，人是一个复杂的个体，倘若我们根据这种简单评估做出一个必须适用于一个完整个体的判定；倘若我们根据对人的单独一种才能的简单估计，根据对
202 单独一种动作进行的时间测定，一锤定音，来确定他的工作及其行动能力，这很有可能使生产力报废，给公共经济造成损失，在社会团体中增加无用的，甚至有害的人。

如果人们真的越来越多地把应用心理学用于实际目的，它就要冒很大的风险[①]；它不仅会因此要为个体利益负责，还要为按照它的方式将个人利益叠加起来的公共利益负责。因此（而且我们的《年鉴》力图指出实际行动和理论研究可能保持哪些必然的联系，所以我们只能着重指出有多少这样的观察支持了我们最喜欢的论点），人们就再次发现，这些论述虽然乍一看可能显示出纯理论的和方法论的意义，但对实践而言，尤其是对实践而言，同样至关重要。人们还发现，如果不想以进步为借口导致某种倒退，就不应将应用心理学的观察和辨别工作委托给那些可以被叫作“技工”的人，这一点非常重要，这些人是专职的测时员或测量员，我指的是同类实际运用中的“泰罗制化”的管理人员。相反，要将这些工作委托给这样一些人，他们文化素养高，有可靠

① 这方面的利弊不可忽视。想看一些我们从瓦隆博士那里获得的数字吗？我们以职业指导方法为限。法国工业家预防工作事故协会（Association des industriels de France contre les accidents du travail）估计，每天这种事故有3 000起，每年的代价是10亿多法郎。然而，有位叫弗鲁瓦（Frois）的作者把其中43%归因于工人不称职。在英国，人们估计不稳定的工人队伍（一部分是工人与职业不合的后果）平均每年要消耗掉1亿英镑，即120到150亿法郎。这就是维持心理技术研究所（Instituts de recherches psychotechniques）继续存在的理由。

的心理学意识、丰富的生活经验、广泛的同情心，对于什么是个体有敏锐的看法，即不是传统心理学所喜欢的那种抽象的个体，“那种抽象的对象，基本上自以为在他的所有年龄段都是恒定不变的，而且为了宣称他的生活历程是他的，跟他人没有共同标准，只参与他的生活历程”：但是，恰恰相反，这种鲜活的个性既是这门新兴学科所记录和测量的所有反应的原因，又是后果。

应用心理学提出的，并且还将越来越多提出的这些初步意见，这种关于角色，关于前途，关于同时是科学和人文的真实意义的深刻观念，就为作者规定了著作的写作提纲。或者更确切地说，防止他本人误入 203
歧途，也防止把我们带入歧途，同时防止出现一种全凭经验的、因而有缺陷的提纲。

他要是没有太多经验，就不太可能总体地看事物，就有可能将材料分散到逐个论述一些具体领域的各个章节，这些领域有学校、工厂车间、商场、法庭，是应用心理学从现在起已经开始开展研究活动的领域。这些环境可能由于它们的具体而实用的表象而吸引人。但是，瓦隆博士指出，它们的严重缺陷（这种缺陷不多）是“使在心理学上原本结合在一起的东西分离”。通过分开研究吸引个体的各种活动，人们最终总会遇到这个一直保持原样的个体本身。这个个体，很可能像作者机敏地注意到的那样，“由于与环境有各种接触而具有多面性；但背后显露出来的就是这个环境”。因此，放弃这样的写作提纲，不仅能使自己因此避免大量无谓的重复劳动；也可以显示出更多而且更有益的操心，“专注于某些属于其内在结构的有效关系”，揭示个人与外界维持的多种形式的联系。从这种操心可以看出，这是一位真正的心理学家，他不仅没有局限于收集一系列经验数据，或者可以说，局限于列出一套多少有点意外或必要的公式，他还打算让与整体个性这个专属于他的研究对象的关系与各个具体的联系脱离。

这样，瓦隆博士对他的著作采取的恰当的章节划分就得到了解释。应用心理学致力于对人的现实性活动的研究。然而，一种行为要么是期待的，要么是完成的。如果是期待的，它首先以行为人的能力为条件，而这些能力要么取决于任何行动的一般条件，要么取决于构成个体真正固有特性的因素；然后以促使人去行动的动机为条件：因为期待的行为要求行为主体的同意，所以就有了三个不同的研究范围。任何行动所共有的条件属于工作心理学范畴；而瓦隆博士在五章中首先论述的就是这种心理学，这五章分别用来论述心理条件、心理效应、工作曲线、努力和效果的因素，以及导致一些特殊研究的若干具体问题。——行为人特有的条件，就是一些特殊的个人才能。他提出了一种方法，声称能让这些才能表现出来，即**试验**的方法。瓦隆博士认真细致的研究占据了著作的整个第二部分；而他的结论在实践方面的重要性至少与方法论方面的重要性相当。但是，毫无疑问，我们必须首先就在职业的领域，在从事职业活动中，来发现行为主体的才能，并让它施展。由此就产生了第三部分，依次论述合理化、选择、职业方向这些棘手的问题，并且泛泛地论述一些方法，然后竭力推荐采用这些方法来确定一个人或一种职业是否适合，甚至用来尝试对一种个性进行全面清点。最后，激起一种反应、作出一种选择、使个体决定行动的手段，是第四部分首先开始研究的内容。但是，对心理学而言，行为一旦完成，并没有销声匿迹。它在行为人本身留下一些可以觉察到的痕迹；它通过一种反冲作用来改变这个行为人，这些心理上的后果，可以在一定程度上有助于辨识这个行为人。因此，在有关广告的第一章之后，作者十分自然地增添了论述事实和证据的第二章：在一位历史学家看来，这在全篇著作中，并不是一点不重要，并不是一点启发意义都没有。

204

人们看到这本小书内容非常丰富，而且看到它包含的所有内容，这些内容涉及的一系列问题的新迹象，都十分值得注意，这些问题越来越多地出现在实用领域。[①]对于其中每个问题，作者收集的材料都非常丰富，评判都非常有力，心理学意识非常细腻，非常深刻，可以看出这位作者在背后进行多少年的思索、临床观察和研究啊！这种研究不是书本上的研究，而是在差异极大的环境中，对划分最细的对象追踪进行的“人文”的研究：这些对象被划分为正常人、智力发育迟缓的人、病人、成人，尤其还有儿童（这让他拥有一种特殊权威，对所有涉及教育学问题的东西进行评判，教育学是试验方法最先和最喜欢应用的对象）。[②]像这样的书，原本可能容易写成样本卡片，以轶闻趣事的方式汇集多少有点奇特的方法或做法，只是有所遗漏。也可以说把它写成一本像菜谱一样的工具书，让人们带着好奇心将信将疑地去参考它。可是瓦隆博士却向我们提供了一本学术著作。我觉得很好，但是它对一般的心理学研究有多么重要，不该由我说，应该由别人来说。不过，我们向为了实践方面的目的对应用心理学研究感兴趣的人，向愿意以有益的、平 205

① 在法国，在教育学领域，比内和西蒙首先在1905年发表了系列试验的结果，然后在1908年和1911年进行了修订，这些试验起到了真正的启蒙作用。但是在工业界，心理技术学还只有零星的应用场景。某些大企业觉察到它的用处，例如巴黎大区公共运输公司，它选用司机的方法每年使事故减少了16%，为它节省了15万法郎；另一方面，实习生在经过一段多少有点长的实习期后，其中一批缺乏技能的人会被淘汰，公司把淘汰率从20%降到3%或4%，又赚了15万法郎。为了促进研究，并造就一支技术人员队伍，工业界的相关部门最近成立了一个职业方向研究所。这一切还是相当初级的。相反，在德国，没有哪种企业不拥有研究委员会和心理技术人员。在英国，由政府创立的“工业疲劳研究会”（Industrial Fatigue Research Board）和由私人创办的“全国工业心理学研究所”（National Institute of Industrial Psychology），联合进行调查和实验。但是，只有在美国和苏联，出于完全相反的目的，心理技术学研究才获得重大发展。（人们知道四分之一世纪以来心理技术学所获得的扩展。）

② 参见他的博士学位论文《多动症儿童：对运动和智力发展的迟缓和异常的研究》（*L'enfant turbulent: Études sur les retards et les anomalies du développement moteur et mental*, Paris, Alcan, 1925），而且在大量著作和文章中，有他最近发表于《课程与讲座杂志》（*Revue des Cours et Conférences*, 1930）上的课程。瓦隆博士没有把心理疗法归入应用心理学范围，他在结论中做了说明。

衡的、总体性的观点来看待常常是被只富于技巧的专家自负地处理的问题的人，总之，向所有这些人热烈推荐这本著作。它绝对远远超过拙劣的经验论或虚幻的预测论。它坚定地立足于科学，而且非常客观地展示了一位观察者的很有个性、因而颇有吸引力的权威成果。这位观察者的明智和洞察力显得富有成果，因为他在所有篇章中一直表现出来一种意识，是人文的意识，是始终以真实的东西，以由一种人格、一种人的个性，在其鲜活而积极的现实中表现出来的东西呈现的意识。因此，亨利·瓦隆博士的著作展示了他的全部内涵。我们认识到，他除了
206 是一位学者，还是一个人。

2. 一种整体的观点

历史学与心理学*

“有揭示相关性的才能”：这是对科学天赋的最令人满意的定义之一。想想一位杰出的临床医生，通过对一些分散的征候和症状进行比较，就真正发现并确立了一种新类型的疾病。“有在相邻学科之间进行协调、交流的才能”：这对一门正在发展的科学来说，同样是一个进步的好定义。人们常常用另一种方式来表述这个经验的真理：“伟大的发现就是在学科的边界上获得的。”

因此，心理学这种关于精神作用的科学知识，必然应该与社会学这种关于社会作用的科学知识建立一些密切联系，这一点无须过多解释；同样它必然应该与由于定义不当而被我们以历史学的传统名称合在一起的学科，保持一些有逻辑性的关系。但是，目前这些关系几乎只能令人失望，对于这种状况，人们觉得还得先忍受着。心理学刚刚摆脱了与哲学的纷争，在实验研究的坚实土地上安顿下来。社会学这个名称问世才一个世纪；只是在不久前才具有现实意义。至于一个世纪后将从历史学大杂烩中分离出来的学科，它们连身份都还没有。这是人们不忽略人文科学生活的如此变化不定的任何方面的又一个原因。

* 《法国百科全书》，第8卷，1938年。

乍一看，在心理学家、社会学家和历史学家之间，关于管辖范围和
207 职限的争论的关键是什么？显然，是对个体的认识。鲍德温说："心理学探讨个体，社会学探讨群体。"至于历史学，如果让鲍德温来定义，我想他会把个体和群体都包含进去，就像包含在一个封闭的领域，而且会声称，由于拥有了心理学和社会学所获得的成果，历史学会力图在过去事物的范围内确定它们的相互关系。这对学生来说是一些极好的观念，为他们提供了方便的钥匙。可惜的是，当人们试用这些钥匙时，它们总是会让第二道门关闭！我们别做抽象的论述，也不要在纸上画出清晰的界线，还是来直面现实吧。并且采取合适的方法，把看上去非常简单的东西弄复杂些。

一

历史学家研究的对象是什么？普遍的看法是：一方面，是研究无名群众的杂乱无序的活动，这些活动以某种方式给历史学带来大量的工作；另一方面，是研究从这些平淡乏味的活动中突显出来的，某些被称为"历史人物"的个人的领导活动。

人们对群众知之甚少。一些完整的时期都没有给我们留下关于群众的任何直接而详细的证据。历史学生来就是研究大人物的学问，千百年来，人们眼里往往只有国王、君主、人民和军队的头领，即所谓的"历史创造者"（*Menschen die Geschichte machen*）[①]：这正是最近出版的一部德语的大部头历史传记集的书名。因此，根据普遍的看法，心理学与历史学之间关系的建立十分简单。

无名群众？他们属于集体心理学研究的范畴，这种心理学要以现时可理解的对群众的研究为基础，而且这种研究容易（人们至少这样猜

① 1936年用法语改写。

想）把它的结论推广到过去的群众、历史的群众。至于不同的个人，至于“历史人物”，他们自然属于个体心理学范畴。对心理学家来说，涉及他们的文献（其中许多包含了对他们的活动和特征的心理学解释）都 208
将被充分掌握，扩充他们的观察资料库。反过来，心理学家研究他们所拥有的各种人的案例能够得到的结论，可以让历史学家更好地了解过去的社会的“领袖”，理解人类历史的真正创造者的为人和活动。

所以，我们在这里总是要面对“个人—社会”这种二元结构。我们继续紧扣这个问题。

这些有魅力的个人，“历史人物”，是些什么人？不久前我们回答过，就是“一项伟大的历史事业的负责任的发起人”。[①]可是，什么又是一项伟大的历史事业呢？就是由历史学家收集、归类、组织的一组事实，所采用的方法让它们构建成环，在一些同类的和不同类的事实（政治的、经济的、宗教的等等）之间建立起紧密联系，我们就用这些联系织成多少有点密匝的网，将人类过去的历史置于其中。由于我们需要“对过去的事实进行组织”，使事实在不断变化的整体中，从令人目不暇接的瞬息万变中突显出来，并使之显示出规律性，通过不断锻造、锻造、再锻造，构成了这些链条。这些事实并无明显的规律，在每个人的生活——从而在他所参与的社会的生活——的每时每刻，就在他周围相互冲突、相互混合和相互控制。

紧密的关系，宏大的进程：为什么会这样？因为人们需要在人类事业中，把几乎只关系到一个小的特定人群的事业区分出来，而超出这些小群体范围的其他群体，则趋于结合起来，或者至少趋于相同的方向。有些不是局限于群体内部、也让群体之外的人信奉的宗教，就是这

---

① Centre International de Synthèse, 3e Semaine Internationale : *L'individualité*, Paris, Alcan, 1932, p. 129.

样的事业。那些越过边境传播，并且赢得所有群体支持的思想和学说
209 体系，就是这样的事业。还有政治的事业：组织与革命，征服与扩张，以及与其相伴的，一方要吞并的事业，另一方要抵抗的事业，同样也是这样的事业。

什么是历史的事业？如果它们没有停留在暴力行为的简单后果的层面，而是得益于时间，并且得益于人们的归附的后果，如人们一开始是忍受，然后接受、采纳和推广，那它们就是历史的事业。如果它们不只是由某些人用来为某些群体谋利益而进行的，而是能够合力来安排群众的生活，那它们就是历史的事业。如果一开始是地方性的事业，也可以说是为了一己之利的事业，后来变成了文明的事业，那它们就是历史的事业。文明的事业不就是——至少部分是——不局限于某个社会，而是可以移植到往往很远，而且条件与发源地迥异的地域的事业吗？

因此，历史的事业，就是以人类为目标，超越“地方”和“民族”的事业。是可以和平地到处传播和扩张的事业。那么，历史人物呢？他符合共同信仰的基本要求：“任何手表都是由一位钟表匠来制造，任何历史的事业都要有发起人。”历史人物与历史事业就是父与子的关系。

历史事业之父，就是历史人物，即被共同信仰赋予了这种事业的创始人身份的人，这是必要的简化，便于记忆。但是，如果我们刚刚说的创始人是名副其实的创始人呢？如果这位创始人，不是集体组织的事业的有持久影响的“所谓”的创始人，而“确确实实”是一项科学、文学、哲学或宗教的伟大事业的创始人，这些事业似乎真的就产生自他的头脑（如达尔文、莎士比亚、马克思、加尔文），而如果没有合作者，没有接受这项事业的群体的积极参与，这项事业能有效力吗？发起人宣扬一种观念，但是这种观念被“环境”完全歪曲和改变后又归到他的头上，这种悲剧即使不是常态，也至少是经常发生的吧？马丁·路德的遭

际难道不典型吗？他是路德教的真正创始人，却常常坦承他的困惑和不安。他想必已经发现，许多民众一接受他的思想，就开始改变它，让他经受所有伟大的思想或观念的创造者曾经经历过的遭遇，即他们的 210
思想的性质发生了改变，甚至往往被彻底推翻，可是不管怎样，他们在历史上都还一直背负着这些思想的创始人的虚假名声。

另一方面，人们一说到历史人物，就有一个疑问，即哪有可以被看作一种自主、独立和孤立的强力人物，一种独创的和自发的人啊？因为但凡是人都会受到一些影响，这些影响有的来自非常久远的时代，有的是当下的环境直接施加的，而且首先都是通过语言和一套交流工具传递的。

语言就是群体对个人施加影响最有效的工具。语言这种技能由人类缓慢开发出来，经过不是以百年计，而是以千年计的长期变化，达到目前这种持续变化的状态。经过这段时期，语言承载了人类最终一点点开发出来的整个一套识别、分解、分类的功能。语言的作用，很像神话的作用，在人类还缺乏了解事物的整套工具时，神话就充当了技能，也很像技能本身的作用，这些技能在同一时期极为相似，而且很大程度上风格相同，这种风格的时期可以准确无误地确定。总之，由所有这些可知，个人是什么样子，从来都只是由他所处的时代和社会环境决定的。

可是，这样就要两者择一了：选个人，还是选群众？同样的问题还有另一种说法：选个人，还是选社会？社会环境预先就对历史事业的创始人有影响，他就身处其中，在他创建历史事业时，社会环境从很大程度上限定了他。而且当他的创建实现时，这事业要么失败，要么留存下来，而要想留存，就必须接受积极的协作，接受群众的令人生畏的协作，接受环境的不可抗拒的强制的影响。

换句话说，社会对人来说是必不可少的，是一种有机的现实。也唯独对人来说是必不可少的，用瓦隆博士的话说，“语言少不了社会，就像一个用肺呼吸的物种少不了大气一样”。个人承受这个社会的限制，这些限制对他来说是一种必需的补充。“他追求社会生活，就像他力求保
211 持身体平衡一样。”

二

这样，在我们看来，一切就不像在开头说的那样简单了。如果首先有必要了解一个个人具有一组多少有点鲜明的特征，这些特征属于他本人，并且按照一种方式和一种十分特殊的比例组合；其次应该看出这个人是某一类人的代表，具有和这类人中某个群体的成员相同的特性，尤其还看出他是一个十分确定的时代特征鲜明的社会的成员，那么，一方面，个体与社会之间的差别就大大缩小，不再有必要过于简单地把两者对立起来；另一方面，对个体进行调查的方法就开始逐渐明确。

心理学家要依次进行三个系列的调查研究。首先，他应该专心研究人身上应归因于社会环境的东西：这就是集体心理学。其次，考虑人身上应归于他的特定机体的东西：这就是特定心理学或心理生理学。最后，研究人身上应归于他的生理学的个体特性、他的身体结构的偶然性、他的社会生活中的意外事件的东西：这就是差别心理学。

此外，按照正常逻辑，最后一个系列的调查研究，必须在前两个系列的调查研究得到深化以后才进行。而且，只要前两个系列的调查研究没有取得决定性进展，只要心理学家还不能用鲜明揭示特征的“心理学种类”来取代混乱的个体情况，就像医生用人们广泛理解的“疾病种类”来取代混乱的病症一样；只要还没有建立“典型”让人在遇到一个个人时，总能准确地进行“诊断”——这种诊断就在于把个别的病例跟预先确立的某一疾病种类联系起来——那么，差别心理学就不得不大

量依赖经验。

目前,心理学的情况确实如此,但是以往的心理学也更是如此。也可以说,历史心理学的情况也是如此。 212

因为历史心理学存在一个特殊问题。心理学家在论文中跟我们谈到“人”的感情、决定、理性思考时,其实谈的就是我们的感情、我们的决定、我们的理性思考。谈的是我们的命运,是我们这些融入一些拥有非常古老的文化的群体中的西欧白人的命运。然而,我们历史学家怎么能根据从观察20世纪的人所得到的心理学成果,去解释过去的人的活动呢?而他们心理学家怎么能从历史为他们提供(或可能提供)的关于过去的人的心理的资料中,找到能无条件地扩充他们跟当代人的接触所获得的经验呢?那种经验至多能向他们提供比较的类型,让他们较好地理解我们的直接或非直接的、远的或近的祖先所表现出的与我们的差别。

实际上,当代心理学家的心理学不可能通用于过去,祖先的心理学也不可能完全适用于现代的人。不管这些祖先是人们通过大量传记文献和对其形体和精神的“描绘”认识的历史“英雄”“历史人物”,还是人们几乎既不想从心理学上分析其成分,也不想全面描述其反应特征的无名群众。在这两种情况下,(用夏尔·布隆代尔在其《集体心理学引论》第197页的语句复述)“问题实在不是要固执地坚持轻易确定那些也许并不存在,不管怎样目前尚不可领会的感知、思考和行动的一般方式”。布隆代尔还明确指出:“孤立地考虑在时间和空间上分布的人群,其作用与描述各个群体固有的精神体系,并且尽可能通过努力掌握它们的产生机制、发展规则以及它们之间使它们的要素联系起来的关系的性质来对它们进行分析是相反的。”

想从我们的意识和观念直接(而且甚至不认为会有困难)过渡到过去的一些意识和观念,这里存在着一种再怎么说、再怎么揭露它也不为过的危险,由于这些意识和观念是用类似的或相同的词表示的,而这

些词总是可疑的和似是而非的相同，往往隔了好几个世纪还在用，因此
213 会产生极其严重的混淆。难道要举两三个例子说明一下？

我们别去太远的地方找例子。因为夏尔·布隆代尔就十分清楚地注意到（第202页）："如果我们找两个在时间上或在空间上相距足够远的群体，相应的心理差异就一目了然。"但如果两个群体相距比较近，要揭示它们的差异，往往需要持久而细致的努力和研究，不过这些差异常常也相当大。因此，我们不去找原始人，吕西安·莱维-布律尔曾经专心分析过他们的感觉、思维和行动方式（他的观察结果基本上适合于构建史前史，而不是历史，或者，如果人们更愿意的话，说它适合于构建一种心理学的古生物学）；我们也不去找中国人，葛兰言关于他们的著作内容那么丰富，可以让我们把他们的智力活动同我们的进行比较。我们只提出一个问题：如今的人，最珍惜，或者可以说，最不轻易放弃什么？这是已经需要一些作些保留的问题，因为，人，指的是什么人？人们会不假思索地一致回答：人最珍惜的，或最不轻易放弃的，"就是他的生命。他自己的生命"。

关于这一点，我们随便翻开弗雷泽的一本著作看看。在这些经典著作中，我们将抓到一大把（至少对我们来说）惊人的事实，它们向我们表明，在这种甚至似乎也被"大自然"提到第一位的价值观上，在比较邻近的社会与我们的社会之间，确实存在着一些巨大的差异和反差。从这些著作我们了解到，一些民族，曾经在千百年里，非但不保护他们的孩子，甚至还心甘情愿把他们杀掉作为祭品。我们还从中得知，我们认为是不可分离的神性与不死（即使不是永恒）是一致的，而无数的人不曾知道，而且始终不知道这一点。他们曾经而且仍然在相信，神也是会死亡的，他们按照自己的样子制造了必死的神。

这就是古代的历史吗？无疑是。但是我们翻开亨利·布雷蒙的《法国宗教情感文学史》的第9卷看看吧。它的标题是"旧制度下的基督教生活"，包含了论述"死亡的艺术"的令人震撼的一章。人们容易

从中看到，在不到三个世纪前，人们如何以一种残忍的心理——至少按我们的判断是这样——对待垂死的人，这种残忍的心理一下子把我们带到离我们本人和我们的心理状态非常遥远的地方。 214

还有别的例子。近几年小说化的传记泛滥成灾，这与其说是为了有学问的读者的乐趣，不如说更多的是为了出版商的乐趣，而在这些传记中，令历史学家反感的是什么？是作者因为无能，又不做准备，因而一犯再犯的错误、混淆和败笔吗？是真正历史学家的成果，被急于编历史的拙劣文人有组织地抢劫、厚颜无耻地剽窃吗？更严重的，是一些人无意识地不断犯下的令人生气的时代性错误，他们带着自己的情感、思想，以及知识和道德上的偏见投身过去，并且把拉美西斯二世、尤利乌斯·恺撒、查理大帝、菲利普二世（甚至还有路易十四）打扮成1938年的杜邦或迪朗，在这些人物身上再次发现了他们刚刚放上去的东西，却又稍显惊讶，像是有先见之明，说声nil novi[①]，总结了他们的分析："可知，人始终都是同样的。"

然而，我们不要走远，来求教于我们历史学家的经验吧。我们如果研究中世纪（一个至少延续到16世纪，甚至更往后的中世纪）的人的生活、道德、生存和行动方式，在可靠的文献中读到有关王公贵族的记述，读到有关节日、宗教仪仗、执法、大众化讲道之类的叙述，不可能不对那个时代的人表现出的令人吃惊的情绪变化无常、特别容易受外界影响的情况产生强烈的印象。那时的人们容易被激怒，容易兴奋；随时随地会兵戎相见，又随时随地会相亲相爱。人们有歌舞升平，也有流泪哀号；人们闻过了战争的血腥，接着又去呼吸和平玫瑰的香气。[②]

荷兰历史学家赫伊津哈在一部非常富于启发性的著作《中世纪的

---

① 拉丁语：没有新东西。——译注

② 见由*Revue des Cours et Conférences* (1925): *Une civilisation: La première Renaissance française*发表的一组文章。

衰落》中写道，“人们如果要想象得出那个时代的生活所具有的辛酸、各种暴力，就应该想到下面这些特性，即容易接受外界影响、情绪容易激动、容易流泪、精神上反复无常”。情况可能是这样：但是尤其需要解释。而且解释起来并不简单，要用到历史学家们迄今为止还不注意汇
215 集整理的大量资料。他们没有想到要赋予它们真正的价值。

人是都是生活在反差中吗？他们的物质生活本身不就是由反差构成的吗？ 1925年我们已经注意到这一点。我们来想想一些非常大的，我们从未估量过其影响的事物吧：

对我们20世纪的人来说，白天和黑夜的反差有什么影响呢？没有，或者说几乎没有。摁一下按钮，电灯光就接替了太阳光。我们是白天和黑夜的主宰，娴熟地操纵它们。可是中世纪的人呢？ 16世纪的人呢？他们就不是主宰。那些可怜人，当夜幕降临时，连油灯都没有，甚至连蜡烛也没有。他们过着一种有节律的生活，是由每天的光明和黑暗相继更迭产生的节律；一种被分成两部分，即白天和黑夜的生活（按照季节和地区，这两部分不相等）；绝对的寂静和喧嚣的劳作，你相信这种生活在这些人身上产生的心理习惯，他们的思维、感觉、愿望、行动和反应的方式，会跟我们过的没有截然分明的矛盾、反差和对立的稳定生活在我们身上产生的这些东西相同吗？

白天和黑夜的反差产生的影响是这样，还有冬天和夏天的反差，也就是说寒冷和炎热的反差呢？对一个欧洲人、一个北美人而言，有感觉舒适的冬天吗？只要他们想要，只要他们想找最有冬季特色的地方，要在那里享受“冬天的乐趣”，就一定会有。但是在一些舒适的旅馆里，这个冬天始终有夏天与它相伴，跟它轮替。人们整个白天在户外滑雪溜冰；晚上回到家，因为到处有暖气，房间温度能升到20摄氏度。如今在寒冬腊月里，你走进大城市一个“有产者”的家，立刻会感到暖气片散发的热气扑面而来，需要脱掉外套。而如果是在16世纪，你在一月份走进他的家，便会感到寒冷刺骨：是没有生火的屋子里的那种凝滞的阴

冷。人们一进到这种屋子就开始发抖，就像刚才在教堂里那样瑟瑟发抖。王宫里的人也那样瑟瑟发抖，尽管他们有能烧掉整棵树的大壁炉。人们进屋后做的第一件事情，不是脱去外套，而是赶紧套上一件比出门时穿的更暖和的宽袖长外套，还要戴上毛皮帽子，比上街时戴的帽子还厚实。

冬天和夏天的反差，对最穷困的现代人来说都不算强烈。可是对过去的最奢侈、最富有的人来说，毫无疑问就是极其强烈的反差。但是，这就是心理学家对我们说的，物质生活条件均等，情绪就均等吗？ 216
这两种事物不是前后连贯，逻辑上互为因果、互为条件的吗？

至于安全条件呢？譬如人们的生命财产的安全：如今，一场火灾，一次事故，人的夭折，都有保险公司赔偿。可是过去呢？我们注意到，有时事情还不仅仅关系到一家。当大火烧着城市一头木瓦盖顶的简陋房屋时；当狂风卷着烈火，在夜里很短时间内就烧毁了整个村庄时，人们没有救火的手段，连牲畜都救不出来，只能惊慌失措、四处奔逃，眼睁睁地看着许多家庭妻离子散：孩子们流落街头，走投无路，不知道去哪里去找他们的兄弟姐妹。这时候生命的安全从何谈起？

而庞大的粮食供应领域的情况又如何？有两种人群的心理会一样吗？一些人群，如在19、20世纪的西方人，除了战争时期，他们占有的粮食越来越多，品种也越来越丰富；而另一些人群则因口粮持续供应不足，致使饮食生活制度很不稳定，他们或是因为食物匮乏，或是因为命运更惨，遇到经验不足的好心人办了坏事，最终导致大批死亡。有些好心的施舍者因措施不当，竟成了谋杀者。我们记得吕西·朗多万提到过爱斯基摩人，他们就是欧洲人慈善事业的受害者。这些欧洲人以为，送给爱斯基摩人过量的粮食是在做善事，殊不知这样做竟打破了人的食物定量的脆弱平衡，对于这种平衡，新型粮食供应科学的首创者赋予了那么多的重要意义……而曾经生活拮据的爱斯基摩人，却因为食物过剩而大批死亡。

我们应该记得，中世纪曾经是一个粮食持续匮乏、饿殍遍野的时代，某些时候却也发生一些不正常的大吃大喝的情况。那种饮食生活的状况，难道能让那时的人产生并保持和我们一样的身体的和精神的构造吗？我们这种定居民族的饱食终日的饮食制度，使得人们不再受饥饿折磨，却受到肥胖症的困扰。想想我们的形象在近邻民族眼中是
217 怎样突然改变的吧！在18世纪，英国人想象我们这个生活在塞纳河边的绰号为“青蛙”的民族人人饿得面黄肌瘦（无疑他们没有想错），他们也乐于承认，在他们的绰号为“约翰牛”的英国，人们由于耽于酒池肉林，容易发生中风。这里面有那么多启发性的、吸引人的东西还没有研究呢，我们应该研究研究。

我们已经说得够多了，这些足以表明，如果我们拒绝把我们的现在投射到过去；如果我们摈除心理学的最恶劣、最隐蔽、最严重的时代错误；如果我们打算靠研究社会存在的一般条件来解释社会的所有活动，而且首先是解释它们的精神活动，那么显然我们就不能认为，我们的心理学家根据现代提供的资料进行的描述和论证，对于过去的时代是有意义的。同样明显的是，只有在心理学家和历史学家经过条理清晰的协商，达成一致后，才可能产生一种真正的历史心理学。前者靠后者指明方向，而后者紧密依靠前者，而且必须信赖他，让他注意为自己创造工作条件。他们合力协同工作。更明确地说，就是组成团队来工作。

因为：首先要详细清点所研究的时期的人所掌握的心理方面的材料，然后要对它们进行重新组织；要不仅通过博学的不懈的努力，还通过想象力来复原其中每一代都是从前一代蜕变而来的整个物理的、智力的、精神的世界；要清楚地意识到，一方面，关于这个或那个问题的观念其实是贫乏的，另一方面，所研究的社会在某一时期所用的技术性材料的性质，必定会在所虚构的关于世界、生活、宗教、政治这种历史的集

体性的描述中，产生一些缺陷和曲解；最后，借用亨利·瓦隆的话说，要注意到，一个“人们只靠膂力与面前的具体存在搏斗”的世界，与人们为了生活需要而利用电力，并且为了产生电力而利用自然力的世界是不同的，也不可能相同；总之要明白，“世界”跟“精神”或“个人”一样，也不是一种绝对存在，而是随着发明，随着人类社会产生的文明不 218
断变化的。所有这些就是历史学家的最终目的——但是靠一些单枪匹马的历史学家是达不到这个目的的，即使他们注意跟心理学家建立联系也不行。

如果要历史学家替心理学家弄到创立一种有价值的历史心理学所需的材料，任务很艰巨，这不仅超出了单独个人的能力，也超出了单独一门或两门学科的范围。要顺利完成这个任务，需要所有相关学科组网进行协作。

技术呢？如果涉及过去的文明社会，就需要考古学的有力支持，这种考古学研究的不是严格意义上的古代，而是离我们非常近的时代。如果涉及现在的社会，就需要一种人种学的同样有力的支持，这种人种学不限于清点原始人的人种，而且会用跟苏斯戴尔研究拉坎东斯人，或梅特罗研究图皮-瓜拉尼人相同的方法，研究离我们更近的、文明资源更丰富得多的人群。

语言呢？它是从社会接近个人的另一条主要途径。我们需要文献史学家的合作，他们清点语言，这不是为历史学家做的，但历史学家可以充分利用他们的成果。并非对文明的那些重要语言进行全面清点，那些语言里面融进了地方或社会不同群体所提供的许多东西，并且杂乱无章地传给了我们；要清点的是方言，这些语言经过研究乡村社会的历史学家翻译，为我们提供了那么多珍贵资料，只有他们才能提供这些资料。同样，还需要那些“语义学家”的合作，他们为我们复原了一些特别有意义的词的历史，从而书写了观念史的一些简明篇章。也需要

那些语言历史学家的合作，如编写希腊语言史的梅耶，如一步一步追踪
法语命运历程的费迪南·布吕诺，他们记下了某些时期同期出现的一
套新词，或者赋予一些旧词新的含义。要从一套符号规则转到另一套
符号规则，需要那些肖像学注释家的合作，他们利用一些推定了日期的
219 文物，复原了非常复杂的宗教情感史。还需要其他帮助，我们不再一一
罗列了，反正就一句话：需要头脑灵活的、有创造才能的智者去寻求合
作者，并且在面对任何智力工作时，都给自己提出研究者的问题："这个
对我可能有什么用？如何利用这种不是为我做的东西？"

所以，去干吧！问题不在于理论。问题也不在于是否知道，人类群
体的整个政治的、社会的、经济的、智力的历史，是否必须围绕一种在其
按年代发生的转变中来理解的思想、情感、意志的历史，按照过度的"心
理学优先"的方式来排顺序。这是卡尔·兰普雷希特的最近的想法。
这是一些重大的学说性论题。目前我们不要讨论它们，只要求我们赶
快下决心去研究我们刚刚确定了条件的实际工作。它所涉及的，就是
让（要创立的）完全研究个人的历史心理学融入一种历史学的强大潮流
220 之中，这种历史学和任何事物一样，正朝着人类未知的命运迈进。

3. 如何复原过去的情感生活？

感受性与历史学*

“感受性与历史学”，这是个新主题。我不知道哪本书论述过这个主题。我甚至没有发现它所涉及的许多问题在哪里被人明确提出来过。因此，这是（希望人们别嫉妒一个不高明的历史学家学着艺术家发出这种吆喝）一种非常好的主题。那么多人抱憾离开这个主题，因为历史学的海域上航线开辟得太多，似乎再也没有什么新发现了。他们要是钻入与历史学缠斗的心理学的混沌世界，还是会重新激发探索的兴趣的。

前不久，我读了一份学院会议的报告。一位“历史学家”向这个博学的小圈子发表了一篇论文的结论，这篇论文是他刚刚写的，论述稗史方面一个令人失望的例子：玛丽·斯图亚特的有名的“首饰盒信札”应当被赋予什么意义，而且，实际上什么样的解释才适合用来“科学地”论述苏格兰女王与杀夫的凶手结婚这桩举世轰动的逸闻呢？于是此人解释说，人们由于懒于争论，也缺乏更好的说法，便求助于心理学来揭示这个谜团。他还说到“直觉想象力”：他宣称，在涉及个别情况时，可以把它当作一种占卜术来用；不过，这种直觉想象力非常靠不住，因为毕竟司汤达笔下的拿破仑不是泰纳笔下的拿破仑，也不是其他什么人

* 《社会史年鉴》，III，1941 年。

笔下的拿破仑。我就不再往下说了。可是他还往下说，而且还另外考虑到：不管怎样，存在一个将心理学完全拒之门外的领域。一个不关心心理学的领域。这就是非个人的历史的领域，即制度史的领域和观念史的领域，是在某一期间，在一个已知社会里被人理解的制度、观念；
221 “直觉想象力”在那里发挥不了任何作用。如果说我曾经对研究**感受性**与**历史学**的关系的时机还心存怀疑的话，那么读了这个报告，这怀疑马上就消除了。我要尽力说说为什么。

不过，首先得说说两个词的定义。“感受性”是个相当古老的词，有证据表明至少从14世纪初就在语言中出现；而它的形容词形式，“感性的”(sensible)，其实出现得还早一点。“感受性”，因为有生命力(实际上也如此)，承载了各种意义。有狭义的，也有广义的，而且人们可以在一定程度上确定这些词义出现的时间。例如，在17世纪，这个词似乎尤其表示人对道德范畴的印象的某种易感性：当时的人们常常提到对真、善、快乐等的感受性。在18世纪，这个词表示人怀有一些如怜悯、悲伤等情感的特殊方式。而当时同义词研究者的工作尤其把“感性的”和“温情的”(tendre)做比较，例如吉拉尔神父在其优雅的论著《法语同义词》(我用的是博泽修订版，巴黎，1780年版，第2卷，第38页)中就写道，“‘感受性’偏重于跟感觉有关，而‘温情’(tendresse)则偏重于跟情感有关。温情与灵魂涌向对象的激情有更直接的关系，它是主动的；而感受性与对象在灵魂上产生的印象有更直接的关系，它是被动的……热血使我们有温情；感官的敏感使感受性起作用。因此年轻人比老年人更有温情；老年人比年轻人更有感性……”

但是，这两个词还存在别的词义。那些词义带有半科学、半哲学的意义，如人们在中学传授的文化，有逐渐使这些意义占据主导地位的倾向。《利特雷词典》已经开始解释：“**感受性**，转归到神经系统某些部分的性质，人类和动物就靠这种性质感受印象，这些印象或是由外部的客体产生，或是在身体内部产生。”我们不去管一种极易引起错觉的涉及个人的定义，另外也不参考过时的研究灵魂能力的旧心理学（众所周知，这些能力有三种：智力、感受性、意志），换句话说，“感受性”让我们想起了，并且在我们当前的研究中，还将让我们想起情感生活及其表现。222

我猜会有人对于这点提出异议：“既然如此，你们的主题，‘感受性与历史学’，是从哪里来的？我们举个例子：在情感生活的基础上，也就是在如你们所定义的感受性的基础上，存在着**感情**（les émotions）。然而，还有什么东西比起感情来，更绝对是个人的，更彻头彻尾是私人的？”我们来考虑这条异议。但首先我要预先告诉读者：在随后要进行的所有工作中，我将参考《法国百科全书》的出色的第8卷《精神生活》。在这一卷里，身处我国心理学研究前沿的学者们，第一次以一种罕见的、难能可贵的胆识，向我们展现了被观察者从生到死的心理发展的全貌。我尤其还要参考瓦隆博士本人写的有关感情的原创词条，像这种能把历史学家探寻的灯笼拨亮的书本知识很少。

所以，有人会提出异议，还有什么东西比起感情来，更绝对是个人的，更彻头彻尾是私人的？不仅如此，还有什么东西比感情更短暂？感情可不就是一种迅速的回应，或者是对某些外部刺激的一种瞬时反应吗？而且它们难道没有使我们的器官显现出一些变化吗？根据定义这些器官是不相关联的。用夏尔·布隆代尔在《集体心理学引论》第92页中的话说，情感生活实际上“更必然地、更不可避免地以主观的形态呈现在我们身上”。因此，历史学要和整个这种人格主义、整个这种个人主义、整个这种心理主观主义争论的东西是什么呢？人们要历史学根据生理原因来分析彼得大帝、路易十四或拿破仑的恐惧、愤怒、喜悦或苦恼这样的情感激发吗？当这位历史学家对我们说：“拿破仑发过一次脾气”，或者“有段时间非常高兴”，他的任务不就完成了吗？难道还要求他去探索大人物的五脏六腑的生理奥秘?

这一切似是而非。首先是因为我们不应该混淆:**感情**与机体对外部刺激的**无意识**的简单反应,无疑不是一回事。无法证明感情所引起的并表现了其特征的反应,作为招架和回击,总是能加剧为感情所苦的
223 人的行为,使之更明确、更多变、更激烈。反之亦然。

事实上,瓦隆博士说得很清楚,感情构成一种新型的活动,不应该与应激反应的无意识的简单行为混淆。而且,它们首先从机体的生命获得其他来源,但这对我们历史学家来说不太重要,我们并没有能力探查这些来源。更重要得多的是,感情与人们在把它跟机体对外部刺激的无意识的简单反应混淆时所想的截然不同,它具有一种特征,关心其同类的社会生活的人,这次不再能够不考虑这个特征。这个特征就是,**感情具有感染性**。

感情以人与人之间的关系为前提,以集体的关系为前提。它们无疑是在一个人的机体深处产生的,而且常常在一个事件发生时产生,这个事件只触动个人,或者至少对个人的触动格外严重、格外强烈。但是,感情的表达可以说是一系列共同生活经历,对同一处境和相同性质的接触的冲击同时作出相似的反应的结果,人们如果愿意,还可以说成是各种感受性相互融合、相互克制的后果,这样的表达方式,这样的共同生活经历,这样的相互融合和相互克制,就使得它们很快能够在所有在场的人身上,通过一种模仿感染,激发与个人所经历的和感受到的突发事件相对应的情感驱动型情结。

这样,感情就渐渐使许多人联合起来,这些人时而是发起者,时而是随动者的参与者,最终形成一种个体间相互激励的体系,这种体系在使每个人的反应和感受性多样化的同时,也能随着形势和处境变化。由于情感反应因此达成了一致,也因此被调整到同时产生,因而表现得能够增加群体的安全感,或者增强群体的力量——这种**作用**很快就**证明**,构成一种真正的感情体系是合理的。它们已经成了一种**惯例制度**。

人们已经用仪式的方式来控制它们。例如在原始人那里，许多仪式就是一套套动作的模仿，目的显然是要靠同样的姿势和动作，在所有人身上引起同样的激动，把他们都团结成一种至高的个体，让他们准备好采取一致的行动。224

我们在此停住。这一切无疑都不能让历史学家们感兴趣吗？确实，这里说的是我们一边称之为“原始”的，一边又继续宣称“原始”这个词荒谬的那些社会。也可以说，我们说的是还在牙牙学语的社会。不过我们不要讨厌它们。比起我们现在的说话流利的社会来，那些牙牙学语的社会，在人类历史中占的时间更长，占的空间更广。那些牙牙学语的社会在我们身上留下了许多含糊不清的话语。因为虽然一切都在改变，但什么也没有消失。尤其是我们刚才说过的东西能让我们简明地理解其他更重要的东西。简单地说，能让我们见证智力活动的发生。

智力活动以社会生活为前提。因为它的必不可少的工具（语言位列第一）就是以人类环境的存在为前提的，就是在这种环境中制造出来的——因为它们的目的就是让身处同一环境中的所有人之间建立联系。然而，除了我们刚刚描述的所谓的感情生活，哪里还能找到公认的个人之间意识交往的首要场合呢？发音清晰的话语是专司语言的器官产生的，当人们如今仍然发现声调语言的功能出现障碍会立即造成口头表达的困难时，难道没有充分理由相信，语言是从与感情的基础相同的声调语言的器官活动的基础上产生并发展起来的吗？——只是很快就在感情和表达之间发生了冲突。暴露出一种不相容性。因为一方面，人们很快能观察到，感情一产生就改变了智力活动；而另一方面，人们也很快觉察到，抑制感情的最佳方法，就是仔细回想它有意激起人们注意的动机或目的，或者就只专心于一种考虑，思考一些事情。对许多艺术家而言，把痛苦写成一首诗或一本小说，无疑就是一种麻醉情感的方式。

这样，人们就能在正在演变的文明中观看这出长剧了——观看智力活动对感情活动多少有点迟缓的压抑；起先唯有这些活动能在个体之间实现态度和意识的一致，由此能产生智力交往及其最早的一套工具，后来这些活动就和那些唯有它们能够创造的新的交往工具发生冲
225 突。在人们之间的所有关系都被一些**制度**或**技术**控制得越来越好的社会环境中，智力活动越是得到发展，人们就越倾向于把感情视作对这种活动的一种干扰，认为它是危险的、令人讨厌的东西，至少是不庄重的东西。上流社会有教养的人不为什么事生气。即使他为什么事生气，也会始终保持冷静，而且从不表露他的感情。我们的社会确实不是只有上流社会有教养的人。

人们会说，这种简略的理论——我重申它的基本概念是从《法国百科全书》第8卷的亨利·瓦隆的杰出词条中借用的——对历史学家没有价值吗？一切都取决于被称作历史的东西。我还是认为它是有些益处的。而且它不仅能让我们较好地理解过去的人们的态度，也许还能确定一种研究方法，这是我们此处的目的。

这儿有一本书，有人曾想说它在法国没有遇到它应得的好运，这就是赫伊津哈的《中世纪之秋》，它被毫无诗意地译成法语，成了《中世纪的衰落》。这是一部杰出著作，我坚持这么认为。它没有获得相对的成功，也许还有一些深刻的原因吧？

我翻开第一章，标题是："生活的苦涩"。作者向我们展示了中世纪末期感情的至上力量，它们的猛烈迸发，往往能推翻最理性和最慎重的计划。他写道，"我们几乎想象不出中世纪的荒诞和易感性是什么样"（第24页）。他还揭露了在那个时代那么强烈的正义意识中，一种复仇欲望在大多数情况下的简单换位。他指出这种意识使两个极端之间的关系极度紧张，一个是异教徒最喜欢的以牙还牙的报复方式，另一个则是基督教的天禀，即从宗教信仰的角度憎恶罪孽。对暴力的和冲动的

人来说，他们往往就将敌人的行为称为罪孽。我们20世纪的人，力图谨慎地精确测定痛苦的轻重程度，缓慢而适度地使用缓解药，甚至可以说 226
用滴管来下药，而他向我们，并且已经（而且也许主要是？）向19世纪的人，描述了处在快要终结的中世纪的人，他们只会非此即彼地采取两种明确而粗暴的方法：要么杀死，要么饶恕。而饶恕又常常是不可理解的、意外的、突然的、完全的、不应得的，如果可能存在罪不容赦的情况的话……赫伊津哈得出结论：生活“是那么剧烈，反差那么强烈，散发出鲜血和玫瑰的混合气味……”

所有这些都是对的，甚至都说得非常好，但还是让人在精神上感到一些不舒服。这就是干得漂亮的活儿？我的意思是：所提的问题，它都解决了吗？在这点上，真的能够说这是人类情感史的一个特定而清晰的时期吗？这些剧变，从仇恨向宽恕、从最疯狂的残暴朝最悲怆的怜悯的突然转变，因此会是某一时代特有的一种失常的征兆吗？是从中世纪末、中世纪的衰落、中世纪的秋天，按我设想，反过来朝着中世纪的开端、中世纪的春天，或者掉过头来，朝着现代突然转变的征兆吗？

我对中世纪的开端有点怀疑。读一读格雷古瓦·德·图尔的书有助于我们很快弄清这个争论……而对现代的开端，我也有点怀疑。因为，到底是什么情况？几年前，我在日内瓦、洛桑、纳沙泰尔举办了一次巡回讲座，讨论法国宗教改革运动的起源，我已经向听众提出下面这个思考题：当让·加尔文在其理论中竭力强调天赋的完全无理由和无条件的特征，即上帝给予选民的恩宠所具有的那种特征时；当上帝的管理机构中，由一大批廉洁的会计师掌管，并且随后进行最终分摊的善行与罪孽的复式账目时，当加尔文用鲜明的词语表示难以遏制的厌恶时，另一方面，他的上帝和国王往往又被放在一起做比较，他这不是完全自发地和当时的法国人的观点相一致吗？国王自加冕之日起，便开始不停在王国到处游历，到迁到圣丹尼那天才结束。当时的法国人看到国王穿越他们的田野时，不都丢下手中的工具，拼命奔跑，有人要吻他的马镫，有人要吻他的斗篷的下摆，还有人至少要吻吻他的坐骑才罢休吗？这是因为国王的司法转变为君权，是因为上帝在地上的代理人，能像上
227 帝自己一样，超越任何法律为所欲为。他一个手势就能叫人头落地，也能让人活命。没有折中的方法，没有渐进的过程，没有调和的余地。要么饶恕，要么杀死……

但为什么是饶恕，而不是杀死呢？在对行为和功绩进行认真考察后，这还会有疑问吗？……绝对没有。是我们的正义在权衡和掂量，在犹豫、摸索和确定程度。16世纪的司法吗？要么完全肯定，要么完全否定，而当司法要完全肯定，或完全否定时，国王就来干预。他会仔细区分吗？他要估量程度吗？不会的。国王随意给予的，不是他的公正，而是他的怜悯。怜悯可以给予一个可耻之徒。爱德也是基督教世界的大德。这不重要。老百姓碰到这个问题，考虑的不比国王多。如果宽恕一个罪犯跟宽恕一个可怜虫一样，他们也会乐意。对一个无赖仁慈，或者对一个诚实的人仁慈，他们满意的程度是相同的。可酌情减刑的情节，可以计算的程度，这都不重要。重要的是名副其实的怜悯。恩惠就是纯粹的恩惠。宽恕就是纯粹的宽恕……

我们回忆一下那个时期像这样的故事吧：罪犯跪在地上，眼睛被蒙起来，头架在砧板上……穿红衣的刽子手已经挥起出鞘的剑。就在这时候，突然一阵喧哗，只见一个人骑马飞奔而来，挥舞着一张羊皮纸闯入法场，高呼“刀下留人，刀下留人！”此话正当其时，因为国王饶了他，但他并没有考虑犯人的功德。这就是让·加尔文心中的上帝。赫伊津哈要我们确信，这种态度突然发生180度大转弯，突然回心转意的人，就是地道的中世纪末的人，有可能就是永恒的人……因为确实，要是赫伊津哈首先肯定了这个事实，那么他无疑可以用一句话完全说明（而且他的书也会变得更加明晰），人的任何情感都具有双重性。说白了，就是任何情感都既是它自己，又是它的对立面。就是一种始终结合了我们

的两个极端情感状态的基本共同体。就是环境、我们表达的规则、某些个人的态度能够解释，在某种情况下和在某个时刻，其中一个极端通常足能压倒另一个极端，即恨压倒爱；怜悯的欲望压倒残忍的天性，等等。然而，这些对立状态仍然是相互关联的，而且，在其中一种表现出来时，另一种却不可能不是大致以潜伏状态存在的。由此会产生一些摆动，228
一些不合逻辑的意外变动，一些突然的改变，等等。某一时期人群的情感生活和离群索居的人的一样，也不能靠单调色彩的简单并置来描绘。它是一种由几种因素作用产生的结果，是生来就相互引诱的对立倾向作用的结果，也是他们对一些对象的固恋能不同定向的欲念作用的结果。

于是，如果人们已经从这样假定事物开始，如果人们已经从一般事实，从人的事实开始，进入特殊事实和应时产生的事实，那么人们就不再试图用赫伊津哈所说的那种“苦涩”来装点“中世纪的生活”了，这种“苦涩”赋予了他的著作某种特殊的、创新的和有特色的东西。这里面没有中世纪的生活什么事。更确切地说，问题离题了，提得不合适。

既然存在这个一般事实，这个“人”的事实，即情感具有双重性，那么还有必要在人类社会史中划分时期吗？在人类社会史中，潮流的翻转发生得更频繁、更激烈。我们有必要设想，在这样的历史中，在某些时期，某类倾向在频度和激烈程度上压倒和它对立的另一类倾向，如残忍压倒怜悯，恨压倒爱吗？更宽泛地说，有必要设想，历史上有过智力生活占优势的时期接替情感生活特别发达的时期的情况吗？为什么接替？怎样接替？这回提出的才是真正的问题。赫伊津哈没有提出这些问题，由于不追本溯源，因而就有混淆的危险，在我们的一些读者看来，这些起源的问题可能枯燥乏味，让人厌烦；我现在相信他们明白这一点，理解这一点。

确实，打算复原某个特定时期的情感生活，是一项既极其诱人又极其困难的任务。怎么办？历史学家无权放弃这项任务。

他们无权这样做，因为如果不去进行这项任务（即使不是出色地进行），他们就是甘当像我开头提到的那些断言的支持者。还有很多历史学家对我们说，可以“利用心理学”来解释由一些关于某位一流人物，某位“创造历史”的人物的性格、行为、生活的有价值的文献提供的
229 事实。心理学，这个词是什么意思？就是那种有点平庸又自负的智慧吗？这种智慧的基础，是一些老格言、一些旧的文学回忆、一些被现代人用来指导他们处理与同类人的日常关系的后天的或者继承下来的谨慎。

心理学充斥着一些刻意选择的引文，一些具有漂亮的学院式风格的效果甚佳的格言，正是这些在小说化历史的无数杰作中创造了奇迹。这些作品侵占我们书店的橱窗长达十年。不过，它们的令人厌恶的遗臭最终似乎让读者敬而远之。这样的心理学，我们更倾向于理解为布瓦尔或佩居歇[①]的心理学，他们常去逛所住街区的妇女服饰商店和零售商店，获得了一种经验，由此开始以这种方式来调适阿涅斯·索雷尔对查理七世的情感，或路易十四对蒙德斯庞的情感，让他们的亲朋好友在读到时欢呼：“太好了！”这种心理学，就是韦利神父所写的希尔代里克的心理学，他让我们的杰出的大师卡米耶·朱利安开心：韦利在其《法国史》（1755年版）中写道：“希尔代里克是一位爱冒险的君王。是其王国中的美男子。有思想，有勇气，生来就有一颗温柔的心，深陷于爱情不能自拔。这就是他失败的原因……”真可笑。

可是，那种人们打算排斥任何直觉想象力的领域、观念史的领域、制度史的领域，对心理学史学家而言，却是多么好的研究、复原和阐释的范围啊！特别是他的调查研究的范围。因为恰恰相反，一个时代的制度的机制与这个时代或另一个时代的观念——这些东西，如果没有心理学的考量（这种考量我认为是首要的），那么就是历史学家无法理

① 布瓦尔和佩居歇，福楼拜的一部小说中的两个人物。——译注

解和让人理解的东西，这种考量就是把那个时代的整个生存条件与被该时代的人赋予他们的观念的意义联系起来。因为这些条件使观念像任何事物一样，带上非常鲜明的时代和社会的色彩。因为这些条件把记号打在这些观念上，也打在制度及其规则上。而对历史学家来说，观念、制度，绝不是上帝赐予的；是人类的天赋在某个时代，并且在环境压力下的历史性的表现，这种环境是绝不可能再现的。

不过不要抱有幻想。任务艰巨，工具匮乏且不好用。主要工具有哪些呢？ 230

首先，是语言学家，更确切地说，是哲学家，他们向我们提供了词汇和词典。但这些词汇和词典很贫乏，很不完整，而且很不准确……可是，人们能从词汇研究中得到什么呢？涉及情感的东西很少。有时它能让人们了解到创造这种词汇的人的某些基本生存条件。举一个非常经典的例子，它能清晰地反映农村的情况，拉丁语这种语言就保留了这些词汇，如“rivalité”（法语：竞争）的意思是邻里之间为争夺一条灌溉水渠（rivus）发生纠纷；在拉丁语中，优秀人才叫作“egregius”，就好比从畜群中挑选出来单独吃小灶的牲畜（e grege）（拉丁语：出自群体，即出类拔萃）；拉丁语中的弱者叫“imbecillis”，让人想起没有捆绑支架（bacillus）支撑的花草；拉丁语中关于快乐的概念叫“laetitia”，与关于养肥牲畜（laetamen）的概念关系密切。不过，既然涉及一组情感，而且涉及它们多变的细微差异，人们完全可以再次追踪个别的和偶然发生的演变。对词汇进行任何研究，都不能让人复原一个已知时代已知社会的整个情感体系的演变过程。应该只进行专题性的研究，这种研究可以起到一种地质剖面的作用，这个剖面穿过人们没有时间去大面积勘察的土地。可以把这个剖面绘出图来，对人们产生无数的各种各样的启发。它只有样本的意义，实在不是一种用来研究整体的统计学要素。

第二种工具是艺术肖像学。在法国，整整半个世纪以来，埃米尔·马勒就在这种艺术肖像学上用他创造性的和灵巧的辛勤劳动，吸引了非常强烈的关注。而且，这个工具的确重要。

人们了解马勒如何借助于肖像学，复原了可以被称作宗教情感风格的东西，这些风格是相继出现的，并且常常彼此形成反差。人们了解他如何能用哀婉动人的、富有人性的、多愁善感的有时是色情的艺术，火热的15世纪的富有表现力和过分雕琢的艺术，来反对神圣的、理性的和完全带有13世纪宁静印记的古典哥特艺术。人们了解他如何能精确确定情感表达的某种细微差异在造型艺术上出现的时期，这种表达和其他表达是接近的，可以让人撰写一部有关从12世纪到17世纪初法国
231 宗教情感艺术史的连贯的著作。这种尝试及其产生的工作有很高的价值，我们应该避免贬低这种价值，我说的不是对艺术表现史的价值，而是对总体史的价值。还是要谨慎一些为好。

首先是因为这里应该考虑到借用，考虑到对相近艺术的模仿，甚至应该比埃米尔·马勒所做的考虑得更多。譬如说，如果确实起初有某种东西歪曲了他的第2卷的前景——我指的是他对意大利艺术的不太在意，此后他只能部分地对此进行了矫正——那就是他不了解，在这种哀婉动人的、现实主义的和富有人性的艺术的诞生中，14世纪的意大利艺术对法国艺术有着强烈影响，而马勒把这种艺术的诞生仅仅归因于伪博纳旺蒂尔的《基督生平默想》与神秘剧的联合影响。

借用，这是个很重要的问题。当然，光是说“瞧，这种被法国占为己有的艺术，其中一部分来自意大利，或者来自弗朗德尔”，是不足以使今后关于法国的艺术、被法国占为己有的艺术在所考虑的时代的情感演变的任何论证都无法进行的。之所以有借用，是因为有需要。之所以法国人占有了邻居意大利或荷兰在已知时代发展起来的情感主题——是因为这些情感主题深深感动了他们，于是他们通过占有，把这些主题变成了他们的主题。同样，他们向相近的语言借用了一整套词汇，把各

种基本概念都变成了他们的。瞧瞧路易·雷诺从前专门就中世纪的法国与德国之间的文化关系问题写的那些大部头著作吧，那是些奇怪的、既呆板又敏锐的、既证据丰富又有倾向性的著作。他想证明德国向法国借用了关于礼貌的全套词汇，不但借用了词，还随着词一起借了一个愿望，即要建立（而且首先是人为地建立）相应的一系列精神或情感状态。像外来的艺术主题一样，借用词被采用，是因为它满足需要。至少满足某些使用者的需要……

这里存在第二个困难。马勒说到群众的宗教情感，像他利用图示文献复原其细微差异的宗教情感，他过多地将其视作一个整体。人们要说它是“整体”也可以——但是存在一些细微差异，而一旦人们稍微仔细观 232
察，这些细微差异就重现出来。举一个例子。倘若有一个哀婉的主题，人们可以查遍中世纪末的图示文献来追踪它的产生和出色的演变，那么这个主题必然是玛利亚受难，这个主题将圣母的苦难与基督的苦难融为一体，和人们对基督的鲜血和创伤的全部崇拜，时而展现在信徒眼前，激发出每个人内心深处蛰伏的怜悯和残暴的双重本能——时而又改变为神秘主义方面的画作，如《生命之泉》或《神秘的压榨机》。所有这些最终导致一组十字架脚下的玛利亚出现，时而是虚脱的、几近昏厥的、可怜的、悲惨的玛利亚；时而又是《圣母悼歌》中所描述的站立的玛利亚：

Stabat Mater dolorosa
Juxta crucem lachrymosa
Dum pendebat filius.[1]

然而，自16世纪初起，更确切地说，自1529年起，在与反圣母崇拜的人进行论战的天主教学者约翰·汉格斯特的一本书中，人们就已经

① 拉丁文，意思是“圣母痛苦侍立，含泪十字架旁，当圣子高高悬起时。”——译注

读到对一些人的抗议，这些人反对对悲痛的圣母进行的这些描绘，借口是：non super Filii passione doluit, aut lachrymata est ... [1]

这是突然产生的念头吗？但是，我不久前，在读到亨利·布雷蒙的《法国宗教情感文学史》中，一段专门论述17世纪这种对《圣母悼歌》的批判所激起的争论的文章时，以及在读到马赛尔·巴塔永的《伊拉斯谟与西班牙》这本出色的著作时想到了这句话。他在这本书中，写到圣母在十字架底下哭泣和虚脱的主题在15世纪末的哀婉的西班牙获得的成功，以及在怜悯中引入一种真实主义的痛苦的元素同样在西班牙引起的抗议。这是两种方法和两种学派的冲突；是内心的宗教中两种关于哀婉的概念的冲突；是康帕内拉的十四行诗首先表达的这种永恒的对立，抛弃耶稣受难的形象，陷入对复活的辉煌的冥想：

> 为何处处都用描绘或描述来表现他的受难？在继这些苦难之后的快乐面前，这些苦难是不值一提的。
>
> 啊！失去理智的群氓，眼睛永远盯着尘世的群氓，不配看到他在天国凯旋的群氓：什么时候你们把目光投向别处，而不投向残酷
> 233 抗争的日子？……

圣特蕾莎的祷告一劳永逸地回答了这个问题，这位修女充满激情的呼喊震撼了世界：

> 我，更热爱你，是因为你的垂危和死亡，而不是因为你的复活。因为我想象，你若复活，升上蔚蓝的天空，有了听你吩咐的世界，那么，你就不太需要你的仆人了……

---

① 拉丁语：至少悲伤不超过受难的圣子。——译注

结论是仍然应该能够确定程度、掂量、评估。不要过度地和不谨慎地一概而论。不要想象信仰在一定时期是单一的。我说过，信仰越是强烈，就越是个人的，也越是多样的，而且在其形态上也越是不可调和的。我们不要把方济各特有的那种方式的崇拜——崇拜可怜的上帝，或者崇拜气息奄奄的圣母；不要把追忆受难的上帝和颂扬他的创伤，当作被一个渴望内心基督教的时代的所有狂热信徒都普遍接受的方法。

这就是起矫正作用的东西，它们丝毫不降低像埃米尔·马勒的那种作品的价值，但是却教给我们一种谨慎，就埃米尔·马勒个人而言，这种谨慎并非总是有的。

还有什么工具？还有文学。不仅有通过它进行的记载，我们把区分各个时代，更确切地说，区分各代人的感受性的细微差异都归功于这种记载，而且还有对它产生某种情感，然后在群众中传播所采取的方式本身进行的研究，不过有必要对这些群众的规模准确进行评估。因为确切地说，中世纪的一本艳情小说的读者，无论在数量上还是在性质上，都和19世纪报纸上的长篇连载小说的读者，或20世纪的一部通俗电影的观众不同。但是，既然这时谈到感受性及其细微差异，为什么不直接读读安德烈·蒙格隆已发表的两卷杰作《法国前浪漫主义运动》呢？这两卷促成了《法国文学情感史》的写作，这本书和亨利·布雷蒙的《法国宗教情感文学史》各卷相比，手法同样优美，思想和鉴赏力同样细腻。尤其是，为何不直接读读完全论述“感性灵魂的主宰”的出色的第2卷，为何不直接读读卢梭的著作，不直接读读那些酝酿它、支持它、保护它的人的著作呢？

所有这些具有无法估量的价值。当然，话说回来，条件是人们在 234
利用文学文献时，要和研究和利用图示艺术文献一样保持批判的审慎。条件是人们不要无视文学史以一种无法改变的逻辑，相继向我们展示的情感范围的真实的广度和深度——而实际上却应该看到这种广度和深度会不停地被掩盖起来又暴露出来？

18世纪是感受性统治的时代吗？我对此确信无疑。但是最终我还是回到吉拉尔的《法语同义词》(1780)上来：“‘温情’是弱男人。‘感受性’是弱女子……‘感受性’迫使我们为了个人利益而警惕四周。‘温情’又促使我们为他人利益行事……‘敏感的’心不会邪恶：因为它不可能打击他人而不伤及自己。‘温柔的’心是善良的，因为温情是积极的感受性。我很希望敏感的心不是人性的敌人。但我觉得温柔的心是它的朋友。”

这几行文字(但是完全相似的文字占了四页)就是1780年的一篇漂亮的檄文，它的确可以被看作法国情感(我指的是当时最有教养的和感情最细腻的法国人的情感)的正当表达——是1780年人们对这种感伤的和充分外露的感受性发出的漂亮的檄文，在18世纪的一部分岁月里，这种感受性无疑十分流行。人们看到，只是一部分岁月，而且不是没有激起一些不强烈的反应。况且判断力更强，更难产生幻觉。

我们来列一下清单。**道德上的文献**：由司法档案和可以泛称为决疑论的东西提供的资料；**艺术的文献**：造型艺术提供的文献，但也有合适的音乐艺术的文献；**文学的文献**：我刚才有保留地指出的文献。我们还是不缺文献的。而如果我们始终并且首先和心理学家的研究，以及通过他们弄到的成果保持接触；如果我们立下规矩，决不卷入那些应用于那种力图复原心理学资料的演变过程的历史学，却又不首先将问题的最新状态告诉我们的心理学研究(因为翻看那些旧书有什么用，20、30、40年前我们上中学时就曾提到过这些书，已经留在我们的记忆
235 中，但常常是过时的)——如果我们一开始就十分依赖我们的近邻心理学家通过有实效的考证工作获得的最新结果，那么我认为，我们可以着手做以前没做过的一系列工作。而只要我们还不去做，**可能的历史就不会出现**。我们没有爱情史，有人想到了它。我们没有死亡史，没有

怜悯史，没有残暴史，也没有欢乐史。多亏了亨利·贝尔的综合研讨周会，我们有了一部恐惧史的梗概。它足能表明，这样的历史可能多么有趣……

当我说我们没有爱情史，也没有欢乐史时，你们完全能听懂我不是要求对所有时代、所有年代和所有文明的爱情和欢乐进行研究。我指出一个研究方向，而且不是为一些孤立的人指出的。不是为单纯的生理学家指出的。不是为单纯的伦理学家指出的。不是为凡俗和传统的心理学家指出的。不是。我要求对人的基本情感及其方式开展一种广泛的集体的调查研究。想想看会出现多少意想不到的事啊！我说到过死亡。因此请打开亨利·布雷蒙的《法国宗教情感文学史》的第9卷吧，这是他对旧制度下的基督教生活所作的研究［《旧制度下的基督教生活》(1932)］。请翻开《死亡的艺术》一章。还不到300年的时间，当时的人在风俗和情感方面和我们隔着多么深的鸿沟啊？

现在，我们最后再来看一下我用来开篇的那个概述，那个关于与智力活动的作用相对比的情感活动在人类历史上的作用的概述，我利用《法国百科全书》第8卷提供的资料描述了这种情感活动。我们要记得那种向我们全面展示受到敬畏的情感活动体系的曲线，但是这个体系越来越受到群众的压制，受到侵略性的智力活动体系的压制。智力活动体系是征服性的，有支配欲，而且越来越排斥感情，感情可以说是被撇在了边缘，起的作用也是次要的、可以忽略的。 236

很好。而如果你是一个我们十分熟悉的（而且也许我们还可以十分容易地熟悉，仅仅在某些时刻通过自省来熟悉）过于老派的理性主义者，你从此就可能会大唱**进步**的凯歌，大唱**理性**的凯歌，大唱**逻辑**的凯歌。可是你们愿意我们一起再读一读我刚才引用过的原文吗？

> 这样，感情就渐渐使许多人联合起来，这些人时而是发起者，

> 时而是随动者的参与者，最终形成一种个体间相互激励的体系，这种体系在使每个人的反应和感受性多样化的同时，也能随着形势和处境多样化。由于情感反应因此达成了一致，也因此被调整到同时产生，因而表现得能够增加群体的安全感，或者增强群体的力量——这种**作用**很快就**证明**，构成一种真正的感情体系是合理的。它们已经成了一种惯例制度。人们已经用仪式的方式来控制它们。例如在原始人那里，许多仪式就是一套套的假动作的模仿，目的显然是要靠同样的姿势和动作，在所有人身上引起同样的激动，把他们都团结成一种至高的个体，让他们准备好采取一致的行动。

这段文字，特别适合土著社会的那些节庆活动，例如适合新喀里多尼亚的美拉尼西亚人跳的那种皮卢舞，人们可以在莫里斯·利恩哈特的杰作《格朗德特尔岛人》这本同时为法国科学和人类带来荣誉的书中，读到有关这种节庆活动的描述。为了适合我们眼前发生的那么多悲剧场景，适合那么多同时是坚韧的、顽强的、智慧的和本能的努力，为了突然制服我们每个人身上都有的、始终准备超出智力生活的情感生活的东西，以及为了使这种我们曾经引以为豪的，从感情到思想、从情感语言到发音清晰的语言的演变，发生突然翻转，我们需要改变这段文字中的一行字。

历史学中的感受性，是杰出的业余爱好者的一个主题……快，快，我们要回到**真正的历史学**上来，不是吗？回到普里查德事件的情节，回到基督受难地的问题，或者回到1563年盐仓的统计。这是历史。我们应该在课堂上对我们的孩子教这样的历史，在大学里对我们的学生教
237 这样的历史。而仇恨的历史、恐惧史、残暴史、爱情史，行行好，跟那些枯燥乏味的文学一起离开我们吧。那种文学与人性无关，可是它将来最终会把世界变成一个臭烘烘的尸骸堆。

不错。一些人一开始也许会想：“所概述的整个这种心理学，其目

的何在?”——我相信他们现在可以总结了:它是以历史为目的。以最古老的和最新的历史为目的;以原地的原始情感的历史和复苏的原始情感的历史为目的;以及以我们的情感的持续再现和恢复的历史为目的。是要恢复对鲜血的最兽性和最野蛮的崇拜。是要恢复对表现我们这些受压迫牲畜的萎靡状态的基本能力的崇拜。无数的机器让我们不得安宁,我们已被它们的强烈噪声和狂热活力压垮了。是要补偿性地恢复对大地母亲的崇拜,晚上人类像孩子一样,就躺在她的怀中舒展酸痛的四肢。也普遍恢复对万物生长所依靠的太阳的崇拜,如崇尚裸体主义和露营,尽情地亲近空气和水。颂扬原始情感,伴随着倾向和诱发力的突变;牺牲爱情来颂扬无情;牺牲文化来颂扬人的动物性——但是是颂扬一种已知的、被人们体验到优于文化的动物性。的确,我最后要说:历史中的感受性,它值得进行一次广泛的、有效的和集体的研究吗?而且如果我想,如果在这里说,心理学和优秀历史学家的任何工作都有共同基础,这是病人的胡话吗? 238

4. 民族的心理学和生理学

安德烈·西格弗里德或西堡眼中的法国人是什么样子?*

一家出版社几乎同时出版了两本书,是关于如今的法国和法国人、他们的性格和他们的国家在世界上占有的或打算占有的地位的两本书。一本是德国人弗里德里希·西堡写的,他在想:"上帝是法国的吗?"①另一本是法国人安德烈·西格弗里德写的,他满腹才华,是《今日美国》和《英国危机》的观察家,他写过一本《法国政党概貌》②,内容远比书名更加翔实……

要描述这个概貌,没有谁能比他更胸有成竹。他父亲就善于突出自己的政治地位,并且善于发挥作用。他身为儿子,自己就"一直生活在议会的气氛当中"。他年轻时也曾试图进入议会,参加了几年议会的正常活动。他的想法起初就足以构成一本内容充实的著作:《第三共和时期法国西部的政治概貌》③,在我们看来,这本书以地理学为

* 《经济与社会史年鉴》,IV,1932年。

① *Dieu est-il français?* Paris, Grasset, 1930, p. 370.

② *Tableau des partis en France*, Paris, Grasset, 1930, p. 248.

③ *Tableau politique de la France de l'Ouest sous la Troisième République*, Paris, Armand Colin, 1913, pp. xxviii–536.

基础进行政治心理学研究。但是，从1914年以后，西格弗里德游历世界。更确切地说，他认真仔细地、眼光敏锐地访问了澳大利亚、加拿大、美国、英国。观察了这些"基于合作的社会"之后，他回到我们这个"空谈个人主义"的国家。他还会更加觉得她新奇、非凡吗？这曾是他细心得出的，关于法式民主的清晰而鲜明的形象。我们不细说了。239
如果有人还没有读过，就该去读一读全文。我们只把重点放在主要主题上。

安德烈·西格弗里德的著作中，有大量分析的篇章，这些分析生动，有人们需要的教益。而有一些篇章文风朴实，为整本著作定好了方向。从经济方面说，法国如今不是那种能做表率的"当代"国家。这就是初始事实，是起点。比起那些正在所谓工业文明的道路上前进的国家，法国资格老得多，却又落后得多。于是他就提出了这个问题：她会改变吗？她会尝试让她的生产方式和生活方式适应当今的风尚吗？还是在一个道德规范跟她大不相同的世界中继续保持她的传统模样？如今在这个世界上，人们都讲求批量和系列，不再讲求品质；讲求团队，不再讲求个人。

现在我们来参阅西堡的书吧。这部著作具有双重性：一方面，是对法国和法国人的一些很细腻的描述；是善于观察的人的一些生动的速写；是不仅关注事物，也观察事物的伦理学家的一些看法，这些看法很敏锐，往往也很深刻。另一方面，是对观念进行的一些比较，这些观念数量有点多，这正合我们的心意，但并非总是明白易懂。观念是成对的，有德国关于文化的观念，法国关于文明的观念；有法国关于进步的观念，和与之相对的德国关于进步的观念，这个观念在两国的词典里是相似的，但是据说也只是在词典里相似而已……作者需要对相似的概念进行分析，这我举双手赞成。但是这个任务不只是要求具有观察的天分，不只是要求具有一种无可争辩的表达才能，还要求以非常细致的专题著作为基础，进行历史学和哲学的长期研究。[①]所有这些，在海德堡大学的一位因对法国事务的了解而著名的学者库尔齐乌斯教授的一部尚未传到我们手里的巨著中，然后又在一个关于“法国意识中关于文明的观念”的出色的讲座中得到证明。结论稍有差异：“这不是要搞得好像德国关于文化的观念跟法国关于文明
240 的观念之间真有什么差别。不是再想象这是两股注定要导致一场无休止的残酷战争的敌对力量。”[②]

我们撇开这点不谈，确切地说，人们已经就这一点展开过很多争论了：格拉塞致作者的信就是证明，开始争论时还有点掩饰，像是披了优雅的外衣；但是到最后它收拢、收缩、加重语气强调……我们只把《上帝是法国的吗？》翻到第100页看看：“法国如果想生存，就必须放弃她的关于文明的观念。她一定是希望生存的。她没有权利灭亡。”西堡的整部著作，它的全部精神都在一句话中。傲慢地给予一些热切的忠告：他的声音就像是从一座比胡夫金字塔更高的金字塔的顶端发出的。这座金字塔就是比英国经济和美国经济都强的德国经济；我想，法国低人一等的缘由就在这里吧？它同时也是高傲地对贫穷的、幼稚的、十分可笑的法国真心表露的关切……可是，我们来听听西格弗里德在其著作最后一页说的话：“明天人类选择什么？如果人类要装备自己、过舒

---

① 这种著作，例如最近的约阿希姆·莫拉斯（Joachim Moras）的《法国关于文明的观念的起源与发展（1756—1830）》[*Ursprung und Entwicklung des Begriffs der Zivilisation in Frankreich (1756–1830)*, Hamburg, Seminar für romanische Sprachen und Kultur, 1930]，其作者可能利用了我本人的著作：《文明，一个词和一组概念的演变》（*Civilisation, évolution d'un mot et d'un groupe d'idées*），与莫斯（Mauss）、尼塞福罗（A.Niceforo）、托内拉特（E.Tonnelat）、韦伯（L Weber）的其他许多论文一起，发表在《文明、词与观念》上（*Civilisation. Le mot et l'idée*, Paris, La Renaissance du Livre, 1930, p. 114）。

② 库尔齐乌斯与贝格施塔塞尔（A.Bergstässer）：《法国》（*Frankreich*），柏林，1930，二卷本，第1卷；库尔齐乌斯：《法国文化导论》（*Die französische Kultur, eine Einführung*）。库尔齐乌斯先生的讲座讲义已在卡耐基基金会资助下译成法语出版，巴黎，1929年，第64页。

适生活、提高生活水准，答案就很清楚，他们会说：选胡佛！相反，如果问题又涉及个人，涉及他们的权利，以及不断涌现的不受时效约束的自由，那么，我们别搞错了，法国意识形态的活力完好无损，会重新获得它的所有力量……”德国人和法国人争论的是同一个问题。精神，这就是我们的结论吗？我们最好别强调任何东西。

我们撇开这些关于未来的伟大见解，坚守社会分析的平缓的高地。这两位游遍了法国的旅行者告诉了我们什么？显然是相同的事情。在西堡的著作里，不再有矫揉造作，不再有文学研究，不再有故作优雅。偶尔有不恰当的地方，让人看了不舒服，但是很少。《上帝是法国的吗？》的作者做得不过分……——西格弗里德的著作笔调十分准确，评价始终适度。在这些明晰的篇章里，能消除国外的人对法国的误判和误会的东西确实不少。关于法国社会中持久存在的“小农意识”；关于法国 241
老百姓的理想：有座小房子，做点小生意，有些许退休金；关于老百姓中的精英、手工业者，如乡村里的细木匠、小镇上的修理工、马蹄匠；关于葡萄种植者和花农，这些手持整枝剪子的手艺人；关于法国人对“个人自主”的爱好以及由此产生的误解（1931年，他们始终抱着“独自富起来”的幻想），关于其他许多主题，都有一些非常出色的意见，它们都很诱人，都能发人深省。

令人好奇的是，西堡是如何跟西格弗里德呼应的。观察往往相同——但是带着别样的始终呈现德国人特性的鲜明的情感色彩，因此他的评语是以对比为基础。他会说：“不是森林，而是花园。”我们想起他不隐讳地写到法国人“在无限展现在眼前时，总是担心逐渐转向原始物质”。也许由此就导致了他们的音乐才能平庸，“音乐把人和这个原始朴素的世界联系起来，可是法国人正是为摆脱了这个世界而骄傲……”——相反，尽管是西格弗里德强调了赞成还是反对法国大革命这个法国人之间的主要区分原则具有至关重要的意义；尽管是他非常清楚地解释了教会为何“撇开多数世袭贵族和新贵族，把平民而不是把上流社会的人当作它的领袖徒劳无功”，因为左派还是一致同意把教会推给右派，让它一直与右派为伍；尽管他是唯一的一位深入如此复杂的问题的核心的特别有洞察力的法国人[1]，可是谁会对此感到惊讶？而让身为德国人的西堡产生深刻印象，并以极其恰当的表述阐明的东西，是这样一个事实，即“做一个法国人，并不要归属一个种族”，而是要获得一种信念：法国不是以种族，而是以精神为基础的共同体。所以，如今
242 “许多黑人、阿拉伯人、印度支那人都是真正的法国人，他们觉得有法国关于文明的观念的支持”。所以在法国，人们对外国人没有敌意，除非这个外国人自己带着敌意来，并且在逗留结束离开时，还原封不动地把敌意带走，也许法国人才会对他有敌意……这样，两人的意见与想法就相互补充、相互加强、相互克制了。

然而，外国观察者有一种严重劣势，不过这也在情理之中。西堡熟悉巴黎。他多次说到巴黎，说得很好。外省的情况呢，他怎么能知道？可是在西格弗里德的著作中，正是外省起着首要作用。[2]而且对于他说到的一切，我们的看法几乎总是和他一致，这确实不可思议。因为我国北部、东部、中部或南部的法国人经历不同，面临的现实也不同……

---

① 不是西堡忽视宗教问题。罗马教廷不时会觉得有必要去“提醒法国，彼得的岩石只坐落在台伯河边”，关于这件事，存在一些有益的意见。也许西格弗里德应该更强调问题的这个方面。法国的孤立，既与他指出的原因有关，也与一些事实有关，即法国显然没有梵蒂冈喜欢的人；她的天主教在欧洲往往是独往独来，我行我素；但是在同情新教的大潮流中，她并不冲在前面；而且从信奉路德教的瑞典到西格弗里德非常熟悉的美国，人们几乎经常向他指出这一点。关于西格弗里德提出的问题的另一方面，见后面的注释中贝玑的意见。

② 关于自1889年和布朗热主义以来巴黎的政治影响的衰落，以及巴黎关于重大区域利益的政策的产生，西格弗里德提出了杰出的看法（第193—194页）。

假如需要，我不是说需要争论，而是说需要交换一些意见，我也许会寻思，西格弗里德若是受到我在东部模糊看到的东西的启发，那么对“属于左派”的农村环境的细腻的，而且有细微差别的观察，是否更符合还有活力的过去，而非符合可见的未来？他列举了一些始终拥有“拥护者”的势力，很好。不过，除了教士、贵族、大资产阶级外，我还想加上某类农场主，最好有牧场主和大乳品商人，他们是精明的黄油和奶酪制造者，是农业促进会的代表人物；他们往往已经处在政治仕途的最前端，是那个地方的省议员，而且还怀有梦想，说不定以后会在卢森堡宫弄到一张闲适的扶手椅坐坐呢？……这也许是东部一个拥有一般小产业的地区的一类人，他不跟农民“摆谱”，不生活在城市里，而是生活在他们中间，他认为这样做明智，因为他力图提高身价，或者至少保持身价……

另一件值得注意的事：小学教师作为农民代理人，是农村社会制度的柱石吗？在农村小学教育的“创办者”时代是这样，就像洞悉农民现实情况的分析家贝玑所说的。①确实，在那个时代，“每个法国市镇都 243
有想解放人民的小学教师派别，而在本堂神甫、贵族或富裕的有产者背后，有一个拥护等级制度的派别”；但是，我把西格弗里德仍然用现在时表达的东西按未完成过去时来表达。因为我不十分肯定如今小学教师是否处处都还和农夫完全一致。因为他是共产主义者吗？偶尔是，而且也存在一种农民共产主义，但这跟西格弗里德所说的“蓝色海岸”共

① 我想到《半月刊》(*Cahiers de la quinzaine*) 开篇题为《白银》(*L'Argent*) 的一篇很出色的文章 (xive série, 6e cahier, pp. 9–21 et 30–51)。参见第38页的一段：“我们不再相信在俗老师教的每一个字。我们对本堂神甫教的东西却全盘接受……不过，在俗老师照管了我们的整个心灵，而且得到了我们的完全信任……而不幸的是，我们不能说我们的老本堂神甫们赢得过我们的整个心灵，或者得到过我们的信任……我们不隐瞒这一点，这正是法国抛弃基督教信仰的问题……”政治不一样，这一段更接近于上面我们提到的西格弗里德著作中的一段，那一段指出了教会往往可能在社会阶层关系上“属于左派”，而在政治上仍然“属于右派”这种反常现象。

产主义根本不同。而真正的原因，我认为是小学教师卷入了一种十分复杂的事情，即行政工团主义。它的源头是城市的政治运动，根本不是农村的运动。农民对这种运动不感兴趣，他们往往眼红最近一些年“小学老师”获得的地位，尤其是当他们娶了小学女教师作为妻子时。要解释自战争爆发以来某些地区老的反教权激进思想的退潮，我认为应该想到农民对小学老师的这种相对的冷落，或者小学老师对农民的冷落。形势变化很快，而且农民的反教权思想，也许确实不像1914年以前那样遍地存在了。

有些细微差异，而且它们再次证实：法国不是只有一个“外省地区”，而是有“诸多外省”。人们发现“法国在地理上是那样多姿多彩”，维达尔·白兰士就曾经注意到这点。他还补充道：“过现代生活的能力，按照它所牵涉到的各种品质来看，首先就是一个心理学的问
244 题……”

第四部分

关注互不了解的近邻或兄弟学科

文学史学家

1. 人、传说和作品

关于拉伯雷：一无所知*

多亏了普瓦捷大学教授让·普拉塔尔的关心，我们这就有了一本关于拉伯雷的传记[①]，关于这本书人们说得最少的可能是这一点，即它的问世恰逢其时。人们知道，最近这30年，在拉伯雷研究会及其创建人阿贝尔·勒弗朗的推动下，一项浩大工程完成了，它尽可能地阐明了弗朗索瓦·拉伯雷的原来模糊不清的生平、作品、思想。艰苦的劳动获得了成果。我们对此人的生平了解得更清楚了，理解他的不甚明了的作品也不太困难。这里所说的我们，是指那些有闲暇，或者有责任，天天关注发掘者工作的人。而没有了解手段的广大读者则需要有一本书来全面概述所获得的成果。普拉塔尔就特别有资格写这本书。从1910年起，他发表了《拉伯雷作品集》，从作品这个词的文学意义上（来源、想象力和创作）进行了说明。他还发表了一篇论文，显示出他在16世纪法国文学方面的深厚造诣。此后他一直参与拉伯雷研究，许多文章证实了这一点。他还进行了一些更深入的研究，尤其是发表了《拉伯雷

* 《综合评论》，I，1931年。

① *La vie de François Rabelais*, Paris of Bruxelle, Van Oest, 1928, pp. viii–266, LXIV.

在普瓦图的青少年时代》，不包括出版拉伯雷的原著。[1]他遇到了一家积极主动的出版社，即范欧斯特出版社，对《弗朗索瓦·拉伯雷传》进行几近奢华的装帧，添加了一些漂亮的照相凸版印刷的插图，补全了不
247 久前由阿尔蒂尔·厄拉尔在其非常生动的著作《拉伯雷》中汇集的图示文献。我们很高兴，因为得到了我们所缺的东西：关于巴奴日之父鲜活的存在，有了一幅完整的概貌，而且不再是素描了。

乍一看，描绘这样的概貌不太难。人们手上不是有10卷《拉伯雷研究杂志》、15卷《16世纪杂志》、由勒弗朗为冠军出版社的豪华版本的《拉伯雷全集》中的《卡冈都亚》和《庞大固埃》写的两篇充满生活气息和热情的序言吗？只需有审慎的态度，只需会读会写，这本书就能写成。不过，它应该是一本更出色的、让许多人翘首以盼的拉伯雷传。尤其是要让历史学家翘首以盼。米什莱在其《法国史》[2]的一章中就说过，这应该是一本非凡的书，因为这位眼力超群的作者，虽然只掌握一些错误的事实和虚构的传说，但是他受到他的理解力的支持，并受到他的同情心的引导，能够向我们提供一幅相当准确和十分鲜明的拉伯雷的速写。米什莱曾大声疾呼："多么希望有人能写出一部拉伯雷传啊！"[3]这是因为，关于这个奇特人物的书籍都带有"时代印记"，而且达到了罕见的程度，因此写他的传记，就要按照米什莱的意思，完整勾勒出"英雄"时代的主线，拉伯雷的作品就紧密贴合这条主线。

然而，让·普拉塔尔的工作的第一部分是细心、严格和审慎地完成的。他的提纲里没有什么复杂的东西。按照年代顺序：出生、受教育、成为修道士；接着是在普瓦图度过的岁月，为热弗瓦·戴蒂萨克效劳。

① *Œuvres complètes de Rabelais*, Paris, Roches, 1929.

② *La Renaissance*, chap. XIX.

③ 他立即又补了一句话："这是不可能的。"

然后是到处漂泊，居无定所：波尔多、图卢兹、布尔日、奥尔良、巴黎？人们知道得比较多的，是他在蒙彼利埃、里昂、意大利的罗马度过的那些年，以及在皮埃蒙特时，逗留在纪尧姆·杜贝莱身边。最后是《第三部书》和《第四部书》，然后不知所终。

关于拉伯雷的出生、出身、青年时期，没有什么新鲜东西。都是阿贝尔·勒弗朗的论文向我们提供的。弗朗索瓦的父亲是安托万，是希农的皇家律师，是个有钱的法学家，在离该镇一古里之外他从事法律职业的叫德维尼埃尔的地方，拥有分成制租田，拉伯雷常常提到这个地方。按可信的传统说法，他就是在那里出生的。什么时候出生的？普 248
拉塔尔和阿贝尔·勒弗朗及克卢佐一样，在其《拉伯雷年表》中表示为1494年。这一切都没有得到核实，但是看上去都很有可能。这之后有一段空白，没有幼年时期，没有学习时期，没有家族关系。进入修道院之后，这个职业，是被迫从事，还是个人意愿，不知道。让·普拉塔尔倾向于第二种推测，认为拉伯雷的“兴趣方向是智力工作，贪图方济各会隐修院的安宁”。[①]我对此不这么肯定。因为“方济各会隐修院”不是专门供人们从事“智力工作”的场所。尤其是关于被迫从事的职业这一段尖刻和过火的话让我耿耿于怀。而且，还有一个大家也许没有充分注意到的小事实。拉伯雷身为未来的方济各会修士，经过洗礼获得了弗朗索瓦这个教名。他可能还有个叫弗朗索瓦兹的姐姐。是他们家特别崇敬这位阿西西（Assisi）的圣人吗？甚至也许是父母对神许的愿？这纯粹是假设，我赶紧这么说。我们别用臆测来填补一个充满神秘的空白。可是这种神秘太令人好奇了，连非常谨慎的普拉塔尔有时也拗不过，用“也许”来填补这个空白的欲望。拉伯雷年轻时可能去过昂热。但是我们别以为“他母亲的家族，弗拉潘家族就住那儿”。[②]如

① Plattard, *Chronologie rabelaisienne*, p. 14.

② 同上书，第7页。

果拉伯雷是安托万的儿子，那么他的母亲就是迪苏尔家族的人。他出生于帕万的祖母，在其拉伯雷家族的丈夫去世后，改嫁给了弗拉潘家族的人。[①]因此严格地说，弗拉潘家族的人与拉伯雷毫不相干。同样，"他可能"先是进入昂热附近博梅特的方济各会修道院，杜贝莱家族的人对这个修道院[②]有关照。"他可能"在那里"学习了当一个教士所需的课程"。或者像作者写的，"他（后来）可能没有理由不进入这些绳索腰带修士的修会，他已在博梅特从这个修会学习了最早的课程"。[③]对不起！人们可以假设他在那里学习，但也可以假设不在。我们真该对这些篇章谨慎地提
249 出怀疑，它们从假说到确信，转得如此自然而然，如此合情合理！

总之，我们直说了吧：关于弗朗索瓦·拉伯雷的生平，从他出生（日期不确定，地点人们大概熟悉，他的父母是谁，严格地说是推测出来的），到1521年3月4日，下普瓦图丰特内-勒孔特的一个修道士不无激动地写信给文学之父和博学者楷模纪尧姆·比代的日期，如果要依靠可靠的、明确的、经过严格考证的文献来了解，那么对于这段时期，我们一无所知。

然而，"从拉伯雷的生活圈子，从他自认为是其老师的人"来推断拉伯雷本人，这种方法若是用来确定可以说是完全"模糊"的那些年份，则往往是有害的和靠不住的。我想到一些篇章的内容，其中普拉塔尔就在考虑，少年弗朗索瓦是按照爱比斯德蒙的方式"被精心描绘的好学生"呢，还是按照雅诺图斯的方式被说成是"一个腼腆的笨手笨脚的

---

① 参见格里莫描述的家谱概况，《拉伯雷研究杂志》(*Revue des Études Rabelaisiennes*)，第4卷，1906，第228页。注意在《第四部书》的旧序中，拉伯雷没有提到他的一位舅舅，名叫弗拉潘的圣乔治爵爷，而是提到有拉伯雷这个名字的"一位老伯父"，这是完全不同的名字。我们还要指出，如果我们在《第三部书》关于被布道者咒骂为"疯子和无耻"的瓦莱纳的再婚（《第三部书》，第六章）这一段中，看出对安德烈·帕万和一个弗拉潘家族的人再婚的讽喻，那么还有必要过多强调拉伯雷和弗拉潘家族存在亲密关系吗？

② 同上书，第8页。他们的武器还在小教堂里对着彩色玻璃窗熠熠生辉。

③ 同上书，第15页。

小男孩”。[1]不过，一旦有了更坚实的史料基础，这些章节就真正变得有趣了。人们在这些内容非常充实的章节中发现：作者在其中复述了他的有关能干的少年弗朗索瓦的小书的内容，生动逼真地描绘一个可信的“普瓦图的拉伯雷”以及其他事情。其中对环境的了解很详细，能使文献向我们提供的某些资料互相联系起来。这种方法澄清了拉伯雷作品中许多不易理解的内容。它巧妙地确定了这个修道士的各种活动，如人们所知，这些活动最终以从一个方济各会修道院转到一个本笃会修道院结束。这无疑要归功于拉伯雷的教区主教，马耶赛的主教热弗瓦·戴蒂萨克的庇护，他担任了这位主教的秘书，而且这位主教可能委托他教其侄子路易。在离南普瓦捷两古里的利圭热本笃会隐修院，他似乎有他的书房[2]；巧合的是，在4个世纪后，于伊斯芒斯也在这里当修士。不过，于伊斯芒斯既不是普瓦图人，也不是都兰人……

可是，不管这种根据环境来解释的方法给我们提供了怎样的帮助，它并没有得到很深入的利用。或者更确切地说，它没有触及最主要的部分。实际上，如今我们能够非常充分地复原各种环境，把它们首尾相接连起来，（据我们所知）就从表面上构成了拉伯雷的生平。对一位有点精 250
明的传记作家而言，从那时起，从一个城市到一个城市，从一个地区到一个地区，追寻他的主人公的足迹。这便是撰写一部有教益的而且不令人厌倦的巨著的规则：一种遍及从1520年到1550年的人文主义欧洲的文人圈子的循环巡行。不过，还剩下两样东西，两样不重要的东西：人和作品。我们前后都了解得不清楚。人，可以真的是弗朗索瓦·拉伯雷，但似乎也可以是他同时代的人、朋友、敌人，只要他们聪明、有洞察力，都行。

---

① 普拉塔尔，所引著作，第8页。

② 人们知道，他在一封写给其朋友韵律家让·布歇的优雅的信中注明了日期：

在利圭热，九月的第六天
这个早晨，在我的小房间……

人，就是这位在1532年突然从地下冒出来的近乎神奇的作家，把这四部小说的第一部献给了我们。我们把有争议的《第五部书》撇开，这四部小说是《卡冈都亚》、《庞大固埃》、《第三部书》和《第四部书》，一个世纪的四幅令人惊奇的图景。一部巨著连续但又有区别的几个部分。然而，我们现在是从外表上清楚地认识了这部作品。对于它的细节，我们即使不是完全了解，也差不多了解所有细节了。由于大批研究者英雄般的齐心协力，语言表述上的大量晦涩的难点，以及更加晦涩的，对一些纯粹应时发生的事件的大量讽喻，都得到了解释。这些研究者中，有孜孜不倦的词汇学家拉扎尔·塞内安，他的两大卷《拉伯雷的语言》，系统地盘点了拉伯雷作品的语言，可以无愧于它的副标题"文艺复兴运动的文明"。[①]还有更好的，是阿贝尔·勒弗朗的热情、耐心、敏锐的洞察力，让他能够证明希农地区的事物与地点之间，以及拉伯雷的小说一些完整的章节之间，如何以各种有趣的纽带联系起来。一切联系都很巧妙，往往是无可怀疑的，而且总是有趣的。但是，核心问题，唯一重要的问题，归根结底，是"创作"的问题，怎样考虑这个问题？甚至是怎样把它提出来？

我们要承认，我们其实"没有看到"拉伯雷。

这里有一部巨著，一本杰出的书，多达300页，书的突出位置上，标着这个希农人的名字。我们认真拜读后合上它。自始至终我们没有看到拉伯雷，既没有用肉体的眼睛看到，也没有用精神的眼睛看到。没有看到一幅让我们满意的能干的弗朗索瓦的肖像[②]，或者一幅即便不让
251 我们满意，但也可能是真实的拉伯雷的肖像。尼古拉·布尔邦，一个蹩脚的研究拉丁语言的韵律学家，一个没有长短短格和扬扬格[③]荣耀的

① Paris, De Boccard, 1922, vol. 2.

② 关于拉伯雷的肖像，参见H. Clouzot dans J. Boulenger, *Rabelais à travers les âges*, Paris, Le Divan, 1925。

③ 希腊、拉丁古诗体的韵步。——译注

骑士，我们本来对这个可悲人物不需要知道什么，可是他和伊拉斯谟一样，偶遇了汉斯·霍尔拜因[①]，于是我们有了他的那幅动人的画像。拉伯雷呢？他有一些面容古怪的画像。《名人肖像年表》[②]中的画像就显得不高兴。他阴沉着脸，显得有点奸诈？有可能。不过我们还是放弃那些老旧的肖像画为好。

有双智者的眼睛？不可思议！他要么是那种举止像塔巴兰[③]的人，在闹剧中扮演一个厚颜无耻的食客，付了一份钱，却胡吃海塞撑破肚皮，酒也漫出了喉咙，到了晚上，就去写一些乱七八糟的东西……要么是一个博学者、医生、人文学者，用大量的古代文献和热切的好奇，孜孜不倦地滋养他的神奇的记忆力；还被叫作泰奥多尔·德·贝泽和路易·勒卡隆的人赞为大哲学家，甚至被夸为哲学家的泰斗：

> In primis sane Rabelæsum, principem eundem.
> Supremum in studiis Diva tuis Sophia.[④]

这两个拉伯雷，选哪个？

我们的祖宗比我们幸运。他们不做选择。两种形象的拉伯雷都接受，不管是体面的还是粗俗的。而且因为不把两个拉伯雷放在一起对比，所以他们适应起来没有困难。当他们在戴蒂萨克家或杜贝莱家，

---

① 小汉斯·霍尔拜因（Hans Holbein le jeune），德国艺术家，画过尼古拉·布尔邦和伊拉斯谟的肖像画。——译注

② 按照一个先前遗失的模型刻于1601年，被莱奥纳尔·戈蒂埃纳入一幅聚集了16世纪法国144位名人肖像的巨幅版画，插在杜布瓦医生和朗德勒医生之间。它缩小后登上《16世纪杂志》的封面，并且出现在阿贝尔·勒弗朗的《卡冈都亚引言》（*Introduction au Gargantua*）中。

③ 塔巴兰（Tabarin，1584—1633），法国闹剧演员。——译注

④ 关于*Epigrammaton libri duo* de Gilbert Ducher d'Aiguererse (Lyon, Gryphe, 1538)这篇文本，参见Abel Lefranc, *Revue des Études Rabelaisiennes*, t. I, p. 202.

或在埃格-莫尔特，在弗朗索瓦国王身边，遇到这位受宠于国王的博学的弗朗索瓦·拉伯雷大师时；当他们在那儿，或者在无数正儿八经的场所，巧遇这位研究古希腊的学者；这位医生；这位能用希腊语、拉丁语，甚至法语写韵文和散文的诗人；这位受到当时最伟大的文人和学者，从纪尧姆·比代到约阿希姆·杜贝莱，其中包括年轻的泰奥多
252 尔·德·贝泽①的吹捧和赞扬，受到有争议的埃蒂安·多莱，以及其他许多同样有名气的人吹捧和赞扬的人时，他们便脱下帽子，用双手拿着，恭敬地称他博士阁下②，并静候他从雄辩的口中说出优美的古文。后来当他们饶有兴致地读了《卡冈都亚》或《庞大固埃》时，就立即被完全迷住，就像集市上看热闹的人被一个卖狗皮膏药的人的妙语连珠迷住一样。再说，在翻开这些小书时，他们意识到应该做什么吗？这个行为，可以用那种过时的话说，是一种“文学”阅读吗？绝对不是。作者可能是向他们吐露，在人的勇武行为和文学、高尚文学（人文派文学）之间存在某种联系，以此来让他们吃惊。彭波尼奥·勒托的虚构的古罗马人卢修斯·库斯庇丢斯的遗嘱，显然是“文学”读物。至于巴奴日与丹德诺的纠葛，得了吧！不过是一些“逗人开心的故事”而已。

---

① 泰奥多尔·德·贝泽的证据由1548年的《诗选》(《论弗朗索瓦·拉伯雷》(*De Francisco Rabelaeso*, Paris, Conrad Badius, 1548, p.66)，在后来的版本中被删除）中的二行诗提供。

> Qui sic nugatur, tractantem ut seria vincat,
> Seria quum faciet, dic, rogo, quantus erit?

至于路易·勒卡隆让拉伯雷作为主角，与克洛德·科特罗和莱斯科谢先生（？）进行的给了他答辩的哲学谈话，构成了他的《对话录》(*Dialogues*, Paris, 1556)的第三部。

② 见纪尧姆·佩利西埃主教在写给“拉伯雷博士阁下”的信中怀着庄重的崇敬向他求教所用的语调，参见泽勒(J.Zeller):《根据驻威尼斯大使纪尧姆·佩利西埃的书信了解的法国外交》(*La Diplomatie française d'après la correspondance de Guillaume Pellicier, ambassadeur à Venise*, Paris, Hachette, 1881, p. 91)。

16世纪的人不会把表达方式搞混的。开心了他们就笑。开怀大笑，没有恶意。而且他们立刻就根据作品来揣度作者。这个能让愁眉苦脸的人捧腹大笑的叙述者，这个口若悬河的叙述者，估计是个非常快乐的人吧？这个夸奖葡萄酒的人，估计是个多么奇特的酒鬼吧？我们要指出，要这样从书转到作者拉伯雷，就要求作者本人就是读者。叙述者不入戏吗？他永远都不说“我”吗？他报告巴奴日的非凡功绩，不是没带个人情感的。他是街头杂耍的参与者，是奇异把戏的表演者：“善良的人们！愿天主拯救你们，保佑你们！你们在哪里呀？我看不见。等我戴上眼镜……哈，哈！封斋期过了，我看见你们了！……”[①]那么，当他们把拉伯雷变成一个酒鬼和一个小丑时，这不是他们犯了一个错误，更不是往历史档案中提交一个证明。他们心里想的那个拉伯雷，就是一个酒鬼和一个小丑，因为他身上体现了拉伯雷小说里的所有的纵酒作乐的聚会，粗俗下流的玩笑和滑稽可笑的动作。他们认为“真实”的拉伯雷是不存在的。唯一存在的拉伯雷，就是他们创造的，是为他们自己制造的，披着书及其 253
主人公的外衣。拉伯雷创造了卡冈都亚、庞大固埃和巴奴日。卡冈都亚反过来按照他的模样改变了拉伯雷：对那些很少厌倦的读者来说，对那些贪婪而天真，况且对他们尚未提出的一个问题还没有明确概念的大孩子来说，这就是唯一真实的拉伯雷。对他们来说，文学作品创造、产生的问题是不存在的。即使当这些人的名字叫龙沙，或者叫杜贝莱时。龙沙就是在1554年的《博卡日》中写《弗朗索瓦·拉伯雷墓志铭》的那个龙沙。杜贝莱就是1558年在《诗选》中写庞法居的拉丁语的《墓》的那个杜贝莱。[②]

---

① Prologue du *Quart Livre*.

② 拉伯雷卒于1553年的最后几个月，或1554年的开头几日。龙沙立即拟了一篇墓志铭：

给好酒的好人拉伯雷
但他永远活着

（转下页）

因此，关于“拉伯雷的传说”，这个著名的重要问题，归根结底只是一个集体心理学的问题。最近人们经常围绕这些传说的文献发起争论，这些文献对我们来说十分意外，以致我们非常幼稚地想象出一些私人积怨的故事来让这些文献容易被人理解，好像涉及的不是描述粗俗的酒鬼的文学形象，而是涉及一份一个叫拉伯雷的人酗酒习惯的治安记录：“姓名：弗朗索瓦。职业：医学博士……”而我还要补充说，如果需要，我等待时机再来详述，好像在他那个时期不乏这种放纵成性的名人，其中一个就是诗人马罗，他就不像拉伯雷那般荣幸，拥有一部十分类似的传说，也没有类似的成长历程。“通过对他所研究的每个时期的思考，对该时期的人的精神材料重新进行组织”：请原谅我引用自己的
254 著作，这是我最近为自然科学史学确定的目标。①“不再把我们看作是人的状况的样本，处处都有效；因此也不再想自己来重新思考和恢复精神状态，供我们自己研究”，这是夏尔·布隆代尔为集体心理学规定

（接上页）

并且用粗俗词汇描述躺在酒杯间的这位风流才子：“在一些油乎乎的碗碟中间，恬不知耻地打滚，泡在酒里，浑身脏兮兮，就像泥潭里的青蛙。”描述十分写实，合我们的意。但是我们别忘了，龙沙在1555年的《诗文集》的《牧童颂歌》（*Odelette à Corydon*）中写到他自己时，也有同样的表现：“‘仰面朝天’躺在酒坛子和落叶之间。”至于杜贝莱，他只在《保卫和发扬法兰西语言》（*Deffence et Illustration de la langue françoyse*）中，列举了三位法国作家作为例子，除了比代和巴伊夫，还有“那位使阿里斯托芬复活，并且那么好地虚构了吕西安的鼻子”的作家，在《橄榄》（*L'Olive*）的第二版（1558）中，他将“有益而快乐的拉伯雷”列入法国大诗人的名录，虽然他在1558年发表了一篇拉丁文墓志铭，是为那个贪吃一切，被一个硕大无朋的肚子压得透不过气来，并把逗笑的技艺跟治病的技艺结合起来的庞法居写的，我们也不要忘记，虽然庞法居就是拉伯雷，可杜贝莱写的并不是拉伯雷的事情，而是庞法居的事情，再说构成这一篇的事情也相当乏味。而且我们再次指出，研究古希腊的学者和医生拉伯雷，其诗葬身卢瓦尔河底的蹩脚诗人拉伯雷：是个值得尊敬的人。但是，通俗故事作家拉伯雷，不再受到任何东西保护。他的身体和财产属于所有人。对于他，人们可以想怎么说就怎么说。

① *Un chapitre de l'histoire de l'esprit humain, Revue de Synthèse Hist.*, t. XLIII, 1927.

的大纲。[1]我们都深信这些简单观念，那么我们就把弗朗索瓦·拉伯雷的同时代人叫到我们跟前，展示他们的暴力和任性、对外部影响的屈从、情绪的变化无常、相互之间的易怒、恶语相向、相互残杀，而后又特别容易握手言和，这些向我们解释了，甚至在文人、学者、诗人中间，为什么也会发生那么多无谓的争吵、那么多恶狠狠的指责、那么多对剽窃抄袭行为的谩骂、那么多对人类和上帝的公正的呼唤、接下来便是令人厌恶的极力奉承，最愚蠢的是，要跟荷马、品达尔、维吉尔及贺拉斯平起平坐。我常常说这是“一种由反差构成的生活”的天然产物，这种反差非常强烈，鲜明得出乎我们想象：是白昼和黑夜的反差、寒冬和炎夏的反差、酷热和冰冷的反差……生活条件均等，情绪就均等：两者相互联系，互为条件。可是同样地，我们的神经也麻木了。我们吃了过多的水果——我们或我们的父辈——吃了我们贮藏的这些水果，像圣经里说的，酸了我们的牙齿。他们？他们不是麻木的人。绝对不是！例如，他们对极其强烈的音乐演奏是不抵制的。我总会想到《厄特拉佩尔故事集》，其中诺埃尔·杜法伊为我们描述了克雷芒·雅内坎的叙事合唱《马里尼亚诺战役》[2]对他的同时代人的影响。没有人不受这种音乐吸引，它的表现充满力量，又显得稚气，用拟声的和声来表现“战斗的喧闹”；没有人“不注意看他的剑是否入鞘，不注意看他踮起脚、挺起腰杆，让自己显得更精神抖擞、身材魁梧！”音乐对于头脑简单的人的肌肉的影响被描写得富有表现力，他们尽情表现，不加克制。可是我们呢，我们克制住了。 255

这里我们又转回来了。必须做出选择。他是一个体面的、有学问

[1] *Introduction à la psychologie collective*, Paris, Armand Colin, 1928.

[2] “当人们在这个伟大的弗朗索瓦面前，为庆祝战胜瑞士人唱雅内坎作的《战斗之歌》”时，女王的女儿德·利莫伊小姐即将去世，她感到末日临近，令人将她的小提琴手朱利安召来，对他说“尽力演奏他最拿手的《被打败的瑞士人》；而当他演奏到‘一切都完了’时，她跟唱了两遍便撒手人寰”（参见 Brantôme, éd. Lalanne, t, IX, p. 416）。

的和可敬的拉伯雷呢？还是一个肥头大耳的酒囊饭袋，跟所有人一样，没有鲜明个性的人？或者用形态学的话来说，是一瓶矮矮胖胖的餐后酒；也可以说，就是莱昂·高兹兰所描述的坐在餐桌旁的巴尔扎克，像皮埃尔·亚伯拉罕最近发掘出来的那个巴尔扎克[①]，有着“无所事事的庞大固埃式的傲慢，他解下领带，衬衫敞开，手握水果刀，一边笑，一边喝，一边切着酥梨……”然后笔下就出现了所期待的名字：“真诚的都兰人浮上表面”，高兹兰继续写道，“我们相信在特来美庄园看到了拉伯雷，他为了一个突然冒出来的很傻的双关语，高兴得哈哈大笑——因为酒使他获得了灵感，无论如何，酒是好酒……”

幸运的高兹兰知道拉伯雷是怎样一个人，而且在特来美修道院见到了他，像他的巴尔扎克的一个原型，一双肩膀在快活的下巴下面摇晃！我们不花什么代价，就能得到一幅按照阿尔高弗里巴斯·纳西埃[②]大师的本性描绘的，像人们可以在里昂书店里见到的1532年的那样有血有肉的素描吗？我们将永远不会再有那种素描了。那么我们也像写他的传说的作者们那样，来画这个素描吧。我们从拉伯雷的书中把他找出来。不过，我们将一如既往，显示对逻辑性的关心，我们的祖先对逻辑性是很鄙视的。我们愿意接受他的朋友们对蒙彼利埃的这个博学而可敬的博士所说的恭维的证词，愿意接受他们对一部辞藻极为丰富的作品的各种证词。这些证词诙谐、粗野、粗俗：我们把它叫作“于布王式的文学游戏”，这个“下等人的全部魅力”，这些我们都一掠而过。但是，卡冈都亚博学的言辞、乏味的训诫、他儿子的说教，这是我们要的一部分东西。那么多大胆的雕塑家在我们的公共广场上竖起一个人的雕像，要是他们知道遮掩这个人的什么外貌就好了，一个叫福兰的人就能以拉伯雷为中心，重画两个著名漫画中的左拉，即《梦》中的左拉与

① Pierre Abraham, *Balzac*, Paris, Rieder, 1929, pp. 8-9.

② Alcofribas Nasier，拉伯雷笔名，由 François Rabelais 字母打乱重拼而成。——译注

《娜娜》中的左拉："我吗？我产生了圣人庞大固埃……而就是这个……小丑产生了巴奴日！"

我们始终这样想。我们的前辈选择了他的醉鬼形象，并大肆攻击：想想拉马丁在其《文学教程》中夸张得可笑的叱骂吧。[①]我们呢，256
选择了整洁的老教师形象。对他有赞成，也有点反对。为了安慰我们守着已经确定的事情不动，我们只要指出，就算我们真的了解拉伯雷；就算我们得到了他的告白，或者他的同时代人的直接和详尽的回忆录，另外一个大问题仍然始终存在，另外一个令人生畏的大问题要解决：即作品的问题，而首先是它问世的问题。

我不想侵犯不属于我的领域。但是毕竟，从人到作品，即从大腹便便的"信奉正统主义的外勤推销员"、脏话大行家、"拉伯雷式"笑话和故事的热烈爱好者、众口一词向我们描述的酒鬼和饕餮巴尔扎克，到由97篇小说构成的《人间喜剧》及在其中淋漓尽致地表演的两千个人物，当人们得出结论（是皮埃尔·亚伯拉罕在我刚才引用过的内容非常丰富的小书里给出的结论），当人们以一声微笑作出结论："喏，就是这个作品，就是这个人；就是为此写的。"这里有一个魔术师说变就变的把戏，让人生疑。还有"一个缺陷，任何善意都填补不了"。我还来摘抄

① *Entretien*, XVIII, ch. 7……"拉伯雷，犬儒主义的下流天才，引起人们听觉、精神、心情、味觉上的反感，中世纪隐修院内院厩肥堆上冒出来的散发着恶臭的毒蘑菇……这个贪吃的还俗修道士，待在他肮脏破烂的屋子里，快乐地在泥浆里打滚，弄脏了自己的脸面，弄脏了道德风尚，弄脏了那个世纪的语言……"这个多愁善感的哀歌作者就这样附和1828年的费拉雷特·夏尔（法国科学院关于16世纪法国诗歌的竞赛论文），费拉雷特描述拉伯雷"戴着修道士头巾，醉眼迷蒙，恣意地倚靠着轻佻的女伴，把王冠、教士服领圈、修道士束腰带和老学究的文具包统统挂在小丑手杖上！"品德高尚的费拉雷特感到惊讶，"烧死塞尔维特的火刑堆为了这个人自行熄灭了，在天地间所有力量中，此人向来只崇拜神瓶（Dive Bouteille）（在法国是葡萄酒的别称。——译注）的力量！"（参见Fleury, *Rabelais et ses œuvres*, 1827, t. II, p. 548.）我们无论如何别再写这么多胡言乱语了……

一段："人们终于找到一些偶然的类似；人们终于指出一些一致的地方，或者更确切地说，指出这两个封闭领域的事实之间一些相互的移转，是的；但是，总之不过是在随便什么人和他的深刻记忆之间移转而已。有人曾经见到过它们因果联系吗？可以从中发现这种联系吗？"①

我们立即要指出：皮埃尔·亚伯拉罕专心研究巴尔扎克的主题的任务，是探求一种可能导致巴尔扎克的生活和作品两组不同的结果的共同原因。而这种任务如果涉及一个大家几乎一无所知的人，我的意
257 思是说，所有对这种研究而言重要的东西都不知道，那么怎么去完成它呢？还剩一个问题。拉伯雷写了《庞大固埃》，这是事实。可是，确切地说，是什么原因，促使大主宫医院的这位博学的医生；这位可敬的人文主义者；这位受普鲁塔克影响，并崇敬柏拉图的研究古希腊的学者，这一天用刚刚抄写了希波克拉底的《誓言》的笔和墨水，开始写这本不起眼的却如此大有前途的小书：《渴人国国王、鼎鼎大名的庞大固埃骇人听闻的英雄业绩》的？文献保持沉默，这沉默无法打破。我们面临的局面是什么东西造成的？也许最好别去想这个原因，只用鲜明的线条圈出我们的广阔的无知范围即可。

但是，关于《庞大固埃》的问世，普拉塔尔大胆提出了一个假说。他写道（第99页）："人们可能猜测他首先是想谋求金钱方面的利益。"这里没有侮辱的意思，可是普拉塔尔自己在后面几页又提醒人们说："在16世纪，文学并不给人带来收入。出版社或书商得到它的全部收益，一般只是在卖书时才须返给作者一笔额外报酬。"无论这笔报酬怎样，而且无论阿尔高弗里巴斯·纳西埃的例子的现实情况怎样，说文学在16世纪从来不是收入来源，不完全确切。艰深的拉丁语的文学，甚至希腊语的文学，都能赚到一些钱。不是出版商对作者表现出慷慨大方，这并不是传统。而是作者们有其他收入。一篇有西塞罗风格的拉丁语

① 所引著作。

诗体书简就“收到了稿费”，因为它的幸运的目标读者，如果是精心选定的（而且作者惯常都会选择），见到他的名字被正规地拉丁化，在一篇专深的作品的第一页上以大写字母展示出来，就立即从这种荣幸看到大把大把的金币。[①]拉伯雷如果想“赚钱”，他不会选用拉丁语写，并且写人文主义的作品吗？

但是普拉塔尔先生不轻易放弃他的假说。在解释1546年初《第三部书》的问世时，他又提到这个假说：（他在第172页写道）“缺钱无疑是促使这位医学博士为前两本逗乐子的书写续篇的主要原因。”我还是 258
对这种解释反感。我不是出于一个幼稚的愿望，要树立一个道貌岸然的弗朗索瓦·拉伯雷，让他超越一些世俗琐事，浮在那个时代的空中生活，甚至在囊中羞涩时，也视金钱如粪土。我是担心会犯年代错误。其次，我在阅读这些片段时（因为我读过它，并注意了其他片段），觉得普拉塔尔有轻视作者的倾向，程度还不浅，以至于往往令人怀疑，这位权威的拉伯雷研究者是不是真正深刻领略到了拉伯雷的魅力。[②]当然，我们别上当。但是司汤达常常告诉我们“担心受骗”确实会导致什么后果。而即使应该对观念的换位和意识的年代错误畏之如火，任何文学创作仍然确实有它的原因和法则。人们如果愿意，可以通过与纯粹应时的、外部的和意外的原因不一样的原因来解释。希望人们从拉伯雷小说的几乎每一页上都能感觉到，这原因就是文学创作者的一种需要，即解放自己，表露思想，使之在他身外存在下去。的确，人们怎么能否

① 这个问题由阿尤（Hayoux）先生在《人文主义与文艺复兴丛书》（*Bibliothèque d'Humanisme et Renaissance*）的一篇有趣文章中因为伊拉斯谟的事再次提出过。伊拉斯谟没拿到报酬，但是收到一些样书，寄给选定的一些读者，附上题词，这样增加的这些题词，在我们看来就相当于“一种小小的欺骗行为”。因为作为交换，他会收到一些礼物，常常价值可观。

② 参见第182页：“尽管《第三部书》的语言是博学的，它们通常既不枯燥，也不让人生厌。”这个赞美似乎有点牵强？

认这一点呢？可是，正是出于这样的意识，如果想提问题，就该问《庞大固埃》和《卡冈都亚》相继问世的真正问题，然后再是后面其他两本或三本书问世的问题……

不管怎样，而且要想回到历史的特定领域，我们就要知道抵御危险的欲念。关于拉伯雷，人们肯定说了很多蠢话。有一些侮辱的蠢话；同样也有吹捧过头的蠢话。我们在上面提到过，有人说他是一个水平深不可测的哲学家，一个百科全书编写者，甚至说他一个人就是一整部百科全书，而且是神奇的百科全书；是未来的人类和世纪的创造者，自由思想的奠基者[1]，法国大革命的先驱，云云。我们觉得这些狂热崇拜可
259 笑。可是我们不要以为，要彻底摈弃这些狂热崇拜，就该过分低估这位巨人创造者的身材。

在第一次世界大战前的美好时代，拉伯雷研究协会在鼎盛时期每年都组织晚餐会，在一次这样的晚餐会结束时，拉伯雷研究权威阿拉托尔·法朗士，宣读了对庞大固埃主义的赞美词[2]。“你们知道这是一种蔑视身外事物的乐观主义”。法朗士声明，“拉伯雷、蒙田、伏尔泰的书，就是现代《圣经》和最新的《新约》。人们从中汲取人类最需要的、最符合人类本性的、最能让人类幸福的信仰，这就是怀疑”。人们理解这个主题，就猜到音乐家知道怎样为它谱曲。在庞大固埃主义的哲学中，他尤其赞赏的，“就是它是跟人的弱点相称的，而且它并不使我们趋于完美，趋于不适当的完美。它担心任何过度，甚至美德的过度，老实说，美德的过度是可怕的过度……”，弗朗索瓦大师几乎不为这种过度所苦：

① 甚至是共济会的才子之一，或者是东方贤哲的门徒。参见E. Levêque, *Les mythes et les légendes de l'Inde et de la Perse dans Aristophane, Aristote, Virgile, Ovide, Tite-Live, Dante, Boccace, Arioste, Rabelais, Perrault, La Fontaine*, Paris, 1880。人们从中得知，“就内容和形式而言，卡冈都亚的教育**模仿**了《罗摩衍那》中婆罗多的教育”。

② 参见*Revue des Études Rabelaisiennes*, X, 1912, pp. 168–170.

"拉伯雷并不是圣人。本性使他过于讨人喜欢，以致做不了圣人。他没有殉道的志向……" 这一切充满都兰人的精致和优雅。这就是庞大固埃主义，阿拉托尔·法朗士本人的庞大固埃主义。可是，这是拉伯雷吗？是真实的拉伯雷吗？或者至少是一个拉伯雷？我不认为。在弗朗索瓦大师身上，我很少看到贵族式的怀疑精神、哲学的审慎、对普通人及其思想的智力的蔑视。如果人们愿意，也可以说，我心中的拉伯雷，像贝日莱先生或热罗姆·夸尼亚尔稍微少一点，像约翰修士和贵族庞大固埃稍微多一点。还有，我心中的拉伯雷不是聪明人世界的公民，而是他那个时代的法国的国民。[1]我认为正是由此值得引起历史学注意。

我们别忽略这一点。根据拉伯雷的出身，如果他真是希农的一位律师的儿子，那么他就是一个有产者。不管怎样，人们发现他很早就被一些博学的社团接受，在这些社团中，勤勉的有产阶级的杰出人物，努力使他们的阅读和思考摆脱祖传的审慎精神和陈旧的思想观念：我们记得丰特奈的那些博学的对话录，拉伯雷无疑是在学者蒂拉科的陪伴下，收集了后面的《第三部书》的原始材料。后来，在一种长期多变的生涯中，他不仅不常和一个有着正当的、地点固定的、勤勉的职务的有 260
产阶级来往；也不和有点脱离博学者、诗人、医生、印刷商的用脑子的小有产者来往：他所接近的人中有做生意的有产者，有从事繁重劳动的手艺人，从他所用的词汇看出，他非常关注他们；有在卢瓦尔河上航行的富商大贾，或者冒险商船的船主，这些船驶向加拿大，又驶向苏门答腊，他们既守传统，又能创新；拉伯雷结识了他们，访问了他们，研究了他们，最后就为他们写作。

因为毕竟人们太容易忽略这一点了。他没有为他那个时代的文人

① 而在其他时代，这再次表达了埃蒂安（Eug. Étienne）所引述的甘必大的话的意义（《拉伯雷研究杂志》，第4卷，第292页）："正是由于拉伯雷，我要为我的国家从事一种有益的、正确的和爱国的政治。"

工作，要不然他就该用拉丁语写作了。他为那些不懂或不大懂拉丁语的人写作；为那些要读优秀法语的人写作，那位绰号叫“君主”的书商克洛德·努里就想碰到这些人。他在一篇公认非常优美的散文中，表达了从他们身上发现的和他极其鲜明地向他们表露的深厚情感，其中浸透了属于他的智慧以及到处采集到的全部古代精华。这位伟大的艺术家，这种从蒂拉科得到的强大精神。他把它变成了拉伯雷精神。

而这是一个事实，即我们历史学家可以发现，在真正至关重要的三个方面，对国家、所处时代和所在阶级的表达深厚情感的最好方式，就是弗朗索瓦大师的表达方式。就算是涉及用拉伯雷式的嗜酒象征性地表达他的认识的热情。或者是涉及一类法国有产者对于宗教事务所遭受的某些方面的反应。或者是涉及那些对于和平的公正、对因法律公正而产生的和平的那些憧憬，这已是这些人的特性，而且仍然是。

这就是阻止我们把弗朗索瓦·拉伯雷的思想和活动平庸化的因素，也许至少像普拉塔尔那样，不会过于积极地反对。有一天饶勒斯遇到一个重要问题：为什么法国拒绝了宗教改革？他便大胆地回答（而且他十分了解拉伯雷，并且喜欢他）：因为在发生宗教改革时，已经有“一些像拉伯雷那样的人，隐约预感到整个自由科学的伟大前途”。[①]当
261 然，对于这个说法，应该像对任何说法一样加以完善。从历史学角度看，可以说这种说法使得一种意见比一位博学者的话更正确。这位博学者——我不说出他的名字——后来颇有学问地教导我们：“拉伯雷不是独树一帜，他不愿意独树一帜……他书中的观念看上去最新颖、最大胆，但并不是他个人思考的成果，因为大部分都是他之前的人文主义

① 《拉伯雷研究杂志》，第3卷，第249页，论文全文见《公报》(*Journal Officiel*)，1905年4月22日，第1640页。“关于政教分离”（*A propos de la Séparation des Églises et de l'État*）。

者就已经写过的。”于是得出结论：“他首先是一个利用老生常谈的高手。”[1]啊，不！要是拉伯雷的作品只是授奖仪式上的一曲大合唱，哪怕是一曲“极其美妙的”大合唱，是总决赛上的一首无人称的响亮的《马赛曲》，总决赛的主题都被他那个时代的所有的拉鲁斯人文主义者完全掌握了，那么可能在几个世纪前它就被废弃了。它没有被废弃。而之所以它一直存在，是因为它不像此人所说的，是“不协调的素材离奇的拼凑”，而是一个表达能力和生动性都无与伦比的创作者的作品，他在地球上的人类本身寻找他的重心，而且找到了。人文主义者因此拥有了这个词的全部尊严。如果必须用一句话来概述这部永葆青春和新鲜的作品所表达的意义，我会立即借用某个宽容借用行为的人的话，我指的是借用巴奴日的话，他宣称：“我只造活石头，那就是人。”象征性地说，拉伯雷也是其他什么都不造。但是，这颂词并不是没有分量的。 262

① *Revue d'Histoire Littéraire de la France*, 1904, p. 259.

2. 文学与社会生活

从朗松到达尼埃尔·莫尔内：一种背弃？*

历史学家们和法国文学的教授们不说同一种语言，对此我肯定担心。索邦大学教授达尼埃尔·莫尔内发表了一部书名诱人的巨著：《古典文学史，1600—1700；其真实的特征与未知的方面》。①历史学家急不可耐。"**真实的**特征，**未知的**方面"：确实是使他激动的东西的真实的特征和未知方面啊。他打开书，碰巧看到了这句宣言（第6页）："我认为，我尝试研究我将再次称之为古典时代的**历史之历史**的时机到来了。"历史之历史！有人会告诉他，这就是"一种纯文学的历史"——这个头脑愚钝的历史学家会感到浑身不自在的。在精明的文人善于辞令的社会中，他本来会担心感到拘束，因为他天天接触到杰出的、平庸的或更差的作家——而根据定义，正是这些人有资格分得清谁优秀，谁平庸（即使他们像否认一个讳莫如深的毛病一样否认自己平庸）；他本来会担心，这些精明的行家里手会嘲笑他土里土气，干脆把他送回历史学的马厩得了。可是，人们还明确答应给他一种"历史之历史"！来

---

* 《社会史年鉴》，III，1941年。

① *Histoire de la littérature classique, 1600–1700; ses caractères véritables et ses aspects inconnus*, Paris, Armand Colin, 1940, p. 428.

吧，不要前怕狼后怕虎了！因为毕竟他看到了（第7页）那句十分值得纪念的话——如果我记得不错，是第一章的第二句话：**人们尚未证明，甚至在文学上，有人会是不可或缺的**——这个历史学家就有充分理由想了："这下我在书架的耗子和卡片柜的耗子中间感到很自在了。不受拘束了。如果愿意的话，只穿件衬衫……"不过，他很快就该变得谦虚些了。263

"历史之历史"，在他看来，是指，或者可能是指一种在某一时代与这个时代的社会生活有关的文学的历史。不用说，这样构想的历史，的确会呈现出一些"未知的方面"。要把它们写出来，就需要复原环境，就要想到该由谁来写，为谁写；谁来读，为什么读；需要知道作家受过什么教育，是在学院还是在其他地方——同样还要知道他们的读者受过什么教育；因为毕竟……[①]；需要知道某某作家获得了怎样的成功，这种成功的影响范围和深度如何；需要在作家的习惯、爱好、风格和成见的改变，与政治的变迁、宗教精神面貌的转变、社会生活的演变、艺术时尚和兴趣的改变等之间建立联系；需要……，我就此打住。

历史之历史……但是所有这些一样也没有在莫尔内的著作中出现。这不是因为作者无视这些问题存在。他是居斯塔夫·朗松的学生，而朗松非常积极地尝试把文学史和历史结合起来——使它恢复青春，并且通过引导它关心许多真正历史方面的问题，使它面目一新。不过，这个企图注定是要失败的。因为要获得成功，就该努力组织一个历史学家团体，这些历史学家是按照严格意义上的历史学的方法培养出来的，具有对历史的求知欲，尤其是对社会史的求知欲。最棘手的也许是编写所有社会史——然后，这种获得的全面培养，就被专门定向为他

① 因为最终我在第370页读到："在总体上，尽管有许多例外，古典文学趋向于变为普通文学。"但是，这种看法没有导致一些团体的文化问题吗，尤其是耶稣会团体的文化问题？

们的文学史学家的具体工作。但是，毕竟朗松提出了这些问题。[①]他因此从不同方面饱受人们指责——人们不无愤慨地清楚地发现，他希望、他渴望当一个历史学家，而不是评论家，以便人们把我们的成就让给他，以便我们这些历史学家格外承认他拥有我们的一个成就，他可能
264 想占为己有的成就——渴望不再只是把一些重要典籍，人类天才的一些**独特**典范，放在他和我们的面前展示，这些典范归于一些把自己变成了伟大创造者种族中的**独一无二**的模范的人——一些“不可替代”的人。哎呀，我写这个词，冒了被摆脱了那么多成见的莫尔内瞧不起的危险。把注意力集中到一个时代的所有文学作品，注意指出这些作品中一些对当时社会有价值的表现、表述、表达。这就是纲领，就是居斯塔夫·朗松的不现实的计划。

我再重申一遍，说它不现实，是因为要让这个计划获得成功，就意味着事先要进行一场教学大纲的革命。而在法国，这种革命一直被证实是最难顺利完成的。实际上，朗松鼓励一些没有开始想了解人们如何解析社会机制的人；一些根本没有开始长期、仔细而全面地研究其中一个社会的起源、结构、方向、主使者和隐藏的原动力的人[②]——朗松鼓励这些受过专门培养来研究希腊语、拉丁语、法语和

---

① 有时问题提得很出色。我们根本没有什么东西要归功于他，根本没有把他当成大师，但我们毫不犹豫地反复指责，这个人头脑里不乏智慧，却可惜没有对人的问题投入适当的关注。这个人有篇宣言，如1930年发表的《文学史研究文集》(*Études d'histoire littéraire*)为向朗松表示敬意而转载的那篇宣言，其名为《法国文学生活的地方史研究纲要》(*Programme d'études sur l'histoire provinciale de la vie littéraire en France*)，只能无保留地引诱和争取到一位历史学家。

② 这种准备不足可能产生一些后果，对一些具有良好意愿和真实才华的人来说，甚至会令人遗憾。关于这一点，我冒昧请读者参见我在《综合评论》(第3卷，1932年3月，第39页)上发表的文章，那篇文章专门评论了布夏尔(Bouchard)的一本内容非常充实、综合性非常强的著作：《从人文主义到百科全书；旧制度下的勃艮第的公共精神》(*De l'humanisme à l'Encyclopédie; l'esprit public en Bourgogne sous l'ancien régime*, 1930)。

理解希腊、拉丁和法国文学文献的人——他鼓励他们依靠资料，而且只依靠文学的资料，随时为我们提供有效帮助，帮助我们认识一种他们只是在过于简化的教科书中，从第二手或第三手资料中学会认识的环境。而一个社会却是大量不同要素的不同程度的组合：其中有政治的、经济的，还有宗教的、艺术的、哲学的、道德的，还有一些我不知道的要素。一个社会是一个整体、一个总体、一个复杂得不可思议的机构……

但是，有人会问，这儿有历史学家什么事？……对，别把他们算在内。确实，历史学在其日常工作中，经过挑选、核实、验证，积累了一套资料。但是历史学可能要等上10年、20年或者更长时间，才会去整理这些资料。在之前这段时间里干什么呢？……其实，在许多问题上，历
史学家通常知道的东西，比他说过的、使之形成的、献给读者的东西要 265
多得多。外行对这些东西是不知道的，而他和三四位具有同样好奇心的同行不必言明就能领会。而文学史学家只是文学史学家，在这里属于外行。但是我们历史学家，阅遍世界，抱有一种严谨的幻想，其形式还不明确，但富有清晰书写的、着力描绘的细节。这是特殊的宝藏，向我们每个人提供所在领域的各种专有的便利和特有的才能。文学史学家并不分享这个宝藏。

而问题是要知道，这样一来，文学史学家能否有效地完成历史学家的事业。也可以这么说，他能否为文明的一般和特殊的历史作出有价值的贡献。

然而，有人见到达尼埃尔·莫尔内新出的这本书时，就必然觉得问题似乎解决了。可答案是否定的。因为达尼埃尔·莫尔内一开始就把新娘的所有服饰都摘除了。是她使用的器具，即当时的语言、句法、词汇材料、韵律吗？不，不是，这些都是属于技术性的东西。拿掉吧，不要紧！是她表达的思想、表现的情感、支持的或者反对的偏见吗？不，不是。过后就将看到！我引用这一段（第4页）：“一些像亨利·布雷蒙神

父的著作、布罗万的书那样的作品，指出了神秘主义思潮的重要性[①]，或者（18世纪的）对科学的好奇的重要性。但是人们可以不谈所有这些，**也不致歪曲我尝试描绘的一般文学生活的情景**……”如果情况确实如此，那么莫尔内的这个情景就糟透了！甚至“某一天”拥有一部出自他手的笛卡尔时代的法国思想史（“我希望哪天亲手来写一部17世纪的法国思想史”，第3页）的前景也糟透了，这个前景抚慰不了我们现在的不满。因为我们担心（我们完全有理由担心），这部历史无疑会一如既往，是一部脱离了躯壳的思想的历史。因为眼前的这本书，甚至都不谈
266 及文学史的社会方面，书的正文部分不谈，序言也不谈，甚至都不提：“问题都不会提！”——于是呢？

于是，朗松的戏闭幕了。于是，我们又陷入了纯文学史：“人们将在这本书中发现一部文学史，一部古典文学艺术史，而不是一部古典时代的法国思想通史……我相信人们是可以把我所研究的时代的这两种历史分开的，没有多大害处……”可怜的新娘哟，你还剩下什么呀？连“思想”都没了。除了皮和骨头，什么也没了。

而这不算过分。除了谬误以外，这尤其还不是属于“历史之历史”的东西……

当然，这一点也不需要说：1940年莫尔内写他的巨著时，很善于利用许多工作者的成果，半个世纪以来，这些人长年累月夜以继日地工作，让古典艺术的一个又一个红角和哑角复活。他理所当然也加进了他自己的大量成果。所以，他的著作的20章里，充满了详尽的细节、认

① 亨利·布雷蒙的伟大著作实际上指出了跟“神秘主义思潮的重要性”不一样的东西。关于他的第9卷的《旧制度下的基督教生活》(*La vie chrétienne sous l'ancien régime*)，参见我在《综合评论》上发表的评注［第3卷，1932，第199页：《17世纪法国的虔信》(*La dévotion en France au XVIIe siècle*)］。

真核实的日期、作家姓名和作品名[①]。一小部分不太有名的，通过一些常常很稀罕的摘录向我们披露；对于伟大世纪的小小作家界抱着一种随便的态度，这我很理解。但是，所有这些只会使一种情况更加明显，我指的是，他即使不承认失败，也会产生没有明说的气馁。也就是说，承认一种背弃。总之，如果我理解不错的话，在莫尔内的观念里，就是既有罗丹，也有安雅尔贝。而且，毕竟由于国家花钱定制安雅尔贝创作的雕像供人欣赏，使他的拙劣作品比罗丹的雕像多得多。而且，罗丹已死，把他个人艺术的奥秘带进了坟墓，而安雅尔贝还没死，他的苍白无力的学院派艺术，好日子还在后头。但最终人们弄不明白，为什么安雅尔贝和他的追随者及继承者，在法国艺术史上占不了一席之地，他们即使不比罗丹或布德尔更强，也完全是一样的强啊，罗丹或布德尔的作品是"由时间打造成杰作"的。这是一种观念，是一种描述事物的方式。这种方式以现有的形式，不大令我感兴趣。因为对安雅尔贝的作品的 267
研究只能是统计学上的，不会是美学上的。它也许可以自称是社会的，但是这需要做大量的准备。

而且，我作为历史学家，面对人们提供的这些所谓"真实的""未知的"新东西，仍然感到困惑。有些研究，如坐拥诗论教授职位的保罗·瓦莱里在法兰西公学院开设的那种研究，那种教席——我们能理解成一个专门研究精神领域、精神作品领域的"创造"(*poïein*)[②]的教席吗？很好。这是一些艰深的研究[③]，不是人人都能涉足的，原因不必说了——但是这些研究有前途。《法国百科全书》在第16和第17两卷中，已经试图给它们划定最广阔的范围："当代世界的艺术与文学"。——这是借助于文学文献，在文学领域继续进行的一些社会史研究吗？完

① 正是由于这种丰富，著作中索引的缺乏才会更令人遗憾。

② 法语的诗(poésie)这个词源自希腊语的创造(poïein)一词。——译注

③ Paul Valéry, *Leçon d'ouverture du Cours de Poétique*, Collège de France, 1938.

全正确。这也是一些十分艰深的研究，但是我同样确信，如果人们做好准备来进行这种研究，也会有宏伟前途。可是我们毕竟已经有了一些样板啊？在这种研究和那种研究之间，有什么样板？老的文学史，那种介绍作家的成就和生平，介绍他们的生存状况的变迁，介绍他们作品出版的外部环境的文学史——这是收集传说和文献的文学史。是一种按照年代展示的博学。它当然不是没有实际用途。可是它能自给自足吗？没有人这么认为。证据是里面充斥着一些微不足道的问题，这些问题针对的只是一些假想敌。在1940年，谁会认为，还必须跟泰纳[1]以及“把一部天才作品说成是对环境、时机、种族、一种统治权力的忠实表现这种看法”作斗争！——在1940年，关于泰纳的这种新学说，我们已经进行了长达四分之三世纪的高谈阔论，但这到底有什么用？[2]

希望人们小心为妙。我们已经倒退得足够远了。它们不是健康、年轻、能力的特征，不是我们空前需要的一切东西的特征。我们必须重
268 新迈步前进，而不是原地踏步。

① 第370页：“古典文学就是一种有理性的文学。不过，要是它只有理性，它就必定平庸”，等等。

② 还有，必须讨论一下这个主题：莫里哀是矫揉造作的大敌和克星……不错，可是，有人竟写了一本关于矫揉造作的作家莫里哀的书，“很有见地”……于是呢？于是，“莫里哀是不矫揉造作的矫揉造作”。我还恭敬地加一句：是矫揉造作，同时又不是（见第148—149页）。

3. 从古典主义的趣味到浪漫主义的盛行*

一、雷蒙·纳维的一本书：趣味与生活

有人会说："这是一本教授写的杰作！这本书研究伏尔泰，把一部像《风俗论》这样的伟大著作摆在面前来彻底研究，还唯独致力于研究《趣味的圣堂》，用566页的篇幅来专心研究《欧第伯》和《论叙事诗》，即在《百科全书》的世纪里已经真正消亡的东西。这是多么冒险的计划啊！"读了纳维的书[①]，人们可以回答："也许很冒险，但是成功了。"不仅文学史学家、总体史学家，而且**社会**和**文明**史学家，都可以且应当认识到，人们绝不要担心这本著作会因为缺乏资料，以及拥有一个读起来

* 《社会史年鉴》，I，1939年。

① 雷蒙·纳维：《伏尔泰的趣味》(*Le goût de Voltaire*, Paris, Garnier, 1938, p. 572)。不用说，这本书为认识伏尔泰做出了特别有意义的贡献。我在标题为"伏尔泰的天分"(第173—178页)的一节中，充分欣赏到他为我们提供的伏尔泰的最新的描写。他问道，"那么他缺什么呢？首先缺人们的怀疑和轻视。他生来就是天真和乐观的……伏尔泰的狡诈常常是有意的，并且常常被戳穿……他从一些宏伟的设想和疯狂的希望开始，以一些尖刻的批评和诡辩结束，因为事后和不适时地表露怀疑，是天性自信的人的特性……但是，要估量他的天真单纯，只需看到他与真正狡诈的人腓特烈斗就够了。"他描述的伏尔泰的这种嘲弄人的形象是新的，但很大程度上也酷似他本人。

过于简洁的书名，而成为一摞空洞无物的书页。如果需要证明的话，这本历史学杂志中的这篇书评，无疑能够提供。

这就是，纳维说得很详细，趣味的观念是伏尔泰的观念，也是生活的观念。首先，这观念不是表达了一种贵族的理想吗？即上流社会有教养的人的理想。这种人尤其热衷于趣味，而且认为举止谈吐雅致得
269 体，比上流社会人物的道德品质更高。“有趣味的人拒绝民众的本性，拒绝宗教的和浪漫的感情冲动，不愿完全支持某人某事，也不愿不谨慎地做出断言，避免慷慨地和呆板地效忠；他始终为自己保留一个自由区域，让他能够控制和决定他的最合理的冲动。迸发个人激情、发泄痛苦或快乐情感、考虑现实，这些其实都是民众的品质。有教养的人要维护一种尊严，他时而靠雅致和高尚来维护它，时而靠讽刺来维护它……易受鼓动的人，其思想深度一般多少都有点平庸。”这就是伏尔泰的趣味的内涵，它确实是产生于18世纪，尤其是产生于摄政时期，在那个时期，“有意识的综合解体，迫使良好的意志超越这些废墟，去寻求一种对最不受约束的人来说不可消除但是可以接受的原则”。而当纳维先生补充说，伏尔泰非常清楚地看到这种衰落，却不甘心放弃这些逝去的高雅精神的精髓时；当他写道，“伏尔泰总是把一些温情感人的行为当作濒临消亡的古典主义；他感兴趣的不是只是健康有余，而且将完全独自成长的不安分的继承者”时；当他向我们描述《亨利亚特》的作者关心“这个必须用一种精心配制的滋补合剂来延长其娇弱的、富有辉煌的记忆和不可替代的成就的生命的显赫的病人”时——这位研究文学趣味的历史学家，不就趁此机会把总体史学家的注意力，引到18世纪的人对过去的一种多少有点无意识的态度上，引到对某种曾经是崇高的，但是已经消逝的东西的怀念上吗？它无疑很适合于让人们理解如何和为何需要平民的暴力，才能在世界上建立一个两代人将时而怀着隐隐的担心，时而又怀着天真的希望来期待的新社会。而我们这些生活在1938年，还通过那么多情感和物质的联系依恋着19世纪、依恋着它的生活乐

趣的人，听到未知事物的召唤却向后退缩的人——我们是否还不够成熟，不能充分理解这样的精神状态；不能通过激起我们的关心，使它们在我们身上复苏和再现呢？

因此，这种有意识的“趣味”值得历史学家注意。因为它建议对世上的问题采取一种机智诙谐的态度。而这就是伏尔泰及其同时代人对这种问题本能地采取的态度，既然纳维先生认为能这样来表述这种态度：“做人们应该做的事，也就是说，做人们能做的事。”既然他能写道，270
“人类连同他们的历史、进步、文明，以及与未知事物的杂乱的力量割断了任何可疑联系的道德理想，确实是伏尔泰的文学感受性的根源”，那么，这岂不是意外地把一部富有战斗性的作品中被认为可以忽略和无用的这个部分，跟狄德罗曾经表述过的一种概念联系起来了吗？狄德罗在《百科全书》中以提问的形式提出了这个概念：“我们为什么不会按照人类在宇宙中所处的位置，把他们写入作品呢？我们为什么不会把人类当作一种普通的中心呢？人类在广阔无垠的空间中是处在这样一个点上吗？我们从此点出发，能更方便地把无限的直线延长到其他所有点？”

二、安德烈·蒙格隆眼中的一场革命：浪漫主义

安德烈·蒙格隆的《革命的和帝国的法国》[①]是对一些著作和小册子文章所做的出色而珍贵的剖析，其第2卷的出版，为我们提供了机会，

① *La France révolutionnaire et impériale. Annales de Bibliographie méthodique et description des livres illustrés*. Grenoble, B. Arthaud, 1929；第1卷（1789—1790），1929，xvii及1330页24幅插图；第2卷（1791—1793），1931，x及1166页，24幅插图。第1卷和第2卷的索引，1931，第92页；第3卷（1794—1796），1933，vii及938页，32幅插图；第4卷（1797—1799），1935，viii及1230页，24幅插图；第5卷（1800—1802），1938，xvi及1514页，24幅插图。

让我们不仅可以指出这部人们也许不太熟悉，也难得阅读的基础著作的各种奇特的意义，而且尤其能了解这位研究观念和意识史的历史学家的作品，他拥有一切能让我们的《年鉴》及其读者感兴趣的东西。

安德烈·蒙格隆青年时期开始读书时，似乎就已经觉得浪漫主义是“主宰了我们的文学两个世纪的力量，其影响还没有衰退”。他的全部工作都致力于探求如此强大的思潮的根源，追踪它的发展历程。这是狭义文学史的著作吗？不是的，不论其作者的敏感性、感受性如何，它们都不是那种著作；说它们不是，还因为催生浪漫主义的，是人们内
271 心生活的深刻变革，而安德烈·蒙格隆研究的正是这种变革；还因为浪漫主义运动“在发展中不断与法国的各种活动联系起来”，而他关注的对象正是这些联系、这种发展。①

说到浪漫主义，我们想起了我们的中学时代。——当时人们告诉我们，这是法国的一种多少有点仿冒的文学思潮——几乎是从国外全盘引进的，况且被限定在狭小的年代范围里。1900年代的中学毕业会考的考生，都曾经被要求领会在1800年前后，这股思潮最初在“森林的飘忽不定的顶梢”，或者在那位壮硕的斯塔尔夫人的可疑行李中掀起的微澜。有点男子气的斯塔尔夫人夹带着日耳曼精神的私货：她多次借用我们的修辞学家的笔，给萨瓦里将军写过抗议信，因为萨瓦里是拿破仑的近卫骑兵，奉命对德国实施侵扰。

安德烈·蒙格隆写过关于伦理和社会史的内容丰富的许多论文和两部著作，伦理和社会史就被引作了文学证据，就像亨利·布雷蒙对16和17世纪法国宗教情感的细微差别的理解被引作同样的证据一样。在

---

① *Le préromantisme français*, Grenoble, B. Arthaud, 1930；第1卷，《前浪漫主义运动的主要人物》(*Le héros préromantique*)，xv及291页；第2卷，《感性灵魂的大师》(*Le maître des âmes sensibles*)，508页，25幅插图。同样参见：《前浪漫主义生活》(*Vies préromantiques*)(Paris, Belles-Lettres, 1925)与《青年时代》(*Jeunesses*, Paris, Grasset, 1933, p. 308)。

他看来，浪漫主义是一场革命，这是米什莱的话，他经历过这种事。浪漫主义涵盖了我们两个世纪的历史，而不再只是五十年。它实质上是人们持久的倾向和向往对那种内心的贫困、那种想象力的贫乏、那种诗意的缺乏的一种反叛，这种贫困和缺乏，是18世纪的顽固特征。1767年，塞纳克·德·梅朗指责那个世纪所拥有的是一种“老人精神”，而且像他说的，是“花甲老人的特征”。

安德烈·蒙格隆不怀偏见地出发，进行一次情感探索的长期旅行，把任何预想的观念都抛在脑后；只带上帕斯卡尔的话作为旅途中的食粮：“人的心智越高，就越能找到他人的独特之处。”他勇敢地扎进我们的图书馆，在前浪漫主义的、浪漫主义的，以及反浪漫主义的书海中畅游。他读了全部这类书籍；但是，由于他的“阅读能力”超过了曾谦虚地声称花了八十年才获得这种能力的歌德老人，因此他从未被困在或 272
迷失在这个故纸堆里。一见到某个正在上下求索的人在一篇乏味或者荒谬的文献中咕哝的一句话；一见到从无数行文字中发出的一声悲歌、一个欲言又止的秘密；突然在一页的底部使三行文字动了起来。这个猎人就立刻扑向猎物，抓住它，并且就以这样的人类证据，描绘出上百幅栩栩如生的肖像。

探寻最早的充满情感的言语，探寻最早的融化冰冷气氛的温情，探寻一些勉强承认厌恶美妙但枯燥的文雅的男人和女人身上所发生的显著的转变和动摇，没有什么能像这样的探寻动人心弦。

人们从《危险关系》出发，这是一种十分古典的精神和一个完全世俗的时代的最高精华。由此出发，标出一些人所处的时期，他们中有像狄德罗那样，仍然把头脑当作心；或者像杜·德芳侯爵夫人那样，在一个放纵的晚上，自己承认“只存在让人思考的爱情”。

然后，穿过马里沃在1740年就已经关心的那种“人心史”的临时祭坛，一直走到“感性灵魂的大师”卢梭，他的作品和影响占满了安德烈·蒙格隆的第2卷：卢梭是他指导和训练的感伤乐队的出色的指挥。卢梭身后有一支奇怪的成分庞杂的门徒队伍：其中有占星术士和不得志者，有传教者和有宗教幻象的人。我们在蒙格隆的书中欣喜地看到这些人鱼贯出场，从社会基督教的先驱拉穆雷特神父，到普罗旺斯共产主义的先驱库尔诺神父；从庇卡底叛乱分子头领，到有着自大和暴力的易怒气质的格拉克斯·巴贝夫——这种气质是他靠阅读让-雅克的著作和他的乡村经营者经历形成的——，以及对让-雅克崇拜得五体投地的姑娘玛侬·菲利蓬[①]，到冲动的巴黎女人吕西尔·德穆兰：整个一大群人，经过安德烈·蒙格隆耐心评注，经过他对“不再有影响的亡者”进行明察秋毫的听诊，我们能够准确记录并测量重大事件在孤寂的内心中产生的深沉的回响。

安德烈·蒙格隆不断在政治、经济和社会史的页边上留下心理学
273 的注解；对展现群众运动的深刻意义的个体灵魂进行润饰。不必说，我跟所有专心研究这些群众运动的历史学家一样，更喜欢他的关于人类经验的审慎教诲，不喜欢有人那么慷慨地试图向我们提供的一种虚假统计学的和所谓科学的文学史；那些人不擅长操纵政治、经济和社会史的复杂的舞台换景装置，在一个一切事物都存在细微差异，需要慢慢体验的领域，他们的作品很容易沦为一些没有细微差异的即兴之作。

此外，但愿我们在此只需摘抄一下第1卷一些章节的标题：景色如何重现并使之色彩浓艳；对遗迹和场景的鉴赏；爱情的复兴——以及文学所反映的上流社会人物的放纵经历如何改变情感生活的倾向；浪漫主义运动前期的几代人，或论浪漫主义的考证和历史中的“代”的概念——还有第2卷中的，对平等的酷爱，或论法国大革命的情感的起源；反叛的根源；文人地位的提升及其可敬的职业；在“有产者的转变”这个总标题下，整个一系列关于资产阶级的结构的珍贵评语，尤其

① 即法国大革命中著名的吉伦特党人罗兰夫人，她崇拜让-雅克·卢梭。——译注

是关于18世纪末巴黎或外省资产阶级的精神的评语。我就不往下说了。任何历史学家，任何关心人类文化的人，都可以通过阅览这些简单的评语，估摸出为法国浪漫主义精神立传的安德烈·蒙格隆依次论述的主题的广泛性和多样性。

总之，难道还需要我指出这种创新努力的一项最重要的成果吗？在我国，有二三十年，人们说浪漫主义是一种舶来品——并且指出我国主要的浪漫主义者是隐秘但又非常实在的日耳曼精神的先驱，同时又是这种精神的私生子。这曾经是一句拥有很多支持者的观点，这也许是党派的论点，我们别在政治领域轻率发表意见；安德烈·蒙格隆从不插足这个领域，这是他的一个优点。不管怎样，想象在任由黑暗笼罩的法国大地的上空；在一个从举世无双的道德土地上自发产生过大量财富的国度的上空，交相辉映着浪漫主义时期的西班牙、德国、英国的光芒，交织成一个悬浮的仙境，闪耀着、颤动着；赏心悦目、令人神往；274
这肯定是过于容易自满的人的幻觉。它罔顾任何现实和事实，完全抹杀了浪漫主义在法国自发产生的作用和反作用。在18世纪末、19世纪初，法国是什么样的状况啊：国家动荡不安，人们欲望充沛，各种思潮汹涌澎湃。这玩笑看上去可能有趣，但只是一个玩笑而已。而我作为研究16世纪的历史学家，发现在宗教改革运动的研究方面也发生过这样的情况，例如把宗教改革当作“从国外引进”的东西，说成是法兰西精神的日耳曼化。经过好多年的研究，我们才最终发现，法国的宗教改革就完全是法国的，正如德国的宗教改革完全是德国的，英国的宗教改革完全是英国的一样。和浪漫主义完全一样，这种情感的变革、这种精神的革命，也会引发一场文学的革命，因为这不只是文学史的永恒要素，也是人类历史的永恒要素。

为了这个国家的荣耀，为了有助于我们所有人的研究，甚至为了安德烈·蒙格隆的如愿以偿和对他公平的回报，我们应该希望这种对法国在大革命期间将近十五年的悲剧性的动乱生活的出色盘点能够一直进行下去，直到完成。唉！要是关于16世纪的关键年份，或者关于17世纪的研究，也出现这样的人，有和这五卷杰作相当的著作，让当时的法国人自己记录下他们的梦想、愿望、情感和转变，那该多好！至少希望对于法国大革命和拿破仑帝国的这些关键年份，安德烈·蒙格隆的这个如此聪明地开创的事业能大功告成。这愿望里包含了我的私
275 心——如果科学能做到就好了。

哲学史学家

1. 他们的历史学与我们的历史学*

一段时期以前，在波恩的勒尔沙伊德（Röhrscheid）出版社的关心下，库萨的尼古拉的两部重要著作之一，1433年的《论公教的和谐》，重新问世，就像1514年若斯·巴德·阿桑修斯满足巴黎人一睹为快的愿望一样。①几乎在同时，恩斯特·卡西勒尔的优秀论文《文艺复兴运动的哲学中的个体与宇宙》②，在其文章后面，为我们提供了两种重要的校勘本：一种是对同一个尼古拉的《论精神》的校勘本，由卡西勒尔本人从约阿希姆·里特尔发表的拉丁语版译成德文；另一种是克里班斯基对我们的博维尔的《论智慧》的校勘本，卡西勒尔写道（所引用的著作第93页），“也许是最出色的作品；不管怎样，从许多方面看，都最具有文艺复兴运动哲学的特征”。这部著作是新作品，因为亚眠人博维尔的拉丁语太差，读不惯校勘本。那个库萨人较少被人忽视。1913年，他的《论有学问的无知》已经有一种校勘本，由保洛·罗塔主持编印；1927

* 《经济与社会史年鉴》，VIII，1938年。

① Nicolai de Cusa, *De concordantia catholica, libri III*. Faksimiledruck, Bonn, 1928, 参见 *Revue Critique*, 1929, p. 502。

② *Individuum und Kosmos in der Philosophie der Renaissance*, Leipzig, Teubner, 1927; vi–458 pages in–4°.

年，还是这位学者将这篇重要文章译成意大利语；最后在1928年，他发表了一篇关于这位布里克森主教的专题著作，内容丰富①，其中传记部分，除了范·斯滕伯格的著作中的可靠内容，没添加任何东西，不过这更具独创性，也更独立的第二篇，目的是要让他的学说更“现代化”，因此也许有些武断，也存在一些偏见。

然而，恩斯特·卡西勒尔在他的杰出著作中，不仅仅公布了“文艺
276 复兴”哲学的一些重要和罕见的著作，他还在对15世纪后半叶和16世纪初意大利、德国和法国的哲学思想进行的丰富的研究中，极力反对被许多作者，尤其是被布克哈特到处传播的那种见解，即认为在那个时期，欧洲不曾有过任何符合这个名称的哲学。布克哈特这位巴塞尔人向我们指出的这些摆脱了陈旧观念开始征服世界的人，被他说成胆怯的人，在他们的哲学思辨中显得非常胆怯。卡西勒尔的确没有否认这一点；整个这种哲学仍然被经院哲学约束着；很难把它和宗教思想划清界限②；而且，迫使当时人们思考的上帝、自由、永生这三个重要问题，从它们继续存在的方式这一方面来看，确实不是“现代”问题。不过，仅仅把文艺复兴运动的哲学看成是中世纪一些争论的多少有点减弱的延续，这是布克哈特的错误，而这是一个过去的错误。因为现时的人不再生活在“中世纪”的环境中，而且卡西勒尔的目的，就是说明他们的生存条件是怎样引导他们去想象“一个新的思想领域”的；他们的全部生活是怎样在这个精神领域中反映出来，同时表现出来的。对一个历史学家来说，再没有什么事情比这位哲学研究大师的尝试更受支持，更

① *Il Cardinale Nicolo di Cusa: La vita ed il pensiero* (Pubblic. d. Università cattolica del Sacro Cuore, Sc. fil., vol. XII), s. d. [1928]. 参见Edm. Van Steenberghe, *Le Cardinal Nicolas de Cues*, Paris, 1920。

② “15世纪的哲学，它们的重要性和成果，坦率地说，基本上是，而且还将是神学的。”（所引著作，第4页）

值得注意了。[1]

现在，对于我们所表现出的——尤其是我们的出版社所表现出的——要追随刚刚兴起的一股思潮的一点点急躁情绪，法国有人很激动了。文艺复兴时期是富有生命力的时期，也是急剧动荡的时期，人文主义思想、宗教改革思想和革新天主教思想这三种思想正准备一齐诞生。可是在我国，有关这个时期的文献的出版却一点没有。因此，除了一位真正杰出的历史学家，我指的是奥古斯坦·勒诺德，谁关心博维尔以及他的老师埃塔普勒的勒费弗尔呢？[2] 只有恩斯特·卡西勒尔，就是 277
向我们提供了《论智慧》的托伊布讷出版社。即将结束的15世纪、刚刚开始的16世纪的任何伟大著作，在我国都没有校勘本……没有编订本，于是阿贝尔·雷伊就为我们发表了第一套译丛。[3] 他的丛书出得及时；人们应该欢迎。

“**人们**”，指的是谁？是哲学史学家们吗？我没有资格说他们的名字。可是既然有这个机会，希望他们让我说几句话。我们认为，所有拥有历史学家这个头衔的工作者中，不管是哪一类的，都没有人从某个方面为这一点辩解——除了有些人，他们自己在重新专心思考一些往往在几个世纪前就已经陈旧的体系时，常常根本不操心把它们与产生它们的时代的其他现象的关系指出来，这么做跟历史学家的方法所要求的完全相反。然后，面对这些由脱离现实的智力产生的概念，他们便在

① 当然，是因为卡西勒尔不肯跟哲学家不同，我的意思是说，他不肯从与哲学不同的角度来研究这个时期的体系。但是他不会赞同下面这种说法（第6页）：“它不仅仅是本身和其他部分结合在一起的一部分，而是它赋予这个整体本身抽象符号的特征。全部这种新的生活条件，怎样使文艺复兴得以实现，要求引导一个新的思想领域……？”

② 参见Augustin Renaudet, *Préréforme et humanisme à Paris pendant les premières guerres d'Italie*, Paris, Champion, 1916。

③ 丛书标题为：*Textes et traductions pour servir à l'histoire de la pensée moderne*, Paris, Alcan, 1929, xx–98。

时空之外过他们自身的生活，并以既虚幻又封闭的环，结成一些奇特的链条……

而我清楚地知道，历史学家太多，不可能看人都只看纯粹的表象，如果他们要允许笛卡尔在他们的时代有一席之地，不会对笛卡尔思想一概都拒绝了解，而且如果他们要涉及研究路德教的产生，也不会仅满足于知道马丁修士的一些轶事。而这正是我完全赞成阿贝尔·雷伊的事业的原因。因为这项事业会在最大程度上，在身处各自的河岸，互相不了解的各组工作者之间架设桥梁；最大限度地促使哲学史学家成为历史学家，尽管很少；并且促使这些历史学家最终肯穿越表象的世界。因此这项事业将会富有成果，大有裨益。

这套新丛书为我们提供了什么？按时间顺序，首先是彼特拉克的著作。一篇著名的专论《论我本人的无知与其他许多人的无知》的优雅的译本，由诺拉克作序。译者是朱利埃特·贝特朗夫人，她的简短引
278 言也许有点矫揉造作，其中一两处评价也有点令读者惊讶。

应该说，我不太喜欢彼特拉克对“亲爱的西塞罗”的那些轻浮的讽刺。亨利·比松先生那本关于“唯理论”的著作的功绩之一，就是充分发挥《论神性》这部“无神论”的教科书的作用，以及宣扬决定论的《论占卜》的作者在16世纪起到的决不可被忽视的启蒙者的作用，智力解放者的作用。[1]同样，我完全不赞同第xix页关于“费奇诺令人讨厌的诸说混合”的评价。许多著作证明，马尔西略·费奇诺的威望和作用的力量、热情而严谨的精神，即使不是在更接近洛伦佐·瓦拉的批判主义的伊拉斯谟身上，也至少是在我们的埃塔普勒的勒费弗尔身上再次出现，而且他的符号论成为一种要素，与其他要素融合在一起，让米开朗

① *Les sources et le développement du rationalisme dans la littérature française de la Renaissance* (1523–1601), Paris, 1922；关于Cicéron, 见pp. 16–23 et *passim*。

基罗的画笔在西斯廷教堂写出“自但丁以后，由意大利的智慧构思的最美妙的诗篇”。[1]

西塞罗哲学的平庸，费奇诺的“令人讨厌的诸说混合”：这些话，即使不是陈词滥调，也是最差的“哲学史”用语，这对一位历史学家而言是不言而喻的。阿贝尔·雷伊是这门古老学科的准确而现实的历史学家——而我们希望他不久就成为这门现代学科的准确而现实的历史学家，像他发起的这样一种事业，想必反对的正是这种反历史的，或者可以说是非历史的历史学概念。存在一种令我尊敬的**哲学**，它是**纯粹的哲学**、**高等的哲学**，而且可以居高临下地鄙视一个叫费奇诺的人，藐视一个叫西塞罗的人——容我再补充一句：嘲笑一个叫彼特拉克的人及其**有学识的无知**。但也存在这样的**现代思想史**，它知道向公元前1世纪的罗马人，向公元15世纪的佛罗伦萨人表示敬意，并给予他们合适的地位。

现在有了一部具有另外一种特点和另外一种意义的著作。这就是库萨的尼古拉的《论有学识的无知》，由穆利尼埃翻译，由阿贝尔·雷伊（1930）“介绍”。阿贝尔·雷伊写道，库萨的尼古拉的思想，“在哲学和科学的领域，和在神学和宗教领域一样，体现了从中世纪向现代的
过渡”。我们领会到，尼古拉的思想与他从柏拉图主义和新柏拉图主 279
义的源泉汲取的希腊理性相一致，这也是爱好数学和实验科学的牛津大师们的古老的科学精神，这种精神在巴黎充实了布里丹、奥雷姆、阿尔贝·德·萨克斯、英根的马尔西略，被他们称作venerabilis Inceptor[2]的奥卡姆的所有门徒的著作，这是古代思想和中世纪科学的双重遗产。除此之外，这位布里克森红衣主教还补充了狄奥尼索斯和奥古斯丁神秘主义的遗产，这份遗产因圣维克多学派、圣贝尔纳、圣博纳旺蒂尔、雷

① A. Renaudet, t. VIII de la Collection *Peuples et Civilisations*, p. 120.

② 拉丁文：可敬的创始者。——译注

蒙·吕尔，以及那位埃克哈特大师的贡献而扩大，他指责埃克哈特的著作使异端死灰复燃。[①]

卡西勒尔在上述著作中，为这位库萨人花了很大篇幅。所写的四部分，头两部分的第一部分用来描述这位红衣主教的哲学的全面特征，尤其是阐明其哲学见解的独创性、他的认识论的重要性、他作为柏拉图思想传播者的作用，最后是他的关于普世宗教、上帝的观念、上帝与世界的关系、基督的思想。第二部分是这位海德堡的哲学家后来写的两部总集的专题性序言，指出意大利对这种含义非常广泛的思想施加的影响。虽然最近一些时期人们在对这位库萨人进行研究，可是我们身边既没有他的著作的校勘本，也没有翻译本。能够在穆利尼埃的准确译本中读到这位摩泽尔的博士的两篇主要著作中的一篇，人们应该庆幸。

尼古拉·克雷布斯的成就本身把他自己的名字改成了库萨的尼古拉，而《君主论》的作者尼古拉·马基雅维里则和他完全不同。这是因为这本小书的翻译，四个世纪以来所产生的影响如此之大，以至于在1929年，人们开始编纂“文献与译本”丛书。

《君主论》，1513年问世。或者更确切地说，它的出版日期是1532年。切撒尔宾诺的《逍遥学派的问题》发表于1574年，由莫里斯·多罗尔翻译（1929），在丛书中占有同样的地位。而乔达诺·布鲁诺的《论原因》[②]，被纳梅理解、译介，人们已经把一部《论乔达诺·布鲁诺哲学中的上帝的诸方面》归功于他。可是《论原因》到底是什么时候出版的？我读遍整篇引言，也没有找到这个不起眼的事实，它是可以完全忽

280

① 关于库萨人的综合这些方面的内容，参见Renaudet, *La fin du moyen âge*, t. VII de la *Collection Peuples et Civilisations*。

② *Cause, Principe et Unité*, 1930, 220 pages，关于布鲁诺的思想与库萨的尼古拉的思想的关系，参见卡西勒尔所引用著作的第49页及以后各页。

略，但是一个历史学家的根本弱点，迫使我首先喜欢这个事实胜于任何论述。我们把出版时间定在1584年；不过这不是陶醉于哲学的狂热的纳梅先生告诉我们的……

然而，这个忽略也不是没有益处。有人把《论原因》作为精神食粮扔给一位“哲学家”，他便快活地扑向这个猎物，大快朵颐。布鲁诺和他在他们中间，就在他们中间，在哲学家中间。而多罗尔有功劳，他没有忘记注明切撒尔宾诺著作发表的日期。现在我们知道，切撒尔宾诺的著作发表于1574年，布鲁诺的著作发表于1584年，而《君主论》在1513年问世：由于两位“教士”的思想，在以在俗教徒的思想为代价的情况下显得偏左和落后；我的意思是说，他们的哲学受到亚里士多德哲学的束缚，受到柏拉图哲学和普罗提诺哲学的禁锢，因此说是词源学意义上的经院式哲学。纳梅先生非常喜欢16世纪的这块贫瘠的土地，甚至多罗尔当时也很少忽视它，我们这些头脑愚钝的历史学家，那么希望有人向我们展示站在这块土地上的那位切撒尔宾诺和那位布鲁诺，可是我们却只看到他们被吊在亚里士多德身上，或者在和普罗提诺勾勾搭搭。[①]

在这点上，人们会说我无知。我很理解，因为布鲁诺把我们引向了莱布尼茨和斯宾诺莎啊……不错，可是他自己呢，就他的时代而言，而且就他的同时代人而言，他是谁？对历史学家而言，这不是“全部的问题”；我们避免说“它使有生命的东西贫瘠和枯萎”这种绝对的话；我们只说这是问题的一个主要方面。我们回到我们的话题，并请卡西勒尔原谅：他像那位狡诈的外交家、不顾忌意识形态的现实主义者，既不懂任何神秘论也不懂基督教（我的意思是说，不懂对一个基督教徒而言

① 就算可能有另外一种概念，却对作者而言，不涉及对一些吸引他的狭义的哲学问题不感兴趣，那么应该记得，这就是12年前一本最生动的著作对这些问题不容置辩地证明了的东西：这本著作就是莱昂·布朗歇的《康帕内拉》（*La Campanella*, Paris, Alcan, 1920）。

作为宗教的精神食粮的东西)的尼古拉·马基雅维里一样，像那位和这些体系缔造者相比，显得更接近我们的、更现代、更解放无数倍的马基雅维里一样吗？那些体系缔造者，为了摆脱古老的束缚，却从把自己关进人性的古老监狱开始，当然他们力图越狱；但正是他们先把自己关进去的。

希望人们不会对我说，马基雅维里就是马基雅维里……不久前，我
281 饶有兴趣地读了米歇尔先生的巨著《L.-B.阿尔贝蒂的思想》[①]。书名上方写着"15世纪人类的一个理想"。这位佛罗伦萨人的这个理想是人道的，是很人道的，从阿尔贝蒂的生卒日期(1404—1472)看，他和洛伦佐·瓦拉和库萨的尼古拉是同时代人。这本书篇幅也许有点长，有些地方写得还略嫌粗糙，但是他跟随阿尔贝蒂涉及了那么多东西：涉及了科学和艺术，涉及了世界和人。希望人们在这本书中读到米歇尔先生从桑巴特所珍爱的、整篇在1443年发表的《论家庭》中所汲取的东西(而且这些东西与有关这个主题的全部当代文学有联系)——还涉及了对作者的宗教思想或道德思想的分析。作者所感受到的印象和震惊，与人们翻开蓬波纳齐的那本令人生畏和反感，而且实在不堪卒读的《论灵魂》时所感受到的印象和震惊一样。我想起这本《论灵魂》的发表日期(1516)，还记得这时候《君主论》已经写作完成，米开朗琪罗的《囚徒》和《摩西》也已经从大理石块上凿好并拉出来……希望人们能原谅我说，既然是为实际上本该由阿贝尔·雷伊找时机为我们提供的现代思想史作出贡献——我希望有一天，有位哲学家愿意对这些作品的发表时间相接近的情况进行思考，而且思考应该从中得到的教益。

肯定存在着两种精神，哲学的精神和历史学的精神。这是两种顽强的精神。但是，确切地说，我们不是要让两者相互"克制"，而是要让

① *La pensée de L.-B. Alberti*, Paris, Les Belles-Lettres, 1930.

两者坚守各自的阵地，但不要互不理睬，不要弄得双方即便没有敌意，也要保证井水不犯河水。

这种担心是多余的吗？但这可是卡西勒尔的书啊。这是一位哲学家的著作，而且我们看到，这位哲学家矢口否认自己是历史学家。然而，既然他花了一些篇幅论述了库萨的尼古拉、他的认识论、他作为柏拉图主义传播者的作用、他的关于普世宗教的思想、关于上帝的观念、上帝与世界的关系等，既然他在第二章中指出意大利对《论我本人的无知与其他许多人的无知》的作者施加的影响——他这就是在全面地描述文艺复兴运动的所有学说中的主要哲学问题的历史；既然他概述了有关自由和必然的问题（伊拉斯谟和马丁·路德争辩的问题）从洛 282
伦佐·瓦拉到蓬波纳齐的演变；既然他研究了皮科·德拉·米兰多拉的《论人的尊严》、夏尔·德·博维尔的《论智慧》，还有费奇诺、蓬波纳齐、皮科·德拉·米兰多拉对巫术的态度。那么，哪位历史学家要想深入理解文艺复兴时期的社会及其存在的目的，不会从这里面为自己的建筑找寻一些基本材料呢？历史学家奥古斯坦·勒诺德如果不这么做，是无论如何也写不成“民族与文明”丛书第7卷和第8卷中的那几章智力史的。那是历史学家可以描绘的，在从司各脱主义及随后的奥卡姆主义问世到法国唯理论形成这一时期，西欧思想潮流的最真实、最能表现理解力的概貌。法国唯理论显然与15世纪末和16世纪初的意大利的思想潮流同源，也可以说是与帕多瓦思想潮流同源，而直接的承袭关系则是另一码事。我的意思是说，是一个因为有人把它提出来，人们就会误以为已经解决的问题。

希望“文献与译本”丛书能继续发展下去，以使历史学和哲学的关系实现这样的融洽。希望阿贝尔·雷伊的合作者不仅考虑到纯观念的规则，甚至它们的逻辑承袭关系，而且还能考虑到它们的起源，想到它们与产生它们的时代总的思想潮流的关系。这样才能弥补我们这套理论支持的严重不足。 283

2. 学说与社会

埃蒂安·吉尔松与14世纪的哲学*

前不久，帕约出版社再版了埃蒂安·吉尔松的一部著作，经过完整的修订和增补，这次是以一部8开本782页的巨篇论著的形式出版的。第一版是这家出版社在1922年出版的，是一本小教科书，以小册子呈现，朴实无华，却极珍贵，很有用。不过目前这版大大超过了初版。

两版书名都是《中世纪哲学：14世纪末教会圣师著作研究的起源》，表述的是一种整体的观点，既不像宇伯威格的著作那样，是一种专深的指导；也不像莫里斯·德·伍尔夫的著作那样，是哲学和系统的指南；也不像埃米尔·伯里哀的著作那样，是对中世纪思想与古希腊思想之间关系的研究。首先，埃蒂安·吉尔松像放电影一样，致力于把中世纪哲学的编年史展现在读者眼前，从他首次接触的公元2世纪的古希腊哲学，"从已经存在一些转而接受古希腊文化的人开始"，直到14世纪末新时代的曙光乍现。因此，他的著作成为文明史学家平日里研读的一本重要著作。

这些说的是著作中外在的东西。说到著作的内容，我只重申这是埃蒂安·吉尔松的一部著作就够了。从这本书里，人们从头至尾会感

---

* 《年鉴：经济、社会、文明》，I，1946年。

受到那种缜密的思维，那种可靠的经验，那种警觉的关注，那种有力的、踏实的、坚定的、像一份签字画押的契约的东西。还感受到那种机敏的、个人的、积极的、使一切焕发活力的东西。评论、叙述，常常被一些惯用的批语和直接的干预打断："这里请注意！不要认为……"或者："这是难题！我们别随随便便解答……"而且总是那么明晰，这种明晰不是出自武断的简化，而是出自对问题的完全把握。这是一个教课特 284
别出色的大教授的书；但是，他当然不限于只阐述知识，甚至不限于只是一读再读所有文献，他还非常恰当地摘录了最有特点的箴言；就他个人而言，他时而会只身一人，时而会带着弟子迈向研究的高峰，完成必要的工作，用他的好奇心鼓励年轻人队伍、推动新的研究、促进文献发表、进行富有成果的比较。1922年版和1944年版著作之间相隔的时间本身就能充分说明问题，不仅说明在这二十多年里，我们对中世纪及其思想家的认识获得了长足进步，还说明埃蒂安·吉尔松个人工作艰辛，他及其弟子的成就斐然。这种看法令人宽慰。

当然，我立即直奔书末几章，那些章节向读者呈现了那个何等新颖而且富有成果的14世纪，那个人们启程向现代性进发的错误的出发点。更确切地说，那本来是个正确的出发点，但是由于突然发生一些意外，旅行者必须暂时返回，直到旅行路线重新确定。有关司各脱主义的阐述，有关奥卡姆主义的阐述，在任何方面都有有深度的独创的新东西。关于阿威罗伊的学说、让·德·扬登和帕多瓦的马尔西略的学说的阐述同样如此。有关热尔松的一些出色篇章也就14世纪提出了一种有意义的整体的观点。[①]但是在这里，我作为历史学家有句话要说。

当埃蒂安·吉尔松写道（第591页），这些世纪也许是一些方便的

① 我没有提埃蒂安·吉尔松的非常奇怪的两章，名为《文学的归来》（指的是意大利以及意大利以外的地方），因为此处说不合适。我希望有机会在别处再来谈它们。

标志点，用来确定事件和人物在历史上的位置，但是他又写道，中世纪哲学史在13世纪和14世纪之间没有分界；相反，他偏向于确定一段漫长时期，从1228年左右，即大阿尔伯特在科隆教书之初，一直到1350年
285 威廉·奥卡姆去世，我当然理解，他这个理由属于哲学范畴。[①]但是，我作为历史学家觉得不合适。因为历史学家眼中的14世纪，跟艺术家眼中的14世纪一样，仍然是跟13世纪大不相同的。艺术家进入一座教堂，一眼就认出14世纪的教堂大殿。我冒昧地说，他觉得像14世纪的大殿，甚至在仔细观察线脚的轮廓、支柱的外形、柱头的装饰之前就觉得像了，因为14世纪跟13世纪根本不同。不同之处在于它的奇特；在于它的努力创新；在于它的摆脱旧传统桎梏的意志，这些传统对它来说已经过时，例如行会的传统；还有"道德教育"的传统。这些道德教育的目的，在于限制基督教社会的经济活动，还有旧的政治模式的传统，因为当时意大利"暴政"盛行，如维斯孔蒂暴政，斯福尔扎暴政，这些暴政不再是和12世纪、13世纪的国王们毫不相关；14世纪跟13世纪不同，还因为当时在法国与神圣罗马帝国之间，建立了一个新国家，即勃艮第瓦卢瓦家族的国家；最后是因为，夸张地说，当时人们有理由说一种现代资本主义已经形成，而人们所说的后果，不过往往是推论的后果而已。

当然，我不要求人们用早期的资本主义、14世纪的商业资本主义

---

① "黄金时期的神学和所谓的经院哲学，其实也只是在学校里繁荣，毋宁说与从1228年延伸到1350年这一时期相吻合……13世纪末和14世纪初见证了伟大风格的学说综述，如邓斯·斯各脱和威廉·奥卡姆的学说，或者埃克哈特大师的学说，人们一读到他们的著作就会敬服他们的哲学素质。"不错，确实如此。但是，这些伟大风格的综述和紧接其前的综述是一回事吗？埃蒂安·吉尔松补充说："确实，这一代中有些人必然要按照前一代的那些人来思想……但是，他们自己的思想并不太依赖前人的思想，首先好像不可能那样。实际上，如果他们像前辈那样，从亚里士多德、普罗克洛斯、阿维森纳和阿威罗伊出发，不是每走一步都必定会遇到他们的前辈吗？但是，他们之所以偏离这些前辈，难道不是在很大程度上是因为他们生活的历史环境不同吗？"

的成功，来解释奥卡姆和奥卡姆主义。更没忽略这个世纪标志着手工业的鼎盛的上半叶，这些手工业为小资产阶级提供了完全适合他们本性的环境；就像皮雷纳所指出的，小资产阶级从来都没有像在它们的庇护下那样幸运，而且如果说这些手工业防止了竞争，那么也在一段时期内防止了资本主义这个敌人入侵。但是，入侵者终究还是进来了，它让“富人”(*popolo grasso*)统治了佛罗伦萨，尽管有“小民”(*popolo minuto*)反抗。它统治了弗朗德尔地区的城市，尽管有织布工人对“该破产的善人”的激烈反抗。因为14世纪是一个造反的世纪。邓斯·司各脱、奥卡姆的威廉及其追随者，帕多瓦的马尔西略和让·德·扬登的不用提了，都不是在像圣托马斯·阿奎那所处的那种和平社会的环境中生活。我指出这一点，意思只是说：读过和思考过奥卡姆的人，从他 286
的原始前提得出结论的人，也就是另外目睹了大变革，目睹了政治、经济和社会方面的重大革新的人；他们受到这种革新的影响(即使是修道院斗室里的修道士，即使是从事研究的学者)，久而久之都不得不意识到这些变革和革新对他们的同胞的影响和控制。

当埃蒂安·吉尔松说道(第638页)：“14世纪在很大程度上是一个批判的世纪。”我们回答：“同意这种说法。可是，原因何在？”这位哲学史学家告诉我们，因为有人(“有人”，请理解为13世纪经院哲学的大师们)就每个重要问题向他提供了两三个没人跟他唱反调的独唱者。因此，面对众多没有引起争议的答案，14世纪的学者迫不得已就变成了批判家。[①]但是，这个时代的人特别不像是喜欢一致性的人吗？他们特别不像是希望同那些根据一种推定的观点，努力掌握了一个庞大的独一

① 吉尔松明确指出(第639页)，这些批判是由一些神学家领导的，而且是为了神学目的。但是确切地说，在帕多瓦的马尔西略把教会定义为所有耶稣基督信徒团体的时代，在神修神学第一次通过以通俗语言来表述，使它们的思想世俗化的时代，在阿维尼翁所确立的教皇职位受到法国政治的全部影响的时代，神学家能生活在完全的宁静中吗？这不用我多说了吧。

无二的智力体系中的一切已知知识的伟大先辈相媲美的人吗?

但是,在14世纪,商业资本主义主要在意大利的商业城市出现,伴生出一种新的风气——一种逐利的风气,它(在虽然还受限制,但因为是在城市而更有势力的资本主义的环境中)驱使新老不法牟利者反对被他认作同类的对手、竞争者、敌人,我作为历史学家,怎么能不受这个事实影响呢?这种风气打破了社会范畴和个体范畴的一致性,必定会而且已经产生了一种关于人性的极度悲观的观念,人的劣根性如此彻底地偏离正确的道德准则。这种风气反过来又影响了社会的政治观念:社会不再像中世纪的社会那样,由等级森严的群体构成,群体之间从人性的观点出发进行合作;而是个体之间相互倾轧,争权夺利。而这
287 个混乱社会秩序的维持,就要依靠马基雅维里所期待的暴君,就要求助于马丁·路德所期待的君主。

我不往下说了。而且我不为一种承袭关系的老论题辩护,即被我始终看作生成关系的老论题,这对我们没有价值。我不说谁在先,谁在后,我只说这是互相影响的结果。也可以说是环境影响。而且我只是说:埃蒂安·吉尔松尽力了,他说过了,而且做得更好。他尽力在中世纪文学的发展与哲学的发展之间的一些适当的地方架设一些桥梁。他有充分的理由。我相信,在中世纪的政治和经济总体的发展与哲学的发展之间架设一些其他桥梁,对他来说是容易的,也会为所有利用他的论著的人提供无比广阔的前景。关键是不要低估一些观念在历史中的作用。更不要使这种作用屈从于利益的作用。关键是要表明,伊普尔市场的一座哥特式大教堂①,无休止的野蛮行径的牺牲者们,以及像埃蒂安·吉尔松在他的书向我们叙述的那些观念的大教堂(cathédrales d'idées)之一,这些都是同一个时代的女儿。是在同一个家庭里长大的姐妹。况且,当这位哲学家指出(第536页),在圣托马斯体系中,所有

① 比利时伊普尔大教堂,毁于一战,后重建。——译注

创造物都按照一种完美的等级次序排序，从完美的天使到最不完美的物体，“而且使每个最高级种类的最低等级与每个最低级种类的最高等级相邻”时，他会想不到像博马努瓦尔那样的法学家所提出的那些美妙结构吗？博马努瓦尔也曾以同样的话向我们描述了社会的次序。

我当然不要求研究这些学说的历史学家临时充当一下研究政治和经济社会史的历史学家。我要求他们始终敞开交流的大门，让观念的世界可以通过，在我们的思想中恢复它曾经完全自然地有过的与现实世界的联系。 288

3. 欧洲精神与哲学

莱昂·布伦茨威格的一门课程*

“我打算论述‘欧洲精神’这种纯思辨范畴的主题，而且将把对它的研究保持在严格的哲学范围内。”这样，莱昂·布伦茨威格从1939年12月到1940年3月，就在索邦大学开始教授他的《欧洲精神》课程，现在整理成卷出版。①

由一个饱学之士，一个思维和推究哲理能力特别强的人，自愿地、不时地向读者提供的这些“评论”，我们永远都不会嫌多。它们在具体方法上对我们历史学家有帮助，因为我们的愿望就是想复原文明的全部活动，文明的各种状态就是通过这些活动相继表现出来的。1934年，我为读者弄到其中一篇评论，是英年早逝的朋友阿贝尔·雷伊以《从原始的思想到当今的思想》为题，为《法国百科全书》第1卷写的评论。文章以这样的断言开篇：“人们不可能要理解思想的整套工具却不去研究它的历史。思想（主体）和它所思考的东西（客体）不断地作用和反作用，即斗争和征服。要理解它的现时的活动，就只得，而且首先得关心它过去的活动。”

---

* 《年鉴：经济、社会、文明》，III，1948年。

① L'esprit européen, Neuchâtel, Baconnière, 1947, p. 187.先前同一系列（1945—1946）出版了莱昂·布伦茨威格生前发表的最后一卷，《笛卡尔与帕斯卡尔，蒙田的读者》（*Descartes et Pascal, lecteurs de Montaigne*）。

“理解思想的整套工具”，雷伊写道。实际上，题为《智力的整套工具》的一卷的第一部分，充满了他的工作成果，该卷不仅向读者介绍了思想演变简史（我不能向作者要求比这还要好的简史了，亨利·贝尔最终在《人类演化史》中发表了这位作者的《希腊科学》的珍贵的几卷）， 289
并且介绍了梅耶有关语言的权威研究，介绍了我们最伟大的数学家在保罗·蒙泰尔领导下研究的当代数学。莱昂·布伦茨威格操心的事不是阿贝尔·雷伊操心的事。他一处也没有给它明确下定义，大概是觉得他的书名《欧洲精神》，足以说明这项事业的特征。如果构成这个书名的两个词本身明白易懂，没有歧义，那么这就可能是名副其实的，或者至少是比较名副其实的。

那么什么是**欧洲**？就在莱昂·布伦茨威格在索邦大学教授他的课程的时期，我正在日内瓦尝试说明“欧洲”这个观念的意义，并且概述它的历史；而无论是对日内瓦国际研究高等学院的学生来说，还是对作为历史学家的我本人来说，事情都并非不言而喻。至于“精神”，难道要把拉朗德在《哲学术语与批判词典》中，在说到“与**感受性**相对立”，并变成“**智力**的同义词”的那种精神时，在第四栏下表明的意义赋予它吗？莱昂·布伦茨威格在他的课程中，完全排除考虑感受性的意义，但是提到智力了吗？是的，含有理解力、概念和理性认识的意义；而智力的意义终究也不过如此。也许应该提到**理智主义**，提到**理智性**，提到所有的存在物（而首先是欧洲精神）都化为一些纯智力的要素了？我们别再追问了。有人会批评我们在无理取闹，这不是我们真心喜欢的批评。

可以说这本小书在其方式上和其范围内，确实是这所古老大学的那些杰作中的一部，我们也许将不再有多少机会接受和赞扬这些杰作了，因为能写出这些杰作的这一代人，就要离世，很快就要离世了。这一代人深受优秀的希腊和拉丁文学的滋养。这代人一开始就受到过一些大师良好的训导，他们必然努力以这些大师为榜样，并且能够继承这些大师，与他们既无争论，也无决裂。用莱昂·布伦茨威格的话说，也不存在真正的“危机”，因为从拉舍利埃和拉尼奥到布特鲁，然后到布伦茨威格，有什么深刻原因要造成决裂或者不理解呢！这些有学问的优秀学者，非常敏锐，往往还非常机智，却迷恋哲学思辨，甘愿把自己禁锢在为他们的思想和专业着迷的圈子里；如果是评论学说，或者是指
290 出它们所受的束缚，他们做得很出色；而如果他们以个人名义说话，并且处在一个向来只能由十来位非常伟大的体系缔造者主宰的十分艰深的领域，他们可能就不太出色了；但在这里，我们大学里的哲学家就显得明智，根本不急于指出他们记录了其变迁的这些伟大体系，向来只是“一个似乎在无限发展的进程中的一些阶段”——因而这就是他们的预先被证实了的、预告了的，并且使之变得必然的失败……是他们的原始的和“正在主宰的”思想家们的失败，因为，作为学说的注释者，应该提到成功，提到完全成功，而不是失败。如果需要证据，莱昂·布伦茨威格的书就是一个新证据。

可是，哪怕只在这个领域，而且只关于这种成功，有多少东西要说啊！我们不是哲学家，但是作为历史学家，作为利用哲学的人，这类著作能够充分满足我们的需要吗？我不得不回答：不能。

这些哲学家，这些哲学的技术人员，目光是多么狭隘啊，受到的妨碍多么大……无疑，他们有能力了解某些思想形式、回答某些问题的某一类答案的演变关系。可是除了这个演变关系呢？除了这些形式和这些思想呢？如果还存在其他东西（而它们总是存在的），他们就从未发现过，说婉转一点，几乎没有发现过。在17世纪存在过一个自然主义学派①；当时它在所有西方国家的社会各界拥有过大批追随者；到了帕斯

① 对照Lucien Febvre, *Aux origines de l'esprit moderne: libéralisme, naturalisme, mécanisme, Mélanges d'Histoire Sociale*, t. VI, 1944, pp. 9–26，在正筹备出版的*Au cœur religieux du XVIe siècle*中再次提及；以及*Le Problème de l'Incroyance au XVIe siècle*。*La religion de Rabelais*, Paris, Albin Michel, 1942，书中各处。

卡尔的时代，这种影响在它所挑起的激烈论战中也得到证实；此外，这些人所代表的这种思潮后来席卷了18世纪的人。可是，任何读者在读莱昂·布伦茨威格自信而倨傲地拟定的提纲时，都没有发现这些。

他会回答说，这么做是有理由的。你们说到思想，承认吧！这些都是很平庸的思想，因此可以忽略。我们从一个峰飞到另一个峰，这种运动够累人，也够危险，因此我们不要把它弄复杂，徒劳无益地下到山谷底部。在那谷底，人们的脚上都沾满了泥巴，又根本不能开阔视野…… 291
这是大佬们说的话，可是大佬们的时代似乎已经过去了。谁“平庸”，谁不“平庸”，你们拿什么标准来衡量呢？平庸，是有天资的人的用语，很有天分的人使用，他们有趣味，也可以说有高尚情操，才能在生活中常常遇到天资；可是天资和才能不同，它不是旁人授予的。况且，天资可能也有平庸的。我们要承认，在16世纪末期，整个一代、二代或三代人，都只是些平庸之辈，至多能欣赏一些平庸的东西；对我们历史学家而言，问题就是要知道并且解释，这几代人**为什么**和**怎么**能只满足于这样的精神食粮。把它们从您的清单中划掉吧，羞羞答答地把它们藏到您的意识形态的“冷宫”中吧：您歪曲了时代的观点。不多，但也不少。

我还要说到狭隘目光。有些事物就有意阻碍我们的人关注邻近学科发生的情况。莱昂·布伦茨威格引用了（第183页）埃米尔·布特鲁的一段精彩的话：“真正的科学不是一劳永逸建成的体系，里面分隔成一个个单间，人们在自然界里发现的所有物件，不管愿意不愿意，都必须放在其中。科学就是人类智力本身，它尽力理解事物，而为了实现一切可能，它绞尽脑汁，让思维变灵活，也让自己消遣放松……”布特鲁说的是科学；可是我们的哲学家只操心一件事：把他们的哲学禁锢在作者所说的**自然规律的偶然性**的单间里。当然，我不指责他们是一些只关心自己哲学的哲学家，而不是当历史学囚徒的历史学家。我一点不指责他们，我有什么权利呀？我只是注意到，当他们研究哲学时，当可能存在一些类型与他们不同的人时，他们就没有了见解。那些人有另外的操心事和另外的方法。人们不要求他们轻视这些人，那会造成无谓的痛苦，但是要估量、评价、判断这些人的历史作用，可能是无言的作用。就是在一首歌或者一篇演说中，沉默也是有意义的，有效果的。

是各人自扫门前雪，历史学家聚集在克利奥女神的旗下，哲学家聚集在苏格拉底的旗下吗？各人待在自己的窝里，像狗一样小心翼翼地看护着被啃过无数次的老骨头？而且个个都对旁边的狗龇牙咧嘴。他
292 们很难做到平易近人，以至于让来修缮房屋的工人感到害怕，他们自认为是在看护这座房屋，便阻止那些衣着不整的人来破墙开洞、修建大门和通道、架设楼梯，最后再给整座房子盖上一个宽大无比的屋顶。他们不愿把日子过得舒舒服服、快快乐乐、自由自在。我们这种你争我斗的生活全是他们造成的。

然而，这是一些大问题。这些问题是变革的社会与同在改变特征和方向的观念之间保持的必然关系在演变进程中不时提出的。我现在回过头来谈我所熟悉的16世纪和17世纪。从文艺复兴运动的自然主义哲学家到笛卡尔，这是一种非凡的转变，更确切地说，是他们被笛卡尔及其追随者打败，这是非理性的失败、理性的胜利；而在同时，还发生了一种转变，至少也是非凡的，即从经过改革的，正在自觉或不自觉地逐渐理性化的宗教，向一种承载了越来越多的情感和非理性因素的宗教转变。这两种转变是同一时代中的两股逆反的思想潮流。莱昂·布伦茨威格的书对此却没有一句话提及，丝毫未注意到这种**交错发生**的奇特现象。我被一种幻觉蒙骗了吗？我没发现一位名副其实的历史学家，在开始概述这种难以理解的历史，解决它向他提出的复杂问题时，不觉得需要请教吉尔松、阿贝尔·雷伊等人……包括布伦茨威格本人。

哲学家们会说："当然，不然你们就不能提高自己的水平了……"我想到了那些海军军官，他们极其轻蔑地侮辱机械师，可是没有这些机械师，海军军官可能一事无成。再高贵一点的，我想到了马勒伯朗士的那篇妙文（《追求真理》，一，vi，第一部分，第2章），他以"拥有纯洁无瑕

的想象力”的人，即“头脑没有充满与可见事物相连的深刻痕迹”的思辨家的名义说话。这些思辨家站在那座观念学的少女峰的峰顶上，对“那些待在大世界（**而除了我们历史学家，还有谁待在这个广袤的大世界里呢**？）里，而且想象力完全被可见事物在他们中间引发的错误而模糊的观念弄脏的人”，从心底流露出蔑视。前者“能够容易关注真理”；而后者呢，这些倒霉蛋，只有“受到某种激情支持，并且这种激情足够强烈，可以抵消吸引他们的团体的影响”，才能专注于真理。思考吧，我的历史学界的兄弟们。而且回到我们这些“被弄脏的”人的卑微的躯壳中吧…… 293

可是……莱昂·布伦茨威格怀着一种显见而合理的同情心，特别提到了库尔诺。提到库尔诺，可是确切地说，这是怎样的倒退啊！库尔诺，这位数学哲学家，研究偶然性的大理论家，研究概率的人，对历史学也专心研究。的确，不是他不愿研究历史学向哲学家提出的许多问题。可是我们历史学家要读库尔诺哪个方面的著作呢？他对文明的整体观点显得多么狭隘、枯燥、皱巴巴！这种狭隘归因于什么呢？难道在这里又归咎于那些大学机构，归咎于那些分门别类的教师招聘会考吗？这种分门别类很自然地就在带着各种色彩的学术权威之间，造成水手们所熟悉的那种“绳结意识之争”。是不是这样，我不知道。但是事实就在这儿，需要解释。

在结束这篇文章时，我一定要重申一下，我所说的这一切，和这些哲学家对他们擅长写的那种历史进行的一种出色而且有时很有效力的综述没有关系。尽管他们坚持瞧不起我们的历史学，瞧不起我们历史学家的拙劣的历史学，而我们历史学家，尽管因为接触了肮脏的现实显得灰头土脸，但是能欣赏这种综述所显露的才华，并且能从他们的思考缜密、撰写审慎的有生命力的著作获益：它们是一代人的绝笔，因此我有些偏爱这一代人，人们会原谅我的。 294

艺术史学家

1. 艺术史、文明史
从斯吕特到桑班*

艺术史这门学科常常从个人专著中吸取养料，这些专著有些是谈论艺术家的，有些是谈论纪念性建筑或作品的。而这些专著中，有的可能才华横溢，有的也可能平庸得让人受不了。而根据保罗·拉孔布所谓历史科学（Histoire-Science）的观点，所有这类专著都同样会暴露出缺陷，其数量大大超过其他种类的专著。因为，这些专著如果不致力于阐明一位艺术家身上或一件作品中原创的、个人的、独一无二的东西，那么它们以什么为目的呢？这是使艺术家或作品卓尔不群的东西，因此，如果确实不可能存在关于个体的科学，那么它就不是科学认识的对象。有人会反驳说，写得好的专著，不一定只指出使一位艺术家或一件作品卓尔不群的东西，也要指出与其他艺术家或作品相似和同时具有的东西，还要指出使一位艺术家与他的同时代人接近，使一座纪念性建筑在时间和空间上与相邻建筑接近的东西……理论上无比正确，可是实践上呢？我们应该努力把一件作品跟诞生它的社会的所有活动联系起来，可是这种努力可能非常艰辛，非常不均衡，结果只是让对作品或人的研究陷入无序思考的无垠汪洋之中……

---

* 《综合评论》，IX，1935年。

地方性的专著想必能避开所有这些缺点。指定一个地区，对两个适当日期之间的艺术创作的情况进行一次统计；然后根据现有的编了目录索引的证据（有机会自己也借助于图示文献或档案文献），复原各种艺术的具体演变过程；不限于了解一定时期内作品的同类性或多样性，也寻找其原因；确定作品的用途、创作者的状况、主顾的 295
状况；考虑它们是一种“当地的”艺术，还是一种输出的艺术；最后，试着确定时代的观念对人们所再现的艺术活动的影响，这是分析的任务。接下来是综述，即对照所得结果，尝试得出有关人们所研究的文明的趋势、精神，甚至特征的东西，这些东西可由调查研究得到确证。这么做会使艺术家的个性丧失吗？不会，它属于一个范围。这些艺术家将会一批接一批地不断出现，像一条由专有名词连成的活动项链上的珍珠，人们可以把它们摘下来，再把它们穿回去，而它们没有和任何东西捆绑在一起。它们将合成一个整体，或融合在其中，或突出于其上。

法国的和为法国写的这类专著，我们手头上掌握的还很少。我们可以立即举出两个例子，但它们只是部分满足我们的愿望：一本是凯什兰和马尔凯·德·瓦瑟洛关于最近时期在特鲁瓦创作的雕塑的专著；另一本挂着艺术家之名，但实际上是向我们提供一个“本土”调查的结果，这就是保罗·维特里的《米歇尔·科隆布》。现在亨利·大卫又为我们提供了第三本，不过许多特征和前两本相像。他给书取的书名有表现力：《从斯吕特到桑班：关于15世纪和16世纪勃艮第的纪念雕塑和装饰的评论》①。完全确定了书的意图，限定了书的作用范围，即使不是在空间上，也至少在时间上。尽管内容平淡无奇，它也会是一本受欢

① *De Sluter à Sambin: Essai critique sur la sculpture et le décor monumental en Bourgogne au XVe et au XVIe siècle*, Paris, Ernest Leroux, 1933, pp. xx–398, pp. xxxii–496；各卷末有人名索引和珍贵的地名表和艺术品清单；丰富的和珍贵的参考文献。

迎的书。接下来我们就说它还是一本优秀的书。

亨利·大卫的著作的第一部副标题为《中世纪末》，第二部是《文艺复兴时期》。简单表明了年代，没有表达出他的真实意图，至少我们从其篇幅和理由看不出。

第一卷其实论述了一个重大问题：由于斯吕特在去世前，就已经使一种独创的和个人的样式传播开来，整个西方在15世纪都能感觉到
296 它的影响，因此来考虑一下在大师去世以后，被他引入勃良第公爵领地首府第戎的艺术在勃良第和毗邻地区（也可以说在“大勃良第”[1]）的命运，很有益处。这是一种稳固确立的艺术，具有一些非常顽强的传统，一些非常鲜明的特征。它就要消失了吗？这个推测一点不令人惊讶。因为尚莫尔修道院画室并不是土生土长的。“好人约翰”是位喜好艺术的国王，那么多地区的艺术都归功于这位国王，他的好讲排场的儿子之一，“勇敢的菲利普”——让·德·贝里的弟弟——是一个有钱有势的法兰西公爵，为了实施私人定制，他把一群来自北欧的雕塑家迁到第戎，并在勃良第对他们征附加税。这些人对这个地区完全陌生，况且一开始被迫只为公爵本人工作。这些人和他们的主顾一样死气沉沉，画室本该消失，不会在该地区留下根基的……即便有一些后继者，也会完全不思进取，只是没完没了复制遗留给他们的平庸的作品而已。

可是亨利·大卫却通过对他所研究和分类的作品进行非常敏锐、非常新颖的分析，证明了斯吕特的传统在勃良第不但大量有效地保持着，而且还在蓬勃发展。

发展过程极其值得研究。它在内部力量的推动下，同时也在外部力量的压迫下自然发生。而且，首先由于年代精确，因此这一传统具有显著的历史和艺术的意义。亨利·大卫第一次为我们描述了一种输入

① “大勃良第”是个完全合理合法的概念，香浦在别的领域就竭力推广过这个概念。

艺术在本土扎根的重要过程，这种艺术渐渐变成当地的艺术，变成本土艺术，散发出勃艮第乡土和法国外省地区美德的芬芳……

雕塑家来自何处？他们是一些外国人。他们越来越多地在法国当地被人招募，甚至在勃艮第也是这样。因此，他们的作品中十分自然地显示出自发、有力、浓烈而又和缓的现实主义特性，以至于我们如今一见到这些作品就会说："多么有勃艮第特色啊！"而购买作品的主顾是些什么人呢？最初只有一位，就是公爵，他下订单定制。后来渐渐有了一些大领主和高级教士，然后又有了一些过着安逸生活的富足的有产者，甚至不久还有了普通人，生意人或农村人。而且，为了满足当地主顾的需要，地方特色也渐渐得到增强……亨利·大卫对发展过程的描述很出色。据我所知，还从来没有人对这种"过渡"过程进行过这么深入、这么有理解力的研究。 297

因此，在15世纪，经过那么多种往往来自远方的潮流浸润的艺术，是一种有活力的艺术，一种深深扎根于法国的艺术。外部力量起到一种精妙而复杂的作用——亨利·大卫带着不比别人差的准确性和理解力向我们解释道。斯吕特影响和传统的艺术，从来没有和严格意义上的弗朗德尔艺术的作用完全混淆：为了证明这一点，作者写了一些精彩篇章。他倾向于低估"勃艮第"雕塑艺术的典型意义，使它的风格复杂化，削弱它的气势；相反，香槟地区的艺术在美化女人的形象方面下功夫，专心于在服装中引入一些有点妖艳和华丽的矫饰，带上它的各种作用的印记；可是，在弗朗什-孔泰的边缘地区，另外产生了一些在历史学家看来特别奇怪的影响，这些影响来自莱茵河地区的艺术（尤其是拉通布地区的艺术）。另一位勃艮第艺术的行家，亨利·德鲁奥，以前就曾敏锐地注意到这些艺术表现出了某些异国情调。最后是卢瓦尔河中游地区的法国艺术，即米歇尔·科隆布的艺术，也在勃艮第西南部产生了起规范作用的影响，并且倾向于用一种往往有点拘谨的"风格"和一种高雅的枷锁来约束充满活力的、随意的、亲近自然的乡村艺术……传统的东西有点多。然而，尽管这样摇摆不定，尽管受到那么多互相矛盾的诱惑吸引，勃艮第流派还是经受住了考验，存活了下来。更确切地说，它是一边演变，不断适应时代的趣味，一边还能保持它的本色：它风格鲜明，尽力保留了早期一些大师关于雄伟的一种无可争辩的意识，对姿态和衣服褶皱的一种强烈的抒情的表达。总之，它是我们外省的最富有表现力、最贴合民众情感和鉴赏力的流派之一。

第一部，书名为《中世纪末》，但我宁愿说它是《扎根》，第二部，《文艺复兴时期》，我又认为还不如说它是《勃艮第或意大利》。因为正是从15世纪末和16世纪的头几年开始，产生了另一种强烈影响，并迅
298 速发展，即意大利的影响。仔细并逐步研究它的变迁，同时指出它的进展，是第二部的全部目的，也是这部引人入胜的著作的重要目的。

这个流派在后期表现出一种几乎普遍的沉寂，让人以为它寿终正寝了，但是情况并非如此。因为在大胆的查理死后成为勃艮第主人的法国国王们，以及为他们效劳并仿效他们的大领主们，这些人从意大利引入的艺术就遭遇到这个充满生命力的流派。因此，我们实际上需要一整部书来描写这出极有趣的戏剧的波折情节：这个流派抗拒意大利表达方式的大张旗鼓的入侵，这些方式浮夸、躁动、做作，而且常常无意义，却要被用来表达一种活力充沛、坚实的艺术，而这种艺术又不甘心将地盘拱手相让，它试图再坚持一下，试图吸收入侵者，试图以一种新方式，在意大利形式的舞台帷幕下，表达同样顽强的情感和理想。而这些形式却不是（而且已经得到证明，这是亨利·大卫的功绩之一）来自强劲而朴实的古希腊雕塑艺术的发源地，悲剧性的佛罗伦萨；不是来自厚重的有强烈节奏感的庄重艺术的发源地，强大的古罗马，而是通过纪念章或奖章的制模工，以及兴趣爱好广泛的普及者带来的，他们有的来自那不勒斯，有的来自带外省口音的北部小城。简言之，是来自意大利的外省，而不是来自意大利艺术达到巅峰的地区……在胸像柱上，在格雷的木箱匠于格·桑班的作品里，有一种有趣的装饰方法得到充分发

展，它充满意大利风格，但是尽管人们这样想，其精髓却不容置疑地具有鲜明的勃艮第风格。我们和亨利·大卫一起，记住了于格·桑班于1572年在里昂发表的《各式胸像柱》中说得那么多的那句话：“一种表达手法自然的淳朴，要得到比‘美’，这一简单称赞更多的赏识，只有靠它本身。”这就预告了新时代的到来。

人们现在明白，我说得没错，在大卫先生的著作的核心，存在一个主题。一个真正的重要主题。这是说，一位想坚守属于自己的领域的艺术史学家的这两部杰作，完全而且绝对能够满足一位文明史学家的所有愿望，以他自己的方式和观点来重新思考亨利·大卫在他面前展开的历史吗？可是谁会打算这么做呢？

他告诉我们，这是演变；是在典型的弗朗德尔趣味和卢瓦尔河地区的典型的法兰西趣味之间摇摆；是一种外来艺术在一个自我意识很 299
强的外省的人们身上和作品中的体现。我完全同意。但是作为历史学家，我遇到一个问题。1477年，大胆的查理死后，勃艮第（公爵领地和伯爵领地）被路易十一占领，重新并入法国。这场政治事件，有波折，有归顺，有拒绝，还有秘密。从前，亨利·奥瑟在他还是“勃艮第人”的时候，就对它进行过概述。大卫当然没有无视这个事件。人们多次清楚地发现，他在评价中考虑到政治事件，而且考虑到它们在他的领域内引起的反应。但是他同样也考虑了细节。历史学家可能喜欢一次把问题整体地提出来，该强调的要强调，该详述的要详述……

一种循序渐进的放开、一种软化、斯吕特的悲怆的激情、尚莫尔的雄浑的丧葬艺术的奢华，在来自阿维尼翁的安托万·勒·穆瓦蒂里耶的影响下，最终变成了平和的微笑吗？我同意；可是为什么呢？因为始终不是**一个**为什么，而是**一些**为什么……而我作为历史学家想到，有一些著作，甚至是一些很出色的著作，专门论述了这个时代的人的心理演变。我只举其中一例，赫伊津哈的杰作《中世纪的衰落》，这本令人赞赏的心理学专著充分吸收了有关勃艮第的文献的养料，我没有见到亨利·大卫提到这些文献(这是个小小过失),但尤其我认为他没有从精神上(而这是更严重的过失)利用这些文献,既没有德国精神,也没有法国精神。当然,可能最好还要查考其他文献?……

最后是主顾的增加:首先,除了公爵,还有一些大领主;然后是有产者;而且他们导致了所有"有产者艺术"问题的产生……我作为历史学家起码要说到这个问题。亨利·大卫在他的笔记和分析文章中多次写到它;他多次勾勒了一些有代表性的类型,例如那位当官的大资产者贝尼涅·塞尔,他功成名就,富有而趣味高雅[①],亨利·大卫终究一次也没有强调这个问题,我作为历史学家会喜欢那样做。他总是注意用
300 最简明的话说:"这样的作品,就是由在这样的环境下、这样的出身、有这样的兴趣的人定制的",他经常以最恰当的方式把它表达出来。他的两本书充满着有关这个主题的新发现。由于他能在一个结论中,一下子把凌乱的资料集中起来,整个地提出问题,进行综述,所以我们更加喜欢。

希望人们完全同意我的观点:我对艺术史学家和对文学史学家一样,不要求他们提供"社会史"的即兴之作。对这一点我常常解释过。我本来只喜欢他常常有的那些值得称道的操心,亨利·大卫在其著作中明显表露出它们,它们不是狭义的艺术史学家的操心,而是总体史学家的操心。和他同等水平的同行,或者干脆说,就连最好的直接的同行,都没有同样程度的这种操心,这种操心让他获得人们尊重。

同样,最终我本来还希望在某些地方会出现最后一种操心。索莱姆墓和布列塔尼南特的弗朗索瓦陵墓与威尼斯的阿尔多·马努齐奥开

① 还有其他许多有产者;15世纪的罗兰家族和罗什富尔家族;以后多次提到博恩的夏博家族、锡夫里家族、隆维家族;博恩的布通家族和全部议事司铎,韦雷苏德雷的方泰特家族,有专论方泰特夫人的画室的非常精彩的一章……

办的画室处在同一时代，大约相差几年；米开朗琪罗的《大卫》与伊拉斯谟的《基督教骑士手册》也在同一时期问世；路德就在拉斐尔去世那年向德国贵族发出号召。人们可能说：这些只是奇怪的巧合而已。无疑他们错了。因为这些巧合就提出了一个问题，一个重要问题。在智力思想的演变与雕塑形式的演变之间，是否存在同步协调的情况呢？同样，人们能够用人文主义和文艺复兴这些重要的词来称呼的事物，是以什么样的步子发展的？当然，亨利·大卫继续实行他设想的计划，并不喋喋不休地议论这样的问题，我完全理解。然而，我本来还希望在某些经过慎重选择的部分，会出现可能是从勃艮第本地的智力和宗教史中获得的一个标题词、一个名字、一个日期，促使我们去思考艺术、文学和哲学的不同遭际，以及殊途同归的发展进程。 301

2. 一位画家的复活

乔治·德·拉图尔*

历史学家弗朗索瓦-乔治·帕里塞是历史学家之子，是斯特拉斯堡一批杰出历史学家的学生，他很早就转向研究艺术史。他为人们贡献了一些研究和介绍马蒂亚斯·格吕内瓦尔德和阿尔萨斯艺术家的精彩著作。然后他专攻一个很大的主题：研究昔日默默无闻，如今大名鼎鼎的洛林画家乔治·德·拉图尔，他专门写了一大篇论文，为他在索邦大学赢得了博士头衔。他利用这篇论文出了一本书，刚刚由劳伦斯出版社出版。①这是一部巨著，附有大量单页插图，提交给博士论文答辩评委会的那篇论文中的要点，都在这本书里向读者传达了。

著作内容丰富广泛，方法正确。能让读者理解拉图尔作品的东西，他一点没有忽视。弗朗索瓦-乔治·帕里塞表现得是个历史学家，因为他认真考虑复原他的主人公相继经历过的"环境"。主教领地维克是其一，居民使用两种语言：法语和德语。所以他们能接触到两种文化，并且接触到两种宗教（在此也许在一定程度上有重要意义）：维克周围聚居了大量新教徒，而且当时的保罗·佩里牧师在梅斯深孚众望；不

* 《年鉴：经济、社会、文明》，V，1950年。

① *Georges de La Tour*, Paris, H. Laurens, 1948, p.438.

过维克仍然是天主教的一个堡垒，它是尼古拉·科菲托早期活动的舞台，此人在文学史上被称赞为17世纪“法国散文奠基者之一”。人们知道，他结束了马赛主教之职，但是开始了作为梅斯主教的新教助理牧师的生涯。他身边有许多修道士，还有当地的一些知名人士。弗朗索 302
瓦-乔治·帕里塞认真细心地描绘了他们的奇特的生平。例如那位司法长官，阿尔方斯·德·朗贝维耶，他写作可能是为了消遣和“放松头脑”，也可能是为了颂扬天主教信仰，他的《基督教诗人虔诚的激情》，就是关于当时的虔信不可忽略的一个见证。维克之后是吕内维尔，然后是南锡，卡洛、德吕埃、勒克莱尔的南锡，及其高贵而虔信的外国人聚集区，和居住在这些地方，并跟法国、巴伐利亚、托斯卡纳的名门望族结盟的公爵们一起，向世界各地开放，在相互敌对的政治和文化中摇摆不定。这是一种十分奇特而复杂的环境。弗朗索瓦-乔治·帕里塞努力以无限的细心和认真，为我们再现这一切。但是他的著作不单单收集了翔实的资料，还促使我们思考艺术作品向历史学家提出的某些问题。

我刚才说，乔治·德·拉图尔昔日默默无闻。我实际上是在南锡度过我的整个青年时代的，当时就对艺术特别关注（我的第一个计划就是致力于绘画史研究）。不过，我只是由于经常光顾南锡的铜版画商人和埃雷路的格罗让-莫潘（Grosjean-Maupin）出版社的店铺，才受到卡洛的作品的熏陶。但是，在1895年到1900年间，我在南锡从未听到有人提起乔治·德·拉图尔，也没有在美术馆、洛林艺术展看到过他的一幅画。我还记得1934年在杜伊勒利宫橘园的一次艺术展上产生的激动心情，那次艺术展的名称就很奇怪：“17世纪法国现实派画家”（况且那次画展在其领域的影响，与1904年那次难忘的法国文艺复兴前艺术家画展一样），我看到样册[①]上有十来幅画标了这位神秘的、默默无闻的乔

① 保罗·雅莫（Paul Jamot）作序，斯特林（Ch.Sterling）写引言。

治·德·拉图尔的名字，他等待了三个半世纪，突然一下子就荣誉满身了。荣誉并不重要，但值得注意的是，这些画搅乱了一个画展的布局。
303 因为画展创办人的意图也许首先是想建立和扩大勒南兄弟的名望。这些画是率真、单纯、新颖的精品，突然从被遗忘的角落拿出来，重见天日。因为拉图尔就是拉图尔，不可能是别的什么人。不可能搞混。从神秘感，从简单的线条，从十分鲜明的立体，从动作缓慢的人物之间的寂静和孤立的区域，在夜间会散发出一种沁人心脾的香气。而在昔日，我们对这一切一点都想象不到吗？

这就是乔治·德·拉图尔的复活产生的第一个问题。他又为什么会复活，是怎样复活的？

1900年，《法国博物馆精品》的作者路易·贡斯，在详细调查外省收藏品时，在雷恩博物馆的一幅“奇特而精美的画”前停住了脚步。他写道：“我每次回雷恩，这幅作品都让我着迷；让我魂牵梦萦。”雷恩的这幅画，就是一幅“耶稣诞生图”，是“拉图尔夜景画中的杰作”，1934年“现实派画家”画展的样册这样说道（第66页）：“最有诗意，而且表现最巧妙。”勒南兄弟在他们自己复活后，作品数量激增，拉图尔的这幅画起初就算在他们的名下，但从1915年起，德国人赫尔曼·沃斯把它归于那个默默无闻的洛林人。同样还是那位贡斯，又在埃皮纳勒博物馆的一幅谜一般的画前停下来，“一个女人手持一盏灯，探望一个关在黑牢里的囚犯”。画的主题其实就是“被妻子诘问的约伯”。这都不算什么。一个艺术爱好者，在一个博物馆里注意到一幅画，后来又在另一个博物馆里注意到另一幅画。他被这些作品的格调、新奇、品质打动。他把它说出来。我们就假定，他接下来会想到把这些画跟一个被人们彻底忘却的画家的名字联系起来（当地一些很少见的博学者的名字除外），就此事来说，就是跟拉图尔的名字联系起来。我们还假定，他非常喜欢这位画家的作品，把他从被遗忘的角落里发掘出来了，就会发起一些研究，组织一次展览，到处宣扬这些最终被赋予了合法身份的作品的美（请注意，这种假定并不荒谬；要是贡斯真有意愿，我们在1900年就能获得这些结果）。乔治·德·拉图尔就会毫不神秘地复活了。出于艺术的原因，由一个具有正确的艺术感受力的人来实现复活。这好理解。 304

哎呀，我们不研究这种简单的复活！拉图尔不是由贡斯复活的，此人在埃皮纳尔、雷恩、南特被一些画吸引，却说不出这位画家的名字。他是由沃斯在1915年复活的。沃斯，一个德国人，一位艺术史学家。继他之后，就由这些领域的艺术史学家们来复活。现在他们一个接一个把这些一流的画归还给这位昔日默默无闻的画家。[1]最初他们还热情过了头，甚至把不是他的也给了他。他们这样做就够了吗？不行。要真正能够说让拉图尔复活，还必须做到：

一、把拉图尔写进教科书，以便今后人人都知道，应该把拉图尔当作一位伟大的画家（除了想到是一位画家，其他什么都不知道，这是多么令人苦恼的事！）。

二、让参观博物馆和画展的普通人记住，他可以自己选择用“现实主义的”、“理智的”或者“谜一般的”这些修饰词来形容这种复活（这一串修饰词当然不是限制性的，而且可以混合使用）。

三、使这个普通人受到鼓动，在拉图尔的作品前，把卡拉瓦乔、委拉斯奎兹、洪特霍斯特、勒南等这些更早出名的人随随便便撇在一边，显示出他的学识。

四、更进一步，让他知道，他可以写道：“可是，这个拉图尔……曾经是一个前卫的立体派画家吗？”这可以表明，他很跟得上时代，而且没有偏见……

五、所有这些条件，就是他绝不会忘记，这个洛林人的作品“表现

① 不太久以前，南特博物馆的样册还把它拥有的乔治·德·拉图尔署名的两幅画算在……18世纪的粉画家康坦·拉图尔名下。

了最纯粹的法国传统”。

这些就够了吗？不行，弗朗索瓦-乔治·帕里塞引用了库蒂里埃神父的一篇文献的某个部分。我认为它出自1937年发表在《神圣艺术》上的一篇文章，题目是《格列柯，神秘主义者与注释者》。库蒂里埃神父写道：“宗教表达方式在艺术上的效力，是如此短暂的微不足道的事。一些姿势，一些面部表情，发生颠覆性变化，随后它们的作用就结束了……过了一些世纪后，同样的作品才在人们的心灵上重新获得一
305 些力量。为此，我们需要复原一种精神的环境，类似于这些作品诞生的环境，而且人的内心世界也要重新变得有点像当时那样。”

“一种精神的环境”，与格列柯同是一派的库蒂里埃神父如是说，“而不仅仅是一种情感的环境”。因此，为了做到这一点，如果想欣赏乔治·德·拉图尔的艺术，我们就得去对精神性进行长期的、棘手的、令人沮丧的研究。忽视他的作品中所有不是“宗教绘画艺术的东西”。我们这就注定要去勘察乔治·德·拉图尔所处的那种“精神的环境”，而且要（设身处地跟他一起）投身于渗透“洛林反宗教改革运动”的各种思想潮流，以便利用这些具有适用优点的简略表现方式中的一种。

因为洛林反宗教改革运动在法国兴起；在意大利兴起；在弗朗德尔地区兴起。它通过耶稣会产生，在他们的蓬塔穆松大学和南锡学院牢固扎根；它同样也通过方济各会产生，由方济各会各大派别产生，这些派别是科尔得利修道院和最小兄弟会、嘉布遣会和蒂耶瑟兰会（Tiercelins）、圣克莱尔修会和匈牙利的圣伊丽莎白灰衣女修会。我们指出各种派别的精神性的特征；然后提出问题：这些精神性之间存在细微差异，拉图尔的画最符合哪一种呢？它们不符合应该被称为法国虔诚派的“家庭室内情景的画法”的东西吗？不符合一种嘉布遣会的神秘主义吗？这种神秘主义被定义为“一种人们理解上帝的热望，它从属于人们了解上帝的需要”。

我嘛，很希望如此。而且毫无疑问，无疑，我对这些艰深的宗教和精神史问题漠不关心……但是我感到担心。让我担心的是什么？是人们作出的全部努力，费尽周折，是为了从遗忘的角落找出一个人来，确定他的作品的地位，耐心确定了他的出生日期和出生地（1593年，塞耶河畔维克）、他的家系、他的世俗生活的主要事件发生的日期，例如他的婚姻等等（但是，人们显然未能确切了解他个人虔信的品质和程度，因此不得不根据他的宗教画来归纳出这些，不惜冒着这样做可能遇到的所有危险）。我再说一遍，这一切都让我担心。因为我担心规则会把范畴分散的艰辛劳动，强加给一些操心对艺术家所处理的"主题"进行分类的工作者，而且每次都要操心证明，被研究的这位画家，在他所处的时代，在和所有其他艺术家一样，**根据定制**创作《玛德莲》、《圣弗朗索 306
瓦》、《圣塞巴斯蒂安》、《圣热罗姆》、《圣约瑟的梦》或《圣彼得的背弃》[①]时，跟其他艺术家相比，他的表现方式是不是独创的。

下面我们来看这篇论文的目的何在。这是传记专著一贯遇到的问题……这类专著，要么是一篇100来页的文章，缺乏具有最细腻的艺术鉴赏力的人对拉图尔的思考，而且此人面对令他感动的画作，只图把这种感动传递给我们，却干脆故意忽略有关这个主题他可能知道的所有博学的东西，如果是这样，人们就会说这是"随笔"。也许还说是"主观主义"的东西，这可是一个可怕的词，在最后审判日，最高审判者就要用一些这样的词作出最终判决，让聚集在约沙法大法庭的"艺术史"小房间里的不幸的人崩溃。而且不管怎样，索邦大学都会否定。譬如对弗罗芒坦来说，他本来是可以教艺术史的，可是他没有规定的职衔。要么就用440页的篇幅来证实作者的一种非凡的工作能力，一种值得赞

① 我不讨论年代问题。拉图尔的画注明日期的很少（南特的《圣彼得的背弃》的日期是1650年，拉图尔1652年卒于吕内维尔）。因此，要确定我们有任何理由要归于拉图尔的画的大致年代，就应该考虑他特有的总是很精致的风格和笔法。

扬的善于发现新事物的敏锐眼光，一种实际上为了复原环境，并再现精神性的细微差别和绘画题材的发展过程而做出的可贵的努力。如果是这样，这种专著在索邦大学就会大受欢迎，这是必然的。可是，如果只是为了说明某一个人的作品，怎会不让人觉得这种努力过了头，超出目的所需了？反过来，如果目的是要描述一个时代，又怎会不让人觉得他没有圆满达到这个目的，遗漏了太多的东西？这是因为它只关系到一个人，仅此而已。唉，要是它们关系到一种社会环境下的绘画艺术就好了！……

换句话说，正如布罗代尔没有写《菲利普二世与地中海》，而是写了《论菲利普二世时代的地中海和地中海世界》，这使他的全部贡献都具有了意义，我原本也希望弗朗索瓦-乔治·帕里塞不是把乔治·德·拉图尔与洛林的艺术环境告诉我们，而是把拉图尔所处时代的洛林的艺术环境告诉我们。（我当然不把它作为有价值的标题推荐，这里只是作为说明写下它，而且是为了表明一种思想。）我们本该可以
307 得到它。因为最后弗朗索瓦-乔治·帕里塞想必让我们失去了他在多年艰苦的研究中收集的许多指示性的东西。这很可惜。[①]

话虽这样说，希望人们不要误解我的意思。我专心致志地读了这本书，它是一本好书，内容丰富，明智而沉稳。其作者把对表现低音的

① 之所以可惜，还因为在某些方面，任何地方都不比这个16世纪末、17世纪初的洛林更活跃、更有诱惑力，此时它也和弗朗什-孔泰一样，但在这个时代，弗朗什-孔泰的现实不如洛林的现实丰富和复杂，洛林是这些小的原始地区之一，它因为狭小，因为内敛，被外界比它们强大的地区觊觎，因此必定对其成员施行一种很严厉的道德和社会的约束。在这个时代，小洛林地区如此被觊觎，受威胁，命运多舛（帕里塞的书中提到一些悲惨的事件，提到在宗教战争结束时，该地区所遭受的严重饥荒，而且它解释了那么多事情发生的原因，例如巫术盛行），按我们的分类癖好，小洛林地区是我们所称的巴洛克文明最有价值的重要证据之一。帕里塞遵从他的老师们的教导，多次反对不经思考就利用这些大的抽象概念，这些妨碍理解的大玩意儿（尤其见第104页，关于卡拉瓦乔画派和写实主义，可疑而有害的术语）。

环境的研究和一个始终占据乐谱的高音部的参考书目结合起来，所采用的方法有许多机智之处。如果一篇论文是“一件杰出的手工艺作品”，这篇论文就为他带来了荣誉。它还将是研究拉图尔的基础性著作。作为研究文明史的历史学家，而不单单是艺术史学家，我要直说：“像拉图尔这样一位画家的复活，不是偶然发生的事情。他之所以会在某个时代复活，是因为有一些原因使它发生……可是，从哪里寻找这些原因呢？从画家的心境去找？那多冒险啊！在博学者们把这个画家从被遗忘的角落找出来之后，从接受他的观众的心境去找？这比较容易确定。不太冒险，也更和我们从精神面貌的与人类历史同步的那些重大变革中了解到的东西相符，而且和趣味与时尚的简单改变大不一样。因为它们对整个人类施加影响的东西是总体的。” 308

3. 思考艺术史

一、罗曼人文主义与区域性流派问题

斯特拉斯堡文学院教授皮埃尔·弗兰卡斯特尔先生的题名为《罗曼人文主义》[①]的书，对我们历史学家而言，内容十分丰富。在这方面，它超出了为有做卡片癖好的人，或附庸风雅的上流社会人士写的一种传统艺术史著作的范围。作者打算从事的是一种希望被归于历史的艺术史。它和历史融为一体。它帮助历史学家编写历史，然而，要能更好地了解艺术或者美术本身的历史，它又依赖于历史学家写的历史。

这里面有多少问题啊！而且我们怎么会不被这些问题所具有的一般性的，或者毋宁说，普遍性的东西打动呢！这就是引起弗兰卡斯特尔先生注意，并且被他著作中紧紧抓住的东西，即法国罗曼风格的建筑的区域性流派的问题。他的愿望是要找出法国一个地区的教堂的“标准”建筑类型与扩展到该地区的政治版图构成之间的关系。唉！要是能把

---

① 副标题为《对有关11世纪法国艺术理论的批判》(*Critique des théories sur l'art du XIe siècle en France*)，斯特拉斯堡大学文学院出版物，96分册。罗德兹，Carrère出版社，1942，第244页。

一幅中世纪上半叶法国的（被称为外省或大封地的）版图构成绘制成地图，和相同结构和特征的建筑分布图重叠起来就好了……而这就诞生了法国建筑的区域性流派理论。1840年左右，阿尔西斯·德·科蒙第一次有理有据地推出了这种理论。不错。不过，各地区都有一种标准的建筑类型吗？在哪里能找到它？怎样找出可以让人把"同一外省地区"的建筑看作同一类型的特征呢？是看外貌、装潢、装饰吗？抑或首先是专注于拱顶的问题和形态？其实，仁者见仁，智者见智，"流派"纷呈。说到底，缺乏一系列必要的条件。 309

确实。可是我注意到："确定一个地区的方言和扩展到该地区的政治构成之间的关系。"这又是什么样的诱惑啊！唉！要是把外省地图与方言地图重叠在一起，能发现两者之间存在奇妙的一致，那就好了，那是多么出色的成就啊！不错，可是这儿有一个外省地区，弗朗什-孔泰，居民的生活意愿最协调、最一致。请把它所包含的方言的统一体找出来。你们将在其内部，在其政治疆域的正中央，在其方言范围的正中央找到一些明显的方言地区；没有统一体。为克服这些困难，1905年，语言地理学创始人日叶龙就在和蒙甘先生一起署名的那篇小册子《罗曼高卢地区的锯》中写道："任何方言学研究，都不会从这种人为的、不纯的和可疑的统一体［土话］开始；而且我们将用对词的研究，来反对对方言的研究。"在这里，我们也想写道："我们要用对纪念性建筑的研究，来反对对不可能存在的区域性流派的研究。"这堕入了原子主义。有点意外，但可以说是必然的。

这就完了吗？当然没有。因为这就产生了外省的问题。一些"古老的外省"，在法国，它们是充满活力的统一体，是一流的符合宪法的统一体，是政治、行政、社会的群体，要是有人怂恿，我们差点会说它们是种族的（但是，当然不是人种的）群体。在我们的历史中，它们世世代代发挥着主要作用，难道不是吗？一些这么传统、这么强大并且这么深地扎根在法国土地上的群体，却和它们的一些纪念性建筑的形式，以及一些语言的形式不相称,如何理解这种情况呢?外省、外省的方言、外省的建筑,以及外省的其他所有东西……对,这就有了外省的问题。

而研究罗曼艺术史的历史学家弗兰卡斯特尔先生,这样回答我们:

> 在罗曼风格的建筑蓬勃发展之时,法国存在外省地区吗?我很清楚,在11世纪初,始终存在一个充满活力的加洛林王朝统一体。但是外省有这样的统一体吗?国际交流活动极其顺畅,而且
> 310 广泛,这证明存在一个统一体,它的纪念性建筑就是鲜明的证据。还有其他统一体吗?有,存在一个阿尔勒王国、一个上勃艮第、一个法国、一个安茹、加泰罗尼亚。在大领主那里,分割土地的野蛮习俗继续存在。别的再也没有了。罗曼法国激发了这些未来领土上的生机,并且对它们进行塑造;她不认为它们以前有确定的边界,并且构成完备。在罗曼艺术的背后,不存在描绘人物、历史性场面或神话故事的古老作品(第227页)。

人们发现,一些传统的立场发生颠覆。弗兰卡斯特尔先生总结道:“在这里,像在11世纪那样,艺术表现发挥着一种重要作用,对总体史学而言,忽略这种研究不可能没有遗憾。”的确,在一些最重要的问题上,艺术史学家的工作证实了马克·布洛赫在其著作《封建社会》中给出的结论。这并非偶然。弗兰卡斯特尔先生在写论著时没有无视这些结论。他始终重视把历史学家的结论和他的结论进行对照。而这就是我们要对这本书进行思考的原因。

当然,我们不打算在这里给出这本书的“书评”。我们作了简化,进行了概括。作者举出了许多细微差别和有根据,而且能说明问题的细小事实,进行了许多专深的讨论,还多次启发性地提到技术的作用(第112页),或者从完全不同的方向,提到在建筑物诞生时举行礼拜仪式的作用,这些我们都撇开不谈。我们只是想说明,这样一本著作是如

何与我们所操心的事情相融合的,并且是如何能够引发我们思索的。

二、关于普瓦图的罗曼艺术

就勒内·克罗泽先生打算为他的研究所确定的范围而言,他的经典著作《普瓦图的罗曼艺术》[1]是一本好书。介绍精彩,插图精美,构建了罗曼艺术在法国最重要的外省之一现存纪念性建筑的一个宝库。他如愿获得了尽可能准确的资料。他再次实现了那种有关纪念性建筑的专著的流行的计划。他依次考察了所谓的“一般条件”,然后回顾了“前罗曼时期”的经历,普查了普瓦图的罗曼艺术的元素,推定了这些元 311
素的年代。随后他清点了“建筑元素”[2](平面;石块砌体;拱顶、拱廊、小连拱廊和支柱;门窗)。以上这些是分析。接下来是“综述”:教堂的内部装潢和外部装潢与建筑的宗教范畴的作用。最后三章论述雕刻装饰[3]、绘画装饰、家具、附属物和丧葬艺术。所有这些都以认真的个人调查和同样认真的查阅资料为基础。他常常还附上一些新的有用的评注。[4]这种方法得到认可,实在没有比这做得还好的了。

但是有文化修养的人读了这样的著作(如果它有可读性的话,因为它其实首先是一部供人查考的知识汇编[5]),难免会失望。合上书后,还剩下什么东西来滋养他的智力呢?有人反驳:“对不起,我们必须从头开始。首先要有事实,要有经过认真核实的事实,然后再来谈其余的东

① *L'art roman en Poitou*, Paris, Henri Laurens, 1948, p. 292.

② 但是平面是一个“建筑元素”吗?而这种纯技术的表现,没有促使作者去研究不乏平庸或者也许还不乏朴素的艺术作品的某种哲理吗?

③ 第9—10页是关于材料以及材料的运输的有用的说明。但是克罗泽先生只提出了问题。他本该直接抓住运输的问题,并提供答案的要素。

④ 第180页上的两只有趣的动物不就是正在互相啃脚的怪兽吗?

⑤ 其实,如果有一份分类很好的资料清单就更合适,可以用来替代几页文字。

西。”您认为呢？

我认为，事实是一些悬挂观念的钉子。这话不是我说的，是哲学家爱德华·勒鲁瓦说的。它意味着观念在先，事实在后，也可以说观念比事实优越。更简单地说：观念越有价值，事实就越有价值。从这个意义上说，要收集事实，收集将会有用的事实，将会有价值的事实，在一开始就应该有一个观念……“您这么说是先入之见！”我这么说，因为您上面的愤愤不平的反驳是幼稚的。“先入之见”中没有任何奥秘，没有任何秘密，没有任何耻辱。先入之见，就是假说。而在任何科学中，没有哪位科学家不是先提出假说再开始工作的；不是先提出假说再收集事实的；不是先提出假说再整理并澄清事实的。我记得，朗之万曾经在法兰西公学院就他向教授大会推荐的一个候选人资格的问题对我们说：“有几吨写了字的纸理应被付之一炬。就是那些十五年，或二十年，或
312 二十五年来，人们根据气象站收集的关于温度、湿度等数字资料。有几百个气象站，每个都配备同样的设备。这些数字资料是在没有任何预想的假说的情况下，以虔诚的细心收集的，却没有丝毫用处。等于工作完全白做。”

而我不是说勒内·克罗泽先生以值得称道的细心和认真收集的事实没有用处。我是说这些事实本身说明不了什么。而且对赋予它们一种意义和价值的东西，克罗泽先生却过于轻易地回避。既然说到普瓦图的罗曼艺术，首先就要问，什么是普瓦图？在罗曼艺术诞生的时代，普瓦图与邻近地区的区别何在？它的独创性是什么？它的社会结构如何？它的居民的本性和素质如何？然后说到罗曼艺术：你们把什么叫作罗曼艺术？靠编年史来了解什么是罗曼艺术就行了吗？就它的存在本身而言，没有一个值得注意的重要问题吗？

艺术不是一种娱乐活动，也不是一门技术。艺术是人的一种**需求**的表达，是一些人的需求的表达，是某个时代、某个地区一些人群的需求的表达。什么需求？请注意，这个需求指的是已确定的年代，或者

要确定的年代的需求。不是那些永恒的需求；不是那些超越时间的需求；更不是我们的哲学家习惯于适应的需求。我们明确地说，罗曼艺术曾经是人的思想的重大变革的表现、明显特征和产物。你们要从这点开始，那样你们要尽力收集的那些事实，自己就会在有效范围内有条理地出现在那儿。不从这点开始，严格地说，从除了写一本书的愿望外，其他一无所有开始，那样你们收集的事实仍然是没有意义的。仍然被
灰尘蒙住。就这样。 313

自然科学史学家

1. 一门透过参考书目了解的学科
埃马纽埃尔·德·马尔热里与汝拉地质学*

我们根本没有资格来介绍和评价一部地质学著作。而《综合评论》的思想无论多么开阔，都不适于追踪自然科学的发展。但是我们要它的读者去关注一部优秀著作，即埃马纽埃尔·德·马尔热里刚刚在鸿篇巨制的丛书《用于说明法国地质学明细地图的论文集》[①]中发表的第一部，《有关法国和瑞士的汝拉地区的简要文献目录（山志学、构造地质学和形态学）》，但这并不是要介绍或评价这部地质学著作。

在具体阐述、内部章节安排和参考书目的精准方面，这部著作都很可能算得上杰作。尽管这些优点这么突出，但是并不能证明我们有理由在此要人们去关注埃·德·马尔热里的工作。我们想指明的是它的典范价值。参考书目数量繁多，各种各样。其中极少数参考书目堪称无与伦比的科学进步的证明。这是一些"精选"的参考书目，是精通一个问题各个方面的大师的著作集。它们既通过沉默标明了没有用处的

* 《历史综合评论》，XXXVII，1942年。

① *Mémoires pour servir à l'explication de la carte géologique détaillée de la France*, Paris, Nationale, 1922, pp. XII–642，文中有183幅插图，30幅单页插图，其中5幅为对开本，放在一个分离的纸套里。目前很难编绘出比插图1中的两幅彩色汝拉构造地形图和高度测量图更漂亮的图。

著作，也通过明确描述指出了那些真正有用的著作。以抄写书目卡片为生的人，通常用一个B字母表示轻视这类著作。因为这些参考书目是经过挑选的，所以是不完整的。以抄写书目卡片为生的人不进行挑选，原因不必多说，但他们力求完全。因此就有了参考书目的那么多葬仪汇编，那么多拉雪兹神父公墓[①]，这个拥挤不堪的迷宫让生手摸不清方向，让熟练能干的工作者不耐烦。马尔热里的参考书目不是第一类 314
的，显然也不是第二类的。它是“完全的”，如果这个词在目录学中有意义的话。但这不是清点尸体。这是一部还几乎不为人所知的历史中的真正的一章，而且是特别充实和有启发性的一章：这是专注于一种特殊科学对象的人类精神的活动的历史……

表面上看，为达到这个目的，我们只要把年代学方法精确运用于严格意义上的目录学工作就够了。但是我们首先要注意到，从技术上说，这种运用已经不那么容易了：它意味着增加工作量，以免参考文献太少，无法按连续顺序来进行有价值和有启发性的分类，而只好按字母表顺序进行机械的分类。这种分类对无知与懒惰很有利。我们要立即补充说，马尔热里在按年代顺序有条理地编排，此外以极其可贵的细心确定的一系列书单中，分类的不只是书名。地质学家马尔热里读过文献学家马尔热里盘点的书籍、论文集和文章。而且是以最聪明的考证方式来读，意在尽可能少地摘录资料，我不说是基本资料。此处不涉及那些像原著缩微摄影那样的摘要——更明确地说，摘录的是被编入参考书目的著作中的使之在问世时成为创新之作的东西，也就是新观念，往往是比科学的连续进步超前二十年、三十年的天才观念。况且，地质学家的观念不是抽象观念；或者更准确地说，不能以略图、简图或地图的形式表达出来给人看。对于这些略图、简图或地图，每当有必要，马尔热里并不仅限于把它们分类，甚至不只是把它们标出来，颂扬一番。

① “葬仪汇编”“拉雪兹神父公墓”在这里指的是毫无参考价值的文献。——译注

他做得更漂亮，而且令人赞赏的是，他从这套插图中复制了183幅图，几乎为每一页文字都增添了光彩，使之显得生动活泼。他常常甚至代替一些已经作古的作者进行回顾，用图来概述他们的工作，这比词语更简短，也更直观……我们随便把书翻到某个重要章节，都能看到地形测量图、地质图、地质构造图；区域的地质描述；关于汝拉地区的河流沿线
315 的专用工程、水文学和洞穴学、湖沼学、地震学。人们每每看到的不是一个书目，而是一个小结；或者更准确地说，都是一门科学从起源直到现代的历史的非常有趣的一章。因为这种书写得客观，是根据“发现者”的工作本身写出来的，因此人们更喜欢读。在这种对一些总体观念和细节的假说进行的回顾性的点名检阅中，每个发现者按照他的年代出现，也可以说按照他的次序复活。

要记住这个典范。无疑要让“科学家”记住，但对历史学家、语言学家、考古学者，对所有脑力劳动者来说，同样如此。我们没有令人满意的各种科学史。近来人们从几个方面觉察到这种情况。常常会有经验丰富的学者，自告奋勇地想方设法来尽量弥补这个缺陷，结果却不容乐观。为什么？因为缺乏足够坚实的基础来支撑一些永久建筑。如果某一天，一部地质学观念史有机会以马尔热里刚刚向我们提供的，而且一举成为一种典范的这四五部“可演变的”参考文献专著为基础，那么届时它可能是一桩无须太多顾虑，而且几乎肯定值得努力尝试的事业。同样，某一天一部医学观念史，或者一部语言学观念史，或者一部考古学观念史，也可以在同样条件下进行尝试，那么，其他范畴的其他著作就能问世，其哲学和方法论的意义无疑也不会小。因为几乎这种专著的每一页，都可能为不仅关心研究一个专门领域的科学理论的进步，也关心研究人类精神的一般活动的人，提出值得在彼此间进行最有启发性的比较的课题，无论其应用方面是什么，也不管各种思考的对象是什么，人类精神总是一样的。

我们所指出的尝试，说实话不是一种尝试，而是一种成功。在这

种尝试中，我重申一遍，重要的不是作者的辛勤劳动本身，他的努力，他的简明和概略的意识，他的书所体现的时间与辛劳的出奇的节省，也不是它在智者身上维持的那种持续的感悟，这种感悟是在同一本著作的 316
区区几百页的篇幅中，从对那么多的假说、观念、思想进行的比较中产生的，这些假说、观念和思想在出现时，常常在时间上，也在空间上，相隔了无限距离，但是可以说，通过一位求知欲特别强、知识丰富而又凭直觉行事的学者的关心，彼此立即相互作用，相互启发，相互加强，相互完善，并且以一种极有效的能力，在我们面前再现一门科学的生动的戏剧，说实话，它只是人类思想的永恒的戏剧。

埃马纽埃尔·德·马尔热里的著作是孤立的，但依旧是当代博学者能为我们提供的真正最完美的著作之一。但是，要让它全部意义发扬光大，那它就不该是孤立的。因此我们在这里衷心希望人们关注这部著作，也就是说，希望人们拿它当作榜样。 317

2. 人类精神史的一章
从林奈到拉马克和乔治·居维叶*

去年，两部互相有联系的著作①以两个截然不同的书名出版了，这两个书名揭示了这种联系的双重性质：它们非常值得历史学家、科学家、文人关注；同时也非常值得好奇心既不同又趋同的普通读者注意。第一部追踪约从1740年到1790年，从林奈到朱西厄之间，这段时期的自然科学的发展，植物学和动物学中的分类**方法**和分类观念的历史。第二部专门论述紧接其后面的时期，大致从1790年到1830年，作者亨利·多丹认为这一时期受到居维叶和拉马克的影响。他论述了居维叶和他的研究小组中的解剖学博物学家们的那种非凡而富有成果的构思，论述了一些关于动物分类的重要概念所发生的一些连续的，或者毋宁说相关的转变，这个概念被拉马克重新采用，并且最终被他的强大的哲学思维能力转变。

---

* 《历史综合评论》，XLIII，1927年。

① Henri Daudin, *Études d'histoire des sciences naturelles.* — I. *De Linné à Jussieu: Méthodes de la classification et idée de série en botanique et en zoologie (1740–1790).* — II. *Cuvier et Lamarck: Les classes zoologiques et l'idée de série animale (1790–1830).* Paris, Alcan, 1926. 为方便起见，我们用A代表第一部著作，用B—I和B—II别表示第二部著作的两卷。

这些工作特别深入，而且在许多方面都具有某种典范意义，我不希望人们看到一位历史学家分析这些工作会感到惊讶，也更不希望人们对此一点不感到惊讶。这是因为，如果这样的话，关于这两部著作的真实性质，人们会产生一些很有害的错觉，而从各方面考虑，这两部著作只能算作一部。

它们不是一位历史学家的著作，而是一位深受这些自然科学滋养的哲学家的著作。二十多年来，他努力钻研并分析自然科学中互不相关的方法和学说。虽然作者和我们一样，毫无疑问把科学史当作人类社会通史的主要组成部分，认为它有一天也会成为严格意义上的历史，但是他的目标并不是要让他的研究成果迎合一门这样的学科的假设或猜想的需要。更确切地说，他无疑想到了奥斯瓦尔德关于科学史的名言：它是一种用来扩大科学成果的研究方法。还有，对研究系统的科学知识的理论家来说，像他所做的研究，在一种明智思想的持续控制下，最终都产生有教益的成果，而在一种科学环境中，而且在一定的时代，这些成果就靠严格意义的研究和学说的关系来支撑。 318

亨利·多丹不曾考虑到我们历史学家。但这不是我们不去掌握他提供给我们的东西的理由，我们决意要从中获得有益的东西。

一

亨利·多丹对他的著作的产生明确作了解释。他是从一个愿望开始的，他想要弄清楚达尔文的著作；以及受这些著作启发产生的著作；在1860年前后在自然科学中引起深刻变化的根源、意义和范围。要实现这样的计划，就应该直接领会在19世纪上半叶，一些为动物学研究确定了一种真正有效和有成果的方向的人的思想。他们是不是拥有那样的观念和概念，可以使他们称得上是历史上真正走在达尔文前头的人？他们是不是还拥有其他一些观念和概念，虽然被达尔文主义革命排挤出了科学领域，却还值得以一种适合目前科学认识状态的形式来重生？人们发现，寻求这两组问题的有把握的答案，必定让人们对作为新学说存在的达尔文主义，产生明确的概念。

319 这是探求观念吗？无疑是的。不过，二十多年前——当我们在青春躁动和雄心勃勃的兴奋当中并肩成长，为自己提出那么多过于宏伟的研究计划时——打算完成这种棘手的调查研究的亨利·多丹，没有兴趣像药农一样在观念和事实的荒原上漫步，只满足于采撷一些绚丽的花冠，却不管它深深扎在土壤中的根，也不管它赖以生长的沃土。采到的东西也许是观念。但是人们在科学家的正式橱窗里，经常碰到这些观念和其他观念混在一起，如果头脑简单的人不想跟随这些工作者，耐心参与他们的日常劳作，很单调地而且往往徒劳无功地运用一些专业技术，那么他们就会上这些观念的当。亨利·多丹并非对这些观念一点不重视。或者更确切地说，他之所以不想忽略它们——因为它们存在，而且它们的存在有其益处——是因为他知道，人们只有通过彻底认识它们，而且可以说，人们只有通过尽力发挥经过适当调整的想象力，既依靠又不完全依靠理论的概念，自己重新通过日常工作来研究、观察和比较，才能评价它们：在所有历史时期，这种解放概念，同时又产生概念的工作，都是科学家们在干活时在头脑里完成的。

因此，亨利·多丹的著作反映了双重的努力。一种是复原尽可能深远的观念的演变关系：在空间上追溯到亚里士多德学说的根源。另一种是恢复一种体力活。这种体力活需要耐心，令人同情，它没有表面的荣光，也不产生辉煌的轰动。这是科学家的体力活，他们和事实的实在性缠斗，也通过这种接触，把传下来的更多是预想的理论概念跟他们每日的观察结果进行比照，以便对它们进行修改。

这也许是两团不同的麻线。但是，一团麻线不断地与另一团麻线混合，相互纠结，相互交织。但亨利·多丹绝对不会为了满足书生气的要求来割断一些微妙的联系，给人一种清晰的假象。在这期间，他时刻都用一双训练有素的眼睛注意这两种活动，用其中一种来理解、解释、阐明另一种。希望涉及居维叶和拉马克，或者涉及上一代中，在林奈创立其方法以后成长并工作的一些博物学家和理论家，即莱布尼茨和查尔斯·邦纳；布丰、道本顿及其小组；最后是从事早期工作的拉马克和朱西厄。因为，由于我们已经说过的原因，为了准确评价后 320
来的发展，他决定回顾蒙贝利亚尔的伟人乔治·居维叶以及被他的方法和观点直接吸引的所有博物学家，追溯他们的思想和所做的顽强努力；同时他似乎还觉得，有必要对他们的前辈进行一番研究，找出他们的出发点。因此他写了第一部著作，他的博士论文：从林奈到朱西厄，然后再专心论述居维叶，以及创建了博物馆之后的拉马克。一位有才智的人不要想留下任何粗制滥造的即兴之作，这是符合逻辑的做法。

在博物馆成立之前，以及乔治·居维叶来巴黎之前，博物学家们关于他们的科学、指导方针和划分的流行观念是什么？有一些普通著作对我们这些历史学家来说十分有用，如拉朗德的《天文学》及其《概论》，或布里松的《物理学》，它们迅速而准确地向我们传授一个时代的大众的科学概念，我们可向其中一本请教这个问题。这里我们就向孚克劳的《博物学和化学的基本概念》[①]求教。

在共和二年版（1794）的第5卷之首，孚克劳在论及“有系统的分类和动物的形体”的重要问题时，以下面一段话开头：

遍布地球的动物无以计数，如果大自然不以多样化形式让这

① *Éléments d'histoire naturelle et de chimie*, Paris, Cuchet, 1794；前三卷出版日期为1793年，后两卷出版日期为共和二年；这是第五版；第一版出版日期为1780—1781年。拉朗德的《概论》出版在前（1774）；他的《天文学》第二版于1771年出版，三卷本，4开本。布里松的《物理学原理》(*Le Traité élémentaire de physique*)（第二版）于1797年出版。

> 些生物显示出一些显著差异，人类可能永远无法区分和完全认识它们。根据这些差异，区分它们就变得容易。博物学家一直知道这些差异的作用，并利用它们把动物划分成数量有点多的纲，形成人们所称的分类方法。尽管这些分类被证明在大自然中并不存在，也尽管大自然创造的所有个体形成了一根连续的没有分支的谱系，人们却不能否认，这些分类有助于记忆，而且很适于指导博
> 321 物学的研究。

孚克劳仿效道本顿的观念，列举了动物的八个“目”，对整个动物界进行划分：胎生四足动物目、鲸目、鸟目、卵生四足动物目、蛇目、鱼目、昆虫目和蠕虫目，珊瑚虫被划归蠕虫目。他指出，“这些分类也许还可以增加更多。但是，”——而这个意见暴露了这个时期分类的真实含义——“分类增加，困难也增加，而人为的方法应该避免这种情况，简易和明晰是人为的方法的唯一优点”。

这是在1794年说的。然而，十年后，在共和十二年（1804），还是这位孚克劳，在为莱弗罗出版社的《自然科学词典》撰写引言时，针对1794年他用创造物的“连续的没有分支的谱系”这句话表达的概念写道，有些著名的博物学家——我们理解为居维叶及其弟子——“否定形成这种谱系的可能性，并确信自然界不存在这样的连续；它只形成一些相互分离的群；或者更确切地说，存在无数根相互独立的谱系，每个谱系是连续的，但是它们之间有分歧或者不连贯，即不可能发生结合。”

虽然1794年文本和1804年文本发表的日期十分接近，但通过对它们之间的全部观念和事实进行比较，我们可以估摸出在创建博物馆和居维叶来巴黎后的几年里，变革发生的规模和速度。

1794年文本简述的是法国博物学家的全部流派，以及从1740年到1790年间他们进行思考和分类所获得的知识。在1804年文本中，是经

过七到八年坚韧不拔的艰苦劳动得出的一些与过去完全相反的结论；概述了以对官能的研究为基础建立一些分类的努力；最后是从早期的解剖学工作合乎逻辑地推断出的一种结论，即，从一个动物群到另一个动物群，机体的每种器官都经历一种退化过程；但是不同器官“所依照的退化顺序不完全相同”；这一种器官在一个物种内处于至臻状态；那一种则在另一个物种内处于至臻状态：因此有多少控制器官，就要形成多少系；可是随后怎样由这些不同的系产生像1794年孚克劳所说的，那种“连续的没有分支的谱系”，那种在18世纪，人们还按照17世纪的 322
传统相信的单系的创造物呢？

其实，在时间上非常接近，内容却大相径庭的两个文本中，就存在着多丹的两个论题。先是他对18世纪的系的观念和分类方法的研究，然后是对从1790年到19世纪前25年居维叶的著作的仔细研究，并且通过比较对拉马克的著作的仔细研究。

对这三本内容如此丰富的著作，我要是打算从细节上进行分析，或者特别是根据它们的结论来评论，我可能会贻笑大方。所有读了多丹著作的人都会说，不管他们对这些复杂问题有多了解，读这些著作都让他们受益匪浅。我充其量会就一个由于其他原因未被作者直接关心的问题，发表一两条意见。

亨利·多丹指出，在他所研究的活跃时期，这种分类工作正按照各种原则进行，命运各异。他力图追溯它的起源，自然首先要参照亚里士多德的著作。[①]最好从中寻找个人努力的结果，或者寻找只是某个时代的知识的教学专科全书，不管怎样人们会在其中碰到一种重要的分类准则，居维叶后来不无奉承地说，亚里士多德的那种分类，只留下“很

① 他本人当然不把亚里士多德当作开端！请见他的第一部著作开头的“一般附注”(第1页及以后各页)。

少的事让他后面的一些世纪去做”了；更确切地说，后面这些世纪实际上是相当惬意地躺在亚里士多德学说的舒服的枕头上。但是，同样，亨利·多丹在探寻一种在其原理上与系统分类学完全无关的概念的起源时，也再次拉着我们和他一起，追溯到久远的亚里士多德学说，这种非常有影响的概念，即一个生物界构成一根形态链，这些形态的生命力一点一点不断地从最大降到最小的概念。

可是，到了那里，他向我们提供了什么呢？他提供了对亚里士多德关于这些特别重要的问题的概念的一种研究，审慎但是很认真的研究。相当好。可是我从中发现两个缺陷：一个来自亨利·多丹的著作本身。
323 另一个更普遍，仍然属于一个方法问题。不过仔细一想，这两个缺陷本质上只是一个缺陷。

我们翻开第一部著作。第一章，“分类”。有些宽泛的附注，然后紧接着一节：“亚里士多德与动物分类”。之后是林奈。第二章，“系的概念”。然后紧接着一节：“亚里士多德与生物的系”。之后是林奈。这就是我们几乎不可避免的“职业偏离”①产生的作用吗？这个如此遥远的历史开端促使我身上的一种反射机制无法抑制地发挥作用。从亚里士多德开始，没问题；可是我们就拾级而下，从亚里士多德一直走到“现代人”吗？——绝不是，多丹会反驳。亚里士多德不是自己在那儿的。他根本没有产生系的概念。我并不打算在解释过去的事时越过林奈。只是由于林奈所处时代（以及以后的时代）的博物学家们都在专注分类这项工作，而且受到系的观念影响，因此我当然要寻找这种观念的来源，而且要探寻这项工作是由谁首先开始的。

确实如此。在涉及自文艺复兴到18世纪中叶这一时期植物学和动物学分类的工作时，也确实如此，第一章第三节涉及植物学，同一章第五节涉及动物学，其中还包含许多有用的历史标示。显然不像多丹

① déviation professionnelle，指所从事的职业偏离所学的专业。——译注

可能希望的那么完全，也不总是像他可能希望的那么明确；如果说人们在自然科学史的广阔领域耕耘少而不善，致使我们没见到有关文艺复兴时期的积极的科学活动的有价值的著作，这不是他的错。但是不管怎样，我们没见着这些关于系的观念的居间的标示。人们从拥有现代注解手段的多丹在1926年这样理解和解释的亚里士多德，转到18世纪的人所拥有的从某种意义上说无疑是从亚里士多德引出的概念，跳过了一长串世纪中的一连串环节，一下子就把第二十个环节和第一个环节接起来，在其开端和中期之间建立联系，这岂不是显得十分突然吗？

换句话说，我寻思，在这种工作中，这是否就是我们所要的亚里士多德？出于措辞方便，我把他说成"真实的亚里士多德"，而不是文艺复兴时期的人所说的亚里士多德。由于他们多少有点自觉地让那位亚 324
里士多德符合他们的需要和精神状态，因此，那个时期的亚里士多德对他们的思想和活动的影响更深刻。

我向亨利·多丹提出我的顾虑，因为我对文艺复兴时期的哲学和科学的学说知之甚少，因此在提出顾虑时，我没有畏畏缩缩，我明显觉得，除了亚里士多德关于系的观念外，我们还应该给其他观念留出位置，也可以说给其他想法留出位置，它们仍然具有重要意义，并且也许仍然对那些半形而上学、半科学的概念施加了一种长期的影响，亨利·多丹在他自己的领域不是没有注意到这些概念的某些过时的表现的。文艺复兴时期的思想家，从亨利–科尔内耶·阿格里帕和帕拉塞尔斯，到那些帕多瓦人及其弟子，从蓬波纳齐到克雷莫尼尼，从卡尔丹到乔达诺·布鲁诺，从瓦尼尼和特勒肖到康帕内拉，为了超越充满陈腐事实的经验主义，为了让自己好歹形成一些观念（这当然有点操之过急，但是，我们的认识和思想永远都是暂时的，如果我们想自己来理解事物，每个人终究都必须适应这种暂时性），他们做出了积极勇敢的努力；而为了尽量形成一种严密的关于宇宙的表述，不只是由《创世记》得出的神学所提供的那种表述，他们做出了既虚幻又有力，而且确实感人的尝试。在这些努力和尝试中，他们曾经大胆表明，他们相信存在着生物的相互关联性、生存相关性、运动连贯性，在他们看来，这些能够构成一种有机的宇宙观念来替代不完整和不协调的表述。

这是把一个仍然捉摸不定，但已可觉察到的通用机械论的概念，运用于大自然的现象吗？倒不如说这是对自然统一体深刻预感的结果。这个统一体和一个生物机体相似，各部分受到同等的激励，通过它们相互的作用和反作用，协力达到同一个目的。一位在这些领域作出过有效努力的非凡的观念史学家，研究康帕内拉的历史学家，莱昂·布朗歇，十分清楚地在这种预感的深处注意到[①]，在器官和心理相互关联的
325 观念与连贯性和机械决定论的概念之间，尚不存在任何区分。因而凡是有运动的地方就存在意识，凡是有意识的地方就存在运动，这种对应实际上揭示了一种本质同一性，它就像一条岔路，引导自然科学要么走魔力论解释的途径，要么走完全不同的机械论解释的途径，在所有这些人看来，两者都合理，都必不可少。

所有这些广博的概念，也是扎根在那么遥远的过去的，而且在16世纪，它们无疑比亚里士多德的观念更有生命力、更有效，它们对16和17世纪的博物学家、植物学家和动物学家的艰苦工作产生过直接和间接的影响吗？这有待观察。似乎是没有，而多丹在研究之后，在其阐述事实的方式上也很可能没什么要改变的。这里，我觉得理当向他提出另一种顾虑，他如今不就是一位能够有效地消除这种顾虑的非凡人才吗？

① 莱昂·布朗歇，*La Campanella*, Paris, Alcan, 1920；尤其是第三章："特勒肖和康帕内拉哲学中的亚里士多德自然观念的批判"（*La critique de l'idée aristotélicienne de la nature dans la philosophie de Telesio et dans celle de Campanella*），第146页及以后各页。

二

此外，希望像他那些进行得很出色的研究，不应忽视或低估一种深刻自省的，并不断专心思考自然进程及其连贯性的思想在任何技术性劳动之外可能获得的成果，而这正是多丹在他的第二部著作的引人入胜的章节中所表明的内容，这些章节专门论述了拉马克的思想，专门论述了他对关于单一的和渐进的系的观念所做的修改，这种观念已经过时，并且失去了影响，但他在赋予这种观念此前还未曾有过的含义时，突然又赋予了它一种能力，能产生成果，具有了一种全新的意义，即一种物理进程的物质现实性。

人们把拉马克和居维叶面面相对地放在一起进行研究，我们在说到其中一人时，往往要涉及另一人，在某些时刻，他们的那么多思想和著作就通过互相呼应混在一起。人们读了多丹先生的第二部著作的两卷后，了解到这两人的活动、思想和创作，作者时不时要描绘一下两位主角之一的肖像或心理，使得他们的差别越发鲜明，给人留下了强烈印 326
象。他以灵巧的简洁性、严格的准确性、入微的专注性，抓住或指出他们的思想和行为之间易被疏忽的细微差异，表达和展现都确实很出色。

下面说说拉马克，他是一位勤勉的老派植物学家，先是在皇家植物园从事采集植物的普通工作，后来在新博物馆中接受了昆虫和蠕虫博物志教授职位。他在研究动物界时，可能隐约发现了一个领域，更适合运用和利用一种已渐渐摆脱了他的前人的工作约束的指导性观念？这个观念即生物构造全面发展的观念，这种发展在种和属之间也许难以觉察，或者有争议，但是在类之间很明显、很确定。这是非常有思辨性的观念；但是确切地说，拉马克作为工作者，从1795年开始，由于不懂一些新的解剖技术，而处于明显的劣势和相对无能的地位。这些解剖技术是由一位新秀居维叶使之流行并熟练运用的，但拉马克不做解剖。他从未做过解剖。他严谨地坚持这一点，甚至毕生都坚持着18世纪的博物学家的传统的研究方式：依据成套的标本，考查、描述和比较动物的外部特征。他（这次他从一种理论的观点，即他的生物器官用进废退的理论）跟拉瓦锡及其弟子的“新化学”做斗争，同时还在不断反复思考事物的起源、构成的共同的问题：终于由此产生了关于生物渐进生成的整套学说。

这位拉马克，是非常大胆的思辨家，又是非常胆怯的因袭传统的人。他在思想领域勇敢无畏，在研究领域却又畏首畏尾，而乔治·居维叶跟他截然不同。

首先，乔治·居维叶的出身不同。他是蒙贝利亚尔人。亨利·多丹要是写过一本历史著作，他就会注意花更多气力来强调这种素质意味着什么了。他就会注意到蒙贝利亚尔这个小镇的地方特色中所包含
327 的一切原始的、强烈的和粗野的东西。这个小镇不是法国的，而是受具有德国祖先血统的君主统治，生活安宁幸福。多丹说居维叶是“坚韧、明智和能干的汝拉人，为了完成所从事的工作，控制着他的举止、交际、友谊，从不沉湎于一种情感，也不完全信赖一种观念……”[①]汝拉人，不对！这个修饰语普遍包含的天赋和缺陷，居维叶没有任何理由要继承它们，因为他和汝拉人有太大的差别。而且，要是汝拉人想把居维叶占为己有，蒙贝利亚尔人也会抗议因为他和他们的关系太深太密了。

首先是因为他的早期阶段。因为他是在德国斯图加特的卡罗林学院完成学业的。这个小城既因为它的地域，又因为它的路德教而与法国隔离，所以它的神学家都在蒂宾根大学学习。初出茅庐的学者，必定都要去斯图加特学习，因为自从1699年1月6日起，佩利萨讷的步兵和

① B—I, p. 52. 从不沉湎于一种情感，也不完全信赖一种观念：这不是汝拉人的行为，汝拉人是一些现实主义的空想家、非常有自制力的狂热者、永远的无政府主义者……

骑兵以法国国王的名义占领了那里，在那里恢复了天主教的礼拜场所，但不包括城里的一个新教支持者团体——蒙贝利亚尔学院，一所很有前途的学院的雏形。作为蒙贝利亚尔人，居维叶的研究方向是十分正常的。因为在这个地区，可以说三个世纪没出版过一本文学著作，法学家、神学家和科学家倒是层出不穷。尤其在自然科学研究方面，存在着一种奇妙的传承：从《植物志》的作者让·博安、他的弟弟加斯帕尔[①]、他的女婿谢莱、他的同时代人尼古拉·托勒吕，直到莱奥波德-埃马纽埃尔·贝多、P. 弗雷德里克·贝尔纳、解剖学家乔治·迪韦努瓦，以及其他许多人。

同样，居维叶来法国，也不是出于个人的偶然原因。他曾在诺曼底，在德里西家接替另一位蒙贝利亚尔人担任家庭教师。那位蒙贝利亚尔人就是物理学家弗雷德里克·帕罗，担任了多尔帕大学的教授和校长。家庭教师往往是蒙贝利亚尔人在长期的流亡生活中，尤其是在俄国的流亡生活中的一种民族职业。至于居维叶对法国大革命的看法，多丹在一 328
条注释中，通过援引居维叶1792年写给普发夫的一封信暗示了："记住，对上流社会有教养的人来说，所有形式的政体都有自由。"这里再次看出，居维叶的确是蒙贝利亚尔人；几个月前他按照自己的方式，非常准确地复述了蒙贝利亚尔的士绅雅克-弗雷德里克·费朗的一句话。国民议会议员贝尔纳·德·桑特辉煌地"征服"了这个毫无抵抗之力的小城时说："我为你们带来了自由！"这位与居维叶是同代人的老乡回答："您错了，我们拥有自由已经很久，而且是最完全的自由……"[②]

① 被多丹（A卷，第23页，注2）用来指代加斯帕尔的这种表述不确切。让的弟弟（让自己1541年2月出生于巴塞尔）没有"变成巴塞尔人"。是让和加斯帕尔的父亲经历过动荡的生活后，想必出于宗教信仰的原因退隐于巴塞尔。他的父亲亦叫让·博安，1511年生于亚眠。

② A. Lods, *Bernard de Saintes, Mém. Soc, Émul, Montbéliard*, p. 133.

这是乔治·居维叶相对来说可以忽略的次要方面。最重要的是，他从很年轻时起，就在蒙贝利亚尔或符滕堡的乡野观察了大量植物和动物，并且相当忠实地进行描绘，增进了他博物学者的素养，同时让他初步掌握了解剖技术。当时的博物学家对这种技术还完全不了解，以至于当人们发现他掌握了它，就想当然地推测他当过医生，认为只有医生才会这样做。孚克劳夫人就曾经坚信他是医生，以至于在很久以后的一天夜里，竟把他叫去为她丈夫看病。此外，居维叶刚从事研究时，就以非凡的洞察力，觉察到了拉瓦锡的发现以及他的竞争者和后继者的精密分析在创立现代化学时进行的革命中所具有的巨大意义。而且他已经觉得，未来的博物学必定是物理学和化学的一整套的特殊应用。

这样，当拉马克还在坚持采用旧的研究方法时，居维叶却经常专心于解剖小动物，而且为了使血管系统显示更明显，他采取了精密的着色注射技术。而拉马克发起一场令人困惑的反现代化学的斗争，使自己的声望大跌，当康多尔来请教他有关植物学的问题时，他“以只是勉强了解化学和气象学”来答复，令康多尔大失所望——而居维叶则在致力
329 于确定各种动物群中同样的官能器官发生的变异的程度和意义，对所用的物质和得到的物质进行称重、测量、计算和比较，通过精确实验来进行这种研究……他要获得成功的意愿非常强烈，以至于他利用了自己的一些非凡才干，使他一下子声名鹊起，这位创新者很快就使各界不得不接受一种观念，即不必也不能根据观察被剥下的动物皮，按照它们的外部特征，来对动物进行分类了，只有对它们的内部构造进行解剖学研究，才能决定大动物群的构成和分界。从器官行使的官能中找到它们存在的理由——并且从用精确解剖方法全面研究的器官中，找到决定官能作用方式的条件。他认为这就是通过一些新方法深入钻研、阐明的博物学的双重目的。

这是一种技术对科学进步与发展的强大作用。这种技术在某些方面尚属初级水平，因此更引人注目：阿米西的消色差显微镜直到1827

年才传入巴黎。我们要立刻指出，多丹非常正确地指出一些实用的研究方法对科学概念的作用和影响，之后却拒绝贸然从中得出结论。他虽然可以跟随居维叶作出结论，但又觉得拉马克不让他这么做。

关于这一点，我不知道还有哪种说法比第二部著作的一条注释的末尾暗含的说法更中肯。[1]多丹提起居维叶专为拉马克的学术论文写的科学院颂词，从许多方面看都很令人不快，他说："作者在一个主要问题上肯定是对的：要是拉马克会解剖的话，他就决不会那样思考了。"但是他立即又补充道："人们在此并不因此就得出结论说他的思想没有价值，而是得出结论，一位积极真诚的思想家，在路径尚不明确的自然科学中，可以靠智力上的努力很好地弥补他在技术上的劣势。"在观念与事实的关系的这些重大问题的各个方面，人们实在找不到比这更确切、更细腻的表达了。

亨利·多丹这些非常可靠和杰出的著作再现了拉马克的最新观念的产生，我们在这里没有篇幅来对它一一追踪，况且这么做也无益，读
者只有去参阅亨利·多丹的著作。拉马克靠着维持一个单一的和完整 330
的动物的系的存在，靠着不让这种系的观念引发对器官的比较分析，最终捍卫了他的传统博物学的工作方式的科学的独立与尊严。他无疑非常仔细地关注居维叶的工作，但是他没有参与。而由于缺乏适用的技术，因此任何对机体的直接和深入的研究，任何对生理机制的实际的分析，他都无法进行。他要对所感兴趣的生物进行有效的确定，只剩下一种方法，就是在一种对生物界的全面阐释中，确定它们的位置……

还要说一句。如果以为多丹随意简化问题的已知条件，仅致力于阐明居维叶和拉马克这两位巨擘的个人的观念和贡献，那就大错特错了。完全相反，他始终关心的，是带着对一种科学工作的条件和必要手

[1] B—II，第116页，注2。

段的很确定的意识，证明他所注意到的进步为何是巨擘和普通学者的共同成果，是所谓天才与其他大多数工作者的坚韧而认真的、值得尊重的见识[①]之间，一种富有成果的合作的结果；也可以说是折中的结果；确实，从某种意义上说，“有能力的人们的共同见解，只要是充分自由地形成的，那么它们最终占据主导地位，总归是一种真理的保证”。

按照一种更保守的观点，我们应该指出亨利·多丹固有思想的这个方面。正是由于他注意不专断地把两人和两种成果分离开，才使得
331 他所论述的主题充满了新意。

对于以同样方式向居维叶和拉马克这两位巨擘提出的一个问题，他们给出了两个答案，是由两种容易理解但截然不同的方法导致的两种不同的答案，一个是单一的系，一个是一些不完全的系。——还是这个问题，以同样方式向拉马克和达尔文提出。先是得到一个不完整的答案，是拉马克的；然后是一个最终的答案，是达尔文的。对于这种幼稚的考虑事物的方式，亨利·多丹的整部著作明确予以否定。他否定它，是因为他为我们提供了三种不同而又趋同的“历史”。一是过去的历史，是一些在年代上走在前面的博物学家其著作中的一些观念的历史，这些观念后来被居维叶和拉马克重新采用了。二是现在的历史，是在他所研究的那个时代，一些技术的和实际的探索的历史，植物学家，尤其是动物学家，从1790年开始致力于这些探索。最后是关于环境的清晰而确实的观念的历史，这种环境就是在所考虑的整个时期内，科学思想与探索所需的一些一般条件。

当亨利·多丹顺利完成了他的三重研究时，他表示还想解决达尔

① 很少有观点比他在著作的最后几页中最后一次表达的观点更有力。诚然，“彻底改变一些公认的意见，建立一些关于这种新类型的观念，利用一些不熟悉的研究或分析的方法”，这项工作只适合让巨擘们来做。但是更重要的是，“普通研究者有充分的精神能动性和判断独立性，应当尽快消除早期学者的学说中通常包含的过于刻板或过于固执的东西”。因此，最终战胜最有能力的个人的冲动的，是“一种集体的思想活动”。

文主义与“拉马克主义”或“居维叶主义”的关系的问题。《物种起源》的基本论题是非常新颖和独创的，但是，要解释它们的成功与传播，就要说明整个前期工作，以及19世纪初大博物学家们的全部事业的重要意义，这项事业由他们的合作者和后继者重新开始进行，并加以完善。与大众的偏见相反，比起达尔文，拉马克和居维叶的工作即使不是更多，也是完全一样多的。他们两位，以及他们身边所有耐心而审慎的工作者，都通过他们的工作，预先让这个领域摆脱了困扰他们的观念和概念，他们已经依靠集体的强大力量，把“必要条件”的变化的部分与达尔文结合起来。有独创性，但是也有连续性，这是艰苦的科学工作的两个方面，多丹先生充分揭示了这一点。这观点与在集体的科学事业中重视天资和重视热忱的观点，或者在大博物学家的个人事业中，认为观念重于事实的观点，同样敏锐和开阔。

我们不要匆忙就作出结论。毕竟，这种深厚的理解力一定是一位自然科学史家必需的天赋。就算情况并非如此；就算一些十分杰出的学者也曾缺乏这种与一个智力的“能力”和“水准”都平平的人毫不相关的天资。我们也不缺一流的作品来证明这一观点，但是其历史观点 332
是错误的，或者至少是歪曲的，因为过于专一地重视某些人或某些研究自身的工作，导致这种观点脱离了它们的时代，而且过于抽象。这里我们是否应该提到一位叫皮埃尔·迪昂的人的工作吗？他的工作非常出色，非常有权威性，但从整体看，往往有点令人困惑，不太踏实可靠。只需去参阅阿贝尔·雷伊多次说过的看法就知道了。①

在本文的开篇，为了避免误导读者，我们曾指出：亨利·多丹写这三本著作时，并没有考虑到我们历史学家。难道我们应该在文章结束时，怀着完全不同的意图，再提一下这一点？

① 尤其见 *Revue de Synthèse*, t. XXXI, 1921, pp. 122–125。

如果我们在读他的论著之前，读了不久前（1909）他曾在现已停刊的《自由篇章》杂志上发表的两篇十分生动的文章，其中对达尔文的一些早期著作进行了真正引人入胜的概述；如果我们作为历史学家，在这些论著中欣赏到他对法国大革命期间的巴黎和外省社会环境中整体的科学活动的描写；如果我们读了他对19世纪初博物馆——在这座创新的博物馆大建筑里，汇集了从18世纪末到19世纪中叶，我们一直满怀热情为探索、扩大和深化世界做的艰巨工作所获得的可供人利用的成果——在自然科学史中起的重要作用的那些充满见解的评价；如果我们还在他的一些简练的文章中，碰到一些关于社会史的非常有启发性的评语，例如关于那些年轻人的评语，"旧的社会环境的解体，由制度、观念和习俗的危机引起的不安和希望，流传非常广泛的要求实证科学指示新路的意向"，在一个学习和思索的无私愿望中结合起来——我们就禁不住要表明一个愿望。

亨利·多丹想写的书，他完美地写出来了，其计划的严密性和实施的坚定意志，都是非凡的。如果我向他承认，我作为历史学家，有时会
333 控制不住我的思想和想象力，想在他的文章的页边上，连续添加一些历史方面的评注，或者也可以说，很想再构思一本同样富有成果的著作的提纲，也非常渴望得到人们的感激，他会责怪我吗？

按照这种想法，为他研究的每个时代重新组织当时人们的精神材料；通过博学和富有想象力的努力，复原他的上一代人物理的、智力的和精神的完整世界；培养一种很强烈、很确定的意识，即事实观念的不足和理论的相应贫乏，有可能在有关世界、生活、宗教、政治以及历史集体性所形成的各种表述中产生缺陷和曲解；从而防止产生那些糟糕的年代错误，像那种虽然鲜为人知，但却是最严重的年代错误，不是向参加福尔诺沃战役的战士赠送滑膛枪，或者向圣赫勒拿岛上的拿破仑送玛丽-路易丝的照片这类错误，而是不假思索地把拉伯雷变成一个自由思想家……或者把拉马克变成一个达尔文时代之前的达尔文主义者这

种错误。经过我的思考，依我看，防止产生这种年代错误，是历史学家的最高理想、最终目的。

这也是遥不可及的理想。如果我们确信它不会名不副实；如果我们意识到它就是我们的目的，意识到它确实值得我们献出一生来探究它的结局，那么我们至少要明确认可它，以便逐渐使工作者们的分散的、盲目的力量集中到一个正确方向上……

然而，如果在一个智力探索者毕竟很少的世界里，没有人操心去协调、组织这种力量；如果那些专注于一些基础工作的人，不想付出他们的全部努力，不赋予他们的知识全部有用的意义，那么这个理想要怎样才能实现呢？"可这是你们历史学家的任务；赶快干吧……"多么过分的嘲讽啊！我们刚刚定义的历史学，不是靠一帮无所不知，从而也一无所知，竭力想抓住在虚空中嗡嗡叫的吐火怪物的人，靠他们百科全书般的艰苦工作创立的。历史学是靠不同出身、不同文化、不同禀赋的人共同努力创立的；因为所需的培养，是跟描述16世纪的一种基督教信仰的内容，描述蒸汽机的发明过程，或者描述让-雅克·卢梭的同时代人所拥有的有关科学的概念所需的培养是不同的。而且我完全理解，人 334
们如今为了潇洒优雅地摆脱麻烦，不对历史学家实行任何特殊培养（大概是出于好意，为的是不让他们的判断力受到任何影响）；不过，尽管这样做很精明，终究也只是一种权宜之计，而且最终会显得十分荒谬。此外，希望人们能够设想，让具有很特殊的才能和很强的文化素养的工作者，来负责协调和综合由一些名副其实的专家获得的结果，但要控制好这批人的数量。这当然很理想，但是时机尚未成熟。就目前而言，还是要让深谙银行之道和交换问题的人来负责撰写富格尔家族史；让研究19世纪前四十年的自然科学及其发展的人注意，不仅要把多丹所说的东西，而且还要把我们想知道的东西都告诉我们。除了他们没人能做；如果他们做了准备，付出了努力，却在任务仅仅完成一半时就放下工具，想在二三十年后，让另外某个人随随便便重走他们走过的路，勉强自己来写一部历史，而他们也不会生气，这确实很说不过去——关于这部历史，他们拥有要提供给我们的一切，而且从明天起就要提供给我们。

我在读这部著作时，常常禁不住要把其中的日期进行对照。瞧！我们面前有拉马克的作品的详细书目，也有居维叶的论著的详细书目。其中一人的著作发表年份分别是1791、1792、1794、1795、1797；另一人的著作发表年份分别是1792、1795、1796、1797。他们就在这些上演过无数场悲剧的年份里，一心扑在被解剖的或被观察的动物标本上，为动物学确定了一个新方向吗？而且是第一次确定了“现代”的方向？可是，当大革命开始时，这些人，这些知识最渊博的法国人，他们所掌握的，关于自然和整个动物界形成的概念，怎么还是孚克劳在其《化学的基本概念》的开头表达的概念呢？从这些观念流传出过那么多人人皆知的陈词滥调，而其中最有知识的、思想和才能最“科学的”的人，怎么在动情地说到大自然时，却把这些如此陈旧、如此缺乏批判精神的拙劣
335 观念，置于这个神奇的词下？谁来明确告诉我们这种情况产生的任何性质的影响呢？谁来开始为我们编写科学观念指导下的社会史呢？如果不是那些从这些观念的起源、各种表述以及许多年来它们产生的后果来研究它们的人，不是那些评估了它们的演变关系、可能的影响和局限性的人，那应该是谁呢？

可是，他们并不是历史学家啊！啊，谁是这方面的历史学家呢？如果不是知道这些的人，那会是谁？而且我还希望亨利·多丹除了向我们提供内容如此丰富、日期如此精确、表达如此细腻、对方法论学家和科学家同样重要的著作外，另外还能独自非常出色地提供一些有关自
336 然科学**社会**史的精彩篇章。

第五部分

人物与回忆

1. 向亨利·贝尔致敬

从《综合评论》到《年鉴》*

亲爱的朋友，我想前天您就80岁了。我们不愿让您这个生日白白度过。我们要在这里，在您的战场上，把您的一些最亲密的朋友召集来；利用这个机会，把这么长时期以来他们所想的，而且无论如何有必要跟您说一下的东西告诉您……

亲爱的朋友，在这个房间里，我们人数不多。我们原本就希望这样。现在不是举行大会的时候，不适合举行喧闹的大型公开活动。我们人数不多，但是这只是表面的。因为我们在这里既代表了您的朋友，又代表了蒙受您的恩惠的人。您是幸福的人，没有敌人；而您的朋友，就是在您的长期生涯中，在您依靠亲爱的贝尔夫人的谨慎、专心和热情的协助，坚持不懈地成功履行了伟大的科学使命的过程中，所有那些和您亲近的人。您的朋友，就是所有那些程度不一地从您的艰苦工作和首创精神中获益的人……

我常常回想起很久以前我最初遇到您时的情景，如今还记忆犹新。就在离这儿很近的地方，圣安娜街12号，即《历史综合评论》杂志的所

---

* 《年鉴：经济、社会、文明》，VII，1952年。

在地。我走进门就看到，在一个相当暗的小房间里，一张写字桌后面，坐着一位年轻人。他身材修长、衣着朴素、举止文雅，蓄着颜色很深的
339 大胡子，现在还很难变成灰色。这个小房间总是访客盈门。其中有青年，也有老者。我还看见，左边有最常来的保罗·拉孔布，他有时静静地打盹，而后又突然醒来，精神抖擞。他有创新精神，在早期的综合大合唱中，坚持唱着他的声部。在他对面，常常坐着费利克斯·马蒂约，所谓的“马蒂约·德·帕斯卡尔”，是那些深不可测，却从来不吐水的科学深井中的一口。而年纪更接近我的，是不幸的阿贝尔·雷伊，他那么突然地离开了人世抛弃了他的出色的著述，怎能不让人想起他呢？椅子中间让出一条过道。无论来者多么年轻，无论新手名气多么小，都可以得到您的接待。这对他们来说，确实非常荣幸，非常诚挚。再者，这样的接待还有一种冲动：那种精神对精神的冲动，那种相互寻找的人们之间兄弟般的尊重的冲动……亲爱的朋友，人们多么感激您的热情接待啊！人们离开您家时，心情多么轻松愉快，对生活也充满了信心，更加决心通过他的艰苦工作让生活有益和美好，让生活丰富多彩……

就是这种冲动让您的全部事业充满活力，赋予这些事业独特的风格，让它们产生效力。巴黎的出版社出了许多丛书。《人类演化史》却只有一种：皇皇六十卷《演化史》，已使十二部无比出色的衍生著作问世；仅仅这一套辉煌的《人类演化史》，就抵偿了一个自暴自弃的国家那么严重的怯懦、懒散、堕落；这套辉煌的《人类演化史》在世界各地的图书馆都能见到，骄傲地闪耀着法国的特色。

同样，法国有许多学术性杂志。但在20世纪初，《历史综合评论》只有一本。如果有人要书写史学史，亲爱的朋友，您放心，《历史综合评论》会在其中占有重要而辉煌的一页。但是我更想说的是，它的作用和启迪才智又不一样，和坚持抵制所有破坏人类精神统一性的因素，破除人们打算在各种活动之间维持的所有隔阂又不一样。多亏了您，它成了一个

聚会，把一些积极的、有朝气的、活跃的、能征服人心的人聚在一起。它是一个名副其实的“中心”，这是您天生喜欢的词。它还是一个“火炉”，就像您善于创建和维持的所有事业。您创建了很多事业，更可贵的是都能 340
使它们维持下来。我们所有人都经历过这个中心和火炉，都了解您的工作，都以我们年轻人的力量来支持您，我们在为了科学及其进步而创建，而尝试时，都从您点燃的大火炉中吸取能量，使得我们的事业蒸蒸日上。因此，我们向您表示敬意。我们的事业(以我个人的名义说)就是《经济社会史年鉴》，就是我与那些您了解的人一起创办的《年鉴》，还有《法国百科全书》，最令人遗憾的是，这些人中有一位今晚没能和我们相聚。

亲爱的朋友，有人对您说，我肯定会在这个中心提到“文明”这个词。这是个美妙的词。是法国向欧洲、向世界奉献的好东西。更美妙的是，对我们而言，三年来，它不再只是一种希望，不再只是暴风雨过后沙漠上空浮现的海市蜃楼。我要说说您为它做的一切……

文明是抽象的词吗？谁要想知道，在这个词的背后，人类的现实、具体的现实可能像什么样，那就让他来参加您主持的“综合研讨周会”吧。有一场激动人心的研讨会，我一直记忆犹新。那是最富有成果的周会之一，即1933年那场专门讨论科学观念和科学法则的研讨会。那次会议(我只说一些没有来的人)有苏黎世的数学家贡赛斯、天文学家米诺尔、物理学家鲍尔、生物学家居埃诺、社会学家霍布瓦赫和哲学家布伦茨威格。还有两位已故的亲密朋友：一位是阿贝尔·雷伊，比任何时候都引人注目，形态也更好；一位是弗朗索瓦·西米昂，眼神十分迷人，流露出深沉的忧郁，像那些可能会英年早逝的人。这是一个巨擘的聚会，个个在其所在领域都是大师，主持人是朗之万，我们伟大而亲爱的朗之万，跨世纪的最伟大的科学哲学家。我作为历史学家也在场，
是一个平凡的历史学家，我从事的学科还没有找到它的真正形式，与理 341
想的抱负相比，我们的成就是平凡的。我倾听这些人的发言，他们以非

常热烈、非常真诚的态度，力图精确地确定现代物理学的巨大推动力刚刚对我们的成见造成的重创的范围，估量破坏的程度。这就使得由通常相互孤立而且几乎互不倾听的人所组成的合唱团发出了一种和声；以不同的语言说出了相同的话；让人切实感觉到人类的担心基本上是一致的……这是一堂重要的课，亲爱的朋友，多亏了您，它对我们而言不再是，永远不再是一堂抽象的课。要我说，它已经开始具有了人的形象。那些参加过这种富有成果的讨论会的人，和我一样，总能看到学者们的那些漂亮眼睛，亲切、清澈，不时会陷入沉思的眼睛，专注自己或他人的思想，反映出他们的批判理性的瞩望，有时也反映出他们对科学的忠诚心的神秘冲动，而且反映出他们的乐观态度的神秘冲动。

在这里，在您面前，我如果不用“乐观”这个词来结束这一番话是不可原谅的。乐观是您的力量，是您的秘诀。说到乐观，在结束时，请让我重读一下您的几行文字，在很久以前写的那几行文字。这段文字是在一个极度动乱的时期刚结束时写的，铿锵有力地说出了让我们爱戴您的最高理由：

> 我无法相信战争一定永远存在。我无法相信只有它能产生力量和英雄气概。我不愿相信人类统一是一个空想，不愿相信人道主义是一句空话。无疑，帝国的争斗、侵略、灭亡或分裂是人类过去的一个表象——但是不管怎样，人类群体的利害一致性仍然是历史的主要特征，它几乎无意识地变得越来越紧密；这就是实现一种全面的和共同的物质文明的过程，直到实现最终的精神文明，一种完全相反的“神圣同盟”。(《生命赞歌》，第192页)

亲爱的朋友，请允许我用三个字概括我们大家对您的情感，请允许
342 我对您说：谢谢您。

2. 阿尔贝·马迪厄

一种性格，一种教育*

阿尔贝·马迪厄还没有为我们的《年鉴》写些什么。这不是因为我们忽视他，也不是因为他对我们抱有成见。在法国，在经济社会史的广阔领域，研究力量铺得很广，往往有点过于分散，要把这些分散的力量集中起来，怎么能不想到马迪厄这股强大力量呢？他很快答应了我的约稿，后来就向我提供了一篇全面论述大革命时期法国无产阶级的文章。不巧当时《年鉴》的稿件排得有些满，必须推延到次日；而就在次日，1932年2月的这个悲伤的日子，这位斗士被击垮了，倒在岗位上。

尽管这位历史学家的名字从未在《年鉴》上出现，但我觉得，从它上面必定不难感觉到他的精神。首先，他拥有一本基本观念和《年鉴》的观念相同的杂志。一本杂志——也可能只是一个信箱：一些无法接近的作者，悄悄往里面塞进一些内容不一的手稿。一位公正的秘书就把它们投给出版社；有了四五篇，自然而然就组成一期，再由主编签上"可以付印"……我们说的是我后来所说的"撬棒杂志"（Revue-levier）。这是一种把破旧的藩篱，把由偏见、陈规、概念和内涵的谬误堆积起来的巨大土堆掀翻的杂志。这就是它的用途和价值，就是值得我们付出

* 《经济与社会史年鉴》，IV，1932年。

辛苦和努力的东西。阿尔贝·马迪厄知道这一点，他和我们一样，希望除了有个性特色的法国杂志，除了一些人们主编它们却不为它们担责的杂志，还要有一种优秀的联合杂志，而且多年来，他对大革命史学家
343 坚持不懈的工作中存在的最有活力的内容进行了综述……

其次，马迪厄对于他的职责有另外的想法，这也使他和我们相近。人们一再提到过他易怒的性格，他对事物和人的强烈的抗拒态度。这是部分外省人一种性格的表现，我太熟悉这些性格了，不会对它们说三道四：有人曾经说过，我们这些弗朗什-孔泰人，几乎是不发脾气就不会说话的。马迪厄是圣日耳曼-勒-吕尔人，该地在孔泰北部，背靠孚日山脉，多条清澈的溪流流向奥尼翁河和索恩河；地势高低不平，常常经受人类和马的践踏；在那里只有人类能茁壮成长。

马迪厄有这种性格。他还坚持他的唯恐失去的独立性，坚持一种顽强的意愿，这种愿望是理性的，而且不是幻想着靠激发年轻人的精力，斥责年长者的头脑迟钝来提高历史研究的水平，他非常珍爱这些历史研究，因它们而死，为它们而死。要坚持不懈地实现这种愿望，就必须主动担当。不但要无视个人利益，还要无视他人的看法，无视靠他人帮助、既得成就、年龄、私德这些观念，而这往往是冷酷无情的；可是那又怎样？我们不是不了解他这方面，而且马迪厄十分清楚，在他的《法国革命史年鉴》中，在他的著作中，在他的课程中，有些事业要放在更重要的位置，比同行间一般的利害一致的关系重要得多，或者比道德上的仔细斟酌重要得多；而马迪厄就是为了支持这些事业才显得暴躁、粗鲁、易怒。但是，他不会为了一己高兴，不讲公道、睚眦必报、无情无义，不会像18世纪人们所说的那样“恶毒”。

他的粗暴，就是一种道德的说教，就是一种使徒的使命。

在《法国革命史年鉴》的特刊上，人们将再次见到身为教师的马迪厄，在南锡、贝桑松、第戎、巴黎等地的生涯中，始终有十来个朋友或

弟子追随他，对他很了解，也很理解。作为法国大革命史学家，他在非常出色的研究中对大革命作出的评价，观点客观、广阔、有说服力。我们的合作者和朋友乔治·勒费弗尔被指定来汇集这些研究成果，领导罗伯斯庇尔研究学会，并主编马迪厄的遗产《法国革命史年鉴》。乔 344
治·勒费弗尔发起了大革命研究的最新变革。对后几代人来说，这些变革改变了人们对法国自1780年到1800年这段时期发生过的重大事件的传统观点。他没有小团体和小帮派的那种平庸的热情；此外还表现出一种独特的倾向和一些挂虑，与包括马迪厄在内的同行迄今为止还在表现的倾向和挂虑不同。《法国革命期间诺尔省的农民》这篇大作的作者，辨明了马迪厄的早期思想的方向，即贯穿他那过于短暂的一生的方向。这些篇章内容非常充实，无须在这里概述。不过，在我看来，这些篇章非常精辟地表明，我们法国的历史研究存在着非常严重的缺陷：预备工作的方式陈旧，历史学家的技能水平低下。

如果一个人具有阿尔贝·马迪厄的智力、性格、工作和思考的能力，不但拥有19世纪90年代任何高等师范学校学生都必定拥有的那种丰富的人文素养，而且拥有一整套的实用知识，能让他免除摸索、踌躇、优柔寡断的过程，那么他作为历史学家的生涯，会对我们的研究有多么有效的促进作用啊！

乔治·勒费弗尔非常明确地指出，马迪厄最终在后半生从事经济和社会的研究，是因为受到外部重大事件的影响。简言之，战争让大革命时期的救国委员会所遇到的那些困难又再次大量出现了，终于迫使他注意饶勒斯的经济观点，即在《社会主义史》中向广大读者揭示的那种观点。我们20岁时曾如饥似渴地阅读这本书，后来由马迪厄亲自重新出版。它的读者由受过教育的工人、自学成才者和社会主义或工团主义活动分子组成，比研究人员、正式的历史学家和教授要多得多。

马迪厄，一个很早就具有坚定的民主主义信念的人，一个在1895年到1914年间发生过那么多动荡、危机和悲剧的国家的公民，他从

1915年起才开始撰写一系列的研究论文，在1927年把这些研究汇集起来，完成了他的第一部经济史著作，我指的是《恐怖时期的昂贵生活与社会运动》，确切地说这是他首次试图对社会运动的某些政治方面进行
345 经济学和社会学的解释，这不给人留下了深刻印象吗？这位具有卓越天分，能注意并识破警察的阴谋和党派的秘密诡计（这也许是他的拿手才能，他的特殊天分）的历史学家，受到迪尔凯姆社会学派影响，并且开始涉及宗教现象[1]，不再坚守纯政治史的阵地了，这不是很说明问题吗？

尤其是，他对于从经济学与社会学方面进行阐述和分析的愿望最终很快得到满足[2]；他曾经对农民的现实状况，用更宽泛的词说，甚至对乡村的现实状况的看法都很少——当代法国历史学家的著作确实很少有像他的著作那样完全不受维达尔地理学派影响的，他在贝桑松、第戎执教时，本来是该对这个学派的著作简述一下的——他的“阿尔芒·科兰丛书”的三卷本《法国革命史》，综合卓有成效，但前面一些篇章令我失望——例如关于封建权利（第16页的几行）的问题，或者关于他几乎没有谈及的大恐慌（第64—65页），或者后面的关于被称为出卖国家财产的一系列交易，他的评语都非常简短——但是这位具有一种无可争议的活力、一种不可抗拒的魅力的老师，能让一些也完全没有受过“真正”历史学教育的学生觉得，他后期也能在一些伟大斗士、一些“英雄”、一些殊死相斗的党派分子的传统画像背后，把大背景描绘出来，其

① 这涉及他的论文《有神博爱教与旬日礼拜》(*La théophilanthropie et le culte décadaire*)，发表于1904年，而且是在《社会学年鉴》在我们的高等师范学校学生和年轻大学生中间的影响开始稳固时撰写的。另有一点不得不提，在马迪厄的生涯中，“社会学至上论”只是一个短暂的插曲。他后面的工作不再带有它的印记——他已经远离了它，也许离得太远。

② 我们看到，例如当他把大资产阶级的代表吉伦特党与民主代言人山岳党做比较时，这个多疑的人，这个坚决反对过分普及的人，这个为历史研究的细致和耐心的工作辩护的人，却只为一幅简化的图画上色，而不是“实实在在地”画一幅有变化的和表达细腻的画，岂不是很奇怪？

中有麦田和葡萄园，聚集着农夫和打短工的工人，还有蜷缩在里昂红十字街区的无百叶窗的住宅楼里，过着悲苦的生活的工人，而这种生活也被突然的叛乱打断，这不就给人留下了强烈印象吗？

他们的直觉的确没有欺骗他们。马迪厄确实越来越希望把经济和社会现象的不可抵御的推动力，连同由特性不鲜明的演奏者组成的强大合奏乐队一起，引入一场由大主角出演的纯政治的革命史剧中。他 346
20岁时所接受的教育与众不同，没能让他掌握一些工具，50岁时他不得不马马虎虎来打造这些工具，可是他从未真正掌握它们，真令人惋惜！

但是，这种惋惜可能完全不是针对他个人的，我们别根据它来下结论。但这给马迪厄的历史研究造成的损失是相当大的。一位重要推动者、一位优秀作家、一位特别有天分的教授，最后还是一位活动家，一位享有威望的人，英年早逝了。像他那样重要、那样坚强的人实在不多……我们要怀着悲伤把非常分散的力量团结起来；而且准备全力支持一些耐心勤奋的历史学家；从基础开始重新描绘从前已由饶勒斯画得十分精彩的草图；来为我们提供我们一直缺乏的一部这样的法国革命史，即群众的历史，不是大人物的历史；是眼睛朝下看的历史，不是朝上看的历史；它尤其具有不可缺少的背景，即经济现实这个至关重要的背景。首先，我们要全面协调地重新对货币进行分析，对价格、工资、外汇进行仔细研究，不但研究法国的，还要研究国外的。分析研究要非常清晰、精确和可靠，可以采用统计学的方法和知识，以曲线和图表来表达。马迪厄那一代历史学家无从获得这些方法和知识，因为没人费心向他们传授这些。对于政治史、宗教史、道德史中用那些空洞大话表达的有关生活的背景的观念，这些方法和知识不会破除它，相反会使它从中摆脱出来——想把这些历史的背景与经济史或社会史的背景对立起来是无意义的。

这就是作用和反作用。无论过去和现在，它们之间既不存在密封的隔墙，也不存在**物质**的或**精神**的绝对优势。而是存在着一种使之协调一致的因素：生活。这便是人们的意愿。 347

3. 历史学家阿尔贝·托马*

三年前，当我和马克·布洛赫需要在我们历史学家小组之外，再建立一个混合小组，处理一些有能力描述的当代事件时，我立即去找阿尔贝·托马。我知道在日内瓦时，他身边有一些经过挑选的撰稿人，他能不能让我跟他们中的某些人联系呢？我立即得到答复，"到日内瓦来吧"，他立刻写信给我（而且没有老式的客套语，当时正值1928年9月，接二连三发生了不少事情，别的不说，国际联盟的财政委员会发生的激烈辩论，国际劳工局管理委员会在华沙召开的会议，筹备远东旅行，这些都占据了他的时间），"到日内瓦来：尽管我对不再能做科学工作有点遗憾，但你可以放心，我会尽力帮你"。说这话的是历史学家托马，他言而有信。

阿尔贝·托马骨子里就是历史学家，而且可以说是天生的历史学家。1899年11月，当时的他在高等师范学校的同届同学当中，毅然走上了想走的路，我不知道这些同学中谁会有一天与他为敌或嫉妒他。人们看到他怀着朴实而兴奋的热忱，坐在我们的老师面前，孜孜不倦地学

---

* 《经济与社会史年鉴》，IV，1932年。

习居斯塔夫·布洛赫的艰深课程；在加卢瓦那里初步领略新地理学的魅力；从一种朴素学说的余烬中，找寻还在莫诺的灵魂中酝酿着火焰的东西。这还不包括贝迪埃或夏尔·昂德莱在各自领域向我们提供的那 348
些历史的、考证的和自由研究的课程。这个年轻人热情，富有同情心，工作能力很强；因为优秀学生总是追求成功，对自己要求严格，因而这种能力大大增强。即便是对他的根底可能一无所知的人，也能有把握预言：他具有历史学家的光辉前途。他也许比精于心理分析的人更热情；可以说他是浮士德式的，而不是阿波罗式的。他总是让我想到，有一项事业能让他在其中充分发挥自己的最卓越的天分，这种泛神论的狂热有时似乎使他激奋不已。我想，这就是一部受米什莱、马克思和让·饶勒斯的三重影响的伟大农民战争史吧。

对他的根底可能一无所知的人都能这样预言……那么，如果知道他的根底呢？我的意思是说，如果人们在尚皮尼，在他父母住的小房子里，见到过阿尔贝·托马的父亲的话……这不只是一位为儿子的成就非常自豪的父亲，他就是一种传统的化身：巴黎人的传统；手工业者的、桀骜不驯的和好斗的、革命的和感情用事的、勤劳的、谨慎又狡猾的老法国的传统。这个小面包店老板骨子里就是这样的人，五十年里，他密切介入一些人的生活，不遗余力地为他们工作。他目睹了多少场景，听到了多少生动的话：1848年，大幕拉开，第二帝国、战争、巴黎公社、梯也尔和镇压、工人觉醒、早期工会依次登场，这是一段混合着蒲鲁东主义的教训的傅立叶主义的记忆；是一部完整的，既是法国的又是工人的简史；是一部以那种无情的道理，那种直白的理性，那种惯常的但是表达细腻的朴直进行评判的历史。确定它的范围无疑比破除幻想容易。人们在星期日，随着阿尔贝·托马在他居住的市郊享受这种家庭的气氛，然后和他一道，沿着缓缓流动的马恩河在牧场上溜达，或者由他亲手套上并驾驭一匹小马，慢步攀登，直到拉克昂布里，农业大高原就从那里开始，是一片农场聚集的单调地区。在进入这个地区时，人们就觉得，没有谁逃脱得了自己的命运，而且觉得阿尔贝·托马不会是历史学家，因为对他来说，问题不是如何“到人民中去”，而是本来就生于人民，生于如此迷人、如此充满活力的巴黎人民的他，如何去割断自己
349 的根。

然而他奋斗了。一段时间他曾经尝试一边过着研究者和历史学家的生活，一边过着非常活跃的报人和宣传者的生活。真正的政治生活对他的吸引并非难以抵御。这个人，在饶勒斯被暗杀后，扮演过一段时间的党首角色，他会对他的能力有点不自信吗？他不确定自己身上有一种真正的领导者气质吗？他也不是一个天生的演说家。而且他对社会问题的态度本身：他以一种客观的改革精神研究一些市政管理和救济问题的努力（例如，摆在我眼前的这些《社会主义者杂志》中，有和比安科尼、罗伯特·赫尔兹、葛兰言、埃德加·米约、霍布瓦赫以及其他许多人一起撰写的完整的系列研究文章，这些人的时代是多么久远啊！）——这种态度可能会使他在“一个大党的创建和招募成员的宏大事业”首先吸引的人中有点孤立。毫无疑问，他没有马上屈服。

从进入巴黎高等师范学校的第二年起，他就开始对关于社会改革的流行观念认真进行研究，这些观念是从1832年6月到1834年4月，受形势所迫，受传统影响，在法国产生的。人们把“最初关于阶级斗争的流行的、完全政治的和不充分的表述”归于邦纳罗蒂，而正是这些观念尤其引导了托马去阐明这位邦纳罗蒂的作用与重要性。这是托马的思想的萌芽，是他为了拿毕业文凭而进行的初步研究，更广泛的研究想必永远不会再有了。但是我们别忘了，他还编写过一本出色的小书《劳工稗史》，适于青少年阅读，这本书曾经流传过，还将流传更广。如他所愿，这本书“从专业上说无可指摘”，不仅摈弃了歪曲的事实和错误的文献，而且还避免“在故事中介绍一些有可能把孩子们引入歧途，向他们灌输偏见的见解”，表明了他积极努力通过历史学来培养认真研究社会问题的精神——这些问题是生活中存在的，“对他们而言迫在眉

睫”。托马最终为饶勒斯主编的《社会主义史》写了《第二帝国》一书，他很快能够第一次摆正了经济和社会生活在一个激烈动荡的时代中的位置。这本书成了他作为历史学家的绝笔。人在专心支持一个党的行动、宣传、内部生活时，是绝不可逃避对公众生活的直接责任的。托马 350
曾被选为国民议会议员。他被错综复杂的事务缠住了。以后发生的事人们知道：参与战争，出任法国军备部长，以及停战后创建国际劳工局。不论他花的代价多么大，他都真正把它们当作分内事业，这是完全属于他的事业，而且带有他的标记。

这些生涯十分折磨人，不让他有时间重操旧业。四年前，在他的办公室隔壁的一个小房间，他伤感地把他珍藏的旧书、他的历史学著作，以及他青年时期的，仍在从事“学者”生涯的伙伴们的著作拿给我看……这种伤感不是装出来的。他天生就是历史学家，因此他受不了不能在一些非应用的著作中寻找“支持他日常管理工作的东西”。可是一旦某种工作能让他摆脱这种伤感，他就会高兴地去做。如他为《纪念昂德勒文集》写了一条评语；在阿尔萨斯的富代，在那位达尼埃尔·勒格朗的一次纪念仪式上，这位国际劳工局局长高兴地尊他为先驱者；在柏林，他对1890年国际会议的记录进行研究，另外还多次抱有梦想，要创建劳工大学，在国际劳工局支持下发展。历史学家托马从未死亡。他从来不想用一堵密不透风的墙把他的两段生涯、他的学习和学术研究的青年时期以及他的实干和创造的壮年时期分隔开。如果有人要问，过去的事跟我们现在的行动有什么关系？对于他们的幼稚的自负，他会耸耸肩膀，表示不认同。他广泛而自由地亲历他的时代；他知道奠基、创建和发展；他不反对最大胆的预测；他在所有方面都一直关心着传统，怀着对历史学的挥之不去的眷念。这种关心，这种眷念，不仅归功于他的老师，而且首先要归功于他的最有才能的导师，归功于一直都在告诉他世代之间存在相互关联的人。

因此托马完全了解我们的《年鉴》的抱负和目的。因此他愿意尽力关心它。我从一开始就拥有一个感人的证据。我们的杂志刚刚问世时，我在第一次了解订户资料时就惊讶地发现，它已经在远东拥有了几
351 个订户。正是托马在中国和日本旅行时，在两次官方会见之间，有意找机会和办法介绍了这份充满活力的历史杂志，他怀着真诚的喜悦来欢迎它的纲领和诞生。而在最近，我们又有了最新证据，足以证明他对这份杂志怀有深厚感情。

阿尔蒂尔·方丹刚刚去世，我想到应该在我们的杂志中纪念一下这位既特殊又典型的研究者和活动家。我了解到他和托马的关系十分密切，便把主意告诉托马。他即刻回复道："尽管危机有可能引起国际活动增加，有人还打算压缩我们的日常工作……我很生气，还得没日没夜地捍卫我们好不容易才建立起来的组织。尽管遇到这种局面，而且也许正是由于这种局面，我要告诉你：除了我，我不知道这时还有谁更加被方丹、他的生平、他留给我们的东西、他的人格吸引……因此，尽管这十有八九是一桩难以完成的任务；还可能需多等一些时间，但是我诚心告诉你：我就试着来写一写你要的这七八页吧……"这封信写于1931年9月21日。我没有想过向托马索要这七八页。我非常清楚，他之所以没有把稿子寄给我们，是因为他可能真的无法写。为什么今天他不该作为作者在我们的《年鉴》中出现呢？他就应该在"历史学
352 家""活动家"这种适合他的专栏标题下露面……

4. 一种历史学家的性格

卡米尔·朱利安*

卡米尔·朱利安提出了一个非常棒的主意：把他自1905年以后在法兰西公学院教授的内容丰富的公开课程汇编成卷，冠以一个共同的书名《在我们历史的开端》[1]。随着它们的问世，我们可以读到在《蓝色评论》上的那些活力四射的文章；而且我完全能够记得，那里面有些文章确实能给人深刻印象。在我们指出的这几卷中，人们将再次看到那些受欢迎的文章；人们会认为，对它们进行比照阅读，会更有意义和效果。此外，倘若有人拥有各种天赋，从中认出这位如今已完成完整八卷的不朽著作《高卢史》的历史学家，那么就能更直接、更亲切地理解这位教授了，他有天分靠口才来吸引学生，同样也有天分让对这些著作感兴趣的读者信服。

他是一位出色的教授：并非所有教授都能兼有历史学大家的头衔，这个头衔具有一种十分突出的社会价值；而且，不乏这样的例子，即一些值得钦佩的学者、博学的创新者，根本不能把燃烧自己的火焰传递给旁听生。卡米尔·朱利安没有遇到这种不受欢迎的情况。他有一种

* 《综合评论》，I，1931年。

① *Au seuil de notre histoire. Bibliothèque de la Revue des Cours et Conférences*. 3 vol., 1930–1931.

完全法国风格的办法来清晰地编排他的讲义；他有犀利的能打动人的表达用语；他有想象力。我的意思是说，他具有宝贵而罕有的天分，能使自己重新置身于已经消失的社会的生活和精神的环境中，然后极其
353 生动地展现这些环境。他有……可是，谁能像这样列出他所没有的东西呢？他没有呆板的教条主义，没有傲慢的执迷不悟的坚信。他不注重学派，不迷信方式。例如像综述这种非独创的、非个人的方法也被他那么熟练地掌握。他从不拒绝目前人们所提供的东西，从不对新事物的召唤充耳不闻。他甚至将四五门学科并在一起进行研究，这些学科可以说还没有被他命名；但是他干得比命名更出色，他把这些学科重新创建起来为他所用。

这些学科中，有从最初的起源着手的经济史；他研究了一些由人们意想不到的技术达到的令人吃惊的成就，例如洛克马里亚凯人的成就：许多世纪里，他们把一些巨石运到场地，把它们竖起来，让它们稳稳地立着，让人叹为观止。1836年，建筑师们采用了一切现代技术手段才在协和广场竖起来的卢克索方尖碑也没有那些石块重。他研究了最早的铁匠，最早的冶金工人：这些人在寻觅燧石时，发现了“岩石的伙伴，金属”，黄褐色的、绿色的和有点发蓝的金属：铁和铜，还有遍布沙石中的闪闪发光的黄金，以及翡翠或蓝宝石；而人类从此就进入“这座珠光宝气的神秘花园，虽然颜色不太鲜艳，色调也不丰富，但也许比过于灿烂的花圃还要迷人”；人类也正是“从金光闪耀的金属上，可以看到阳光的反射和他们本身的映像”。

还有人文地理学，而且就在新石器时代，就在那时的文化开始让大地呈现“一副富裕和幸福的新面貌”时，就有了这门研究人类定居，与土地不断结合的科学。[①]用来阐释这门科学的，既有考古发现，也有文

① 卡米尔·朱利安越来越关注这些问题，人们了解他怎样把他的观念尤其应用于对巴黎郊区的研究：请参见他的1910—1911年研究计划（以考古学和历史学的（转下页）

献、地名学的巧妙运用，尤其是亲临现场的考察，这是任何东西都不能替代的。朱利安有一种非常细腻的个人感受力，能感知“大地上多变的事物、景色中赏心悦目的新东西”；最后，他还有一种天分，能赋予山岳、河流、岛屿这些无生命的东西一种独特的生命[1]；特别是主宰人类栖 354
所的两大因素，水源和道路，尤其是水源。他在许多地方提到“瓦勒里昂山的奇特生命，它保护了巴黎，也压抑了巴黎，迫使巴黎对它保持敬畏”。我真不知道还有什么东西比这更具独创性，更能打动人。

最后，还有可以被称作社会学的学科。卡米耶·朱利安这位名副其实的历史学家，出于天性，不讨厌给大量学科“命名”，以便依靠它们做学问。但是最终我们听到他说，史前史学如何以及为何能够“对于有关人类真正命运的问题，提供比历史学本身所能提供的更多的答案”。[2]“狭义的”历史，如希腊、罗马、法国的历史，“确实都过于放任自己受到偶然事件和重要人物的引诱。所有那些个人的、斗争的和革命的声音，史前史学都听不到。史前史学只看到一个漫长时代的事业、集体智慧的进步、人类所获得的赖以生存的成果。最终这门摆脱了充斥历史的超人的学科认识了人类”[3]。

在所有这些学科中，没有任何书本上的东西。卡米耶·朱利安不

(接上页)观点，对参谋部的巴黎和默伦地图的分析)，然后参见1921—1923年研究计划(巴黎郊区的形成与发展)。欲知方法的规则，参见1926年《古代研究杂志》(*Revue des Études Anciennes*)第139页的《农村土地分析》(*Analyse des terroirs ruraux*)这篇经典文章。

① 参见《古代研究杂志》(*Revue des Études Anciennes*)，1925年，第209页及以后各页，《寻找水源》(*Cherchez la source*)和(出处同上，1926，第335页)《史前史的水源》(*La source en préhistoire*)。在有关巴黎郊区的课程中，居民点最主要的水源是人类创建的水源。

② *Plaidoyer pour la préhistoire*, 1907, volume 1, p. 52.

③ 亦见1913年关于西方古代神祇的课程，所引用著作，第1卷，第198页：“负责任的历史学家，应该把人种志当作一位智慧的顾问来请教。”而随后的课程是关于迪尔凯姆的。这里我们不提1914年到1916年关于法国民俗的课程。

受卡片资料的束缚。他在某处提到，那位基什拉“研究废墟的推理方式和智慧，与甫斯特尔·德·库朗日研究制造这些废墟的人时所采取的推理方式和智慧一样”。他也研究废墟和制造废墟的人，研究地理地图或地质地图，研究地名和地籍，还研究其他许多东西，怀着同样热切的好奇心，而且获得同样的成功。他读过米兰的著作，既不轻视考古学者梅里美，也不轻视考古学者拉伯雷。拉伯雷到普瓦捷的皮埃尔-勒维朝圣过，在马耶赛的拱顶下凝视过“大牙”若弗鲁瓦的墓，检验过尼姆的角斗场和加尔桥的坚固程度。最后最有智慧的庞大固埃总结道：“因为他能同时看到一个石棚、一个古罗马渡槽、一些骑士墓。他一眼就看到了我们民族的三个时代。”[1]

因此卡米耶·朱利安要饱览典籍和博物馆，走遍大自然。他能够
355 从所有这些中获得事实来充实某个论题，支持某种猜测，使他的二十个、上百个、上千个假说中的一个得到证实，这些假说一直既作为预感，也作为未来的事实被他揣在怀里。“我越来越寻思，是不是……”或者“我越来越倾向于认为……”，每页都一再出现这样的话。这是印象主义，那些钻图书馆的书虫会说，这些书虫历来只会在两个往往没有果肉的胡桃壳之间来回窜：右一篇文献，左一篇文献。一篇哪够？再来一篇才行。可是对朱利安所研究的那些时期而言，人们会承认，这是一种奢侈的方法。文献只是文献。而问题涉及迥然不同的事物之间的关系，而且需要靠一些非常特殊的才能、一种特别敏锐的智力来对文献进行取舍。然后，过了一些时候，他一开始表示怀疑的话就渐渐被其他的说法取代了。“我坚持认为，而且每种研究都向我提供一些新证据……”，最后还说：“我重申，并且坚信，……”不过，我们若是再往下读，还会发现这样的话：“我猜想过……如今我还不太确信。”或者干脆说：“现在人们有理由同意放弃这种理论。”思想的正常演变过程就是这样展开的：

① *Sur la vie et l’étude des monuments français*, 1905, I, p. 12.

从突然的感觉、突然闪现的火花，演变到坚定的信心；但是探索还在进行。

所以，卡米耶·朱利安不是那种人，那种写了一本著作——哪怕是写了《高卢史》这样的著作，自己就才思枯竭了的人。他当然不担心。他常常说到他的工作，说得非常好[①]，这是他莫大的乐趣，因此他不会感到不安。他会对自己的作品精益求精。正是由于受到这种精神激励，他才使得《古代研究杂志》的《罗马高卢编年史》，哪怕对非专业人员来说，对所有那些真心希望从中感受到一种永远敏锐、灵巧、活跃、积极的精神的人来说，都是振奋人心的非凡作品。这确实使这些汇编得十分完美的公开课程充满了活力，令人印象深刻。 356

① 尤其参见1920年的课程：《职业生涯与工作的道德法则》(*La vie du métier et la loi morale du travail*)；第2卷，第176页；"工作之于整个人类，犹如灵魂之于我们每个人，爱情之于家庭：是使人有生命并且生存的美妙的气息。"

5. 透过两部著作看亨利·皮雷纳*

一

几个月前，一本新书问世了。从开本和页数看，这是一本小书；但是从新观念、假说和富有成果的比较研究来看，它是一本大作。只有大师才能写出这样的书，他们毕生在一个领域中出类拔萃，他们还具有一种天分，能够使他们所研究的东西具有生命。这本书的作者就是亨利·皮雷纳。

《中世纪的城市：经济与社会史论》①，我愿意说它几乎就是一部**通史**评论。因为，皮雷纳身处一块他对其所有街区和偏僻角落、所有林荫道和景色都了如指掌的土地上，却没有以不同形式，再写出另外一本像不久前让他在法语读者中声名大噪的那本出色小书，《荷兰的古代民主》②。他在重述《历史评论》的经典文章的主题时，也没有再次对中世纪城市构成的起源，或市场和商人在城市形成中的作用，进行专深的研

---

* 《历史综合评论》，XLV，1920年。

① Les villesdu mofen age, essai d'hisloire économique et sociale, Bruxelle, Lamertin, 1927, p. 206.

② *Les anciennes démocraties des Pays-Bas*, Paris, Flammarion, 1910.

究。[①]他所尝试并且获得成功的权威的综述，具有另一种意义，也属于另一种智力范围。这是一位历史学大师，他的杰出能力包括出色的辨别力、睿智的理性、想象力和特别细腻的历史理解力，他能够从他的文献资料和经验的宝库中，为我们提炼出有关中世纪文明几个主要方面的整体观点。

各种文明状态有各种类型的城市。皮雷纳为了描述中世纪早期的
市镇，随后再描述狭义上的中世纪时期的城市，并没有一直把自己限制 357
在城墙以内。相反，他一开始表现出一种独特的能力，用粗线条勾勒出一系列连续的，可以称作“经济格局”的东西；把那些差异很大的聚居区框在这些格局中依次加以说明，然后形成大范围的聚居区。他先让我们弄懂各个时代的城市为何和如何呈现出这样的一些特征，而不是别的样子。接着跟我们说明从这些广泛综述中的经过比较和组合的事实中抽出的大量要素，让我们在城市组织的内部统一体中重新找到这些经过归类的而且有效的要素。再也没有比这更吸引人的方法了；确切地说，没有比这更聪明的方法。他就是这样向我们展示了持续到8世纪末的城市活力。后来由于伊斯兰教的突然干扰，地中海的繁荣的商业贸易、东西方之间的交往，都深陷衰退之中。这两幅宏大画面，预先说明了第三章将要头头是道地描述的市镇的特征；他就是这样在对城市及其机构的形成进行研究之前，在四、五两章中，通过阐释商业的复兴，以及职业商人阶层的形成的原因和阶段，预先提供了城市特有的一系列事实的关键，这个关键绝非他虚假地从隐没这些事实的环境中抽象出来的。

不要指望我们对这样的著作进行分析，这样的著作必须亲自去读。除了这位历史学家的《比利时史》[②]，还有《荷兰的古代民主》，以及另一

① *Revue Historique*, t. LIII, 1893; t. LVII, 1895; LXVII, 1898.

② l'Histoire de Belgique, Bruxelles, Lamertin, 1900；六卷本，目前出版，从1900年（第1卷，第一版）到1926年（第6卷），除了最后一卷，第二版或第三版都有所改动。

篇杰出论文《资本主义社会史的各个阶段》[①]，都是任何现代学者的书房必备的少数历史著作之一，它们是活力充沛的硕果。再说，充当远古史的专家来研究这位历史学家的工作所依据的那些基本论题，也不是我们的责任。那些论题就是几年前——1922年和1923年——由《比利时
358 文献学和历史学杂志》发表的两篇论文所提出的论题，其中一篇为《穆罕默德与查理大帝》，另一篇为《经济对比：墨洛温王朝时期与加洛林王朝时期》[②]。从这两篇论文的主要内容即可了解到这些论题。皮雷纳说，外敌入侵并没有破坏古代世界统一的经济。因为要复原那个世界的原貌，首先就得抛弃我们关于欧洲的观念，由于那个观念，我们所有的其他观念都错了。那时存在欧洲吗？不存在。那时存在一个罗马帝国和一种地中海文明，帝国濒临整个地中海，而它的边界围绕这片内海形成了一个巨大的保护圈，完全确保了它的安全。一片海把一些人联系在一起，他们靠同一种文明的许多纽带相互联系，人们绝不应该把适合（也许？）我们的现实需要的欧洲人、亚洲人、非洲人的标签贴在这种文明上，而这种现实需要，由于是把现在投射到和它相距太远的过去，因此只会产生严重的错误和混乱。[③]

然而，在入侵时期，蛮族人就冲着这个地中海蜂拥而至。他们都想在沿岸定居，为此互相争斗：其中有非洲的汪达尔人、阿基坦和西班牙的西哥特人、意大利的东哥特人、罗讷河流域的勃艮第人。大家都在

---

① 发表于*Bulletin de l'Académie royale de Belgique, Classe des Lettres*, 1914。参见L. Febvre, *Les nouveaux riches et l'histoire* (*Revue des Cours et Conférences*; 23e année, 2e série, numéro du 15 juin 1922)。

② *Revue Belge de Philologie et d'Histoire*, t. I, 1922; t. II, 1923.

③ 对照《历史评论》（第156卷）中，费迪南·洛从他的角度为路易·阿尔方的著作《蛮族》（*Les Barbares*）写的书评："我们关于欧洲和亚洲的观念跟古代和中世纪的观念是不同的……在古代，人与人之间的纽带就是地中海，没有欧洲、亚洲或非洲之分。如果从这一事实出发，人们就会发现，对一个古代人或中世纪前的人而言，北非、埃及、叙利亚、安纳托利亚，都是比日耳曼尼亚或锡西厄像欧洲像得更多的地区。"（第157页）

争斗，除了一些来晚了的人，这些人主要是法兰克人。但是，一旦他们在这片海洋的肥沃的沿岸占领了有利位置，安顿下来，就别无所求了，也不影响任何人。罗马帝国当然四分五裂了。当然，发生这种分裂不是没有造成损害。旧的地中海文明遭到了沉重打击。人类的活动，如贸易，大量减少。但是交换体系丝毫未变。地中海沿岸居民之间继续来往，当然，这种交往不太活跃也不太有成效，影响和重要性都降低了。不过，地中海还一直对周围散发出古老的吸引力。东西方之间的纽带没有断裂……

这时，突然发生了一场剧变：伊斯兰教来了。伊斯兰教势力入侵。它“以引起宇宙灾变的力量”，横扫历史的进程。仅仅五十年的时间，它一方面波及太平洋，另一方面波及大西洋。这股巨大力量不会持久，359
也没有持久。但在8世纪初，当伊斯兰教扩张势力似乎被摧毁时，古代世界最终也完结了。这次它被无可挽回地摧毁了，因为在新征服者的突然冲击下，这个把沿岸居民团结在一起的“大家庭般的”地中海换了主人。它的大部分成了穆斯林湖泊；小部分是基督教湖泊。大家在此角逐、冲突、争斗。很长时期以来，地中海第一次把东西方分开了，把以前使亚洲、非洲和欧洲连在一起，而且使它们相似的海岸分开了……

于是，法兰克人的国家具有了它的全部价值。作为迟来者，原先由于没有更好的地方，它是在远离这片统一的海洋的阳光海岸建立的，与遥远的大洋和中欧的大江大河接触。它变成了地理中心，并且渐渐成为一个新核心：先是加洛林王朝的欧洲，然后是中世纪的欧洲。尽管宗教、政治、制度、文学、甚至文字都相近，但在古代时期还勉强继续存在的墨洛温王朝与预示了新的政治构成和命运的加洛林王朝之间，处处都表现出强烈的反差。而正是由于基督教徒在地中海的港口渐渐没落——其间伊斯兰教徒在巴勒莫为他们的海盗船建了一个军火库和一个基地——欧洲很快遭遇到一场严重的经济和财政危机，这尤其解释了查理大帝缔造的帝国迅速崩溃的原因：皇帝们没有了财源，再也供养不起拿薪俸的官吏，于是不得不将这些官吏行使的权力委托给贵族，从而断送了一切……

这个论题简单，论述也十分巧妙，因而很有说服力；后来专家们对它展开了起起落落的争论，二十年后，这个论题就不再作为论题存在了；经过一些学者小组的认真权衡、检验、查核，所有因素被纳入一个从可能相当不同的方面进行的宽泛的综述……在历史学上，这是新型独创观念通常的命运：我们预先都知道这种命运，而且我们历史学家的个人事业一有成果就会匿名地奉献出来，我们发现这种隐名埋姓的奉献是崇高之举，它使我们与我们的道义上的责任联系更紧密。要验证这
360 位大历史学家娴熟地阐释的观念，需要做大量工作，足能让专家们忙上许多年。我们至少要指出两件事：一是吸引我们的这本小书展现的知识极为丰富[①]；二是一位研究现代史的历史学家要完全准备理解皮雷纳的这个“假说”。研究伊始，这位历史学家也碰到了一场剧变，与《中世纪的城市》的作者向我们描述的剧变的性质相同。因为在16世纪初引起整个一系列重大转变的事件，就是伊斯兰教的第二次入侵——土耳其人在东地中海沿岸替代了阿拉伯人——尤其是1516年他们占领埃及，这是一个至关重要的事实。正是这个事实，而不是一个叫哥伦布的人的发现，或者甚至不单单是葡萄牙人的航海活动，解释了威尼斯纷争发生的原因。而且同样，如果人们仔细观察，也正是它充分解释了意大利在文艺复兴运动衰落之前突然衰退的原因。先是发生政治危机，然后是当时横扫半岛的智力和精神危机，自圭恰迪尼之后，人们就简单地用“蛮族人入侵”来进行解释了。没有发生其他事情吗？ 1300年，威尼斯确实处在中心，而且是文明的基督教世界的中心。1520年呢？它不过是基督教世界的一个堡垒。意大利占据了地中海的一个中心，比萨人、热那亚人、威尼斯人和其他许多地方的人都在此积极从事经商活

① 尤其要指出有关威尼斯的发展和古代俄国的历史和演变的出色说明。

动。它成了一条通衢，是欧洲面对伊斯兰教的一个前哨。它在地中海东部的盆地一半被用来建造壁垒。而这个如此突然的转变，不会对意大利文化的命运产生影响吗？

房屋价值如何改变，要看它们是面临一条沿着城墙的窄巷，还是面临一条通衢，其实并不只有现代城市的房屋是这样。我们要感谢皮雷纳的这本小书非常及时地提醒了我们。

二

前不久，皮雷纳又有一部著作在布鲁塞尔出版，把读者的视线从《中世纪的城市》引开。该著作追述了比利时被法国大革命的军队征服，被法国吞并，然后在执政府和帝国统治下的生活；1815年荷兰王国的诞生，以及在1830年8月和9月间革命时期的灭亡。[①]作者非常流畅 361
地阐述了那么多鲜为人知的事实，这些事实之间的关系都很难理解。作者是中世纪史的研究者，我们刚才指出了他的一项最出色、最完整的成就……确实，他这不是第一次让我们钦佩他的这种思维的灵活了，这是一种特殊的才能，能抓住那些在最不同的时代推进社会发展的隐秘的原动力。只需翻开《比利时史》的第3、4、5卷，人们就会相信这一点。但是，两本著作的问世还有一点特别惊人之处，它们表明了这位大历史学家几乎是在同时用同等的力抓住了时间的两端。

我们在这里还是不分析应该阅读的内容，也不分析人们怀着强烈的好奇心从头到尾读的内容。但是，我们要指出这部杰作如何向我们法国人揭示了比前面任何一卷都更直接的重要意义。对于打算从许多悲剧性的侧面研究来比利时遭受束缚、动荡和革命的四十年历史的人，

① *Histoire de Belgique*, t. VI: *La conquête française; le Consulat et l'Empire; le Royaume des Pays-Bas; la Révolution belge*. Bruxelles, Lamertin, pp. VIII–478.

这本著作能提供许多教益。这不仅是因为，事实上从1782年到1815年，比利时和法国这两个国家的历史接近到不分彼此的程度，谁也不能在研究比利时的重大事件时，不去研究同时在法国发生的部分重大事件，这是不言而喻的。而且还因为，要研究这种被迫接近的历史，一位比利时的历史学大家，必须对我们的大革命，并且对我们法国从1789年到1815年，然后到1830年的历史，整体地、全面地、明确地提出一些评价和观念，这些评价和观念由于是出自一个像他这样，处在自己立场上的人，因此正好向我们法国人显示了一种类似于实验的意义，或者更确切地说，一种逆实验的意义。这种逆实验是从外部进行的，得到熟练的控制，并且结合了一些已知因素，不过其范畴、规模和目的与我们的不同。也可以说，这是因为他是比利时的历史学家，而且打算仍然当他本国的历史学家，不当别国的历史学家；是因为皮雷纳对他根据整个过去和整个未来向我们追述的重大事件进行评价，这些事件发展的固有状
362 态、进程、进度显示了一种真实的，深厚的民族特性，他从事实的脉络中参透了这种民族特性，而我们因为对这些事实太过熟悉，反而看不清它们的某些确实十分显著的特征。在整篇著作中，他集中运用极其丰富的知识揭示了这些特征，令我们惊叹不已，并最终吸引了我们。

这些特征中，我只记住两点。首先，我惊讶地发现，亨利·皮雷纳表现出极强的感觉能力，并且让我们注意到一种因素，人们可以随便地称之为“来自大革命的约瑟夫二世方面”的因素。我的意思是说，这种因素使大革命从其起源和发端来看，并不是一种民族的和法国特有的现象，也不是一种世界性的，或者更确切地说，欧洲的现象。这种因素就是一种同源关系，它让这位比利时大师产生极其深刻的印象，并且把制宪会议议员的工作本身，与18世纪下半叶的一些“开明君主”的意图和成就联系起来，而我们（按照把旧制度和大革命这两种对比鲜明的图景对立起来的习惯）只在法国本国和我们自己的历史中寻找先例，而且

只找到类似的先例。

但是同样令人惊叹的，是皮雷纳对一些重大事件的分析。这些事件在很短时间内，把一个为人类立法的共和国变成了一个完全帝国主义的共和国；把一个奠定现代国家基础的法国变成了一个民族国家创立者的法国。在一些年里，这种转变决定了一位比利时历史学家的祖国的命运，他有理由要以敏锐的眼光追踪这种转变的所有阶段和变迁。他还注意指出这两组事实之间存在的被我们忽视了的联系。他在第5卷中想必仔细研究了约瑟夫主义，并发现了制宪会议的工作中所有“开明专制”的东西，告诉我们他深深被这些东西吸引，同时他也以惯有的敏锐的洞察力注意到，大革命“虽说向专制借用了纲领，同时也反对专制”。因此，人们出于对专制和暴君的仇恨，拒绝把执行法律的手段授予脆弱的王权，授予一个孱弱的国家元首。因此，从1792年开始，由于法国陷入与奥地利、普鲁士，以及很快与整个欧洲的战争，爱国精神得以复苏，而且为了确保国家安全，神圣的利己主义也得以复苏。当 363
祖国不愿灭亡时，这种利己主义总是把它的法律强加给受到威胁的祖国。无疑这一切都被他看出来并且说出来了：但是以不同的方式，以不同的声音。这种观念经常被人以各种方式和在各种时机再次采用，以至于我们的大革命，在法国完成了路易十六“如果拥有腓特烈二世或约瑟夫二世的权力”可能也会出色完成的事业后，最终也在比利时实现了以下这些改革目标，即公民平等、废除封建权利、改革法典、改革教会法庭、取消职业劳役。约瑟夫二世早就有过这些想法，也曾专断地发布过命令来实施，却未能让人们接受[①]，而强制实现它们的任务就留给了革

① 当然，在这个简练的阐述中，我们简化了皮雷纳的思想，因此也使它贫乏了许多。例如在《比利时史》第5卷，他前面已经写到弗朗德尔人和瓦隆人共同抵制约瑟夫主义（第382页），以及尽管语言有差异，民俗有细微不同，弗朗德尔人和瓦隆人还是有这种新的联系，这种联系是由和16世纪时对菲利普二世的抵制完全一样的抵制产生的。亦参见同一卷第423页的说明。

命者，把它们变成比利时习俗的任务就留给了执政府和帝国。所以说，“约瑟夫二世靠拿破仑在比利时赢得了胜利”。在与教皇决裂后，拿破仑的宗教政策对比利时人来说，说到底不过是“约瑟夫主义的复苏”，他们的中学在他们看来，就像是“特雷莎学院的重建”：皮雷纳就是这样依靠以往的全部经验，以一种魄力、一种创新、一种非凡的能力向我们阐述的。

《比利时史》的第6卷还为法国读者阐述了所有有教益的新东西，我们哪怕只是粗略关注一下，也可能被深深吸引住。对比利时人来说，像他们通过执政府认识的那种共和国，只是一种奴役制度。他们没唱过《马赛曲》，没庆祝过联邦节，没向军队输送过志愿兵，并且没有骄傲地享受过解放世界的喜悦。他们接受执政府与帝国的统治，并且从此习惯于“把人权看成他们的共同生活的原则”时所怀的情感，针对这个现象的研究，是由一位能工巧匠来完成的。皮雷纳中肯地告诉我们，执
364 政府和帝国“把比利时带到了他们把法国重新带回到的点上”[1]。他还说：“在执政府终结时，古老的比利时被摧毁了。在帝国终结时，另一个比利时就在废墟上重建起来。”但是，他认为这些微妙的问题尽管其给定条件不断变化，也总是首先属于意识方面的，他以独有的敏锐头脑分析了同胞的精神状态，和他们一起得出结论：“开明专制占了上风；但它还是专制。”他十分关心经济史的现实状况，并在此处明确地着重指出了由出售国家财产引起的产业转让[2]，以及19世纪初比利时工业日益繁荣的景象，例如韦尔维耶的呢绒、根特的棉布；还有机械的发展，煤炭逐渐被用作燃料。因此，他完全能够以其惯有的洞察力注意到，法国大

① l’Histoire de Belgique, Bruxelles, 1900, pp.123-124.

② 出于皮雷纳非常敏锐地分析的原因，它有利于大买主，而不是有利于小买主（第161页）。

革命是如何在放弃“开明君主”以公益的名义对其子民的经济活动实施的控制时，赋予了资本主义一种它未曾拥有过的力量的[①]：这种经济繁荣，这种生意的活跃及有限的安全保障，并没有使他对服从严苛的帝国法律的比利时人的真实情感产生误解。他能找到一些说法来描述他们精神上的错乱，例如：“虽然他们不觉得自己是法国人，但也不觉得自己是比利时人了。”[②]这个分析是出色的，他指出了在帝国垮台前的几个月里，他们的情感发生的迅速演变。

帝国垮台后，属于比利时的省份脱离了法国，法国的国界无疑又缩小到旧制度时期的状态；而这时产生了一个让比利时人与荷兰人一并受威廉一世统治的荷兰王国。但是法国的残留影响呢？正是这一点，皮雷纳的研究在我们看来最具有积极意义。他告诉我们：“此时人们仍然觉得法国在以空前强大的势力控制着比利时。”[③]这不仅是因为无论在哪里，对威廉一世的子民和对查理十世的子民来说，那些根本问题照常存在；而且还因为，对荷兰国王来说，他在政治上必须依赖天主教，因为天主教敌视迷恋世俗国家的自由主义者，而天主教的道德准则、智力 365
教育、语言都来自法国；威廉一世偏爱在已经垮台的帝国的前行政长官、前高级法官中选择助手和辅佐官员，这些人也来自法国。“荷兰王国构建反法的欧洲屏障劳而无功；它的反法政策也劳而无功，因为仍然是法国的传统在启发和指导它的行政君主制。”[④]威廉认为他要倚靠反动分子和神职人员，拿破仑皇帝的代理人是最佳人选，因为他们在旧制度的废墟上建立的是现代国家，而且他们就是以为国王效力的形式来为这个国家效力的。然而，从一个完全不同的角度看，在1825年到1826年间，在比利时实现自由主义如此重要的演变过程中起决定作用的，也

① 参见我们所分析著作的第157—159页的出色篇章。

② 同上书，第141页。

③ 同上书，第283页。

④ 同上书，第279页。

正是法国的影响力（尤其是《地球报》及其编辑的影响，该报自问世起就对比利时抱有同情心），当时自由党的纲领从只反教权并准备支持任何反天主教政府，渐渐变成主张所有领域都实行自由，而且从那时起开始反对专制，即使不比反对宗教狂热更激烈，也至少一样激烈，最后它就跟天主教党结盟，筹划了1830年的决定性事件……

三

比利时人的观念和情感不断发生转变。亨利·皮雷纳在最准确和最敏感地追踪、理解这些转变，并为我们说明这些转变时，所展现的灵活性和独到的适应性，与他在《中世纪的城市》中指出所谓的“欧洲文化观念”发生的，从所产生的任何后果和反响上看都非常重要的持续变化时，所展现的灵活性和独到的适应性是一样的。人们无疑有许多理由完全放心地信赖他，只有“才能”这个词能充分解释和归纳这些理由——更是因为人们还觉得受到一位导师的引导，这位导师说到其短暂的表象和应时的方面的一些事，他甚至都没有经历过，他实际上是对它们进行思考，并且让我们了解到其最深远的根源。这就是不时地回
366 忆、比照和再现过去的事。1825年8月14日，威廉一世颁布法令，规定任何在王国以外学习过的比利时人，都会被剥夺担任公职的权利，这个法令不就是菲利普二世的那条禁止这些比利时人经常出入外国学校的著名敕令吗？威廉一世在列日指责反对派品行卑鄙无耻，因此把人们本来尽量只针对大臣们的攻击引到了他身上——这不就是“袒护格朗维尔大主教的菲利普二世”吗？在1825年到1828年间，比利时自由主义在法国影响下的发展，与比利时新教在同样原由的影响下的发展，不是相对应的吗？再往后，在1830年，进步人士对威廉一世的态度，不就是16世纪奥朗日的威廉对菲利普二世的态度吗？例子不胜枚举。皮雷纳心里装着祖国的全部的鲜活的历史，以连续但没有系统精神的方式，

不时地用更早的过去为我们阐述过去，并竭力揭示在风云激荡的历史变迁中把比利时民族各代人联系在一起的纽带。

在他在根特大学任教第四十周年之际，他的朋友及以前的学生献给他两大卷《文集》[①]。几乎就在此时，这位历史学大师以我们刚刚提到的双重方式，展示了他的某些卓越品质，这些品质让他成为目前法语界研究中世纪史和现代史的历史学家中，最全面，无疑也是最具有多样而均衡的才能的历史学家。这位伟大的工作者又一次把他思想的精髓传给了“外来学生”，虽然这些学生从未在大学课堂里和他面对面，但一样受到他很多的教诲，从他的思想吸取了养分。当20岁的人还在踟蹰不前时，当你们在途中还没有遇到时机时，你们所期待的，而且本来想要的，就是这样一种乐趣，即某一天在偶然翻开的一本书里，发现了自 367
己想做的事情的范例……不过，这位比利时历史学家的这种高超技能本身；这种才能的非凡的适应性；这种以同样非凡的洞察力理解并且让读者理解最不同、最不可比的文明状态的禀赋，对我们来说，还是提出了一个问题。

确实存在天分，存在个人才能。他是他的国家和民族的光辉榜样，天资中存在所有令人喜欢的诱人的东西。这个比利时人精力充沛、红光满面、兴致勃勃、说话直率、想象力丰富，身上具有无数代人积累起来的美德，激励着他耐心地从事艰苦的工作，同样也热情地支配生活，让它服从他的强烈意愿，他集这些美德于一身，臻于完美，让人们觉得他热情洋溢，觉得他一直在孜孜不倦地工作，而且充满求知欲，充满通过理解来生活的欲望……还有教育、文化，这是由一个具有远见卓识的头脑在两种文明之间建立并维持的联系，他认为这两种文明不是相互对抗的，而是互补的，他了解这它们的长处，也了解它们的缺陷，而它们就

① *Mélanges*, Bruxelles, Vroomant, 1926.

按照由他的批判意识，由一种对他的需要和才能的很准确的判断决定的比例，向他提供了一种营养物质，是从只属于他的蜜中提取的物质。

还应该想一想，是水平面，还是垂直面？我的意思是说，这有一部分不是因为，亨利·皮雷纳身为一位来自幅员相对狭小的国家的历史学家，没有被卷帙浩繁的档案和专著压垮，依靠个人的力量，借助于文献资料，最终能够追踪自古罗马时期到第一次世界大战以来比利时的历史命运吗？不是因为，他因此能以一种十分独特的能力，意识到一些事件不断由另一些事件引起，并意识到存在一些如果被学究们“删剪”就会很容易引起错觉的干扰事件吗？不是由于这些既属方法范畴又属技术范畴的原因，他才能如此正确地从内部构造上理解他向我们所展示的历史的全部文明状态吗？而且，要是他担心迷失方向，不敢超越人们为习惯上所称的中世纪划定的，传统意义上的年代范围，只是谨慎地对五六个世纪的欧洲史进行深入研究，而不去汲取生活在这些世
368 纪之前或之后的人的个人经验，他还能在理解中世纪独有的制度和社会时，表现出这样广泛的领悟，这样强烈的直觉，使我们不得不尊他为大师吗？

这是学院式的争辩，这样的争辩竟无意义。皮雷纳这个生动的榜样给我们的教益，就是在1923年4月9日在第五次国际历史科学大会的公开会议上，他的受到热烈赞同的发言给我们的教益。是水平面，还是垂直面？两者都有。水平就是空间的扩展，垂直就是时间的延伸。这正是亨利·皮雷纳的比较方法所要求的，他以那么敏锐的洞察力和批判精神确定了这种方法的意图，并宣扬了它的用途。况且对我们法国人来说，这种方便实用的方法，不能让我们获得一点按时间延伸并使时代连接的经验吗？比利时历史就让皮雷纳充分获得了这种经验。我们不是也有自己的外省历史，能为我们提供同样的便利吗？不过，这里需要一种精神，在这位历史学大师的让我们受益良多的著作中，就是这种
369 精神自始至终让他充满活力，获得灵感。

6. 一位心理学家

夏尔·布隆代尔*

1899年，我在高等师范学校的走廊上遇见他，头次见面就觉得他很有魅力，语言诙谐，好嘲弄人。1939年那个阴沉的早晨，就在他该做手术的那天的前一天，我再次看到他，紧紧握住他的手。他神情严肃，略带微笑，显得那么平静，以至于我们根本不知道，他是不是力图靠巧妙伪装的从容，来忽视令他担忧的疾病，或让人们放心。因此这两次见面场景之间的差别，不过是相隔三十年拍摄的两幅照片的正常差别：那一张，是两眼炯炯有神的青年，肤色黝黑，笑容满面；而这一张，脸上布满皱纹，显露出沧桑，笑容里已经没有了幻想，但也没有悲伤。但在布隆代尔的完整一生中，他身上值得注意的东西，是丰富多彩的、自由的、表面的和合乎规则的活动，与表现顽强的方式以及所有东西在任何时候所依赖的基石之间的对比。什么样的基石呢？

布隆代尔所珍视的东西，可能是在他的遗体火化时，我们最后一次知道的东西。有人向我们朗读了几行文字，是布隆代尔在直面他的命运时写的，他的字迹清秀优美，总是给那些收到过他的信的人带来极大的愉悦。这个晚上，在焚化炉前没有灵魂的环境下聚在一起的人中，谁

---

* 《高等师范学校校友联合会年报》，1940年。

都永远忘不了这些文字的独特风格。他的精神完全自由，彻底摆脱讲求实际的信仰，卓越地证明了胡格诺派的教育，证明了地道的法国道德传统，他从他母亲那里接受了这种传统的无可比拟的天禀。他的精神仿佛一座宝库，我们还需要说到美德吗？他可能已经唾弃这个伪善的词了；我们说的是从祖先那里继承的生存的力量和方式：痛恨各种谎
370 言；讨厌不加分析就向成见低头；从来不用言词表达一种决心，即在公共或私人方面遇到严重危机时，宁可忍受一切，也不会违背内心的不妥协的戒律。

在这块底布上，再绣上一种闪光的想象力、一种对人和思想的难以满足的好奇心，这就是大胆而谨慎的布隆代尔，他乐于大胆创新，但又恪守应该遵守的老传统。他有冲劲，却无丝毫狂热；有信念，却一点不偏执；有原则，但对任何成见深恶痛绝，那些成见根本别指望能形成教条。他就怀着这种虔诚，他的所有朋友都曾受益的虔诚，为在他的好朋友勒塞纳的文稿中发现的一本哲学遗作集作序。勒塞纳是一位外科学泰斗，知识像文艺复兴时期的人那样全面，他在医治一个病人时不幸染上伤寒，竟在52岁被死神夺去生命。布隆代尔写道："他爱生命，而且以出色的方式爱它。他对它的钟爱不是一种迟缓而沉静的爱，而是一种慷慨而活跃的热爱。他感谢生命让我们感觉到的全部的美，感谢它为我们的活动开辟的全部领域，感谢它向我们的思想提出的全部问题。"布隆代尔也享受到这些快乐。他在生命的餐桌上，像在他朋友的餐桌上一样，胃口好得让人高兴。而像恣意自我表现得到的快乐，并不属于他向来瞧不起的那些快乐。有人往往会觉得他20岁时开的玩笑、他好捉弄人的习惯有些过分，有种冷酷的余味。在最优秀的人身上，严酷只是一种极致的道德要求，是一种对卑鄙或庸俗的无情的反抗。

朋友……我已多次写到这个词。在布隆代尔的一生中，何处没有友谊？这是他的酷爱，是他最关心的事。

我们20来岁时的不妥协精神有点倔强，往往会对他的某些交往或

同情感到惊讶。他所交往和同情的这些对象，是一些与众不同的人、一些不合常规的人，其情感整体上往往和他有极大差异，我们都很难理解他为何能接纳他们。可是，正是这种差异把他和他们的距离拉近了。我们不要认为他会把他们当作可以为他带来一些智力上的乐趣的研究对象，在远处观察他们。在布隆代尔身上，求知欲常常盖过一种人的
仁慈天赋。他会整晚坐在一位正在生病或者养病的朋友床前，手里捧 371
着一本书，理直气壮地跟朋友争辩："不，你很清楚，这不是浪费我的时间……"他一生中大部分时间都表现出献身精神，在时间、自由、金钱或既得利益上做出了巨大牺牲；更可贵的是，他是好心好意自发作出牺牲的，这种自发性让人从心里面感到温暖。我们要注意别在这方面说得过多。我是在他亲切的目光注视下写下这些的。我知道，无论谁无意中发现了他那惊人的宽厚情感中的某个秘密，然后向公众披露，他是不会原谅的。对有些人来说，在某种严重情况下，友情表现得是一种同情的禀赋，是最冷漠的人在这种情况下对不幸的人表现的同情，但布隆代尔不属于这些人。对他而言，友谊是什么？是不论什么情况，天天都会表现出来的禀赋。

说一下他的作品？其他人在别的合适的地方已经做过这件事了。为何不说一下他的才华呢？

布隆代尔是一位有魅力的、健谈的人，他首先会主动向你们作自我介绍。他才智横溢、生动活泼、能说会道，也知道倾听别人的意见。他在任何地方都如鱼得水，真是不可思议，无论在巴黎，还是在布宜诺斯艾利斯；无论在参谋部，还是在医院；无论在沙龙，还是在教室；他都能吸引思想最自由的人。他严格遵守他在《集体心理学引论》中提到的一些十分有趣的礼节，他这并不是仿效旧制度，而是作为最不守旧的人关心他的自尊和他人的尊严。

至于这位作家嘛……他属于让人从身体上和逻辑上都感到愉悦的

一类作家，随便翻开他的一页书都令人快乐，有多少擅长写作的法国人能像布隆代尔那样为人带来快乐呢？我多次看到他的完美的文笔让一些真正的作家难堪，其中不乏一些名家。这些人笃信大学老师的文笔很差，而这种观点在他这里碰了壁。他的文章从不多余一个字。多么尖锐的讽刺啊！

> 心理学家的人数与他们的出版物的数量同样可观。我们应该庆幸两者都在不断增加。《心理学文摘》告诉我们，1929年，全世界至少有1 627位心理学家，美国或加拿大有682位，法国（包括阿尔及利亚）有90位。比例不相称，却说明是合理的，我们在人数上占优势：因为除非有误，这个数字表明在北美，每10万平方公里约有
> 372 4位心理学家，而在法国有7位……

文如其人，这就是布隆代尔写的。布隆代尔有一次在谈到迪尔凯姆时写道："他的精神几近虔诚的严肃，处处隐藏着某种无情的东西。他的著作中有激情，有愤怒，有严厉。我不记得在其中遇到过微笑。"布隆代尔会微笑。不过他的微笑并非总会让他的所有读者高兴……

我应该提提那些论战的著作吗？例如1924年写的那本关于精神分析的书？狂热得无法自制的布隆代尔，是不是有点被狂热冲昏了头脑？我不知道，但是阅读这本笔调机敏而大胆的小书，可能是一种乐趣，我不需要那些权威来质疑这种乐趣。如他指出弗洛伊德和加尔的那种对比："首先，这两人都来自奥地利的维也纳，因此有重复的强迫倾向，衡量这种重复的影响是精神分析学家的事。"还有，他像绷着脸说笑话那样得出那种残酷的结论："我们似乎就是这样不知不觉地被引向一种妄想狂的定义，它同时也定义了精神分析法，而且患妄想狂的人说到底似乎就是一个发展不顺的精神分析家。"这样摘录句子确实十分有趣，但我们应当克制。布隆代尔就像那种骑马比武的武士，许多人更喜

欢默默地围着他,而不是拿武器迎面攻击他。

因为他始终而且处处感到一种特殊的需要即理解。凡事他都渴望追本溯源,他悄悄了解了医学和精神病学的一些老创始人和前辈。对他而言,关于加尔、他最讨厌的布鲁塞、雷奈克、马让迪、埃斯基罗尔、法尔雷或劳伊莱特,没有他不知道的东西。他不是为了做学问才迫不得已读他们的书,而是愉快地、好奇地读,想从那些了无生气的形式下面,弄懂他们的思想的深刻意图。因此,这位哲学家比我努力去充任的历史学家珍贵。

他确实很少看重所谓博学专深的编纂作品。比起关于“以平方公里计的心理学家”的百篇就职论文,他更喜欢有文学修养的人的富有营养的精神食粮。他写道:“这是我的不可救药的肤浅,我更乐意反复阅读普鲁斯特专门描写电话和细心周到的电话女郎的篇章,而不是规定电话接线员选择方式的工作,尽管这一工作很值得尊重。”如果有人在
重读这些文字时,对它们表现出的一点科学精神感到气愤,那无疑是个 373
傻子……曲解?误会?都不是。这是一种嘲笑,是绝不会在这位社会学之父嘴角上露出的嘲笑。而且布隆代尔鼓励我们都去对无精神的知识与为精神所用的知识之间的分界进行一种思考。

人们在刚刚失去一位亲密朋友时,怎么会忍住不提有关他的人性方面的问题呢?也就是说,他快乐吗?

我相信布隆代尔是快乐的,因为他可以不受限制地专注于他的兴趣爱好,自由地从事他的工作,而不是迫于压力,迫于令人生厌的需要去做。他快乐是因为他的书能找到读者,而且他们是真心喜欢这些书。他快乐是因为在斯特拉斯堡,他能打造一个好客之家,接待和聚集情投意合的朋友,满足他的大方开朗、喜好交际的本性的迫切需求。

对他来说,这能够缓解他的长期背井离乡的生活带来的严酷。布隆代尔是巴黎人。他热爱这个大城市,然而战后连连恶化的严峻局势,

迫使他等了很久才回到巴黎跟同事和伙伴团聚。大学的头头们以故意刁难外地人为乐，他只得忍气吞声，这些外地人不论是谁，都算作无名之辈。布隆代尔要想获得某种老资格，必须跟在他们后面排队慢慢来，行政文件对这些人的称呼仅仅是“职员”，没有更多的礼数。他差一点终身就是当一个副教授。

他至少没有碰到他认为可能是严峻考验的事。他参加过上一次战争。他先后义不容辞地在法国部队里服役过，之后又到了东方营，我们不用别的修饰语，免得惹他生气。这回他专门是在后方做工作，没有建树，他很苦恼，眼睁睁地看着人们该做的不做，不该做的却做了。他又一次写出下面这样的话：“我们要认识事物，只有靠我们的批判意识和
374 才智——而我们的最难推卸的责任，是决不要忽略用它既针对他人，也针对我们自己。”的确。但是，要避免由于忽略而犯下过失，往往只有非常崇高的灵魂才能做到……

请原谅，我不想说布隆代尔是如何懂得死亡的。他不会希望我这么做。在这个终极考验中，他比任何时候都更彻底地显示出他的本性——十分温和，十分从容，无微不至地关心他人的痛苦，却毫不关心他自己及自己的苦难——我们长期了解他，爱戴他，对此不应感到惊讶。我们把人工绣上去的图景从底布上除掉，使表面的鲜亮光华褪去，让他的本色显露出来。我们要照亮他去世的图景，就要把它和他生的
375 图景结合起来。

7. 两位地理学家朋友

朱尔·西翁、阿尔贝·德芒戎*

朱尔·西翁(1878—1940)去世了。西翁,我四十年的朋友,在不安于现状的批判精神和为知识界进行的斗争方面,他是我忠实的伙伴,是我认识的最优秀、最凭直觉行事的两三位人才之一。阿尔贝·德芒戎(1872—1940)也去世了。他也是相处了几乎一样久的朋友,不过我对他更敬重一些,不只是因为他长我6岁。他一直把我们的《年鉴》放在心上,还为1940年7月号写了书评。等到书评发表时,作者却离开了我们。

只用三言两语来回忆西翁和德芒戎两人的为人处世,这不是履行一种虔诚的友情道义的方式。我们是要说明某些精神态度的特征,正是这些特征使我们的《年鉴》成为它想成为的东西,它一直努力要成为的东西。

一

朱尔·西翁的一生波澜不惊,因为他始终注意让他的生涯避免变

---

* 《社会史年鉴》,III,1941年。

故。这个法国北方人在一个阳光充沛的地区，在蒙彼利埃，谋到了一个他中意的教授地理学的职位，他从来没有试过去换一个巴黎的教授职位。人们完全能够料想到，不会有什么人要图谋他的职位；我们别要求谁有超乎常人的美德。1899年到1922年，他在高等师范学校的时候，我们作为他的同学，就认为他是十分出色的“地理学家”；之后他再也
376 没有其他外号；但是他是一类十分少见的地理学家：极其敏锐，极有学问，特别注意与竞争伙伴进行思想交流，本能地逃避一种封闭的环境。因为在那种环境中，那些“牧羊人”的指挥只能驯养出无创造力的牲畜。但是人们不应该把他当成一个“半地理学家”，怀疑他的方法，又有点为他的学科担心。

32年前（1909），我已经在《历史综合评论》的一篇书评中指出过这一点，当时这本杂志刚刚在业内有了一些声望。尽管《东诺曼底的农民》这本出色的论著非常吸引历史学家，尽管它鲜明地揭示了历史学科与地理学科之间必然的相互关联性，但它完全是一本地理学著作。这不仅是因为，西翁在开头连续两章中，以一种非常敏锐的地理学意识，考察了自然环境的状况；更是因为，他显然十分熟练地处理了所遇到的技术和工农业生产、人口学或统计学、财产或经营制度方面的所有问题，“他不是作为研究工业或农业、人口或产业的历史学家，而是作为地理学家写出问题的已知条件，并且尝试解决这些问题”。

这是在1909年。但是在1932年，朱尔·西翁自己揭露了一个屡犯天真错误的人所犯的错误，此人是《地中海地区地理》的作者艾伦·丘吉尔·森普尔小姐（这是时隔二十年，她重犯了另一本书《地理环境的影响》上的错误，但这次的错误更加严重，那本书曾惹得我本人在《土地与人类演化史》一书中发火）。他出于朴素的好心为错误辩解，他写道：

地理学家不必涉及那么丰富的令人生畏的历史问题。只是因

> 为他受过的教育和历史学家不一样，而且好奇心也不同，有时他可能希望从一些新的角度指出问题，通过强调至今仍被忽视的一些自然因素来重新提出问题，并且提出一些难题，即使他无法解决它们。他的错误可能蕴含许多道理。但是，只要……**他会历史学家的技能**……他就应该**同时作为历史学家和地理学家来思考**。

他还批评了我曾常常坚持的一个论点："如何要求他从此不仅要掌握，而且**亲自从事**关于冰川或多旋回地表形态，关于气象学以及人们所称的植物社会学的研究？这里不存在自然地理学和与历史有关的地理 377
学这两门思想上和方法上都不同的学科吗？"人们发现，从这个刚刚完成"成名大作"的年轻人，到拥有充分经验的大师，其观点和理念没有任何不同。他们的思想保持完全一致。

逐年追踪朱尔·西翁的科学作品不是我们的意图。除了提到的论文（随着时间的推移，在我们看来，这篇论文越来越像是两三部产生了法国地理学派真正独创的地理学的专著之一），我们提醒大家，尽管他有点不情愿，但他还是给我们留下了对"瓦尔河上游"的自然地理学研究成果；要不是能让他跟我们法国的一个最多彩、最原始的地区愉快接触，他一定会极度厌烦的。关于那里的森林荒芜的一章，他突然显露出了喜悦之情，好像终于回到最适合于他的研究了。这之后便是一个转折。当维达尔·白兰士构思他的《世界地理》的计划时，他想必找到了一个能胜任的人，可以承担其中的两卷，不至于被这个非常沉重的担子压垮。按照计划，这两卷用来阐述"季风的亚洲"的一些大国和地区：印度、中南半岛、中国、日本，他这个识人行家（这种行家常常让人发现自己的长处）没有犹豫。这位大师认为，这些地区历史渊源那么深远，那么充满人类活力，它们产生的文明其规模和影响可以与我们的文明相媲美。要理解它们，并且让别人理解它们，我们需要一个思想开阔、直觉力非常强的人。因为时间紧迫，他个人还无须花多少时间去进行收效甚微的实地勘察，就能提供足够清晰的看法，让专家们心悦诚服。维达尔这位大师就选择了这个身体柔弱却才思敏捷的朱尔·西翁。事实证明，大师的直觉无懈可击。

我曾经赞赏这种被迫跳出区域性专著的迷人圈子的行为。我承
378 认，后来看到西翁听信他人怂恿，在《世界地理》中撰写了专论意大利和希腊的研究成果[①]，我不太满意。并不是因为这些成果不如以往的成果优秀，而是我更喜欢这样的人能自由研究地中海世界，而且尤其要自由自在地论述，不要受到一般的限制。我也更喜欢他能在一部更具个性的著作中表现出色，说不定还能献给我们一部独创的作品，一半“论述人类地理学”，一半“论述地理学方法”。这样的作品只有他能够写成，而且无疑会是一部杰作。

这部杰作没能问世并非是由我决定的。大概在1910年，当亨利·贝尔酝酿《人类演化史》的写作计划时，要我找可以担纲撰写他最珍视的最初几本著作之一的人（这本书最初应该是《土地与历史》，后来只写成了《土地与人类演化史》）。我毫不犹豫地说，这活儿非朱尔·西翁莫属。可是朱尔·西翁拒绝了，因为他刚刚接受了《世界地理》中关于远东的两卷的写作任务。情况变化出乎意料，他再三要求我替他承担如此繁重的任务。为了说服我，他甚至向维达尔·白兰士求助……以至于有段时间，大师和他的弟子都认为我不是“历史学家”，而是“地理学家”；这两位都不是那种在学科之间竖起藩篱的人。

西翁的著作，除了他的论文和为《世界地理》撰写的文章，最终只

① Paris, Armand Colin, 1934（《世界地理》第7卷）。其中归于西翁的是第7卷第一部分中，引论的出色的两章：第4卷，《南地中海平民的工作与生活》；第5卷，《地中海在人类历史上的位置》。在第7卷第二部分，他奉献了关于意大利的全部研究成果（第235—394页），以及关于希腊的全部研究成果（第512—575页）。

在阿尔芒·科兰出版社丛书中留下一本出色的小书《地中海的法国》(1934)。但是，要是只把这唯一的一本关于地中海研究的著作当作朱尔·西翁的成就，那我们就大错特错了。散见于各种杂志上的许多文章，除了我们的《年鉴》，还有《地理学年鉴》、《综合评论》、《科学》、《社会学年鉴》、《阿尔卑斯地理学杂志》，以及朗格多克地理学会的《公 379
报》等等。显示出他在各方面都无拘无束的求知欲，还显示出一种思想的活力，这种思想不必从自身寻找，而是寻找他人的思想来使它在自己身上产生，并且使它提供它所能给予的一切。马克·布洛赫的那本内容丰富的著作，就在西翁的沉思的头脑中产生了一整套想法和计划，他在《历史综合评论》上发表的书评在结尾处表示希望看到这部杰作的"某些部分很快就会过时，因为他指出，这个艰难的课题含有大量人文方面的极为有趣的东西，这些东西将会引起一场热烈的研究"。[①]勒费弗尔·戴斯诺埃特关于"套车术"(attelage)的奇特著作是如此；罗歇·迪翁的启发性论文《法国乡村格局的形成》也是如此。在这些富有成果的著作所引发的争论中，西翁一如既往地牢固确立了他的地位，展示了他的能力和独创性。他也因此和我们及《年鉴》的关系越来越密切。[②]

最近几年，他还以另一种方式跟我有着密切联系。他兴致勃勃地同意主编一卷《法国百科全书》，这一卷需要论述衣、食、住等方面。似乎诸多情况凑起来妨碍了这一卷的撰写，写作超过一半还需要推倒重来，改写了四五次；倒不是因为由西翁主编的这三个部分老要修改，而是迫于各种需要才这么做。先是必须增加关于体育运动的内容，后来又增加了关于如何利用闲暇时间的内容，而这种内容有的甚至还没有

---

① *Une histoire agraire de la France*(*Revue de Synthèse*, III, 1932).

② 西翁在我们的《年鉴》上发表了两篇文章：*Les tarifs ferroviaires et les courants de circulation* (t. III, p. 481) 和 *Les étrangers en Italie* (t. IV, p. 529)，以及一篇研究报告：*Les problèmes de transport dans l'Antiquité* (t. VII, p. 628)。

等到书出版就过时了。而读者也没有来得及向朱尔·西翁表示敬意，而他的细腻文笔，他的准确概念，他的精到方法和他对生活的透彻的见解，都无愧于这种敬意。

他人品高尚。他属于那样一种人，当他离开你时，你一想到他就会感到绝望："他走了……可是我还有许许多多事情没跟他谈呢……"他离开了他喜欢的人，悄悄地，不引人注目地，以他自己的方式。在1940年这个残酷的夏季的一天晚上，他累了，躺下了，第二天早晨再也没有醒
380 来。他那颗那么脆弱的心脏，承担了太多的忧虑和悲伤，终于被压垮了。

二

德芒戎也在1940年的大动荡中悄然离去。在他去世后的几个星期，他的一些老朋友因为还沉浸在悲痛之中不能自拔，不知道已经蒙受了一种重大损失。要是在其他时期，这种损失也许要推迟一些年才会到来……

想到德芒戎，我很自然地回想起1905年那场论文答辩，它让当时还年轻的我们聚集到一位兄长周围，他似乎就在那一天扛起了我们的旗帜。

在那个时代，已经有一个法国地理学派存在了。一些年来，随着魄力增长，维达尔·白兰士在高等师范学校就像是一位创始人，也是一位大师，又是一位领军人物。人们已经发表了一些地理学论文，但是直到多年来有人提议让一些"已经出师的"年轻人参与研究和竞赛，这才有杰作问世。这部杰作就是在扎实、稳健和理解力上都达到完美的著作[1]，一本一下子就被当作典范的著作。然而，正因为它的完美，德芒

① *La plaine picarde, Picardie-Artois-Cambraisis-Beauvaisis. Étude de géographie sur les plaines de craie du Nord de la France*, Paris, Armand Colin, 1905. 书店出售的书名不同：*La Picardie et les régions voisines*, 出处同上，1905年（1925年重印）。

戎也许应该对在他之后法国地理学家所表现出的对区域性专著有点固执的偏爱负责。这篇论著是他怀着热爱精心撰写的，很小的细节都写得非常精致。这本书从头到尾内容充实，合乎逻辑，是一部优秀的法语著作。风格独具匠心：朴实、明白、简洁、扎实。著作中采用了大量惯用语，由于确切和直率，都能切中实质。他在进行论文答辩时也大量采用这些惯用语。这种答辩是工作的聚会，但也是友谊的聚会，这是因为这个人能干、扎实、健壮，他的身体构造让人想起原始的孚日山脉，散发出一种魅力。那双明亮而坦诚的眼睛吸引着你，眼光那么率真，显露出他心中的一切。一旦他接纳你，就不再放弃。你可以和他争执，他从来不会因此埋怨你，这是一种难得的宽厚。而当他严厉时，也是一种合理 381
的、有益的和必需的严厉，德芒戎从不阴险恶毒，从不背信弃义。

这里不是逐一检阅他的成就的合适场合。人们知道这个成就的构成。除了关于庇卡底的那篇论文，还有《世界地理》中的巨作，如《不列颠岛》和《荷兰》(1927)，在此期间还有论经济的《经济与人文法国》。还有综合论著《大英帝国》(1923)和论文《欧洲的衰落》(1920)。还有大量有关他想涉足研究的最后的外省地区的“乡村居住环境”的资料：有文章、论文、调查表，甚至会议报告。[①]更近的，内容也几乎同样丰富的，还有关于“移民”的资料。[②]几乎到处都有他发表的文章，还有一些十分认真的、深入的、审慎的书评。我还没提到他的口述的成就，即这位模范的、活跃的、卓越的教授的课程。一种沉甸甸的成就。这是一种

① 尤其参见：*Un questionnaire sur l'habitat rural* (*Ann. de Géographie*, t. XXXV, 1926, p. 289).—*Économie agricole et peuplement rural* (*ibid.*, t. XLIII, 1934). — *Types de peuplement rural en France* (*ibid.*, t. XLVIII, 1939).—还有在1931年巴黎国际地理学大会上的关于农村居住环境的报告(t III des *Comptes rendus du Congrès*, Travaux des Sections IV, V, VI; Paris, Armand Colin, 1934)。

② 与莫科(G.Mauco)合作发表的*Documents pour servir à l'étude des étrangers dans l'agriculture française* (Paris, 1939)。

繁重劳动的成果，这种繁重劳动常常让我们为他的身体担心。

我们不要沉迷在他的丰富成就中，在此我只谈谈《年鉴》的这位朋友及撰稿人阿尔贝·德芒戎。他是《年鉴》最早的朋友，这点可能很少有人提起。他做的完全是另外一码事。的确，对我们过问最多的正是他。当《年鉴》还只是一项计划时，正是他利用他从阿尔芒·科兰出版社的创始人马克斯·勒克莱尔那里获得的全部威信帮它出版。杂志创办后，阿尔贝·德芒戎也没有放手不管。他是最佳撰稿人，尽管有那么多工作吸引他去做，而且他理应专心为《地理学年鉴》工作。

这是因为他和我们之间没有隔阂。我的一位同行刚读了《大英帝国》，非常兴奋地发出感叹："多好的历史学家的著作啊！"这种情感表
382 达合理，但不确切。确实，这本书在方法和学识方面都是非凡的优秀作品，同时以地理学和历史学这两门密切相关的学科为基础。对自然环境有深入的第一手认识，对人类社会的发展条件全面理解。德芒戎的地理学著作就稳固地建立在这两个基础上。关于自然环境，他拥有个人的和直接的科学认识，由于其中含有一些始终是公认的不确定和未知的东西，因而激起了一些愿望和一种无限的热情。他对一些人类社会怀有强烈的兴趣和好奇。他不用宿命的巨大阴影来覆盖它们，使它们模糊难辨。此外他坚持认为地理学最深刻的问题，正是这门学科产生于最富于各种表现的地区，各领域都最先进的地区，而不是产生于简单的人群中，也不是产生于还接近动物性的人类中。由此历史学就被引进来了，德芒戎一点不排斥它。相反，1905年，他就曾大胆地将一篇小论文命名为：《国家档案中的法国地理学原始资料》，并把文章题献给他的老朋友皮埃尔·卡隆，此人在复兴优秀历史学科方面立下过汗马功劳。而正是德芒戎的整个成就证明，具有地理学家和历史学家的双重学识能带来好处。因为他明白，对地质学家来说，要了解地表的现象，首先要了解深层的现象。但是对诠释人类社会的人——地理学家

只是其中之一——来说，要了解社会的现实面貌，首先要了解其发展进程的前期阶段。①

德芒戎对于这一切始终有着很清晰的意识。而且正是这种意识使他的整个成就从内部充满生命力。他擅长在其著作的开头，或者在章节的开头，以一种令人赞叹的流畅文笔撰写历史概要，而这些概要用几页的篇幅，为读者提供了可靠的、精炼的、明晰的内容，是从许多本经过精读和仔细分析的著作中摘得的。我们来打开原始形式的巨著《莱 383
茵河》②吧，就是阿尔萨斯银行总公司在其第一个50周年之际（1881—1931）发表的那本，我和德芒戎碰巧在这本书里进行了合作。没有什么比他的著作的前10页更能让人理解这位地理学家的各种天分了。首先（第161—165页）是一番引人入胜的描述，就像在俯瞰莱茵河谷，或者更确切地说，如他所说，给人准确、清晰并且多彩的印象。在这儿，把这些土地上幸福景象深深印入读者头脑中的，不是展现最美景色的图片，而是德芒戎的文字。他的朴实的评语，以一种对人类的和平劳作以及他们的伟大成就的赞歌结束：

> 河两岸用石块或者用柴笼构筑、固定，它的顶部露出水面；巨大的白色数字标记为船夫们指示水路的里程；大腹便便的低矮的平底驳船连成串，由拖轮牵引着在水上航行……这令人联想到水

① 这本小书不只是由于它包含准确而实用的资料而显得重要。作者在文章中表现出当时法国地理学思想所处的不确定状态：在“自然科学”的地理学概念与如今我们所说的“人文科学”的“历史科学”的地理学概念之间摇摆。

② 《莱茵河》，阿尔萨斯银行总公司，无出版者名称，也无出版地和日期（斯特拉斯堡，1931年，非卖品）。两部分：第一部分，《莱茵河的历史问题》，由吕西安·费弗尔撰写；第二部分，《莱茵河的经济问题》（*Le problème économique du Rhin*），由阿尔贝·德芒戎撰写。这本书经过修改，于1935年由阿尔芒·科兰出版社以书名《莱茵河的历史与经济问题》（*Le Rhin: Problèmes d'histoire et d'économie*）重印出版。

> 中城市的林荫大道，交通井然有序；一些沉重的木制驳船，这种古老运输模式的最后见证者，把其笨拙而缓慢的形式引入繁忙的内河运输业……船舶种类繁多，令人称奇，从牵引运输煤炭和矿石的船队的强大的螺旋桨汽船，到运输小商品的简陋的荷兰帆船，应有尽有……有时，一个黑影会突然兀立在平静的水面上：这是一艘正在溯流而上的海轮，把遥远的海外景色带进了大陆景色之中。一些海鸥顺着海风，一直飞到大河上来谋食，使这种梦幻般的景象美不胜收。

这是地理学家的描述。而翻过这一页，笔调就变了。

> 在莱茵河的历史上，人们必须划出几个重要时期，同时按照沿河运输的性质和对它可能产生的联系的研究来区分。莱茵河谷先是一条横贯大陆的道路……然后变成基本上是区域性的道路……
> 384 但是从19世纪中叶起，莱茵河水运开始了一个新阶段：它可以说变成了一条国际大通道。

莱茵河的完整历史被分类、分级、明晰化。德芒戎重述了他的三个分期，而历史学将他的成就贡献给地理学，对它进行说明，使其具有活力。十分自然，一气呵成。这些出色的成就出自德芒戎的笔下，就像是它们自己产生的一样，这是因为他事先付出了努力。这些成就是对一种长期而艰巨的人文科学和历史学修养的回报，它们是无可替代的。

此外，应该在这里——我的意思是说，在他的实实在在的成就中，寻求他的威信的奥秘。德芒戎几乎算不上理论家。或者不如说，他在论及方法时，始终似乎仅仅是从他的实践中得出有点与本职无关的行动规则。他性格刚强，是通过实干成才的乐观主义者，他不为方法发愁。一场争论结束时，人们似乎总是看到他拿起笔，听到他说：“这很简单！”确实，在他的笔下，一切都变得非常容易理解。他的思想的明晰似乎替他掩饰了困难——但无论如何也拨开了迷雾。朱尔·西翁在试图说明地理学如何与移民史接合时承认[①]：“可惜地理学几乎还没有为这种历史产生有用的成果。不如说它产生了一连串好奇心，产生了有助于满足这些好奇心的相关科学的知识，以及它以为瞥见到的隐约的微光……”他心里忐忑不安，说话爱用条件式，总能意识到事物的相对性……

阿尔贝·德芒戎没有这种态度。他不理解这种审慎，不理解这种自愿画地为牢的行为。他属于那种用全身心投入的伟大事业的生命力掩盖了这些事业的短处的人。

他还属于那种为了行动需要坚定信心的人。

阿尔贝·德芒戎、朱尔·西翁，两人都是在非常困难的时候起步的。当人们已经很喜欢他们时，人们更会说：他们真幸运！但是两人都不会体会到这种友善的尊崇。两人体格和性格如此不同，一位身体单薄孱弱，靠精神的力量支撑着；一位身材健硕，看上去还会活一些年。 385
两人都是那种放不下工具，（像我们大家一样）一生都以满腔热情和旺盛的精力工作的人，在困难面前，在致命的危险面前，在迫在眉睫的灾难面前，只有一种共同的反应，即《巨人传》中的约翰修士的反应：卷起袖子，竭尽所能拯救遇险的船只。他们的离世更令人难过。而仅就我们在此处谈到的研究而言，他们的逝世也实在令人惋惜，因为就在此时出台了一些措施，这些措施可能是轻率的，会对他们的事业不利，他们两人都将自己的名字都跟这项事业联系在一起，而且为这项事业贡献了他们的一生。

我们刚刚得知，历史学和地理学这两门学科必须分离。这在教学

① *Points de vue géographiques*, dans *Revue de Synthèse*, t. XVII, n° 1, 1939, Compte rendu des Journées de Synthèse consacrées au peuplement de l'Europe, p. 37.

上无可非议。可是人们很清楚，在法国，学科常常是被教学左右的。这些简单措施还没有开始实施，我们不应采取这些可以预知恶果的措施。人们难道看不到人文地理学要是落到没有历史学识的人手里会变得很糟糕吗？前不久西翁就严厉指责一些地理学家，“在尝试对乡村的过去进行探索时放不开手脚”，左右为难，担心会“偏向历史学”。如果我们不依照一种合作精神和科学求知欲的开阔思想来进行必要的规划，将来情况会是什么样子？明确地说，这样的工作多么需要朱尔·西翁和阿尔贝·德芒戎你们这些亲爱的朋友啊！你们这些意志坚定的智者是我们这代人的辉煌的智力成就，是人文地理学的巨匠。

若有必要，我们会努力挽救你们的工作中的一切有益的东西，传给一些人，让他们无拘无束地沿着维达尔、西翁、德芒戎这几位巨擘的足
386 迹前进。

8. 活历史之死

加斯东·鲁普内尔*

1946年春天，加斯东·鲁普内尔在他热爱的家乡，勃艮第的热弗雷与世长辞，享年75岁。在当代法国历史学家队伍中，他是一位独特人物。那些不了解或不理解他的人，说他既是小说家，又是历史学家。确实，《诺诺，拉科特的葡萄种植者》(1910)和《邮递员加兰》(1913)的作者，与写出《城市与乡村》(1922)的历史学家是同一个人，有些人认为鲁普内尔只是一个有点奇思异想的历史学的业余爱好者而已，而《城市与乡村》这篇索邦大学的论文立刻就让这位真正的历史学家出现在这些人面前。这篇关于"第戎地区居民"的研究论文，正如其副标题所言，实际上是一部非凡的富有价值的社会史著作，这种社会史是在我们国家17世纪的农民和(失去继承权的)自由民迄今为止所发生过的社会史。鲁普内尔写信感谢我在发表于《批判杂志》上的书评中，把他的勃艮第小说和历史学论著结合起来一起颂扬。当他的《法国乡村史》发表时，我被吸引住了。啊！当然，这些篇章的风格十分大胆，新石器时代的东西利用得有点多，抒发感情时感叹号或许也过多了些，为喜欢吹毛求疵的人提供了找碴的对象。可是那又怎样？整本书都散发出芳

---

* 《年鉴：经济、社会、文明》，II，1947年。

香，让人觉得是在刚翻耕了土地的森林和牧场中，在鲜花盛开的葡萄园里；每一页都描绘了那么美丽和谐的自然景色；表达了那种对耕作者劳动的热爱，“那么完美，那么悦目，似乎让整个世界处在祥和之中”。要我去附和那些有点啰唆的批评家，我不干，像他们那种作家是感受不
387 到这本杰作的迷人魅力和深刻教益的。这是一本促使人们如饥似渴地去求知的书。

对鲁普内尔的哲学著作［两篇《西罗亚》(*Siloë*)］，我持有较多保留意见。可是那又怎样？只要他的思想把人们带回到田野和葡萄园，人们马上就会忘记一切，他的表达那么准确，感情那么深切。

邮差给我送来一篇出色的鲁普内尔传略，是从1946年的《勃艮第年鉴》第18卷抽出的单行本，是我们的撰稿人圣雅各布署名发表的。他的描述细致入微。而且向写了《诺诺》的历史学家和展现了“城市与乡村”的人表示了敬意。我完全相信《城市与乡村》已经绝版。难道它不值得第戎人花些气力去弄一个再版吗？这种高质量的社会史著作多么难得啊！读了这种著作，人们就会喜爱这种丰富而艰深的历史学。

加斯东·鲁普内尔的一封信

加斯东·鲁普内尔的最后一本著作《历史与命运》发表时，我首先有了为它写篇书评的念头。可是刚刚在被俘期间读了这本书的费尔南·布罗代尔，要求我让他来享受写这篇书评的乐趣。不久前，人们在《文集》(1944)的第四分册中读到这篇书评。加斯东·鲁普内尔读了这篇文章后，即写了下面这封信给费尔南·布罗代尔。它说明了这本著作的产生、特点、精神。它尤其显示了加斯东·鲁普内尔的智力和道德的面貌。我们认为，把这封信发表出来，能向这位用心深刻的作者表示最后的敬意。

先生,您在《社会史文集》第6期上发表的一篇出色而重要的文章,高度赞扬了我的《历史与命运》这本书。我谨向您表示感谢。而且我还希望,从这个谢辞中,您能觉察到除了一种寻常的感谢之外的意思。因为您谈论我的工作时所怀的宽厚的同情心,令我很感动。在您的(无论如何是合理的)保留意见中,甚至在您的(常常是很有根据的)批评中,都带着一种善意的语调,让人能感觉到一种仁慈的语气,我对它们并非无动于衷,请您完全相信这一点……我这个上了年纪的人,很高兴向您诉说我的感动和感激。甚至一个朋友,在行使他自由评价的权利的时候,也可能不像你表现得这么友好,这么宽容。 388

您不仅敏锐而宽容地进行了评价,而且猜到这本历史书有"它的"历史。您说"历史与命运,1944"。我更确切地说"历史与命运,1940—1942"。我是在1940年7月初开始写的。我刚刚在家乡的热弗雷-香贝坦村看到,国道上涌过大批难民、汽车、手推车,人们徒步行走,神情哀伤,一片凄惨景象。其中还夹杂着一些军队,一些没有武器的士兵,是法国军队的残兵败将。这样巨大的恐慌场面:这就是法国!……德国兵就在我们家门口扎营,装甲车、长官、兵士,他们是胜利者,趾高气扬。……那是一些多么难挨的日子啊!……人生暮年,除了我个人生活的无法补救的厄运,还要加上公众的、民族的、生活的厄运……德国人就在离我们家几步远的地方构筑他们的新边境:划出边界线,这条线可能会永远把法国一分为二!……人们陷入这种境地。这是旧历史的一种结局!……这种历史,我满怀信赖和诚意教了四十多年!……

我开始带着愤怒和恼恨写第一部分,抨击的口气和批判的态度常常令人不快和失望。我怨恨这种对我们而言本该是过去生活经验的"历史",而且它似乎不再有任何价值,既不是警示,不是有益的回忆,不是希望,也不是慰藉!……

我是在1940年7月初开始写的。这项工作让我忘掉自己。后来我感到很疲劳，很气馁。第一部分一次写成，从40年秋天写到41年夏天。俄国的参战让我突然有了希望。意外的奇迹出现了。写这本书的第二、第三和最后部分时，我像是完全换了一个人。我感觉到有一种保护人类命运的“天意”眷顾我和其他人，您会感到惊讶吗？

请原谅我的信写了这么长！十五天前，我一看到您的文章就开始写，曾经由于严重的支气管炎不得不中断。我从中间划了线的前一页重新开始写。这里我有许多东西要加上。但是这可能让您不耐烦。可是我一心想要对您说，您已经能够当预言者了，还看到了其他事物。当您说我不想“离开你们”时(第76页的中部)，您说对了。而且，尽管我会写出这些东西，或者说好像考虑了这些东西，但我还是觉得信赖人类努力的人就在身边。如果说天命有它的奥秘，那么沙漠一样冷酷的尘世也有它的坚忍的伟大。我还
389 想到，一些“互不相容的”东西困住了我们的智慧。

在结束这封过长的信之前，我最后还有几句话要说！您责备我所说的关于米什莱的话，您是对的。但我曾经那样喜欢他！我曾经那么相信他！……可是我的非常要好的朋友马迪厄让我看了米什莱在1827年或1828年(？)左右写的一封信，那封信仿佛出自一个不知廉耻的平庸的新贵，我的偶像轰然倒塌了。不久后我还发现他在与出版社的账务来往中“锱铢必较”。简言之，我背弃了这个我崇拜过的神。可是现在，我又坚持吕西安·费弗尔的看法了，关于米什莱他说得那么好！我重新觉得他是充实历史学的天才。他让学者们振作精神，而且也许将来还会使历史学恢复活力！……

我很抱歉还说了其他一些话误伤了一些正直的人！在论战
390 中，有多少抨击是愚蠢的啊！……

加斯东·鲁普内尔

9. 回忆一段伟大的历史

马克·布洛赫与斯特拉斯堡*

我们第一次在斯特拉斯堡相遇，我记得是在1920年10月，在一场开学典礼上，那种场合会给参加者留下的回忆想必都是慷慨的冲动和无私的热情。我们有四十人，大多是前一天到的，刚刚脱掉军服，已经克制着不提我们的十字战斗勋章，以及所获得的嘉奖了。当然，我们是满怀热情的法国人，就这样手执武器表现了四年，但是今后我们打算充当这个曾经分裂的阿尔萨斯的忠实仆人，我们清楚地知道，其健康的精神状态大部分要依赖我们以及我们的努力。这时，尽管我们彼此还不认识对方，却相互迎向对方，互报了姓名。我们的喜悦之情是自发的，后来我们想必再也没有这种自发的喜悦了。我们和别处来的一些意气相投的优秀分子一起，结成了一个友谊和忠诚的卓越团体。

马克·布洛赫1886年7月6日出生于里昂，是我们中间最年轻的人之一。在40岁的我看来，32岁的他非常年轻。在1902年的一天，我在阿莱西亚路他父亲家，看见过年纪更小的他。他的父亲居斯塔夫·布洛赫，是一位出色的教师，模样令人生畏，但殷勤好客。在乌尔

* 《1939年至1945年的回忆录》。

391 姆街的高等师范学校，他古代史教得很好，教过我们好多年轻人……我和这位年轻人短暂见面的情景一直留在我的记忆里，他身材修长，两眼炯炯有神，闪现出智慧，脸上显出腼腆，当时他的才华有点隐没在他哥哥的光芒中，哥哥后来成了一位一流的医生。我认出了这位年轻人，战争在他身上留下了四年艰苦生活的烙印，这四年里他军功卓著，受过四次嘉奖，还有一份伤残证书和荣誉军团勋章，这些是从1914年到1919年这些年法国绅士应当拥有的家当。马克·布洛赫刚刚完婚，与一位姑娘结合，而且已经尽力使这种结合成为他能够维持到最后的人世间的光辉事业。这位姑娘不愿抛头露面，又很愿意牺牲自己。马克·布洛赫就这样沉浸在生活中，作为历史学者，还在上下求索。他的父亲、他的高等师范学校的老师（他在斯特拉斯堡认出了其中一位主要人物，即我们爱戴的克里斯蒂安·菲斯特，曾经为他开启中世纪之门）、他在国外的逗留求学，尤其是这一年他在莱比锡和柏林，常常去拜访布赫尔和哈纳克，通过这些长期而细致的准备，他拥有了令人赞叹的能力来完成历史学家的一项伟大事业。可是，是什么事业呢？他在方向上还犹豫不决。其间他完成了短篇论文《国王与农奴，卡佩王朝史的一章》，应该是发表于1920年。他要在索邦大学就这篇论文进行答辩，自然是载誉而归。完成了学业，摆脱了那种非做不可的事情，他可以任意选择了，可以无拘无束地关心他的科学命运了。

在这篇论文中，马克·布洛赫本能地为自己提出一个心理学和社会学史的大问题。他不是那种像老奶奶编织挂毯那样编织历史的人，那种人只是为了打发时间和对得起身份。他已经在考虑他的“历史学家的职责”了。他关心时代，而且作为法律史学家，关心确立法律的体制。身为法学家，也身为社会学家，他被迪尔凯姆思潮强烈吸引。他对历史上的所有集体信仰的东西都有强烈兴趣。而且，当马克·布洛赫研究中世纪自由的问题时，涉及的正是集体信仰、主要是古老文献中的
392 自由人与非自由人的区别。自由与什么相符？**自由**这个如此沉重并引

起深沉共鸣的词，对于“中世纪的人”这种普遍流行的荒谬说法，真正意味着什么？这是难以解决的大问题，可是，他那么年轻就已经以清醒的头脑来对付它了。

此外，在同一时期，还有另一些研究吸引了布洛赫。其实是同样范畴的研究。他在和思想极其开放并且求知欲极强的医生哥哥谈论历史时，产生了一个念头，即《会魔术的国王们》所涉及的问题。在这个问题中，同样有一些东西能够让一位研究集体信仰的历史学家的好奇心得到满足。这本著作是一本非凡的上乘之作，是斯特拉斯堡大学文学院图书馆的珍藏，这个图书馆几乎就是由他创立的。我常常跟布洛赫说，他的作品中我最感兴趣的就是这一篇，他感谢我喜欢他的这本著作，他的“这个大孩子”，他开心地这么对我说。可想而知，要是让一个天真的人来笨拙地处理类似的主题，对神迹进行猛烈抨击，可能会产生一种平凡的或者夸张讽刺的作品，而在马克·布洛赫这部青年时期的辞藻过于丰富但意义也丰富的作品中，你更能欣赏到一位真正历史学家的思想品质。真正的历史学家不会把那些时代叫到跟前，自己以进步人类自居，居高临下地对它们进行训斥和责备，因为他们自己了解这些时代还相当困难呢。

在大学里，我们的研讨会紧挨着，门对门。门是敞开的：中世纪史的研究者们认为不必无视现代，反过来，现代史研究者也认为不必跟中世纪保持距离。因此，我们学生会从一个教室窜到另一个教室，老师们也串门。我们常常一起回宿舍，罗贝尔索区林荫道的中间人行道上熙熙攘攘，许多人来来往往，流连忘返，全然不顾鼓鼓囊囊的书包有多重。由于不断交谈，交流看法和思想，布洛赫碰巧在一部历史巨著中渐渐走近1911年我曾经试图发现的新视野，其中社会史的内容比经济史多，而经济史的内容又比宗教史或政治史多。

这是一部充满着土地、乡村、耕作和收获气息的历史。他这个城里

393 人生于多雾的里昂，长于多石的巴黎，跟外省没有联系，好像跟原籍所在的小地方也没有联系，但是他却一点不反感这种历史。他和我们这些同时代人或长辈中许多人一样，受到地理学的强烈影响，这门学科刚刚被维达尔·白兰士，这位具有创造才能、非凡学识和更非凡的开阔思想的大师提升了地位，成为一门富有成果的学科。地理学的内容无疑太丰富了。当时的法国学生被禁锢在死气沉沉的教室里：教室墙壁的下半截为栗色，上半截为灰暗的赭石色。同学们埋头苦读，头顶悬着昏暗的令人窒息的煤气灯（直到1900年，而且甚至在中学和小学的教室里，煤气还在耀武扬威，引起人们的偏头痛），对学生来说，地理学就像是新鲜空气，就像是乡间漫步，归来时抱着一大抱金雀花或洋地黄，眼睛和大脑经过洗涤，对现实事物的兴趣也超越了对抽象事物的兴趣。

《历史综合评论》曾经就像我们的特洛伊木马，我们通过它渗透到那么多有敌意的和有着令人不安的新事物的领域。大概在1900年，我们的朋友亨利·贝尔就在这本杂志上，发起主编了一套文集，叫《外省专志》："已有的作品，待写的作品"，这些很有前景的小册子封面上这样写道。我在文集中负责写《弗朗什–孔泰》。布洛赫紧随其后，写了《法兰西岛》，和他的所有作品一样，这也是高水平之作。而且确切地说，人们已经从中觉察到乡村史学家激发出了一种使命感。从此，对正在寻找自己领域的年轻的布洛赫转向对乡村的研究，就没有什么可惊讶的了。我讨厌说"农业史的"研究。因为在我们这一行里曾经有"研究农业的人"，但那是一些法律范畴的爱好者。他们只满足于按照18世纪的封建法律专家的方式来划分古代社会、中世纪社会（而我们不要忘记，在农村领域，中世纪至少延长到1789年8月4日之夜）；但是，至于从整个抽象活动的后面发现生动的现实；至于提出一些实际的、具体的、人文的、精神状态的、生活方式的、身心疲惫和不安的问题，以及投资和货币的问题；至于最终地摆脱抽象概念，他们根本不做。那是人们只钻研教堂法律文件契据的时代（可是尽管我们做出了努力，那个时代

到处都未结束)，研究这种历史，只要一位公证人作助手就行。 394

马克·布洛赫很早就跟我推心置腹地谈过他反感这种历史学，谈过他的愿望，谈过想“走向土地”，把农村史的窗户向充满活力的肥沃的乡村敞开，叙说人们的痛苦、情感和隐秘的思想，而不是耐心制作一整套假法律的标签来表示他们的差异。我竭力鼓励他在这条道上走下去。并且为了让他放开手脚，我决定自己不再去做这个方向的研究。人手这么少，真正有资格的工人这么少，而工地又这么大，这么空，我干嘛要做几个方向的研究呢?

于是布洛赫就以这种方法、这种认真态度、这种支持着他所有努力的坚强毅力开始干起来。他惯于利用文献，主要是法国的文献，首先吸引他注意的是法国的房地产契据册。然而，布洛赫靠自己的思考，但是也受到亨利·皮雷纳的影响——1921年，马克·布洛赫和我在布鲁塞尔听过这位纯朴的非凡人才关于比较历史学的演讲，这篇演讲引起过轰动，而这位历史学大师的话，其精神与语言学大师安托万·梅耶关于这个主题多次表达的看法和规则结合起来——从这位大师的那么多催人奋进的富有教益的话中获得滋养，他得出结论，一部法国乡村史满足不了它自身的需要；几十年来历史学家们翻来覆去钻研了许多问题，却从来都没有找到答案，这些答案显然要在法国以外去找，这一点至关重要，再难也要去找。为此布洛赫学会了一些语言，除了德语和英语，他还学了其他语言。其中有现代语言，也有古代语言：他学了一点俄语、弗朗德尔语、斯堪的纳维亚语、相当艰深的古德语，以便能在钻研特别有用的文献时，不至于两眼一抹黑；他还学了相当深奥的古撒克逊语，以便在遇到拉芒什海峡彼岸北欧社会的精深知识时，不至于难以理解。同时他还初步了解了有关农业生活的实际知识，农作物的轮作，开垦、耕耘和收获的技术。他还发现了土地测定及估价和小块土地平面图这个广阔领域，后来还成了法国在这个领域的研究者。 395

田野上的庄稼像色彩斑斓的地毯，鲜艳的色斑有着明显的反差，可以让一位叫凡·高的画家高兴。但是，对历史学家来说，这里存在一些问题，一些很重要的问题，也是极为有趣的问题。布洛赫功不可没，发现了这些问题，同时毅然进入了他所发现的新世界。他作为现实探索者，作为生活评论者进入这个世界。这个地区为什么有这些均匀铺展的田地呢？另一地区为什么有那些四四方方的大块土地呢？为什么这里的耕地很规整，而远处却是无规则的？为什么有些田地是封闭的，围着茂密的树篱，或者有大树做屏障？为什么有些田地没有栅栏，有些田地不长庄稼，没有树篱，甚至没有灌木丛，没有树？如果有一棵枝叶繁茂的大橡树兀立在“白垩质平原”上，它就立即远近闻名？圣马丹或圣阿德里安的梨树、椴树或胡桃树，就是这样作为整个一个地区的标志标在参谋部地图上的。我们记住这些各种各样的外貌，不感到惊讶。因为熟视无睹了。到处都应该再创造出令人惊奇的东西来。没有丰富的令人惊奇的东西，人们就没有好奇心，而好奇心正是科学研究的出发点。布洛赫注重这一点。而且这一路上他有多少发现啊！地理学可以解答他遇到的问题。封闭的、无遮蔽的田地：要解释它们为什么在这里是这样，在那里是这样，难道不要考虑土壤的性质、气候条件、水源状况，以及其他许多种“地理”因素吗？德国不是力图为它的教育充当这部文化巨著的批注者吗？教育是钥匙，是种族的最重要的钥匙，是老梅茨恩信手使用的万能钥匙。关于封闭的、无遮蔽的田地的问题，农业技术没有话要说吗？ 这些形状不同的田地是如何耕作的？靠什么农具、什么器具、什么机械？这些农具、器具和机械的使用本身，没有说明什么问题吗？

困难不是学会掌握所有这些各种各样的探索方式：地理学的、人种学的、农业的、技术的方式。困难是不去建立一个出色的体系，但也不是以思想开放为借口而沉溺于一种抽象的没有魄力的折中主义中。
396 困难是要做一个历史学家；是首先面对现实，面对先入之见；是正视它们；是求助于文献；是查考发掘出来的文献；然后是查考写成文字的文献，同时决不忽视布洛赫所喜欢的那个定义："历史学是研究变化的科学。"我讨厌抽象，更喜欢说："历史学是研究诸多变化的科学。"因此，田地被圈起来，或者是开放的，或许都不是神圣权利，都不是远古神意的制度？往前推五个世纪、十个世纪、二十个世纪，人们也许会找到原始态，不起眼的静候变化的原始态：如一个田地开放、没有篱笆或壕沟的布列塔尼，像博斯或香摈那样土地一望无际暴露无遗的布列塔尼？

所有这些研究成果，变成了马克·布洛赫在奥斯陆"文明的比较研究学会"讲授的一系列讲座。我敢说，这个学会就是为他量身定制的。这些关于法国农业史的讲座获得了很大成功。布洛赫很快乐，不是因为他找到了他的路，而是因为他的努力获得成功的回报。对这些成果进行复述、明确表达、加以强化，这就产生了《法国乡村史的原始特征》这本书，1931年同时在巴黎和奥斯陆出版。①布洛赫以这本书纪念埃米尔·贝什，他的一个因久病不愈而英年早逝的同届同学。这是老传统：我们这样公开或是在心底把我们的一些作品献给青年时期的那些同伴，他们是我们的知心朋友，曾在一起刻苦学习，有共同的梦想；他们是我们的年轻思想的助产士，而我们常常也是他们的思想的助产士……

这本书很快就成了经典，但绝不是以教科书的方式。我非常要好的朋友朱尔·西翁表明了此书给他留下的深刻印象，他希望三十年后它会变得完全过时，不再有用。必须是历史学家，才能理解这种愿望所包含的赞美一本历史著作的全部意思。这本书不打算以教科书方式赋予现实一种凝固的、超越时间的和静止的景象；它不像冷却后形成的一块明胶，必然会一下子化成一摊水，对任何人都没有营养。它是一本让 397
人去思考、去探求、去发现的书。它的每个经过审查和改写的结论，都

① 长期以来一直绝版，1952年在我们的关心下，在阿尔芒·科兰出版社再版。由于多韦涅（R.Dauvergne）的功劳，还附加了一卷珍贵的增补本。

被该书所引起的进步本身修改。每个结论都被修改过，但首先是被作者本人修改。

因为，以为布洛赫会对自己的著作感到满意，并且从此就花时间执拗地捍卫那些结论，那是错看了他。布洛赫不是一个体系缔造者，他是一个探求者。在他看来，《法国乡村史的原始特征》不是一个终点，更应该是一个起点。

确切地说，在1928年，他曾向我披露一项计划。事情要从一战结束后说起，那时我刚从军队复员，产生了创办一份有关国际经济史的重要杂志的念头。我考虑让皮雷纳来主编这个杂志，因为他有过人的威望。我完全准备好为他安排杂志的秘书长。我很深入地推行了我的计划，皮雷纳也对计划十分感兴趣。在布鲁塞尔的国际史学大会上，我在包括威廉·阿什利爵士在内的一些资深学者面前，陈述了这些计划。我们当时组织了一个委员会。在这件事情上，皮雷纳认为要引起日内瓦的机构关注才好。结果计划创办的杂志就陷入了日内瓦湖边的泥潭。局面有点令人气馁，中断了我的计划，打碎了我的梦想。一天清早，布洛赫提出要和我一起重新实施这些计划，但是这次按照经验，要以一种国家杂志的形式，争取广泛的国际合作。我支持他的想法，向他保证，一旦杂志办起来，我会协助他把它维持下去，不过我是在幕后，作为合作者。可是命运不顺。布洛赫在出版上遇到困难，请我帮忙，让我直接去操持这些事情。于是我们齐心协力，成功地创办了《经济与社会史年鉴》。多亏了一位出版商马克斯·勒克莱尔的远见卓识，是阿尔贝·德芒戎把我们介绍给他的（这里想到阿尔贝·德芒戎我就高兴）。我表了态，不再有退缩的理由了。从那时起，我和布洛赫便满怀热情地担任了《年鉴》的服务者和供稿者。编辑部设在斯特拉斯堡，我们一度都同意把它叫作《斯特拉斯堡年鉴》。然而，对布洛赫来说，在他的《法
398 国乡村史的原始特征》出版后，正是我们的《年鉴》成了一种理想工具，

对他这部伟大著作所提出的问题不断重新审查、重新讨论，坚持不懈地和有条不紊地加以深化。

《年鉴》进行了许多调查，包括对地籍、小块土地平面图、农业技术及其对人类历史的各种影响的调查，这些调查让不同的人感兴趣，其中有地理学家，如刚才提到的朱尔·西翁，如怀着挚爱跟随我们的阿尔贝·德芒戎，如阿尔博或米塞，如阿利克斯和迪翁；亨利·博利更不用提了，在斯特拉斯堡时，他是我们身边唾手可得的支援，而且始终那么努力，那么踏实，好主意又那么多。

这就是在斯特拉斯堡的美好的三十年。是积极、无私、苦干和成果丰硕的三十年。这三十年聚集了多少做最佳工作所需的令人羡慕的条件啊！首先是深厚的友谊！不仅它们的真挚能让人振作，而且它们的品质令人感动。我们亲爱的夏尔·布隆代尔，就是在此时写出了《集体心理学引论》这部杰作。这是我们时代的伟大著作之一，虽说这本小书内容和形式（一如既往的高雅）只属于布隆代尔，出自布隆代尔，但其精神是属于我们的。除了他之外（我们尤其要提到一些已经仙逝的人，但这份名单已经很长了），还有我们的一大批语言学家，有令人快乐的欧内斯特·莱维，有关古老的阿尔萨斯的习俗、风俗、民俗，还有它的家具，以及古玩商的小玩意儿的资料，从他那里取之不竭。还有一大群日耳曼语族的专家，研究英国语言、文学和文化的学者和斯拉夫语学者。人们在中世纪文献中遇到语文学上的困难，就让欧内斯特·霍夫内尔来克服；遇到考古学的困难，就由佩德里泽来展示他的取之不尽的藏品宝库；如果涉及礼拜仪式、神学、教义的来龙去脉，斯特拉斯堡神学院就能提供帮助；涉及教会法规问题？加布里埃尔·勒布拉就用其生动活泼的知识来解决。因为无论是布洛赫，还是我们这些人，都没有局限于我们的学院——无论历史学家群体的资源，尤其是生活和活动如何，
在帕里塞去世后，布洛赫和我看到从安德烈·皮加尼奥尔和佩兰，到乔 399

治·勒费弗尔都加入了进来，我们多么快乐啊。而且还有过客。许多年里，无争议的、最杰出的、最有能力的，是伟大的西尔万·莱维，他结束了法兰西公学院的课程后，不计报酬地在斯特拉斯堡度过几个月。他当然是教印度学，而他做得更多也更好的，是讲授有关法国的内容，讲授法国始终拥有的高贵的、高雅的和人文的东西。皮雷纳如果到斯特拉斯堡来，必定会跟我和布洛赫打招呼。他甚至还为我们的学生讲授了一系列课程，他旁征博引，让学生们对他的思维能力佩服得五体投地。这些是舞台上的名角儿。布景嘛，就是令人赞叹的斯特拉斯堡国家图书馆和大学图书馆，它的宝库就展现在我们眼前，触手可及，是在法国开展研究必需的适用工具。如果我们中间有人能在身后留下一部作品，一定程度上就要归功于斯特拉斯堡图书馆，归功于这些曾经被他们利用的非常丰富的资源。

斯特拉斯堡人广纳外来人才，斯特拉斯堡人也被外地人接纳。人们知道，布洛赫就是先在挪威教授过他的《法国乡村史的原始特征》，然后才整理出版的。同时，他在布鲁塞尔、根特、马德里、伦敦、剑桥有尊严地和积极地描述了法国，尤其在伦敦，在“伦敦经济学校”的资深听众面前，他讲授了有关他最感兴趣的主题的杰出课程：《法国的领地与英国的采邑》。他声名鹊起。所到之处人们都感觉到他的身上有力的、创新的和令人振奋的智慧。他的两卷巨著《封建社会》在《人类演化史》丛书中接连出版，获得了决定性的成功。各地的人们都知道，我们拥有了一位伟大的历史学家，一位伟大的欧洲历史学家。这个词名副其实，因为很明显，缔造了我们历史的中世纪社会史，只能在欧洲范围内进行研究。正是在中世纪，使罗马丧失魅力的北欧民族成分与由于欧洲的衰落而解体的地中海成分的结合，导致了人文意义上的欧洲的诞生。对此布洛赫比谁都更清楚。而且，从1928年起，他就不赞成
400 《**欧洲社会比较史**》了，他曾经那么鲜明地支持它：他想必开始酝酿一

种《**欧洲文明框架内的法国史**》，他不是只满足于利用法国的文献和资料来描述封建社会的演化过程。他知道边界在这方面毫无意义；知道虽然法兰西岛领主权的主要特征存在于莱茵河地区，但并不存在于朗格多克；知道虽然能使亚眠向根特或科隆靠拢，组成集团，但是人们不能把它和马赛、佛罗伦萨或热那亚扯到一块；他知道，一个香槟村庄的土地制度，基本上就是一个撒克逊村庄的土地制度，而不是一个布列塔尼或朗格多克村庄的土地制度。它们相隔远了。尽管从12世纪起，法国、德国和英国产生了三种根本不同的社会等级制度的概念，但这无疑很好地解释了它们的命运所发生的许多事情。现在的命运和过去的命运都一样。我们已经发现马克·布洛赫是如何耐心而顽强地为自己配备一套绝好的科学工具的。掌握了这套工具的这位巨匠得心应手，并借此创作了两部留下我们的思想印记的伟大著作。

两卷《封建社会》发表时，马克·布洛赫就已经不是斯特拉斯堡人了。索邦大学的经济史教授亨利·奥瑟退休了，让马克·布洛赫能够在巴黎与那么多渐渐集中到那里的忠实朋友和同事相聚。他离开伊尔河畔时不是很高兴，没有那种急于离开的人的举动。我完全相信，我们中的任何人，1920年那一批斯特拉斯堡人绝没有这样的感觉。他响应了一种责任的召唤，也许还考虑到了他的六个孩子，他认为移居这个伟大的巴黎有好处，代表了法国的巴黎拥有它的最光彩夺目的东西。

索邦大学等待他接手的工作是繁重的，他预先就已得知。幸好马
克·布洛赫所处的经济史教授职位，有点处在边缘状态，因为经济史在
法国还没有脱离“边缘状态”。虽然和同事相比，他的专业工作并不繁
重，但是这位《法国乡村史的原始特征》的作者性格顽强，因此能一直
笔耕不辍。我不是说他不累。但是他的旺盛精力始终能克服这种劳 401
累。他虽身在古老的索邦大学，但仍旧保持着年轻时的青春活力，还习
惯于如饥似渴地向斯特拉斯堡大学的文学院索求学术资源。

布洛赫一到索邦大学，便忙着在一个狭小场所开办备有一套参考书籍的经济史研讨会，也就是让索邦大学利用斯特拉斯堡大学的学生用的珍贵的重要工具。他还密切关注法国高等研究的总体进展。他对它不满意，有意见。教师招聘会考模式走了样，竟为大学的全部研究活动定方向，这个严重问题令他担忧，也令我担忧。由我们两人思考且由他撰稿的一篇重要文章，明确表达了我们的思想，被我们笑称为"《年鉴》的意见"。

然而，在校外，战争的乌云在积聚。布洛赫从不研究政治。我一直在想，一个真正的历史学家怎样才可以研究政治。但他骨子里还是法国公民。从1936年开始，我们开始格外关注公共事件。对他和我来说，慕尼黑预示着命运的巨大灾难。法国抛弃了她的王牌，断送了她在中欧的物质与精神地位。法国以令人反感的冷漠，抛弃了一个我们最优秀的军官曾经训练过其年轻军队的国家；一个尽管困难重重，也要轻信他人许诺让他们拥有幸福未来的国家；一个其地理位置非常重要，从德国的东面阻止德国无休止地侵略、绑架和征服的国家。布洛赫和我一样，不接受这种抛弃行为。这种抛弃必然导致失败，作为历史学家和地理学家，他不会对它的效用抱有幻想。我们的态度是鲜明的，可是，面对那么多纠结在一起的势力，除了从精神上保全面子，又能怎么办？

战争爆发了，布洛赫更不犹豫了。他出生于1886年7月6日，到
402 1939年7月6日他53岁。他有六个孩子，都还没有成年。在1914年至1919年战争期间，他被提拔为上尉，那时他20多岁。从那时起，他没有申请任何新的军衔，在战场上获得这些军衔之后二十多年，他一直佩戴他的步兵军官的不起眼的三道杠。他笑着对我说，他是"法国军队最老的上尉"。我回答他，如果再早一点，我不受年龄限制，可能会跟他争夺这个称号的，而且出于同样的原因。按照规定他可以解除他的军人义务，继续担任他在索邦大学的教席。但是，这位闻名整个欧洲学界的学

者，这位无可争议的大师，有那么话要说，有那么多东西要写，是一个具有那么丰富的智力和精神的活宝库。他却还是再次穿上戎装，再次成为布洛赫上尉。

军队的人几乎都不知道怎么发挥他的长处。战争时期，法国除了化学家，不管怎么说都不需要历史学家。这位杰出的大师，在国外比在国内还有名，在英国比在其他地方更有名，因此，一个叫马克·布洛赫的人就顺理成章地被某个跟英国军队进行联络的高级部门聘用。布洛赫个人也愿意，因为他觉得这样能为祖国效力。人们聘用他在斯特拉斯堡当地一个不重要的行政部门干些抄抄写写的活。1939年初，这个部门撤到莫尔塞姆，后来又撤到萨尔韦纳。我在写这些时，面前就有他写给我的信，字里行间充满着要尽可能报效祖国的想法。10月8日的信是这样写的：

> 我的工作几乎不值一提，而且肯定有许多别的工作更能让我发挥作用……我甚至不提从经济观点来看要做的所有工作，而且我能猜到，我在牛津、剑桥、伦敦的所有同行，此时都在担任这种工作。我们在这里，几乎不想做任何事情来反对商界人士的严重偏见……此外，我一点也不依恋巴黎，因为它好像对我的抱负置若罔闻，这让我感到不快。但是，当我想到一个惯于运用证据的人可以在第二局做出的所有贡献，想到一个头脑大致还明智的人就是在第一局也可以做出的所有贡献，最后想到某个熟谙英国事务的人在一些必要的和可能困难的联络事务上可以做出的所有贡献——我对我所做的事情失去了耐性……我完全可以胜任参谋部的一种重要工作嘛，而且如果我出点力还能做得更好。 403

他还请我尽可能帮他，因为“应该做到人尽其用”，他提醒我他的军人地位、他的军衔（他不带明显讥讽地说，1920年以后他还获得过国土勋章呢)、“正规的”战时兵役、四次嘉奖、一次负伤、一次荣誉军团勋章。

1939年10月15日,他换了个环境,是北方的一个重镇,在种植甜菜和放牧的平原上。一望无际的蓝天上飘浮着美丽的云彩。某地驻扎了一个司令部。布洛赫先是被第二局任用,后来突然调到第四局,这是一个关键部门,向军队供应汽油。活儿相当繁重,而且到时必定负有一些沉重的责任。布洛赫的不起眼的三道杠本来可以让他在第二局合理地“随处展示最可怜的个性”,可是“人们尽管知道要正确用人,却采取了一个特别糟糕的方法”,使他成了部队的“储备物资、酒桶和油罐车的大老板”。他也没有表示不快,尽管热情不高,但有一种意识:“至少他是有用的,能做一些事情。”但他照样表露出“空虚、荒谬、近乎沮丧(未必尽然)的感受,天啊,一个人到了斯特拉斯堡,有点像我们那么多次上前线时的感觉,可是七个多月来只是抄抄写写,而且还是一直躲在克莱蒙费朗或巴约讷的一个办公室里”。

起床号突然响起,惊心动魄。1940年7月4日,马克·布洛赫从敦刻尔克撤到英国,又从英国撤到布列塔尼,侥幸避免了被俘,开着他侥幸保存下来的汽车到盖雷,找到了在“奇怪的战争”期间住在这个安宁的、靠近他在富热尔乡下的宅子的小城的布洛赫夫人和孩子。局势急转直下。签了停战协定的卑鄙之徒摇身一变,成了德国主子的种族主义迫害政策的执行者。布洛赫是他们暂时打着一种伪善的幌子同意留下来的几位大学教授之一,但是不让待在巴黎。他先被遣送到克莱蒙
404 费朗(他在那里加入了撤到奥弗涅的斯特拉斯堡大学),一年后又被遣送到蒙彼利埃,他觉得那里的气候可能适合他的妻子,她很疲乏,而且刚刚患过一场严重的胸膜炎病。但是在蒙彼利埃,家庭没有完全重新聚在一起。在西班牙被关了几个月后,布洛赫的几个大孩子立即越过比利牛斯边境,加入了解放武装力量。他本人不必在蒙彼利埃滞留。

此时德国人已经在巴黎掠夺了他的藏书丰富的书斋，一本书都没有留下。不久前，他们以同样的方式盗窃了亨利·奥瑟的书斋，把它搬到莱茵河彼岸。当这些德国人跨过边界，占领了法国全境时，马克·布洛赫听从地方当局的建议，立即离开了蒙彼利埃。一段时间之后，维希政权解除了他的职务，因为他“临阵脱逃，擅离职守”。如果人们想到，这种话竟是从同一个“敌人”的口中说出来，就觉得既可笑又无耻。

此时，布洛赫本来只需躲藏起来，挨过几个月，和妻子及最年幼的孩子一起，等候预料中的最后灾难来临。但他一如既往，选择了行动。他投身于抵抗运动。他的活动中心就是他的出生地里昂。而且他的名字不再是马克·布洛赫，他同时有两个假身份，一是“莫里斯·布朗夏尔”，一是“自由射手运动”委派到里昂抵抗统一运动地区指导委员会的代表“纳博讷”。尽管他年纪已大，健康状况也并非一直很好，他还是放弃了有规律的生活习惯，义无反顾地去冒着一切危险从事地下活动。

在那些极端动荡的岁月里，我见过他几次，每次都是从里昂赶往巴黎，参加他的组织召开的会议。突然有一天晚上，我接到他的电话：“是的，是我！……明天到您那儿吃晚饭，行吗？”他悄悄地在离拉雪兹神父公墓旁边的拉丁区很远的地方下车。他对索邦大学和高等师范学校周围的情况很不放心，我家是这些地点中他通知并造访的唯一去处。有时他要求我邀上一两个朋友，如保罗·埃塔尔和乔治·勒费弗尔。我总是发现，他还是那样敏锐、乐观、积极；还是对解放以后的未来十分操 405
心，尤其是对必要的改革十分操心，不对，是对必要的教育革命十分操心。在最后几次造访时，有一次他递给我一份出色的教育的全面改革计划，以下面这段话开头：

> 我们的失败基本上是智力和性格的失败。指出这一点，也就

意味着，解放以后，重建我们的教育制度，是我们所面临的，最迫在眉睫的任务之一。一个新生的法国需要一代按照新方法培养出来的年轻人；没有这样的年轻一代，就难免在以后重犯昨天的错误。

他由此得出“关于进行一场教育革命的说明”，在《政治杂志》第三分册上刊载，《政治杂志》是地下出版物，有人曾建议布洛赫担任主编（他没有答应）。我从中看到下面这段话：

我们的垮台首先是领导者的垮台，而且，为什么我们的人民中大部分人没有勇气承认，它既是智力的失败，又是性格的失败。就是说，在其深层原因中，我们的社会向青年提供的教育有欠缺是第一位的原因。

我把布洛赫的这些计划提交给了主宰教育改革委员会命运的保罗·朗之万。我希望在我们大家都期待的“革命”中，他能将这些计划中的许多主意付诸实施。[①]

布洛赫对他可能遭遇的危险并不心存幻想，有天晚上我更理解到这一点。那天晚上，经过长时间的交谈后他正要离开，而我傻傻地（但是在那种情况下，谁不会这样犯傻呢！）对他说：“您要当心才是，以后我们会非常需要您的。”我听到他回答说：“是啊，我知道等待我的是什么，如果是……死亡？不仅仅是死亡，而且是一种可怕的死亡，是的。可是那又怎么样？”……然后他便消失在楼道的黑暗中。

1944年一个阴沉的春日，灾难降临里昂。经过长达数月的搜查，
406 盖世太保最终还是抓住了统一运动里昂指导委员会的部分成员。布洛

① ［我们一直在期待（1952）］。

赫被捕了，被关进蒙吕克城堡阴森恐怖的牢房，受到野蛮人的拷打和折磨。有人曾在盖世太保的巢穴见到他血流满面。人们知道他受过冰水浴酷刑。因为在受过这种可恶的酷刑后，布洛赫感染上支气管炎和肺炎，他想必被送到诊所，况且得到很好的治疗，并且痊愈了。但他之后又被送回牢房。他等待，他知道，他可能而且不得不面临最坏的结局，但是他的精神仍然极好。他跟被俘的同志谈到法国，谈到她的历史，谈到她的未来，除了这些他什么也不会对这些朴实的人说。同志们甚至不知道他的真实姓名，但是他们最终还是猜到他们的这位久经考验、满怀希望的狱友是索邦大学的一位教授。当时盟军在诺曼底登陆了，里昂的德国人急着撤退。他们按照他们的方法来清空监狱。于是有一天晚上，有人看到，在离这个大城市二三十公里远的乡野，停下一辆汽车，车上下来一些囚犯，他们有的被德国人亲手枪杀，有的被德国人的走狗枪杀。之后这些人又仔细焚烧了有关这些囚犯的文件，以及他们的身份标志。市长接到通知，叫人来掩埋这些尸体。然后这些人又赶往另一些杀戮场所。

1944年6月16日，二十七位法国人，二十七位爱国者，从蒙吕克监狱被带出来，押到一块田野上，这地点叫作勒鲁西尔，在从特雷武到圣迪迪耶德福尔芒的路上，在里昂以北约二十五公里的地方。其中有一位长者，头发已经灰白，眼光犀利。乔治·阿尔特芒在《政治杂志》中一篇动人的文章中写道：在他身旁，一个16岁的孩子浑身颤抖："会很疼……"但是布洛赫深情地抓住他的手臂，对他说："不，孩子，一点都不疼"，然后他第一个倒下，牺牲前高喊着："法国万岁！"

欧洲最伟大的智者之一，就这样被德国人的子弹消灭了。对他来说，这个欧洲不是一个标签，而是一个活生生的现实。一位非常伟大的法国人就这样死去了。无论现在和将来，我们都不应该让他的鲜血白流。

10. 乔治·埃斯皮纳
博学者的一种道德心*

在《北方评论》杂志中，我们的撰稿人，莱斯托库瓦神父发表了一篇关于非常值得怀念的乔治·埃斯皮纳的生前传略。他说到埃斯皮纳的为人，也说到作品，以中肯的，当然也是友好的词语。谁认识了乔治·埃斯皮纳，这位伟大的工作者和杰出的人，会不尊重他呢？他亲切善良，在任何事情上都乐意帮助他人，人又非常谦虚。我记得，有一天我随口跟他说，我手头缺他的一篇论著，无法弄到它。第二天，我就收到一封长信，是用我熟悉的紫色墨水写的，乔治·埃斯皮纳按照他的方式写满了他的歉意。他对我说，他从未想到他的一本书（关于中世纪大有产者的论述）会让我感兴趣；并说要是他想到了，肯定会寄一本给我；但他暂时没有样书提供给我……令人感动的，就是他不讲客套话。有位非中世纪专家的历史学家会对他的著作感兴趣，乔治·埃斯皮纳由衷感到惊讶……一个月过后，一天早上，我收到一本样书，不知乔治·埃斯皮纳自己是从哪里弄到的，还又附了一封信，一再表示歉意……充满了盛情和亲切，感人至深。

莱斯托库瓦先生谈到埃斯皮纳对综述兴趣不浓："他是一位一丝

* 《年鉴：经济、社会、文明》，V，1950年。

不苟的分析家，但害怕新观点。”我认为这种说法不完全正确。他的确是一丝不苟的分析家，可是他害怕新观点吗？当然不是。他有一个崇 408
高理想，一个苛求形式完美和细节精确的理想，这一点我同意。但他知道，完美是难达到的，他和别人都难达到。但是他跟《年鉴》的合作，是真心为我们这些坚定的不墨守成规的人提供帮助。我们从一开始就有我们的新思想，而且我非常希望一直拥有新思想。他不抱自私的目的，常常满怀信心参与我们的思想活动，多次撰写批评文章，表现出令人钦佩的魄力。对于这些文章，我和布洛赫都喜欢思考、编辑，然后同意刊登。这一切可不是一个害怕新思想的人的所作所为。如果有一天，有人仿照18世纪的风格，以“年鉴的精神”这个令人满意的经典老题目，发表一本我们杂志的著作选，我完全知道放在开篇的应该是哪一篇文章，应该就是1934年埃斯皮纳提供给我们的那篇文章，载于我们的杂志第6卷（第365页），标题意味深长：《关于对空泛的厌恶：对博学方法的背离》。这显然是在确认我们有着共同的观念。

而我要补充说：这是勇敢之举。因为我们别忘了，乔治·埃斯皮纳是从巴黎文献学院毕业的，而他指责装模作样，只考虑“事实”的那些人正是巴黎文献学院的毕业生，他是在一份杂志上进行这种指责的，而那些傻瓜就把他们可怜的担忧归因于这份杂志的主编和撰稿人，不断指责它是“巴黎文献学院的敌人”。我曾经说过，法兰西文学院不接纳埃斯皮纳为院士，是对他的严重不公。无人怀疑，埃斯皮纳的勇气和对观念的兴趣——这些观念可以说不一定是新的，但至少是正确的——是导致他当选院士受挫的重要原因。

当埃斯皮纳谈到亨利·洛朗的那么宽泛、那么吸引人的工作，遗憾作者在结束其著作时没有用一个有说服力的结论来赋予它更多价值时；当这个由于所受教育的缘故，对1900年代的整个地理学思潮陌生的人，那么清楚地表明，必须以地理学和地形学为基础创立有价值的城市历史研究时；尤其是当他从1902年起，开始了有关杜埃的系列研究时，这种研究在当时是那么的新颖，他可不是一个畏缩不前的人。我愿意用莱斯托库瓦先生的话称他是一个“先驱”。他确实没有技巧，况且
409 他个人也确实不想有这种技巧。但是别人如果没有这种技巧，他又会带着他惯常的极大的宽容，表示非常遗憾。

没有一期《年鉴》出版时我们不在想：“我们多么希望埃斯皮纳为我们写一篇充实的文章啊！”而我个人总是怀着感激之情想起1940年到1944年间他对我的帮助，当时我几乎是孤身一人面对困难。每有重大事件发生，我们都要交谈一两句话，而且没有哪一次他会拒绝给我最广泛最热忱的协助。这是一位极其谦逊的正直的人，而且是一个高尚
410 的文雅之士。

11. 天生的历史学家：堂·贝尔纳·贝尔特传*

《年鉴》戴上了黑纱。贝尔特神甫，真名为堂·贝尔纳·贝尔特，无原罪始胎修会的议事司铎，1950年3月24日，在热万盖（汝拉）的教士住宅结束了他痛苦而短暂的一生，享年41岁。我字斟句酌地说，这是一个巨大损失，对历史研究来说是一场真正的灾难，无疑是区域史研究的灾难：他本来是会为我们提供一部关于上汝拉地区的伟大著作来填补我们的空白的。不过，除了区域史，还有总体史。它也可能要戴黑纱。贝尔纳·贝尔特神甫不只是它的一个忠实研究者，他在这方面具有大师的品质。

我们再也见不到他署名的文章了，他的文章一直都是原创和新颖的，每一篇对问题的把握都体现出一种强有力的精神，任何东西都不能使这种精神歪曲，流于偏见。《年鉴》的老订户第一次见到他的署名时，想必很惊讶，贝尔特神甫，何许人也？是巴黎文献学院的某个加入了修会的毕业生吗？还是里昂、第戎、贝桑松的某个学士或者持有文凭的人？都不是。当他必须填写任何研究机构的履历调查表，回答其大学学历的问题时，他就感到很难为情。他写信给我坦率地说："也许我就

* 《年鉴：经济、社会、文明》，V，1950年。

该填上只有一份学习结业证书？”他像是为了消除疑虑，又补充说：“我学的东西实际上就跟中学生学的差不多。”亲爱的贝尔特神甫！他这不是顾忌舆论，而是对自己要融入这个他为之做了许多也许跟学历不符的优秀贡献的研究界，有点茫然不知所措。面对那些有学士学位、有毕
411 业文凭、通过会考取得大学或高中教师职衔的人，甚至博士，他想到他的学习结业证书……然而，这份证书就是他的能力。贝尔特神甫是“原生的”。谁也没有借口学术嫁接，把所谓精炼的平庸思想的胚芽植入他诚实的本质。他无疑是觉得我对所有这些文凭（况且它们有些只是假货）的来历都不看重，所以那么快就信赖我了。

他的父亲就是他的启蒙老师。我们上汝拉地区涌现出了许多心灵手巧的工匠，有宝石匠、钟表匠、制作手工艺品的工匠，还有其他手工业工匠，他父亲就是其中之一。他从事眼镜制造业，这是我们山区的一种独特的专长。莫雷兹是眼镜业之都，但专业产地是鲁斯……父亲在年轻时想当司铎，而且进行过相当深入的学习（因此在贝桑松，人们一说到他，都说“他学过神甫”），所以他可能是他儿子的第一个老师。可是他家境不好，便把孩子托付给教堂。马克和贝尔纳两兄弟的学费就由教区支付。

未来的堂·贝尔特从圣克洛德的唱经班领班到沃镇小修院，然后又到蒙西尔大修院的历程，我们就不去追踪了。在寄宿学校两年的督学工作，中断了他的学习课程，但也让他拥有了一些闲暇时间，他就是在此时萌发了当历史学家的志向，这是一个山里人身上固有的志向，他清楚地跟我们解释过原因。[①]他读过一些老作家的书：浪漫主义的克莱尔院长的著作；两位迪诺、谢瓦利埃、纪尧姆神父的烫金小牛皮精装的大四开本著作，边读边记笔记。他的想象力让他在这些艰难专深的著作页边上，画上一些阿拉伯式的装饰图案。而在结束教士的学习之后，

① 参见*Annales*, 1946, pp. 181–182 (*Deux villages du Jura*)。

他决定进入一所修道院。

又是从这个举动，或许是由于当时的状况，人们能够看出他是汝拉人。1865年，在圣克洛德，主教的总副本堂神甫堂·阿德里安·格雷亚，创建了无原罪始胎修会的议事司铎修院。他希望以朴素的习俗来恢复符合教规的生活：唱诵日课经和夜课经；持久禁欲；严格而且经常守斋。堂·格雷亚是罗塔利耶的孔泰人。他的副手，堂·伯努瓦[1]来自圣克洛德和鲁斯。虽然堂·伯努瓦只是为了支持他的护教论才使自己 412
成为历史学家，但他还是为家乡贡献了一部两卷本的内容丰富的《圣克洛德地方史》，于1887年到1891年间编写。不用说，堂·贝尔特反复读过这部著作。然而，修会在加拿大碰到意外的机遇。堂·伯努瓦响应加拿大一位主教的号召，在马尼托巴省一片茂密森林里，创建并领导了一个小型法国和瑞士开垦者社团。建起了一座修道院和一座教堂；一个教区诞生了：1892年有370人，1908年达1 025人。让鲁斯的一个汝拉人，一直不去关心这种必定会让他很自然地想到汝拉神父们的基督教英雄壮举，不去关心枞树覆盖的圣罗曼和圣吕皮桑，几乎是不可能的。但尽管如此，1932年9月，贝尔纳·贝尔特抵达该修会在罗马的总院。

可是在12月8日，他哥哥马克神甫又不得不把他带回鲁斯——因为他终身性的疾病。

贝尔纳·贝尔特开始受到病痛的严重折磨，这痛苦让他觉得自己是个废人，因为他的健康状况阻止他实现自己的愿望。他向往修院生活，并且觉得自己命中注定要与尘世隔绝了。他想效力，可是谁也不能

① 关于堂·P.伯努瓦（1850—1915），见B. M.贝尔特署名的简介，发表于《汝拉竞赛论文集，1947》（*Mémoires de la Société d'Émulation du Jura, 1947*）。动摇修会，并导致堂·格雷亚的权力被剥夺，以及有步骤地破坏由堂·伯努瓦在加拿大实现的事业的悲剧事件，使堂·贝尔特备受打击。

或者不愿为他提供场所。他在鲁斯待了四年。1936年，他以为恢复得够好了，可以重新加入他的修会在德龙省的修院，可是两年后，恶劣的公共生活的环境、饮食，甚至沉重的职责，又迫使他回到弗朗什-孔泰，这回是在已担任夏隆堡本堂神甫的哥哥身边。1939年，在战争爆发前夕，他被任命为司铎。就在发动战争动员的同一天，他在一片不安的气氛中举行了第一次弥撒。“他很少享受到人世间的快乐”，马克神甫写信给我谈到此事时，说了这句令人心碎的话。“1939年12月8日，他发烧高达39°C，这一天他能在夏隆堡举行一次隆重的弥撒”，“几乎出乎人们意料”……但是，举行祭礼的环境很好：一座11世纪建的外形淳朴的古老教堂。兄弟俩一点一点地把多年沉积下来的污垢清洗掉，还粉刷了所有墙面和石膏塑像。这种修复是审美的杰作，但愿能继续存在
413 下去！

一个机会，一件巨大的开心事，降临到了贝尔特神甫头上。当他哥哥为他在隆斯的一所女子学校谋得几个小时的授课机会时，他认为从此找到了人生目标。他以其生命的活力和天赋完全激发了学生的热情。可惜呀！ 1947年上级下了一道政令，强制所有老师进行体检。为他检查过身体的医生出于良心不能允许贝尔特神甫再继续他的教学生涯，这再次让他陷入巨大的痛苦。这是“致命的打击”，他的哥哥写道。因此他必须另外开辟一条路！壮哉，堂·贝尔特，他力图克服他的苦难。这条路就是历史学，每次都是它医治了他的忧伤。他一头钻进了档案堆，可是他没有明确目标，他犹豫不决，设想了一些不着边际的计划。就在这时，我介入了他的生活。

1945年，我非常意外地收到他的一封信，日期是2月8日。我在写这篇文章时，面前就有这封信。这封信以及后续的信件我都保存着。他在读过我的一些书后（不过当时他还不知道《年鉴》），原本希望对宗教改革的发端进行研究，请我提一些建议。

我不知道为什么一个陌生人的这封普通而朴实的信会令我感动。

我给他回了一封长信。我在假期里去探望他。我们很快建立起联系，而且很密切。我对他的生活知之甚少，只知道他的审慎精神令人钦佩。但是有时我发现他有种惶恐不安的情绪，尤其是在他被拒绝进行教学工作之时。我和布罗代尔谈到他。我们作出决定：应该把贝尔特神甫纳入“研究者”队伍。11月1日，我们就通知他，事情已经决定下来。不久，他就确定了他要开始撰写的著作的题目：《16世纪圣克洛德地方社会史》。

于是他脚踏实地地开始工作。他每天花许多时间钻研。但是，跟许多人不同，他对待工作极其认真。如果某天这位重病人觉得太累，不得不休息，第二天他稍有恢复就会加倍工作，要把失去的时间补回来。他常常兴高采烈地通知我，他意外发现了某些极有用的档案。如领主的土地赋税簿籍，有定期利息、收益或年金收入者登记册，以及有产者登记册、家族文件、调查记录等，他都怀着奇特的好奇心统统收入囊中。他也一个接一个地提出问题：这个词是什么意思？这项制度有什么意义？从一个细节出发，突然就发现身处山顶，拨开了云雾，眼前豁然明朗…… 414

他的自信心渐渐增强。他知道他缺什么，而且由于书本知识掌握不多，他发现有些东西很有可能已经为人所知。我对他说：“那又怎样呢？您就让那些有一肚子书本知识的傻瓜生气去！”但他也知道，他应该对他早先所受的教育有所提防，1949年有一天他给我写信说：“它给我留下了一个脆弱的、粗陋的基础。我不想利用它，可是又始终找不到不同的标准可以利用。”他总结说：“在16世纪，圣克洛德这地方人物辈出，都是实实在在的人……我能让他们从这些古老文献中走出来吗？”这是真正的历史学家的担心。有这种担心的历史学家很少。

一切就如此进行，我动身去巴西时，也没有再特别关心他。他更加不注意身体，健康状况恶化，他强忍着，没有表现出来，不想让亲友担心，给大家添麻烦。1949年圣诞节，他不得不承认太累了。很快，他就必须放弃工作，甚至放弃了阅读，放弃了一切脑力或体力的劳作。1950年2月25日，他卧床不起。但是，他要哥哥在他房间的墙上，挂一张1∶20 000的上汝拉地区地图，让他眼睛盯着地图思考，研究它的发展历程、居民聚集的中心地区、居民聚散的过程……3月24日晚上，他与世长辞。他的葬礼比较隆重，先后在热万盖和鲁斯举行。他长眠于鲁斯……

没有人惊讶我会细述这种短暂而又永久的生平，我们以非常世俗的观点尝试叙说这个不幸的生平——但这不是他的生平。再说，他的思想的力量、活力、独创性跟一个病人的那种自省，他离群索居的状态丝毫没有关系吗？对于他的历史学家的思想，此刻在这里我实在无法说那是什么。以后总有一天人们会发现，他的思想会证实我关于他以及他因去世而破灭的希望所说的一切。我只是想描述一下这位高尚的宗教人士。他只是身体状况差一点，而且，冒昧地说，他也许对别人少了点亲切，多了点个人的要完成一项工作的私心。他的工作非常有独
415 创性，有人文意义。我感谢他为我们的《年鉴》贡献的一切纯真、生动和新颖的东西。[①]我感谢他通过友情、通过他对研究工作的炽烈的热情向我个人提供的一切鼓舞和勉励。他认为要感激我，可是我没有对他清楚表明，是我该感激他……

而现在，在假期里，在林荫道上，我再也见不到他那么高挑和瘦削

① 我记得堂·贝尔特为《年鉴》提供的一系列文章：t. I, 1946, p. 43: *Un réactif social, le parrainage*; p. 178: *Esquisse de sociologie française, deux villages du Jura*; t. II, 1947, p. 87: *Il y a dîme et dîme*; t. III, 1948, p. 41: *Frontières vivantes; des lieux-dits aux provinces*; p. 229: *Appellations locales et nomenclatures géographiques*; t. IV, 1949, p. 78: *Autour des noms de personnes: nom réel ou nom d'état civi*; p. 213: *Méditation sur la route et l'homme*; p. 431: *Au sujet de la taille*; t. V, 1950, p. 68: *Abbayes et exploitations*，以及其他一些笔记和文章。

的身影了。人们曾经发现他一直保持着那样的神态：朴素、平静、温和，那么真实自然的谦恭……而在他隐秘的住所里，一盏灯长久地亮着，不断发出一缕智慧之光。有时候，一丝有点嘲讽的微笑，一点宽容的狡黠，使他神秘而清瘦的面容显露生气。他是高雅的，因为他并不知道他高雅；他审慎，不太表露情感，要让人去揣测；他机敏，但是是一种天生的机敏，一点不依赖于教师的培育，也不靠与人世的接触。他属于那种自己意识不到拥有大本领，并且能在生活中朴实地行动的人。在乡下刷了石灰的教士住宅宽敞的房间里，在整洁的木头书架上，整整齐齐摆放着一些精心挑选的书，在他和他哥哥看来，每本都是战利品[1]：这里是历史学，那里是哲学，没有一点损坏，每本都摆在恰当的位置。他也曾在上坡上的花园里，在阳光下，静静地、缓缓地、耐心地劳作，修剪、绑扎葡萄藤，嫁接玫瑰，怀着纯朴的爱心，而且是不求以华丽辞藻表达的爱心，照料一些上帝让人类繁育的植物……我真受不了这种别离。 416

① 马克神甫在给我的信中回想了他的童年，并写道："以前我们家很穷。放假时，我们都做一些装订的活，或者辅导一些孩子功课，以便能赚点钱买书，不致加重家里的负担。" 1946年第一次在夏隆堡的教士住宅里见到兄弟俩的这些藏书，我不由得赞叹不已。这些书选择和配备得那么好，适合进行一项有效的工作。当然多少也夹杂着两三本不怎么样的作品，是他们因为相信了一些吹捧的书评才买的。我们据此来衡量评论家履行职责的作用，他应该有否定一切劣作的义务。没有这种义务，他就欺骗了绝不该欺骗的人。

第六部分

最后的期望

迈向另一种历史学*

一本小书刚刚问世，它不说有三分之一没完成，也有四分之一没完成。这本书有个出色的书名，更确切地说，有两个书名：《为历史学辩护》，或《论历史学家的职业》。[①]无愧于"出色"这个词的是第二个书名，不过当作者把它们都写在手稿封面上后，就不再觉得要明确指出他最喜欢的是什么了。作者，马克·布洛赫，1944年6月16日，德国人以大规模屠杀法国爱国者来"清空"监狱，他未经审判就被他们枪决。马克·布洛赫是当时最严谨的智者之一。[②]他通过学习时期的非凡努力（古代和现代语言的学习、特殊技艺的学习、惊人的广泛阅读、对各种来源的文献深入研究、在国外游历和调查），学术达到了炉火纯青的程度，

* 《形而上学与伦理学评论》，LVIII，1949年。

① *Apologie pour l'histoire ou Métier d'historien.Cahiers des Annales*, fasc. III, Armand Colin, 1949.

② 作为证明，除了他的严格意义的历史学著作外，还有那本写于1940年，死后出版的小书，非常言简意赅的《奇怪的失败》（*L'étrange défaite*, Atlas, 1946）。这是根据他个人的一些回忆酝酿的关于这次失败的原因的思考：首先布洛赫说，这是"法国智力的一次失败"。读过这本言辞尖刻的书的法国人太少，而由于说得越是有节制而越是让人觉得刺痛。可是那又怎样呢！马克·布洛赫不属于任何政党。而且法国没有一所中学用他的名字命名……可是我们的英国朋友没有小看这本小书的意义。他们把它翻译过去，让他们最有名的大学出版社出版……

这些伟大著作就像是自己从大师的笔下诞生出来。法国在1940年至1945年间遭受的所有人才损失中，马克·布洛赫的死，也许是最令人痛苦的无法挽回的损失。

我在别处说过，在休战后，他经过敦刻尔克、伦敦、雷恩的艰险之旅回到法国，可是他的笔记藏在远在巴黎的一处安全地方，而他小心翼翼
419 装进箱子里的书籍，也被德国占领军盗走——这个闲不住的人便开始动笔把他对历史学的思考写在纸上。首先是对其合法性的思考，不论是从历史学家本人方面进行思考，还是从争论中直接涉及的我们的文明方面进行思考。

因为这文明本质上和起源上就是历史学家研究的一种文明。它和其他那么多文明不同，尽管其他文明中也不乏一些重要的文明，如印度文明。[①]而能在文明中表现自己多个方面的基督教，也确实是一种历史学家所研究的宗教。“我相信童贞女玛丽亚所生的耶稣–基督被本丢–彼拉多钉在十字架上，第三天复活”，这就是推定了日期的宗教。对信徒来说这些基准并不是无关紧要的。他如果不接受这些断言，就不是基督徒，因为宗教在信仰萌生之初，提出了那么多有确定时间的事实。同样，如果他本人不和社会、文明、帝国一起，处在“堕落”这个起点与“对所有生活在尘世的人进行审判”这个终点之间，那么他也不是基督徒。这就是同时既把自己又把世界包括在这个时间内——从而也就是包括在历史内。

然而，最近这几十年，许多承载着西方文明的人突然放弃对历史的年深日久的爱好，对一些过于相信他们喜欢称之为“课程”的东西的人非常失望；技术革命的节奏越来越快，每十五年到二十年，我们的社会

① 关于各种文明的历史真实性，我们知之甚少。关于中国，我们太幸运了，能够得到葛兰言的帮助。应该发起类似的研究，引起印度学家、埃及学家、亚述学家等研究者们的注意。这样的研究只有在有关的人直接激励下才能进行。

就会发生一些真正的心理转变，以此来适应新变化：铁路，然后是汽车，接着是飞机，以及物件渐渐越做越小巧；蒸汽，然后是电力和正在被人类驯服的原子能，以及其他需要一些篇幅来一一列举的成果。所有这些都影响了人的生活方式，影响了个人或集体的行为，影响了人的感觉器官的反应。[①]动荡的节奏惊人地加快，每次都打破传统，使人们的代 420
沟扩大：这些无须多长时间就能得到证明。其后果之一，就是对历史的强烈蔑视。这种蔑视来自陶醉于自己的成就的人，他们没有时间根据这些成就建立一种持久的东西，因为明天又有别的成就对这一切提出质疑。他们自豪地宣称是靠自己的努力，而不是靠过了气的前辈获得成就的。譬如说，伏打跟发电厂建造者有什么关系？伊卡洛斯[②]跟飞机制造者有什么关系？那些都老掉牙了。偏见越来越严重：如今有那么多富有成果而且"有丰厚回报"的工作需要他们全神贯注地去做，哪有时间去研究什么历史啊？

我们难道要阻挡这些趋势吗？如果它们可能动摇历史学家所研究的文明的基础，那肯定是要阻挡的。布洛赫写这篇著作，就是出于这种严重关切。第一个书名就鲜明地表露了这种关切。但是还有第二个书名，我说过它是出色的书名，它同样充满希望。

一位有马克·布洛赫这种智力水平的历史学家，当他的创作力如日中天，而且所从事的事业让他脱不开身时，是很少会在生前从自己的经历中吸取教训，把它明确提出来，传授给同时代人的。米什莱本人就是历史，他没有这样做；甫斯特尔也没有；我们这个时代的朱利安没有；皮雷纳也没有。他们教过书，因而向别人传输过他们的一点想法。

① 尚未有合作的研究。最近诞生的"电影学家"们几乎还没有开始关心。亨利·瓦隆在他们的研究范围内拟订了一项计划，值得历史学家和电影学家注意；还有待于实施，而且还有待于同时对人的机体进行研究。不忽视速度的问题。

② 希腊神话人物，用蜡和羽毛制造翅膀。——译注

但是，在工作现场零零散散向学徒提出的建议，一些工作指示，和从事脑力工作的领导者所拥有的那种人类秘籍，两者还是有很大差别的。这就意味着他要向不一定是同行的读者解释他的艰苦劳动在他看来体现了什么，向他提出什么样的要求，他要在什么意图支配下来实现它，最重要的，不是把自己当作传授教义的教书先生，而是力求让别人完全理解自己。在马克·布洛赫的著作中，人们首先领略到的比为历史学辩护更多的东西，就是那些宝贵的秘籍，是一位巨匠对一种精湛技艺的思考。这是一些自由的但是有条理的思考，却没有任何书本上的教条，也没有从别人那里继承的遗产。

我认为，在这本著作中，尤其可能首先让渴望了解当代各种学科
421 的活跃观点的哲学家感兴趣的东西就是这一点。不管怎样，从哲学批评方面看，让我们历史学家感兴趣的东西就是这一点。难道说，哲学批评通常也许不会为我们提供我们可能希望的所有帮助？[①]无疑，哲学家一直有点像历史学家的牺牲品——我想说的是他们中间太多的人继续在传播的偏见，那些从久远的过去继承下来，在争论中被一些实践者接受的偏见。这些实践者很少倾向于运用一些观念，而且准备同意贝玑的意见，却没有感觉到其中的味道有点酸。“一般来说（请原谅我凭记忆来援引），历史学家过多思考历史学并不好。他在专心思考历史学时，就中断了他自己的工作，而哲学家（思考历史学是他的职责）也无事可干。这样两人都不工作了。”……贝玑这话说得妙不可言。事实上，

① 说这话需要十分的谨慎。历史学家和哲学家通常是截然分化的两类人，这是事实。我们起初构想历史学的东西时，得到过哲学家的一些富有成果的有效的想法和建议，这也是事实。怎能不想到莱布尼茨呢？然后怎能不想到赫尔德和黑格尔呢？甚至在涉及法国时，怎能不记得想到那位维克多·库辛呢？是他让米什莱追随维柯、让基内追随赫尔德的。在高等师范学校负责教授哲学和历史学的米什莱，当这两门课程被分开时，强烈反对校方委托他教授历史学。还应该记得《评论集》（*Considérations*）的作者库尔诺吧？

1940年，题名为《史学研究引论》或《史学研究入门》的小书，更多的是反映1880年前后这个学科的状况。而它们呈现的历史学图景，难以为它博得理解力强而且爱思考的人的欢心。

此外，不只是他们。大家都已经开始这么做了。在1880年到1890年间，已经有那些顽固的方法学家，发现历史学说到底只是一种方法。历史学的方法，不过是考证方法而已，因此根本不是历史学家的专利。结果历史学消失了，丧失了任何内容和任何实在性，顺带也使历史学家不再面临“什么是历史学？”这个伤脑筋的问题了。

社会学家们沉浸在其最初的征服狂热中，兴冲冲地攻击一门防守太差的学科。迪尔凯姆的追随者倒没有让历史学灰飞烟灭，而是把它占为己有，俨然成了它的主人。他们认为历史科学领域中可以进行纯理论分析的一切东西都归于他们。残留下来的就是历史，它至多是按 422
年代描述的表面的事件，往往是偶然的结果，是一种记述。[①]

于是人们理解了这些名流的态度和他们的嘲笑。有保罗·瓦莱里帮着说话的这些名流振振有词地挑起对某种历史学的责难，我们不幸成了一些不愿在这种历史学中辨认出我们所关心的对象的人——瓦莱里则教训我们这些愚钝的人，没有人比他先发现像电的发明这种事件是比寻求暂时解决措施的外交会议更重要的历史事件。这让我们觉得很好笑，这显然表明，这些指责我们的人在历史阅读方面是贫乏的。简

① 1934年，布格莱在《社会学年鉴》中承认，社会学“尽管实现了某些进步”，但不管怎样，也许从来没能使**历史记述**变成无用之物，让自己来取代历史学！多谢他的好意。他还屈尊补充道：“历史学家始终要注意社会学家无法靠一般规律解释的系列事件的机缘的排列顺序和时机。”谢谢这种排列顺序；但是这一切又是我们历史学家的错。因为在同一册的《年鉴》中，马塞尔·莫斯解释了迪尔凯姆派为何通过阐述社会形态学，把“他们在别处避免了的一种混乱又引了进来”。这是因为他们发现面前有一些“统一体”（如人文地理学和人口学）已经构造得太坚实，无法打破它们。“我们不敢打破一门暂时比我们着手创立的社会学的一些专业学科构造得更结实的学科。”要是历史学也是“一门暂时构造得更结实的学科”，那么也许……

言之，表明他根本没有读过亨利·皮雷纳、马克·布洛赫、戈蒂埃，以及写了《高卢罗马编年史》的朱利安的文章、论文和著作，或者没有读过朱尔·西翁在法兰西公学院的《地中海研究》公开课程。这些都是我们的经典，我们的必读书——我当然只提已经作古的人。为首的是米什莱，历史学的化身，我们不断从他身上发现一些惊人的预感和一些探求一种奇异力量的思想。我们，米什莱的朋友——从我的老导师加布里埃尔·莫诺到他的学生亨利·奥瑟，从马克·布洛赫到勒诺德……，我们的人太多了。他们肯定都不知道什么是历史学。有时，一些（自称）知道什么是历史学的人，硬要我们接受指责，我们还得洗耳恭听；他们教训我们说，米什莱什么都是，唯独不是历史学家，有据可查。我们别再提这件事了——直到这一天，米什莱的私人日记躲过阿泰纳伊斯·米亚拉雷[1]的剪刀，得以公之于众，他又引起大家注意了。加布
423 里埃尔·莫诺不是写过，谁都不像他的老师那样坦诚地谈论他的内心生活吗？这就是到时能为他博得特别同情的东西，也是出版商关心的东西。

我们撇开这个不谈。一段时间以前，关于一种“另类的历史学的构想方法”，我提了一些简短的看法。关于我们的方法，马克·布洛赫为我们作了陈述，可惜没有说完，可那是对我们的方法进行一种怎样的清理啊！

这本书并非没有丝毫论战性，不过它的客观公正是不容置疑的。马克·布洛赫留给我们的，在他以那么崇高的尊严、英雄的决心度过的1940年到1943年期间所写的一切著作，都具有这样的特征。关于他的令人赞赏的《精神的遗嘱》和最后的谈话，我曾经写道，它们本身无愧于“**圣洁**”这个词。当人们回忆起这个伟大法国人的激情和就义的情

① 米什莱的第二任妻子。——译注

况，脱口而出的就是这个词。他每天都冒着生命危险，却平静地把它当作近乎命中注定的结局来看待，这种平静使他的一切智力活动都显得高尚和纯洁。他的风格似乎也改变了，多了朴实，少了狡黠。由于它所包含的东西彻底摆脱了日常交往的小气和吝啬，因而更令人感动。可是，正如我说过的那个词，“清理”，它是更全面的，而且是更有决定意义的词。

这本书说的是一种历史学方法吗？绝不是。是一些关于历史学的伪哲学[①]的思考吗？更不是。是对错误的或过时的观念的纠正吧？你可以这么说。这本书首先是一篇评论，是对一些错误的思考和研究历史的方法的批判，不过是以有教养的人之间自由闲谈的一种形式，卖弄学问的学究在此无事可做。

举一个例子：

在著作开头，马克・布洛赫要为历史学下“一个冗长而呆板的定义”吗？历史上当然不乏下这种定义的先例。哪位历史学家没这种毛病？可是马克・布洛赫克制住了。他不为历史学下定义，因为下任何定义都是画地为牢。而科学跟人一样，首先需要自由。为历史学下定 424
义？可是下什么定义呢？我的意思是说，在什么时期，在哪种文明的范围？新技术和新观点层出不穷，一些问题的提法也需要经常纠正，因此对它们进行的研究是持续变化的，历史学会一成不变吗？我们整天唠叨着“下定义，下定义”，但是最准确的定义，经过最缜密的思考后下的定义，不是常常也可能被更好的历史学超越吗？这种喜欢定义的怪癖，只对一种时代有用，在那个时代，每个有产者靠国家债权人总名册，靠

① “每门科学孤立起来看，向来只表示向认识接近的普遍运动的一部分。要正确理解和判断它们的研究过程——就必须能够从一种完全确定的特征，到同时在其他学科范畴中表现出来的整体趋势，把它们联系起来。然而，这种对方法本身的研究，就按其自己的方式，构成了一门专业，其研究人员就叫作哲学家。这是一个我不可自封的头衔。”出处同上，引言，第17页。

完全适合拉普拉斯体系，靠装满了保值的拿破仑金币的小钱袋生活，而在那些动荡的、变化的、破坏的时代，定义又该怎么下？它们让人想起一句话，一句有趣而深刻的话。这句话谈到一所高等科技学校的学生，说他们“无所不知，但也仅此而已”。下定义，就是要刁难历史学家嘛。“注意哦，朋友，您要超出历史学了。……您再瞧瞧我的定义，说得多么明确！……你们要是历史学家，就别在这儿插足，这是社会学家的领地。也别在那儿插足，你们会侵犯心理学家的地盘的。右边？别想了，那是地理学家的势力范围，左边，是人种学家的”……真讨厌，真愚蠢，弄得支离破碎。推倒藩篱，拔掉界碑吧！历史学家就得踩着边界，跨越边界，一只脚在里，一只脚在外，无拘无束地工作，有效地工作……

这本书从头到尾就是这样写成的。马克·布洛赫不攻击别人。他走自己的路，笔直走，步履踏实。他谈起事物就如他亲眼所见，并且简洁地解释这些事物为什么会真实地出现在他眼前。“历史学就是关于过去的事物的科学。”可是过去的事物因此就这样成了科学的研究对象吗？那么，就算它不是关于将来的事物的科学，为什么就不能是关于现在的事物的科学呢？历史学不是这样定义的：“很久以前，我们伟大的前辈，米什莱，甫斯特尔，就已经教我们认识到这一点了：历史学研究的对象本质上是人。”而布洛赫一度却改了口，援引了一位朋友的话：“不是人，绝不是人，是人类社会，有组织的群体。”[1]即便如此，我们也不应该认为这句话有把对个人的研究排除在历史学之外的意思。人们实在不能太把这些说法当真，这是一些调不准的导弹，总是不在预定的目标上爆炸。但格局、机构、制度、信仰、作品等材料都存在着：在所有这些
425 让历史学感兴趣、作为历史学研究材料的东西后面，历史学家想要抓住的就是人。“优秀的历史学家就像传说中的食人妖魔，他嗅得出人肉在哪，知道猎物在哪。”

① La terre et l’évolution humaine, p. 201.

这样我们就脚踏实地了：只剩下再补充一个特性，但这也是最主要的特性。历史学不仅仅思考“人”。他所处的自然环境就是时间的特性。历史学是研究人的科学，不过是研究处在时间中的人。而时间这种连续体却是不断变化的。“历史学研究的重大问题就来自这两个属性的对比。”

我不准备这样从马克·布洛赫最初的思想追踪到这本著作结尾所反映的他现在的思想。我已说得不少了，足以说明他的思想的精神和方式。至于其余方面，我希望他还能涉及现实情况的限制，涉及通过过去来理解现在，尤其是通过现在来理解过去的方式；希望他谈到观察，谈到它的一般特征，谈到证据的观念及其包含的内容；谈到批判；谈到谎言和谬误，进而谈到历史的真实性；谈到分析的特殊问题，首先是分析所追求的目的，也就是判断或理解——关于所有这些问题，关于那么多与之相关的其他问题，在这本未写完的书里，人们都将找到这位大师以罕见的简易、朴实、人文情怀表达的见解。

“您会同意我的看法的，对此我常常自信。您有时会斥责我。而这一切在我们之间又将构成一种联系。”马克·布洛赫就这样结束了“以题献方式”在手稿第一页上专为我写的几行珍贵的文字。事实上我毫无保留地同意这些话。唉！倘若布洛赫就站在我面前，像往常一样，见到我不会“斥责”他，眼睛流露出好奇和高兴，那该多好。我只会感谢他这么好地表达了长期为我俩所共有的思想，而且关于这些思想，他曾经非常真诚地写道，他常常实在无法确定“它们是他的思想，还是我的思想，或者是我们俩的思想”……但是，我还想对布洛赫所说的再补充一点。

如同如今的任何科学，历史学也在迅速发展。有些人越来越倾向于集体工作，但是踌躇不前，并且屡屡受挫。有一天，人们会认真地谈到“历史学实验室”，而且不会发出讥笑。经济学家没有日趋完善的

426 成套工具，他们的工作就不再能被人理解；而没有训练有素、管理有方的团队，没有协调一致的调查研究，他们的工作同样也不能被人理解。按照这个与历史学非常接近的例子，一些历史学家对他们的工作开始产生一种新的设想，这种设想只要经过一两代人的时间就会实现。坐在扶手椅上的老先生，身后是他的细心保存的卡片，只供他个人使用，还小心翼翼地提防竞争对手的觊觎，还有一个文件夹收藏在保险柜里——阿纳托尔·法朗士老先生和其他那么多人，都将结束他们的渐趋衰落的生涯了。他们将让位给一个头脑机灵的小组领头人，这个人具有深厚的文化素养，受过训练，能从历史中寻找答案的要素来解答生活每天向社会和文明提出的重大问题；能划定一项调查研究的范围，正确提出问题，准确标明资料来源；并在做完这些后，评估开支，调整机构的运转，确定小组成员人数，以及发动他的人去探索未知。两个月，或者三四个月之后，资料收集结束。他们开始利用这些资料。阅读缩微胶卷，制作卡片，绘制地图和统计图表，将严格历史学意义的文献与语言学、心理学、人种学、考古学、植物学的文献进行核对，等等，这样做可以方便认识。经过一年半载，调查结果就可以公布于众。一位单干的工作者花十年时间也可能做不到这么丰富、这么广泛、这么有说服力，哪怕他把主意设想得非常充分也做不到。

“一切都完了！不再有技艺了，不再有个性了。做学问都机械化了，还将永远是这样。这是另一种历史学！”你们以为呢？至于我，我认为，将来需要更多的知识，更强的理解力、想象力和更开阔的思想，总之，更广泛的智力范围，才能纠正一个传统上提得糟糕的问题，把它重新正确地提出来——尤其是最终会提出一个从未提过的，而且对我们的理解力很重要的问题，不论是通过过去理解现在，还是通过现在理解过去——而且谁会妨碍提出问题的人，研究的领导者，拥有写作才能呢？并且妨碍他利用这种才能来推广研究的所有成果呢？

马克·布洛赫在他的著作中没有提及这个。我说过，按我的意见，这个对历史学的未来最重要。他没有说不是因为他不准备赞同这个意见。1933年，我在获得法兰西公学院现代文明史教授职位后，在名为“一种历史学及一个历史学家的自省”的公开课中，仅仅阐述了当时对未来的一种看法，他的确没有对我表示任何异议。但是，时局在变化，1940年的战争发生后不久他所经历的那种反省，背井离乡；以及他宁可要求自己冷静下来，也没有再拓展自己，这一切无疑解释了他沉默的原因，而这种沉默一点没有消磨他思考的能力和效率，但还是使他的思考落伍了。目前，自1945年以来，我们经历了突飞猛进的年代。这位自以为是先驱的人不知道，他的大部队已经遥遥领先了…… 427

所有这些都是技术性的问题，再没有别的了？的确是技术性的问题。但是你们若是带着轻蔑态度这么说，我实在不能苟同。既然已经说到这方面了，就允许我补充说一点意见吧。这个意见不太重要，但是有其价值。如果有文字文献，历史学家无疑就靠文字文献来研究。可是，如果没有文字文献，他们也可以而且必须不靠它们来研究。如果找不到通常所用的花朵，历史学家就凭他的创造力，利用一切东西来酿他的蜜，即用一些词语、一些符号、景观和瓦砾、田野和荒草丛、月食和拉车牲口的项圈、由地质学家写的石头鉴定书和由化学家作出的金属剑的分析报告。总之，利用所有那些属于人类，依赖人类，服务于人类，表现人类，表示人类的存在、活动、爱好和生存方式的东西。我们的历史学家工作的一部分，而且无疑是最激动人心的部分，就在于一种坚忍不拔的努力，让不会说话的事物开口，说出有关人类、有关产生这些事物的社会的东西，并且最终把它们织成相互关联的网，来弥补文字文献的缺乏。

没有统计学资料，没有人口学资料，也没有其他资料，我们就得认命，就得徒唤奈何吗？但是作为历史学家，我们从不知难而退。我们要进行一切尝试来填补资料的缺乏，就是要动脑筋，想办法。这样做会碰

壁，更确切地说，在无数次满怀热情踏上充满希望的路之后，走到头也
428 许会发现，走错了，南辕北辙了。没办法，再从头开始吧，耐心地把断掉的、纠缠起来的、散开的线头再拾起来。跟非常久远古老的文明的关系？文献？别指望那么多。但是现在的一些船的形式还和这种那种器具有关联，和这种那种文化习俗，某个数字、某个词、某种礼仪有关联吧？有时从人们所发现的东西就能出乎意料地推断出日期，就是这些东西能让人们带着那种在虚实之间、想象与证实之间那条狭窄的山脊上缓慢前行时产生的兴奋，去准备一张地图的资料，譬如说印度洋的资料，也许在地中海文明的各方势力经历第一次调整，开始第一次飞速发展之前，印度洋就是伟大的文明发祥地……

离我们再近一点的时期呢？比如说中世纪社会。没有地籍册，没有土地平面图。那么我们就无事可做了吗？就说“不知道”了？别这么说。有一些别的文件，表明存在食利阶层，有土地赋税簿籍，有封臣写给君主的“效忠书”。我们拂去这些文件上的灰尘，阅读、思考、编写，然后不仅弄到一块已知领地的一份小块土地资产负债表，还弄到更多的其他资料，注明了时期的家庭统计资料、农作物分布情况的资料，等等。

我们不要低估那条古老禁条的生命力：“你只能靠文献研究历史。”假如有位绘画史学家专横地定义：“绘画嘛，就是用画笔在画布上涂抹油彩。”那么，人们就不跟此人提帕多瓦阿雷纳礼拜堂的壁画了，不跟他提卢浮宫的“好人让”的肖像，不跟他提文艺复兴前所有那些不在蒙着画布的框子上涂抹油彩的艺术家和外国画家，也不跟他提步日耶神甫在岩穴中发现的杰作。“那是绘画吗？不。那是考古学！我们别随便一步就跨越神圣的界限好不好。这边是历史，那边是史前史……”

确实，无须证明，研究史前滨湖民居遗址的行家，必须具有研究19世纪的铁路的历史学家用不到的知识，无疑还要有能力。反之亦然。无论如何，史前史观念是人们所想到的最离奇的观念之一。研究那种

新石器时代的陶器传播年代的人，就像编制1948年远东电话局分布图的人那样研究历史。两者都以同样的思想，为着同样的目的，专心研究人类创造性天才的表现，差别是在时代上，也可以说在功效上，但肯定 429
不是在创造性上。对这一切，马克·布洛赫和我一样清楚。我受命运垂顾，从1945年起，得以把他的努力，和在我们俩1929年同心协力创建的《年鉴》这座大厦里，跟我一起重新开始工作的那些人的努力结合起来，这时我在思考他是否没有感觉到，除了他说得非常准确的这一切外，还需要补充一些细节。可是要补充的东西多吗？

的确，如今摆在我们面前的重大问题，至关重要的问题（我重申，我在这里谈历史学，是以实践家的身份，绝不是以哲学家的身份，我不是哲学家；我重申，我认为这几页文章的全部意义，就在于适当地把1949年我们构想法国历史学家的工作时所采取的方式，并且泛泛地把历史学的作用和前途，告诉我们的哲学家朋友），是组织问题。

难道还要说说历史学？历史学这个词是有歧义的，这仍然会是不用它的一个理由①，要是有人能造出一个更好的词就好了，可是，是什么词呢？这个词无论如何得有两层意义：它既要表示一门科学，又要表示这门科学的内容。有人会对我说，事情通常就是这样。也许越是没有什么结果，就越难以坚持。然而，在我们的有关方法的著作或小册子中，我们通常是将科学作为智力机制来论述的。关于内容，关于对内容进行清点，然后进行组织的必要性，我们根本不说，或者不当回事。

我们关于方法的论著，往往都仅限于区别那些致力于处理历史材

① 关于采用这个过时的而且有歧义的旧词所产生的弊病，我比马克·布洛赫（出处同上，第1页）更悲观一点。可是，用什么词来替代它呢？这个词既要表达人的概念，又要表达变化的概念和时间的观念？“考古学”被借用过，可是又产生了历史学的那个无效定义，即关于过去的事物的科学；它既没有产生人的概念，也没有产生时间的概念。“人类编年学”“人种编年学”，都是不规范的杜撰，而且要让人理解，还得解释。

料的人的精神活动。作者很少有逻辑头脑，却执拗地不断重写历史学研究工作的逻辑。这是一种表面的和学院式的逻辑，他们几乎都一致这样告诉我们：历史学家首先要确立事实，这是第一步。随后对它们进行利用，这是第二步。之后就是两段展开详述："确定事实，就是……；利用事实，就是……"——我不是要说这种论述不好，但是除了这些，
430 它没有告诉我任何东西；而且就这些分析而言，它还缺许多东西：尤其是缺关于历史学家必须或者本该寻求的东西的观念。在我15岁时，伯吕纳吉埃尔打算这样来抨击贝尔纳·帕利西及其具有乡野风格的陶瓷器："艺术是一种伟大的意图——而一件陶器中并不包含这种意图。"我不想抨击任何人，我只是为历史学没有意图而烦恼，为它停留在马让迪的偶然发现上而烦恼："我像一个拾荒的，在那里面闲逛，每走一步都发现了值得放进背篓的东西。"对此达斯特反驳说："如果人们不知道自己要找什么，就不知道所找到的是什么。"——在马让迪的时代，历史学一直就是这样的……

这些书，这些入门指南，花了很大篇幅谈论**事实**，那是另一回事。他们确定**事实**，利用所确定的**事实**，可是他们所说的**事实**指的是什么？他们对历史事实是怎样理解的？人们很快发觉，在他们中的大多数人看来，它依旧是一种材料，未经加工的材料。[①]尽管实际上它就是他们自己制造的，他们却不愿了解这一点，不愿想到这一点。1949年，他们对事实保持一种迷信的敬重，盲目崇拜那种事实，即最怪诞、过时最久的事。学者们"眼睛盯在显微镜目镜上"，一些事实马上跳入他们的眼帘，这些事实非常清晰，还着了色，我敢说其说服力能让人如愿以偿。以前我们的老师最喜欢用的这种隐喻，五十年前曾让我白白高兴一阵（因为最终在我朋友的显微解剖实验室里，人们"盯着目镜"，看到显微

① 亨利·莱维-布律尔有一篇值得注意的文章《论历史中的事实》(*Le fait en histoire*)，在《综合评论》上发表，它似乎足能引起历史学家对这个如此重要的问题的注意。

镜里所显示的事实，其实并不是那么容易被人获知的，即使人们知道要找的东西是什么——这不是我碰到的情况，而是我的朋友碰到的情况，我曾听到他们就某种可能的解释争上几个钟头。再说我的这些朋友还要花许多时间制作“标本切片”，给它们着色，而这就跟“完全现成的材料”的观念不一样了……）——这个著名隐喻中的“学者”，如果他还有部分市场，我很担心是在我们其他历史学家那里。哦！可能大家都抗议说：“我们已不再相信了……”但这只是顾忌舆论不承认而已。因为您听到他们说：“这是一个事实！”而且看到他们在用两根手指夹着事 431
实挥动，就像黑市珠宝商人向顾客炫耀一颗假宝石那样，您就明白了。

在这里老讲事物的这一方面于事无补。历史学家还在害怕听人谈及的东西，长期以来被哲学家当作了知识。我还是回到我的话题上来。人们可以修改教科书大纲，把历史学家的工作方式编成体系；可以对它进行调整，把它弄复杂，改变它的次序；可以增添新的操作步骤。人们可以做这些，但这不是全部，这也不是目前最要紧的事情。历史学家必须做的事，就是别再漫无目标地在构成历史学这个词第二层意义的大堆的观念和事实中闲逛了。马上停止，刻不容缓。

这篇文章的主要目的是说明情况。篇幅有限，人们会允许我在此不用细述如何去做。要仔细论述需要写一本书，而且我设想是一本集体写的书。不过毕竟已经出现了一些预兆，显露了新时代的曙光。

最近有一部非常出色的论著，《论菲利普二世时代的地中海和地中海世界》[①]在索邦大学进行了答辩（布洛赫和布罗代尔是两位伟大程度不同的人物，前者的成就已经算是伟大创新了，后者并没有超越他），费尔南·布罗代尔的这篇论著给我们展示了一份全新的计划，从某种意义上说，是革命性的计划。他决定把西班牙的最广义的、宏大的政治版

① Paris, Armand Colin, 1949.

图，重新置于他们的历史和自然地理的背景下。他首先研究了作用于人的意志的持久力量，这些力量影响这些意志，使它们朝这个那个方向改变，而它们却觉察不到。这是一种还从未有人尝试过的分析，对象是一种事物，以一种力量体现，这种力量能引导、阻碍和抑制，或者相反，激发和促进人类力量的运用。这种事物，我们随意地用一个词来命名，就叫地中海。在这之后的第二部分，他求助于一些特殊的、不过是受某种坚韧激励的力量，是一些非个人的、集体的力量，而这次这些力量作
432 用的时代，可以严格地定在16世纪下半叶，即在西班牙的菲利普二世统治期间。第三部分，就是事件，纷繁杂乱的大量事件。这些事件常常受到第一本著作中所研究的持久力量同化，受到第二本著作所列举的稳定力量影响和指引，但偶然性也对它们起作用，在连串的底布上绣出它们的变化多端的最辉煌、最意外的图景。

提纲大胆，但是简单，没有哗众取宠，没有浮夸的宣告，也没有自负的声明，这本书是一篇宣言、一个信号。我还毫不犹豫地说它是一个历史性事件。人们不会指责作者在研究哲学——你们没有听错，这在历史学家的口中，意思就是滔天大罪了。他的巨著在篇幅和内容上至少能扩充到目前这部的两倍，只是由于印刷厂难找，排字费用太高才作罢。他的著作是一个博学的奇迹，是十五年不间断的艰苦工作，是在所有有关地中海和伊比利亚半岛的尘封的历史档案文献中的寻觅获得的成果，因此更有说服力，更具有代表性。不过，我没有说问题就这样被解决了，费尔南·布罗代尔和我一样，他也不会这么说。这问题就是按照可推测的重要性来组织纷繁杂乱的事件，就是稍微整理一下大量有关连续性、相关性和偶然性的混乱模糊的观念和事实。没有更多的考证要求，也不加以更多的辨别，就依靠历史学来做，问题是得不到解决的，它将永远存在。

费尔南·布罗代尔的著作是他独自一人写的，是一篇论文，即大学

行会要求所有想从老师那里闯关的人呈交的一件手工杰作。虽然作者坚定支持集体性的工作，但他还得遵守制度，这种制度还长期不承认通过组织、计划、实施来进行这种工作的令人信服的效力。不过希望我们想一想：历史学家进行集体调查研究，能让我们十分操心的这种历史学的组织工作变得多么容易啊？这就是假说的富有成效的作用，它通过
不容置疑的结果让所有人都能感受到。由于这种集体工作能在时间、 433
财力、人力方面获益，因此使历史学本身的作用更加突出，让一些对历史学抱有顽固成见的人感觉到。这些人原本认为历史学只是一种无理由的猎奇游戏、一种记忆术的消遣——总之是一种无意义的娱乐。

如今，甚至在一个拥有一所优秀的培养历史学家的学校的国家，如果平均算起来，以丰补歉的话，每年勉强能够计划出版四五部比较新颖的原创著作，而且其作者可能还想打破他们的职业规则，或者不想激起喜欢不费气力读史的读者的求知欲。然而，这四五部作品论述的都是在时间和空间上十分久远的主题。我猜，其中一部论述古代的一种宗教信仰，一部论述中世纪的一种技艺的问题；这一部专门研究文艺复兴时期的货币改革，那一部分析19世纪的一个欧洲大国的社会结构——它们能够激发读者的求知欲，能够让读者称赞作者："他们多么机敏啊。"或是夸奖他们的结论："它们多么新颖啊。"这样他们就满足了一些理解力强的读者的求知欲，这些读者难得有机会听到一位有创新精神的历史学家朋友建议："您读读这本，亲爱的朋友，还有这本……"——就这些，而这无疑已经很多了；但是这些正经书籍毕竟是零零散散地问世的，发行量极小，又不太著名，几乎像秘密宣传品。可想而知，在日常生活中，它们难以让人们像感觉到数学、化学或生物学的存在那样，明显感觉到历史学的存在。

不过请想象一下，如果在一年内，或者两年内，连续发表十到十二个研究主题，这些研究很出色，而且涉及的问题与有学问的人有直接关系，在他们看来这些问题显然对他们的生涯，对指导他们的事务，对他

们必须在政治或文化范畴作出的决定至关重要。这些集中的研究、整体的思考，是同时发起的，以便能像我想象的那样，在同样的意愿支配下，对或者在时间上相距久远的文明中，或者在空间上相隔遥远的文明中的像货币流通、运输、移民、集体心理这些重要现象进行研究。那么，
434 读者关于历史学可能有的所有观念都会发生改变。我们就不再会既好笑又好气地听到一些天真无邪的声音对我们说："你们是历史学家，应该知道阿纳克莱教皇或马赫穆德苏丹去世的日期吧？"

希望人们别搞错了，这确实是一个大问题。这不是来自外界的劝告，也不是哲学的一些忠告，而是一些历史学家先驱的警告，他们决心在历史学家界引起思想和态度的改变，从而使历史学发生深刻转变，但在像我国这样的国家，大学传统使得这种转变很难发生。这需要人们不断重复地行动。要让当代人离不了历史学，离不了一种可靠的，而且变得能被所有人认识的历史学。一开始有人会欢呼，也有人会嘲笑，接下来就会思考，于是争论就可以进行，这种历史学就流行开来。

人们明白刚才我为什么那么重视历史学的集体工作的观念了。普通人没上过学者的课，只有接受他们的成果，才能了解历史学的作用、重要性和意义。

什么作用，什么意义，什么重要性？最后，除了马克·布洛赫的著作，我还想提醒大家注意最后一点，因为可以说我们从未谈论过这些问题。我很理解马克·布洛赫在其生涯开始时问他父亲："爸爸，跟我解释一下，历史学有什么用啊？"他父亲解释了，但是也许有点过多地停留在历史学方法的范围，不愿深入未曾探索的无主之地，因为历史学家认为在那里无事可为；而哲学家，或者社会学家，则认为只有历史学家该去那里探险……

假如我们把无数前辈一代接一代召唤到跟前，我们的祖先就从一种符合"智人"定义的生灵（这种生灵代表了大自然的繁殖力）开始，逐

渐展开并扩大所产生的无数生命形式：所有这些生命形式，其图景如今在我们这里渐渐代替了先辈所喜爱的呈线性的旧图景，那种旧图景呈现出一种从兽到人的进化过程，被认为是沿着单独一根不折断的线延伸的。我们每个人来到这世上之前，在老祖宗身上曾经发生过一连 435
串多么稀奇古怪、乱七八糟的事啊。物种的记忆要把它们的标记保留多长时间啊？而人类有着漫长的经历！他们组成过多少种有天壤之别的社会！……思想体系和信仰体系、社会学意义的“制度”，在离我们最近的先辈和我们自己身上留下了多少标记啊！它们突然再次出现，意外地显露出来，往往会令我们吃惊，而且如果我们从这种角度更专心仔细地观察自己，经常还会更加吃惊！但是我们的天性不让我们这样做。它提醒我们不要被这个过去吸引和迷惑。它告诉我们，人类群体、社会想要生存下去，能够生存下去，忘却是必需的。这样才能使自己不被老祖宗遗留的越积越多的一大堆事实压垮，不被那种死者压迫生者的不可抗拒的压力压垮，这种压力会把现在压扁，直到它完全丧失抵抗力……

从历史上说，人类社会是如何避免这种危险的？最不发达的社会，精神需求最低的社会，就把一切都抛进忘却的深渊，这种不值一提的东西，谁会在乎呢？可是其他社会呢？它们采取了两种解决方法。当然，关于这两种方法我们一点都不清楚。究竟谁敢研究这些不值一提的东西呢？

传统社会一劳永逸地对它们的过去进行组织，这种组织中规中矩，而且讲求实效。它们自己在现实生活、集体的目的、为实现这些目的所必需的道德的图景背后，投射了一种现实的预示：是简化的，但是几乎是放大的，而且装点了一种传统的威严，这种传统的令人敬畏的神圣特征是宗教赋予的。难道说直到现在，对于“传统”这个重大问题，人们都没有进行过任何系统的、全面的研究吗？应该说当历史学将来有一天能够处理这么重大的问题时，这肯定是一个有组织的协调的集体研究的好主题。那么,许多谬见都会消除了,首先会消除的,是"认为总是在变的事物是不变的"这个谬见:因为毕竟为何各个省会出现那些题
436 为"习俗史"的大作呢?保持不变的事物就没有历史吗?——不时会有一位谨慎的研究者掀起盖在它们身上的面纱。关于中国人编纂历史的传统,葛兰言写了一些非常出色的文章,完全符合我刚才的大致的描述。杜梅齐尔也写了同样出色的文章,分析了罗马正史的结构。但他们都没有对我们可能需要的传统进行过研究。

有传统。有历史。它们最终都满足相同的需要——不论这需要是有意识的,还是无意识的。历史学就是一种对过去的事物进行组织,以免人类负担过重的方法。我在前面说过,历史学无疑不会容忍人们对成堆的"历史"事实视而不见,而且还会一直想方设法来增加事实,我们的文明就利用这些事实来编纂历史。这里并不存在矛盾,因为历史学不是把一堆孤立的事实呈现给人们。它组织这些事实,并解释它们,而且为了解释它们,它把它们组成一些事实系列。这些事实系列受到的关心程度并不相同,因为不管愿不愿意,它都得根据现实需要去系统地收集过去的事实,然后进行分类。这是根据活的东西来查考死的东西。

人们愿意考虑到这点吗?多少年来,大量可以用来编写人类经济史的文献档案被保存下来,它们就躺在箱子里、柜子里、城堡的塔楼里睡大觉,成了一堆废纸。没人想到要把这些古老文件上的灰尘掸一掸。只有当我们的社会开始不再关心其他范畴的事物,转而关心经济范畴的事物时,历史学家这才想到这些故纸堆可能有用,这才开始掸掉它们上面的灰尘。这是我们社会的一个新方向,一系列工作应运而生,这些工作早在一个世纪、一个半世纪前就该顺利进行了。——谱系史所提供的东西与之相当。在我们西方国家的社会结构对谱系几乎苛求的时代,谱系史很流行,但是自从世系身份(在它不包含一种跟旧制度意义上的"出身"的利益毫无关系的经济财产继承权时)对那些"命中注定

的”人不再有过去那种重要性，它就几乎不再存在了。我相信这个特别有说服力的例子。 437

根据现在来组织过去，人们可以把这称作历史学的社会功能。我们工作的这个方面也没有人研究过。人们研究了历史学的理论，却没有从社会学的层面上研究过它。这样的理论实在不能临时充当历史学。但是，如果我们在大致提出很好的方法规则之后，接下来却不去揭示历史学家的工作的这个方面，我认为对在20世纪中期工作的一帮法国历史学家所认为的真正历史学的重新审视将是很不完整的。不带偏见，又不过于宽容地对这个方面进行观察，会发现情况也许有点令人担忧。这种重新审视如果不完整，各种后果都会随之产生。尤其是关于那个客观性的问题，我们绝不想作为理论家或哲学家提出这个问题，但是无疑是我们的实践以新的方式提出这个问题，而且也许是以意外的方式提出的。

穿越这个所谓历史学“拓荒地带”的领域进行短暂的游览，必须先进行一番很简单的介绍，人们完全会理解这种简单。因为不介绍就无法深入下去。并非没有地方，也不是缺乏时间，是因为不宜把一些预言性的指导意见从外面强加给一门正在组织或重组的学科。我们让历史学去探索，去形成它的流派吧。不要试图预先为它制定一些说教性质的规划，这样也许会阻碍它发展，而且也会很快被事实否定。我们想想圣拉扎尔火车站的老职员吧，他知道每个星期日应该准备多少张去沙图的车票，大约有二三十张的出入。售票窗口前的人数大致是恒定的，但是我们不知道下个星期日我们是否会出现在这个人群当中。我们可以谈论历史学向另外的目标、另外的成就发展的总趋势。至于它具体是否成功，那就由命运决定了。 438

1949年7月20日于里约热内卢

参考文献

一、历史学：方法、组织

History, *The Encyclopaedia of Social Sciences*, de *Seligman et Johnson* (en collaboration avec Henri Berr), 1931.

L'histoire provinciale, Discours de rentrée, Université de Dijon, 1912.

L'histoire dans le monde en ruines (leçon d'ouverture, Université de Strasbourg, 1919), *R. S. H.*, XXX, 1920.

Le problème des divisions en histoire, *R. S. H.*, XLII, 1926.

Le problème des générations en histoire, *R. S. H.*, XLVII, 1929.

L'individualité en histoire, *Le personnage historique*. Paris, Renaissance du Livre, 1932 (extr. du volume *L'individualité en histoire*).

Examen de conscience d'une histoire et d'un historien (leçon d'inauguration, Collège de France), *Revue de Synthèse*, 1934.

De Spengler à Toynbee: quelques philosophies opportunistes de l'histoire, *Revue de Métaphysique et de Morale*, 1936.

Les recherches collectives et l'avenir de l'histoire, *Revue de Synthèse*, 1936.

Entre l'histoire à thèse et l'histoire-manuel, *Revue de Synthèse*, V, 1933.

De l'histoire-tableau: essai de critique constructive, *A. H. E. S.*, V, 1933.

Propos d'initiation: vivre l'histoire, *Mélanges d'Histoire Sociale*, 1943.

Sur une forme d'histoire qui n'est pas la nôtre, *Annales* (*E. S. C.*), 1947.

Vers une autre histoire, *Revue de Métaphysique et de Morale*,1949.

Comment Jules Michelet inventa la Renaissance, *Studi in onore di Gino Luzzatto*, *t.* III.

Villes du Nord, villes du Midi, ou du rôle des grandes machines en histoire, *Annales* (*E. S. C.*), 1952.

Dela Revue de Synthèse aux Annales, *Annales* (*E. S. C.*), 1952.

二、文明：从地中海到欧洲

Les principaux aspects d'une civilisation: quatre leçons sur la première Renaissance française, *Revue des Cours et Conférences*, 1925.

Civilisation, évolution d'un mot et d'un groupe d'idées, *Renaissance du Livre*, Paris, 1930, 56 p. (1re Sem. internat. de synthèse).

Genesis de una civilizacion : la civilizacion mediterranea, *El Institudo de la Universidad de Paris en Buenos Ayres*, ano 1937, in–4°.

Un essai d'histoire européenne, *A. H. S.*, 1939.

Europe : brûler ou marquer l'étape? *Synthèses*, Bruxelles, 1947.

Esprit européen et philosophie, *Annales* (*E. S. C.*), 1948.

Un livre qui grandit :La Méditerranée de Ferdnand Braudel, *Revue Historique*, 1950.

De civilisations à civilisations. Parallélisme et homologies, *Annales* (*E. S. C.*), 1951.

Géographie et civilisation [P. Gourou] , *Annales* (*E. S. C.*), 1949.

Maladies et civilisations : la peste noire de 1348, *Annales* (*E. S. C.*), 1949.

Une histoire de la civilisation, *Annales* (*E. S. C.*), 1950.

Les archives et l'histoire de la civilisation, *L'Éducation Nationale*, n° spécial sur les archives, 1951.

三、智力史

Les classiques de la liberté : Michelet, *Lausanne, Traits*, 1946, in–12, 162 p.

Guillaume Budé et les origines de l'humanisme français, *R. S. H.*, XV, 1907.

Un chapitre d'histoire de l'esprit humain: les sciences naturelles de Linné à Lamarck et à Georges Cuvier, *R. S. H.*, XLIII, 1927.

L'Érasmisme en Espagne, *R. S. H.*, XLIV, 1927.

Une histoire obscure : la publication du *Cymbalum Mundi, R. du XVI*e *s.*, 1930.

L'homme, la légende et l'œuvre: un débat de méthode (à propos de Rabelais), *R. de Synthèse*, I, 1931.

La Renaissance, Encyclop. Française, t. XVI, 1935, fasc. 16, 10, 13.

L'enquête continue, Encyclop. Française, t. XVII, Conclusion.

En Utopie, quelques publications récentes, *A. H. E. S.*, VIII, 1936.

Histoire des sciences et philosophie, *A. H. E. S.*, 1938.

Une révolution, le romantisme, *A. H. S.*, I, 1939.

Le Journal, introduction historique, *Encyclop. Française, t.* XVIII, 1939.

A. Renaudet et les études érasmiennes, *A. H. S.*, I, 1939.

Littérature et vie sociale: un renoncement? *A. H. S.*, I, III, 1941.

Le Machiavel d'A. Renaudet, *Mél. d'H. S.*, 1943.

Romantisme et société, *A.* (*E. S. C.*), III, 1948.

Renan retrouvé, *A.* (*E. S. C.*), IV, 1949.

Savants et métaphysiciens du XVIIe siècle, *A.* (*E. S. C.*), 1950.

Un homme libre, René Descartes, *L'Éducation Nationale*, 1950.

Esprit de l'Encyclopédie, *L'Éducation Nationale*, 1952.

Rabelais ou la création de l'œuvre rabelaisienne, *Les écrivains célèbres, Mazenod*, t. II.

De 1560 à 1660 : la chaîne des hommes. En tête de: Le Pré-classicisme français, Cahiers du Sud,1952.

四、历史学与语言学

Histoire et dialectologie, *R. S. H.*, XII, 1906.

Histoire et linguistique, *R. S. H.*, XXIII, 1911.

Le développement des langues et l'histoire, *R. S. H.*, XXVII, 1913.

Politique royale ou civilisation française? Remarques sur un problème d'histoire linguistique, *R. S. H.*, XXXVIII, 1924.

Langue et nationalité en France au XVIIIe siècle, *R. S. H.*, XLII, 1926.

Le français sousla Révolution, d'après M. Brunot, *R. S. H.*, XLV, 1928.

Une méthode de recherche: trafic fluvial et toponymie, *A. H. E. S.*, I, 1929.

Les mots et les choses en histoire économique, *R. S. H.*, II, 1930.

Capitalisme et capitaliste, *A. H. S.*, I, 1939.

Un grand livre d'histoire: *Le Brunot*, *Mél. d'H. S.*, V, 1944.

五、艺术史

Pour comprendre l'art chrétien du XVIIe siècle, *R. S.*, V, 1933.

Histoire de l'art, histoire de la civilisation, *R. S.*, IX, 1935.

Un commerce d'art, les tapisseries d'Anvers, *A. H. E. S.*, VIII, 1936.

L'humanisme roman, Annales (E. S. C.), III,1948.

A propos de Georges dela Tour, *Annales* (*E. S. C.*), 1950.

Penser l'histoire de l'art, *Annales* (*E. S. C.*), 1950.

Histoire de l'art, histoire des techniques, *A. H. E. S.*, VIII, 1936.

六、宗教史

Notes et documents surla Réforme et l'Inquisition en Franche-Comté, Paris, 1911, in–8°, 336 p.

Un destin, Martin Luther, 1re éd., Paris, 1928; 2e éd., revue, Paris, 1945; éd. belge, Bruxelles, 1945.

Traduction anglaise: *Martin Luther, a Destiny*, New York, 1929.

Traduction italienne: *Lutero*, Florence, 1949.

Origène et des Périers ou l'énigme du Cymbalum Mundi, *Droz,* 1942, 144 p.

Le problème de l'incroyance au XVIe siècle: la religion de Rabelais, Paris (*Coll. Évolution de l'Humanité*), 1942, in–8°, 548 p., 2e éd. revue (7e mille), 1947.

Autour de l'Heptameron: amour sacré, amour profane, Paris, 300 p., 1944.

Un secrétaire d'Érasme: Gilbert Cousin etla Réforme en Franche-Comté, *Bull. Soc. Hist. Protest.*, 1907.

La Préréforme catholique en France d'après A. Renaudet, *R. S. H.*, XVII, 1908.

L'humanisme chrétien,la Renaissance et l'Église; à propos d'un ouvrage récent, *B. S. H.*, XX, 1910.

L'application du Concile de Trente et l'excommunication pour dettes en Franche-Comté, *Revue Historique*, t. CIII et CIV.

La genèse de l'iconographie et l'évangélisation chrétienne, *Revue des Cours et Conférences*, 1914.

Le progrès récent des études sur Luther: essai de mise au point, *Revue d'Histoire Moderne, I*, 1926, pp. 24–48.

Un chapitre d'histoire de l'esprit humain: les sciences naturelles de Linné à

Lamarck et à Georges Cuvier, *R. S. H.*, XLIII, 1927.

Une question mal posée: les origines dela Réforme française et le problème général des causes de la Réforme, *Rev. Historique*, t. CLXI, 1929.

Martin Luther: note bibliographique, *Bull. Faculté des Lettres*, Strasbourg, I, 1923 (tirage à part, 6 pages).

Le progrès récent des études sur Luther : essai de mise au point, *Rev. d'Histoire Moderne, I*, 1926, pp, 24–48.

Crises et figures religieuses : du modernisme à Érasme.... *Rev. d'Histoire Moderne*, II, 1932. — La dévotion en France au XVIIe siècle, *Rev. d'Histoire Moderne*, III, 1932.

Capitalisme et Réforme, *Foi et Vie*, 1934.

Une conquête de l'histoire, l'Espagne d'Érasme, *A. H. S.*, I, 1939.

Cosmologie, occultisme, poésie, *A. H. S.*, I, 1939.

Aux origines de l'esprit moderne: libéralisme, naturalisme, mécanisme, *A. H. S.*, I, 1944.

Dolet propagateur de l'Évangile, *Bibliothèque d'Humanisme*, 1945.

L'origine des Placards de 1534, *Bibliothèque d'Humanisme*, 1945.

Une sociologie de la pratique religieuse, *Annales* (*E. S. C.*), I, 1946.

Histoire dela Réforme: I, L'entrée en scène du luthéranisme; II, L'entrée en scène de l'humanisme, *Quillet, Hist. des Religions*, 1947, in–4.

Le cas Briçonnet, idée d'une recherche, *Annuaire des Hautes Études, Sc. religieuses*, 1946–1947.

Leibnitz, Spinoza et le problème de l'incroyance au XVIIe siècle, *Annales* (*E. S. C.*), 1947.

Sorcellerie, sottise ou révolution mentale, *Annales* (*E. S. C.*), 1948.

De l'à-peu-près à la précision en passant par oui-dire, *Annales* (*E. S. C.*), 1950.

七、传统、民俗、人种志

Une légende de Saint-Simon, *Rev. des Cours et Conf.*, 1926.

Comment et pourquoi se forment les thèmes hagiographiques, *R. de S.*, III, 1932.

Une gigantesque fausse nouvelle:la Grande Peur de juillet 89, *R. de S.*, V, 1933.

Introduction à dix causeries sur les Arts et Traditions populaires dela France, *Cahiers de la Radio*, IX, 1938.

Répartition géographique des fonds de cuisine en France, *Travaux du* 1er *Congrès int. de Folklore*, Tours, 1938.

Histoire sociale et folklore, *A. H. E. S.*, 1938.

Quelques aspects d'une ethnographie en plein travail, *A. H. E. S.*, 1938.

Folklore et folkloristes, *A. H. S.*, I, 1939.

Étrangers et innovations, *A. H. S.*, I, 1939.

L'histoire devant le folklore, *Cahiers d'archéo-civilisation, fasc.* I, 1948.

La voix du sang: fin d'une mystique?*Annales* (*E. S. C.*), 1949.

Loki ou l'État social créateur du mythe, *Annales* (*E. S. C.*), IV, 1949.

八、历史学与历史和人文地理学

La Terre et l'Évolution humaine. Introduction géographique à l'histoire (Coll. Évolution de l'Humanité), 1re éd., 1922; dernière éd., 20e mille, 1949.

Traduction anglaise: *A Geographical Introduction to History*, Londres et New York, 1925.

Traduction espagnole: *La Tierra y la Evolucion Humana*, Barcelone, 1925.

Régions naturelles et noms de pays, *R. S. H.*, XVIII, 1909.

Une étude géographique sur le paysan normand, *R. S. H.*, XIX, 1909.

Le problème de la géographie humaine, *R. S. H.*, XXXI, 1923.

Sur l'organisation des études de géographie historique: histoire, géographie, cartographie, *Bull. du Centre de Synthèse*, n° 2, 1926.

Instructions spéciales pour la documentation cartographique du Répertoire de synthèse historique, *Bull. du Centre de Synthèse*, n° 5, 1928 (*R. S. H.*, t. XLII et XLV).

L'école géographique française et son effort de synthèse, *Bull. du Centre de Synthèse*, XLV, 1928.

Frontière: étude de vocabulaire historique, *Bull. du Centre de Synthèse*, XLV, 1928.

La maison urbaine: une monographie, une méthode, *A. H. E. S.*, I, 1929.

Imago Mundi: sur quelques volumes de la nouvelle Géographie universelle, *R. S. H.*, XLVIII, 1929.

Géographie historique et géopolitique: ouvrages récents, *Rev. Critique*, 1929, septembre.

Un problème économique posé par la géographie, *A. H. E. S.*, III, 1931.

Histoire et géologie, une entr'aide, *Rev. de Synthèse*, I, 1931.

Problème ou chef-d'œuvre? Quelques réflexions de méthode sur une thèse récente de géographie, *A. H. E. S.*, IV, 1932.

Innovations géographiques?*Rev. de Synthèse*, V, 1933.

Une thèse de géographie: Le Val de Loire, *Rev. de Synthèse*, VII, 1934.

Chez les géographes: positions de problèmes ou répertoires de faits, *A. H. E. S.*, VIII, 1936.

Maison-type et pureté géographique, *A. H. S.*, II, 1940.

La Géographie universelle etLa France, d'Albert Demangeon, *Annales* (*E. S. C.*), 1949.

Géographie et civilisation, *Annales* (*E. S. C.*), 1949.
Sisyphe et les géographes, *Annales* (*E. S. C.*), 1950.

九、历史地图的绘制

Un outil attendu: l'Atlas de France, *A. H. E. S.*, VI, 1934.
Un atlas, une carence, *A. H. E. S.*, VI, 1934.
Noir-blanc, un atlas scolaire allemand, *A. H. E. S.*, VI, 1934.
L'Atlas de France et les tableaux de l'économie française, *A. H. E. S.*, VI, 1935.
Cartographie régionale: l'Atlas dela Basse-Saxe, *A. H. E. S.*, VI, 1935.
Nouvelles planches de l'Atlas de France, *A. H. E. S.*, VIII, 1936.
L'Atlas de France, *Mélanges d'Histoire Soc.*, I, 1942.

十、经济与社会史

La France à la veille de la Réforme, d'après P. Imbart de la Tour, *R. S. H.*, XII, 1906.
Les premières publications de la Commission d'Histoire économique de la Révolution, *R. S. H.*, XIII, 1906.
Les procès-verbaux des Comités d'agriculture et de commerce à la Constituante, *R. S. H.*, XIV, 1907.
Quelques ouvrages récents sur la vente des biens nationaux, *R. S. H.*, XIX, 1909.
Une question d'influences: Proudhon et le syndicalisme contemporain, *R. S. H.*, XIX, 1909.
Types économiques et sociaux du XVIe siècle, le marchand, *Rev. des Cours et Conférences*, XXIII, I, 1921.
Les nouveaux riches et l'histoire, *Rev. des Cours et Conférences*, XXIII, II,

1922.

Le socialisme d'État: L'industrie et les classes industrielles en France pendant les deux premiers siècles de l'ère moderne, par P. Boissonnade, *Revue Critique*, LXII, décembre 1928.

Ports d'aujourd'hui, ports d'autrefois, *A. H. E. S.*, I, 1929.

La vie rurale dans le Sud de la région parisienne, par Yvonne Bézard, *Revue Critique*, novembre 1929.

Ports et flottes, *A. H. E. S.*, I, 1929, pp. 602–606.

Histoire sociale du temps présent: les journalistes, *A. H. E. S.*, II, 1930, pp. 129–132.

Le Sahara de demain, *A. H. E. S.*, pp. 420–422.

Tunis et le commerce européen, *A. H. E. S.*, pp. 593–596.

Les archives privées et l'histoire: livres de comptes et papiers commerciaux conservés en Belgique, *A. H. E. S.*, III, 1931.

Le problème historique des prix: l'afflux des métaux d'Amérique et les prix à Séville, *A. H. E. S.*, II, 1930.

L'histoire économique et la vie: leçon d'une exposition, *A. H. E. S.*, IV, 1932.

Chiffres faux, courbes vraies, *A. H. E. S.*, 1932.

Comptabilité et Chambre des comptes, *A. H. E. S.*, VI, 1934.

Un impôt: études économiques, sociales et cartographiques, *A. H. E. S.*, 1934.

Les mouvements paysans en Allemagne, 1525, *A. H. E. S.*, 1934.

Fondations économiques, superstructures philosophiques, *A. H. E. S.*, 1934.

En Toscane au XIIIe siècle: de la ville à la terre, ou de la terre à la ville?

Genesis de una structura social: los origenes del capitalismo y la formacion del mundo moderno. *El Instituto de la Universidad de Paris en Buenos*

Ayres, ano 1937, 1938.

Un livre d'historien sur les corporations, *A. H. S.*, III, 1941.

Un village du Languedoc sous Louis XV, *A. H. S.*, III, 1941.

Ce que peuvent nous apprendre les monographies familiales, *Mélanges d'H. S.*, I, 1942.

L'homme ou le rendement? *Ann.* (*E. S. C.*), I, 1946. — Fils de riches ou nouveaux riches ? *Ann.* (*E. S. C.*), 1946.

Proudhon, Proudhons, *Ann.* (*E. S. C.*), 1949.

Industrialisation et technocratie : Introduction au recueil publié sous la direction de G. Gurvitch*, Bibl. École Hautes études, VIe section*, 1949.

Le nombre ou les personnes, plaidoyer pour un peu de psychologie, *L'Économie Contemporaine*, décembre 1949.

Préface à Auxerre en 1950, par Ch. Bettelheim et S. Frère, *Cahiers de la Fondation Nationale des Sciences Politiques*, Paris, 1950.

十一、技术与机械化

La marine vénitienne dela Renaissance: technique et techniciens, *A. H. E. S.*, 1935.

Une enquête, la forge de village, *A. H. E. S.*, VII, 1935.

Technique, science et marxisme, *A. H. E. S.*, 1935.

Réflexions sur l'histoire des techniques, *A. H. E. S.*, 1935.

Avant le livre imprimé: la technique du ms. universitaire au moyen âge, *A. H. E. S.*, VIII, 1936.

Les techniques, la science et l'évolution humaine: conclusions d'une enquête, *Europe*, 1938.

L'invention du feu, une méthode, *A. H. S.*, I, 1939.

Les surprises d'Hérodote, *A. H. S.*, II, 1940.

Comment classifier les techniques? *Mélanges d'Histoire Sociale*, V, 1944.

Sauter ou marquer l'étape: réflexions sur la modernisation des cultures marocaines, *Annales* (*E. S. C.*), I, 1946.

L'homme ou le rendement, *Annales* (*E. S. C.*), I, 1946.

十二、历史学与心理学

A propos d'une étude de psychologie historique, *R. S. H.*, XX VII, 1913.

La psychologie appliquée: problèmes de méthode et solutions pratiques, *A. H. E. S.*, III, 1931.

L'histoire de la philosophie et l'histoire des historiens, *R. S.*, III, 1932.

Sur le témoignage, *R. S.*, III, 1932.

La psychologie et l'histoire, *Encyclopédie Française*, t. VIII, 1938.

La sensibilité dans l'histoire, *A. H. S.*, 1941.

Histoire des sentiments, la Terreur, *A.* (*E. S. C.*), 1951.

O homem do seculo XVI, *Revista de Historia*, São Paulo, 1950.

La mort dans l'histoire, *Annales* (*E. S. C.*), 1952.

Un moment avec Huizinga (Homo ludens), *Annales* (*E. S. C.*), 1952.

Au temps des guerres de religion: en lisant d'Aubigné, *Annales* (*E. S. C.*), 1952.

十三、东部的历史

Philippe II et la Franche-Comté, étude d'histoire politique, religieuse et sociale, Paris, Champion, 1911, LVI–808 p. in–8°.

Histoire de Franche-Comté, Paris, Boivin (*Coll. Vieilles Provinces*), 1re éd., 1912, 260 p.; 7e éd. 1923. 308 p.

Le problème historique du Rhin, 1re partie de l'ouvrage Le Rhin, publié par la Société générale alsacienne de Banque, Strasbourg, 1931, 156 p. in–f°.

Repris dans Le Rhin, problèmes d'histoire et d'économie, Paris, 1935, in–8°.

Les régions dela France: la Franche-Comté, Paris, Cerf, 1902, in–8°, 76 p.

Les contemporaines de Granvelle, *Mém. Soc. Émulation Doubs*, 1910.

Une vieille famille comtoise, les Granvelle, Paris, Ed. Presse française, 1913.

Les ducs Valois de Bourgogne et les idées politiques de leur temps, *Rev. Bourguignonne d'Enseignement Sup.*, 1913, t. XXIII.

Un bilan:la France et Strasbourg au XVIe siècle, *La Vie en Alsace*, 1925, n° 12, et 1926, n° 2.

Un chapitre d'histoire politique et diplomatique: la réunion de Metz à la France, *Rev. Hist. Moderne*, III, 1928.

Dans le Jura: réflexions sur quelques travaux d'histoire locale, *A. H. E. S.*, VII, 1935.

Le Fort de Joux, méditation d'un historien comtois, Franche-Comté et Monts Jura, 1935.

La Ligue en Bourgogne, *A. H. S.*, 1939.

France de l'Est et du Sud-Est: trois études historiques, *Revue Historique*, t. 188–189, 1940.

Nos généraux dela Révolution, *Préface au Catalogue du* XXIe *Salon des Annonciades*, Pontarlier, 1945.

Louis XI, pèlerin à Saint-Claude, *Préface à un livre de G. Gros*, Besançon, 1946.

Neuchâtel et la France à travers les âges, *Préface à un livre de Ch. Guyot et A. Parreaux*, Paris, 1947.

L'Alsace et Bâle, lettre-préface à Ph. Dollinger, *En tête de L'Alsace et la Suisse à travers les siècles*, Strasbourg, 1952.

十四、现实的问题

L'enseignement supérieur en France, *Encyclopédie Française*, t. XV, 1939.

Enseignement 46, *L'Éducation Nationale*, février 1946.

Lettres, sciences, arts et la paix,collaboration au recueil collectif: Liens entre nations, 1947.

L'enseignement supérieur en France, plaidoyer pour une révolution, *L'Éducation Nationale*, février 1947.

Europe: brûler ou marquer l'étape? *Synthèses*, Bruxelles, 1947.

Une réforme de l'enseignement historique: pourquoi? *L'Éducation Nationale*, 1947.

Une tragédie, trois comptes rendus, *Annales* (*E. S. C.*), 1948.

Positions françaises à Mexico, *L'Éducation Nationale*, 1948.

Alerte au Français! *L'Éducation Nationale*, 1948.

十五、当代史

Prise de température: deux livres allemands sur le moyen âge, *Annales H. E. S.*, VII, 1935.

Le régime fasciste: mise en place historique, *Encyclopédie Française*, t. X, fasc. 10.

L'économique derrière le politique, *Encyclopédie Française*, t. X, fasc. 10.

Races et peuples, *Revue de Synthèse*, IX, 1935.

Le droit et la question paysanne en Allemagne, *Ann. H. E. S.*, IX, 1937.

Titre et contenu: l'Autriche et l'Autrichien, *Ann. H. E. S.*, IX, 1937.

L'Autriche jusqu'à l'Anschluss, *Rev. Trim. de l'Encyclopédie Française*, 4, 39.

Sur la doctrine national-socialiste, un conflit de tendances, *Ann. d'Hist.*

Sociale, I, 1939.

Une tragédie, trois comptes rendus, *Ann.* (*E. S. C.*), 1948.

Un grand livre sur l'Allemagne, *Ann.* (*E. S. C.*), 1950.

En lisant les revues allemandes, *Ann.* (*E. S. C.*), 1950.

十六、南美洲的研究

Un champ privilégié d'études: l'Amérique du Sud, *A. H. E. S.*, I, 1929.

Pour comprendre l'Amérique du Sud, *A. H. E. S.*, VI, 1934.

Montevideo, centre de culture française, *Tribune des Nations*, 1940, et *Cahiers français de Montevideo*, av. 1940.

L'Amérique du Sud devant l'histoire, *Annales* (*E. S. C.*), 1948.

Brésil, terre d'histoire, Préface pour Maîtres et Esclaves, de Gilberto Freyre, Paris, Gallimard, 1952.

十七、人物与纪念

Un tempérament d'historien: Camille Jullian, *Rev. de Synthèse*, I, 1931.

Hommage à Henri Berr, Paris, 1932.

Albert Mathiez: un tempérament, une éducation, *Ann. H. E. S.*, IV, 1932.

Albert Thomas historien, *Ann. H. E. S.*, IV, 1932.

Paul Dognon, Annuaire de l'E. N. S., 1932.

Henri Pirenne: historien européen, *Rev. d'Hist. Mod.*, 1933.

Un deuil de l'histoire vivante: H. Pirenne, *Nouvelles Littéraires*, octobre 1936.

Henri Pirenne, 1862–1935, *Ann. H. E. S.*, VII, 1935.

François Simiand ou Des conditions faites à la recherche en 1936, *Ann. H. E. S.*, VIII, 1936.

Ch. Blondel, Annuaire de l'E. N. S., 1940.

Deux amis des Annales: Jules Sion, Albert Demangeon, *A. H. S.*, III, 1941.
Marc Bloch historien, *Les Cahiers Politiques*, mars 1915.
De l'histoire au martyre: Marc Bloch, 1886–1944, *A. H. S.*, VII, 1945.
Marc Bloch, témoignages sur la période 1939–1940, *A. H. S.*, VII, 1945.
Les morts de l'histoire vivante: Gaston Roupnel, *Ann.* (*E. S. C.*), 1947.
Nos deuils: Georges Espinas, *Ann.* (*E. S. C.*), 1947.
Une vie: Dom Bernard Berthet, 1909–1950, *Ann.* (*E. S. C.*), 1950.
Un historien de l'humanisme, Aug. Renaudet, *Mélanges Renaudet*, 1952.
Camille Bloch, notice lue à l'Institut, 1952.

十八、为下列著作写的序言与跋

L'État moderne, *L'Encyclopédie Française*, t. X 1935.
Arts et littératures, *L'Encyclopédie Française*, t. XVII, 1935.
Hommes d'État, recueil de Duff et Gally, 1936.
Histoire du mouvement ouvrier, *de Ed. Dolléans*, 1936.
L'être humain, *L'Encyclopédie Française*, t. VI, 1936.
L'espèce humaine, *L'Encyclopédie Française*, t. VII, 1937.
La vie mentale, *L'Encyclopédie Française*, t. VIII, 1938.
Éducation et instruction, *L'Encyclopédie Française*, t. XV, 1939.
La civilisation écrite, *L'Encyclopédie Française*, t. XVIII, 1939.
La France bourgeoise, *de Ch. Morazé*, 1946.
Nouvelles et spéculations à Venise au début du XVIe siècle, *de P. Sardella*, 1948.
Trois essais sur histoire et culture, *de Ch. Morazé*, 1948.
Industrialisation et technocratie, *recueil publié par G. Gurvitch*, 1949.
Humanisme du travail et humanités, *de G. Friedmann*, 1950.
Une ville française moyenne: Auxerre en 1950, étude de structure sociale

et urbaine, de Ch. Bettelheim et Suz. Frère (Cahiers dela Fondation Nationale des Sciences Politiques), 1950.

La correspondance de Mgr Zaepfel, *évêque de Liège, 1801–1808*, 1951.

Initiation à la critique historique, *de Léon Halkin*, 1951.

十九、集体的事业

《法国百科全书》(*L'Encyclopédie Française*)总编：整体构思和卷册规划、撰稿人的遴选；编辑。从1935年到1940年共出版了十一卷。

与马克·布洛赫(卒于1944年)一起创办并主编了《经济和社会史年鉴》(*Annales d'Histoire Économique et Sociale*)；最初是《年鉴》(*Annales*)，然后是《社会史文集》(*Mélanges d'Histoire Sociale*)，再然后是《年鉴：经济、社会、文明》【*Annales (Économies, Sociétés, Civilisations)*, Paris, 1929 et suiv.】。

创建文明史学会和该学会的期刊(*Cahiers de la Société pour l'Histoire des Civilisations*)，任会长。

创立"地方历史学家学会"及其学报(*Bulletin de la Société des Historiens Locaux*)，并担任学会会长。

创办《战争史杂志》(*Cahiers d'Histoire de la Guerre*, Paris, Impr. Nationale)，战争史委员会季刊，以及《第二次世界大战历史评论》(*Revue d'Histoire de la Seconde Guerre Mondiale*, Presses Universitaires, 1950)。

《世界的命运文集》(*Collection Destins du Monde*, Paris, A. Colin, 1954 et suiv)总编。

创办《世界史杂志》(*Cahiers d'Histoire du Monde*, Paris, Librairie des Méridiens, 1953)，任主编。

索　引

（条目后的数字为原书页码，见本书边码）

人文与社会译丛

第一批书目

1.《政治自由主义》(增订版),[美]J. 罗尔斯著,万俊人译　118.00 元
2.《文化的解释》,[美]C. 格尔茨著,韩莉译　89.00 元
3.《技术与时间:1. 爱比米修斯的过失》,[法]B. 斯蒂格勒著,裴程译　62.00 元
4.《依附性积累与不发达》,[德]A. G. 弗兰克著,高铦等译　13.60 元
5.《身处欧美的波兰农民》,[美]F. 兹纳涅茨基、W. I. 托马斯著,张友云译　9.20 元
6.《现代性的后果》,[英]A. 吉登斯著,田禾译　45.00 元
7.《消费文化与后现代主义》,[英]M. 费瑟斯通著,刘精明译　14.20 元
8.《英国工人阶级的形成》(上、下册),[英]E. P. 汤普森著,钱乘旦等译　168.00 元
9.《知识人的社会角色》,[美]F. 兹纳涅茨基著,郏斌祥译　49.00 元

第二批书目

10.《文化生产:媒体与都市艺术》,[美]D. 克兰著,赵国新译　49.00 元
11.《现代社会中的法律》,[美]R. M. 昂格尔著,吴玉章等译　39.00 元
12.《后形而上学思想》,[德]J. 哈贝马斯著,曹卫东等译　58.00 元
13.《自由主义与正义的局限》,[美]M. 桑德尔著,万俊人等译　30.00 元

14.《临床医学的诞生》,[法]M. 福柯著,刘北成译 55.00 元
15.《农民的道义经济学》,[美]J. C. 斯科特著,程立显等译 42.00 元
16.《俄国思想家》,[英]I. 伯林著,彭淮栋译 35.00 元
17.《自我的根源:现代认同的形成》,[加]C. 泰勒著,韩震等译 128.00 元
18.《霍布斯的政治哲学》,[美]L. 施特劳斯著,申彤译 49.00 元
19.《现代性与大屠杀》,[英]Z. 鲍曼著,杨渝东等译 59.00 元

第三批书目

20.《新功能主义及其后》,[美]J. C. 亚历山大著,彭牧等译 15.80 元
21.《自由史论》,[英]J. 阿克顿著,胡传胜等译 89.00 元
22.《伯林谈话录》,[伊朗]R. 贾汉贝格鲁等著,杨祯钦译 48.00 元
23.《阶级斗争》,[法]R. 阿隆著,周以光译 13.50 元
24.《正义诸领域:为多元主义与平等一辩》,[美]M. 沃尔泽著,褚松燕等译 24.80 元
25.《大萧条的孩子们》,[美]G. H. 埃尔德著,田禾等译 27.30 元
26.《黑格尔》,[加]C. 泰勒著,张国清等译 135.00 元
27.《反潮流》,[英]I. 伯林著,冯克利译 48.00 元
28.《统治阶级》,[意]G. 莫斯卡著,贾鹤鹏译 98.00 元
29.《现代性的哲学话语》,[德]J. 哈贝马斯著,曹卫东等译 78.00 元

第四批书目

30.《自由论》(修订版),[英]I. 伯林著,胡传胜译 69.00 元
31.《保守主义》,[德]K. 曼海姆著,李朝晖、牟建君译 58.00 元
32.《科学的反革命》(修订版),[英]F. 哈耶克著,冯克利译 58.00 元

33.《实践感》,[法]P. 布迪厄著,蒋梓骅译 75.00 元
34.《风险社会:新的现代性之路》,[德]U. 贝克著,张文杰等译 58.00 元
35.《社会行动的结构》,[美]T. 帕森斯著,彭刚等译 80.00 元
36.《个体的社会》,[德]N. 埃利亚斯著,翟三江、陆兴华译 15.30 元
37.《传统的发明》,[英]E. 霍布斯鲍姆等著,顾杭、庞冠群译 68.00 元
38.《关于马基雅维里的思考》,[美]L. 施特劳斯著,申彤译 78.00 元
39.《追寻美德》,[美]A. 麦金太尔著,宋继杰译 68.00 元

第五批书目

40.《现实感》,[英]I. 伯林著,潘荣荣、林茂、魏钊凌译 78.00 元
41.《启蒙的时代》,[英]I. 伯林著,孙尚扬、杨深译 35.00 元
42.《元史学》,[美]H. 怀特著,陈新译 89.00 元
43.《意识形态与现代文化》,[英]J. B. 汤普森著,高铦等译 68.00 元
44.《美国大城市的死与生》,[加]J. 雅各布斯著,金衡山译 78.00 元
45.《社会理论和社会结构》,[美]R. K. 默顿著,唐少杰等译 128.00 元
46.《黑皮肤,白面具》,[法]F. 法农著,万冰译 58.00 元
47.《德国的历史观》,[美]G. 伊格尔斯著,彭刚、顾杭译 58.00 元
48.《全世界受苦的人》,[法]F. 法农著,万冰译 17.80 元
49.《知识分子的鸦片》,[法]R. 阿隆著,吕一民、顾杭译 59.00 元

第六批书目

50.《驯化君主》,[美]H. C. 曼斯菲尔德著,冯克利译 68.00 元
51.《黑格尔导读》,[法]A. 科耶夫著,姜志辉译 98.00 元
52.《象征交换与死亡》,[法]J. 波德里亚著,车槿山译 68.00 元
53.《自由及其背叛》,[英]I. 伯林著,赵国新译 48.00 元

54.《启蒙的三个批评者》,[英]I. 伯林著,马寅卯、郑想译 48.00元
55.《运动中的力量》,[美]S. 塔罗著,吴庆宏译 23.50元
56.《斗争的动力》,[美]D. 麦克亚当、S. 塔罗、C. 蒂利著,李义中等译 31.50元
57.《善的脆弱性》,[美]M. 纳斯鲍姆著,徐向东、陆萌译 55.00元
58.《弱者的武器》,[美]J. C. 斯科特著,郑广怀等译 82.00元
59.《图绘》,[美]S. 弗里德曼著,陈丽译 49.00元

第七批书目

60.《现代悲剧》,[英]R. 威廉斯著,丁尔苏译 45.00元
61.《论革命》,[美]H. 阿伦特著,陈周旺译 59.00元
62.《美国精神的封闭》,[美]A. 布卢姆著,战旭英译,冯克利校 68.00元
63.《浪漫主义的根源》,[英]I. 伯林著,吕梁等译 49.00元
64.《扭曲的人性之材》,[英]I. 伯林著,岳秀坤译 69.00元
65.《民族主义思想与殖民地世界》,[美]P. 查特吉著,范慕尤、杨曦译 18.00元
66.《现代性社会学》,[法]D. 马尔图切利著,姜志辉译 32.00元
67.《社会政治理论的重构》,[美]R. J. 伯恩斯坦著,黄瑞祺译 72.00元
68.《以色列与启示》,[美]E. 沃格林著,霍伟岸、叶颖译 128.00元
69.《城邦的世界》,[美]E. 沃格林著,陈周旺译 85.00元
70.《历史主义的兴起》,[德]F. 梅尼克著,陆月宏译 48.00元

第八批书目

71.《环境与历史》,[英]W. 贝纳特、P. 科茨著,包茂红译 25.00元
72.《人类与自然世界》,[英]K. 托马斯著,宋丽丽译 35.00元

73.《卢梭问题》,[德]E. 卡西勒著,王春华译 39.00 元
74.《男性气概》,[美]H. C. 曼斯菲尔德著,刘玮译 28.00 元
75.《战争与和平的权利》,[美]R. 塔克著,罗炯等译 25.00 元
76.《谁统治美国》,[美]W. 多姆霍夫著,吕鹏、闻翔译 35.00 元
77.《健康与社会》,[法]M. 德吕勒著,王鲲译 35.00 元
78.《读柏拉图》,[德]T. A. 斯勒扎克著,程炜译 68.00 元
79.《苏联的心灵》,[英]I. 伯林著,潘永强、刘北成译 59.00 元
80.《个人印象》,[英]I. 伯林著,覃学岚译 88.00 元

第九批书目

81.《技术与时间:2. 迷失方向》,[法]B. 斯蒂格勒著,赵和平、印螺译 59.00 元
82.《抗争政治》,[美]C. 蒂利、S. 塔罗著,李义中译 28.00 元
83.《亚当·斯密的政治学》,[英]D. 温奇著,褚平译 21.00 元
84.《怀旧的未来》,[美]S. 博伊姆著,杨德友译 85.00 元
85.《妇女在经济发展中的角色》,[丹]E. 博斯拉普著,陈慧平译 30.00 元
86.《风景与认同》,[美]W. J. 达比著,张箭飞、赵红英译 68.00 元
87.《过去与未来之间》,[美]H. 阿伦特著,王寅丽、张立立译 58.00 元
88.《大西洋的跨越》,[美]D. T. 罗杰斯著,吴万伟译 108.00 元
89.《资本主义的新精神》,[法]L. 博尔坦斯基、E. 希亚佩洛著,高铦译 58.00 元
90.《比较的幽灵》,[美]B. 安德森著,甘会斌译 79.00 元

第十批书目

91.《灾异手记》,[美]E. 科尔伯特著,何恬译 25.00 元

92.《技术与时间:3. 电影的时间与存在之痛的问题》,
[法]B. 斯蒂格勒著,方尔平译 65.00 元
93.《马克思主义与历史学》,[英]S. H. 里格比著,吴英译 78.00 元
94.《学做工》,[英]P. 威利斯著,秘舒、凌旻华译 68.00 元
95.《哲学与治术:1572—1651》,[美]R. 塔克著,韩潮译 45.00 元
96.《认同伦理学》,[美]K. A. 阿皮亚著,张容南译 45.00 元
97.《风景与记忆》,[英]S. 沙玛著,胡淑陈、冯樨译 78.00 元
98.《马基雅维里时刻》,[英]J. G. A. 波考克著,冯克利、傅乾译 108.00 元
99.《未完的对话》,[英]I. 伯林、[波]B. P. -塞古尔斯卡著,
杨德友译 65.00 元
100.《后殖民理性批判》,[印]G. C. 斯皮瓦克著,严蓓雯译 79.00 元

第十一批书目

101.《现代社会想象》,[加]C. 泰勒著,林曼红译 45.00 元
102.《柏拉图与亚里士多德》,[美]E. 沃格林著,刘曙辉译 78.00 元
103.《论个体主义》,[法]L. 迪蒙著,桂裕芳译 30.00 元
104.《根本恶》,[美]R. J. 伯恩斯坦著,王钦、朱康译 78.00 元
105.《这受难的国度》,[美]D. G. 福斯特著,孙宏哲、张聚国译 39.00 元
106.《公民的激情》,[美]S. 克劳斯著,谭安奎译 49.00 元
107.《美国生活中的同化》,[美]M. M. 戈登著,马戎译 58.00 元
108.《风景与权力》,[美]W. J. T. 米切尔著,杨丽、万信琼译 78.00 元
109.《第二人称观点》,[美]S. 达沃尔著,章晟译 69.00 元
110.《性的起源》,[英] F. 达伯霍瓦拉著,杨朗译 85.00 元

第十二批书目

111.《希腊民主的问题》,[法]J. 罗米伊著,高煜译 48.00 元
112.《论人权》,[英]J. 格里芬著,徐向东、刘明译 75.00 元
113.《柏拉图的伦理学》,[英]T. 埃尔文著,陈玮、刘玮译 118.00 元
114.《自由主义与荣誉》,[美]S. 克劳斯著,林垚译 62.00 元
115.《法国大革命的文化起源》,[法]R. 夏蒂埃著,洪庆明译 38.00 元
116.《对知识的恐惧》,[美]P. 博格西昂著,刘鹏博译 38.00 元
117.《修辞术的诞生》,[英]R. 沃迪著,何博超译 48.00 元
118.《历史表现中的真理、意义和指称》,[荷]F. 安克斯密特著,周建漳译 58.00 元
119.《天下时代》,[美]E. 沃格林著,叶颖译 78.00 元
120.《求索秩序》,[美]E. 沃格林著,徐志跃译 48.00 元

第十三批书目

121.《美德伦理学》,[新西兰]R. 赫斯特豪斯著,李义天译 68.00 元
122.《同情的启蒙》,[美]M. 弗雷泽著,胡靖译 48.00 元
123.《图绘暹罗》,[美]T. 威尼差恭著,袁剑译 58.00 元
124.《道德的演化》,[新西兰]R. 乔伊斯著,刘鹏博、黄素珍译 65.00 元
125.《大屠杀与集体记忆》,[美]P. 诺维克著,王志华译 78.00 元
126.《帝国之眼》,[美]M. L. 普拉特著,方杰、方宸译 68.00 元
127.《帝国之河》,[美]D. 沃斯特著,侯深译 76.00 元
128.《从道德到美德》,[美]M. 斯洛特著,周亮译 58.00 元
129.《源自动机的道德》,[美]M. 斯洛特著,韩辰锴译 58.00 元
130.《理解海德格尔:范式的转变》,[美]T. 希恩著,邓定译 89.00 元

第十四批书目

131.《城邦与灵魂：费拉里〈理想国〉论集》，[美]G. R. F. 费拉里著，刘玮编译 58.00 元

132.《人民主权与德国宪法危机》，[美]P. C. 考威尔著，曹晗蓉、虞维华译 58.00 元

133.《16 和 17 世纪英格兰大众信仰研究》，[英]K. 托马斯著，芮传明、梅剑华译 168.00 元

134.《民族认同》，[英]A. D. 史密斯著，王娟译 55.00 元

135.《世俗主义之乐：我们当下如何生活》，[英]G. 莱文编，赵元译 58.00 元

136.《国王或人民》，[美]R. 本迪克斯著，褚平译(即出)

137.《自由意志、能动性与生命的意义》，[美] D. 佩里布姆著，张可译 68.00 元

138.《自由与多元论：以赛亚·伯林思想研究》，[英]G. 克劳德著，应奇等译 58.00 元

139.《暴力：思无所限》，[美]R. J. 伯恩斯坦著，李元来译 59.00 元

140.《中心与边缘：宏观社会学论集》，[美]E. 希尔斯著，甘会斌、余昕译 88.00 元

第十五批书目

141.《自足的世俗社会》，[美]P. 朱克曼著，杨靖译 58.00 元

142.《历史与记忆》，[英]G. 丘比特著，王晨凤译 59.00 元

143.《媒体、国家与民族》，[英]P. 施莱辛格著，林玮译 68.00 元

144.《道德错误论：历史、批判、辩护》，

第十六批书目

159.《理想的暴政：多元社会中的正义》，[美]G. 高斯著，范震亚译（即出）
160.《荒原：一部历史》，[美]V. D. 帕尔马著，梅雪芹译（即出）

第十七批书目

161.《浪漫派为什么重要》，[美]P. 盖伊著，王燕秋译（即出）
162.《欧美思想中的自治》，[美]J. T. 克洛彭伯格著，褚平译（即出）
163.《冲突中的族群》，[美]D. 霍洛维茨著，魏英杰、段海燕译（即出）
164.《八个欧洲中心主义历史学家》，[美]J. M. 布劳特著，杨卫东译（即出）
165.《记忆之地，悼念之地》，[美]J. 温特著，王红利译（即出）
166.《20 世纪的战争与纪念》，[美]J. 温特著，吴霞译（即出）
167.《病态社会》，[美]R. B. 埃杰顿著，杨靖、杨依依译（即出）
168.《种族与文化的少数群体》，[美]G. E. 辛普森、J. M. 英格尔著，马戎、王凡妹等译（即出）
169.《美国城市新主张》，R. H. 普拉特著，周允程译（即出）
170.《五种官能》，[美]M. 塞尔著，徐明译（即出）

有关“人文与社会译丛”及本社其他资讯，欢迎点击 www. yilin. com 浏览，对本丛书的意见和建议请反馈至新浪微博@ 译林人文社科。